LE PARLEMENT

DE

BOURGOGNE

II

La première édition de cet ouvrage, deux volumes in-8° publiés à la fin de 1857, a été honorée de la souscription de l'État sur la proposition délibérée à Paris en Conseil supérieur de l'Instruction publique, et de celle de la Liste civile pour les principales bibliothèques de l'Empire et de la Couronne.

La Correspondance inédite de Brulart, Premier Président du Parlement de Dijon, avec les principaux ministres de Louis XIV, colligée et publiée par le même auteur en 1859, deux volumes in-8° accompagnés de sommaires, notes et d'une Étude historique qui s'y rapportent, est la suite de cette publication, formant ensemble cinq volumes du même format.

LE PARLEMENT
DE BOURGOGNE

DEPUIS SON ORIGINE JUSQU'A SA CHUTE

PRÉCÉDÉ

D'UN DISCOURS PRÉLIMINAIRE SUR LA VILLE DE DIJON
ET SES INSTITUTIONS LES PLUS RECULÉES COMME CAPITALE DE CETTE
ANCIENNE PROVINCE

PAR M. DE LA CUISINE

Président à la Cour impériale de Dijon; président de l'Académie impériale des Sciences,
Arts et Belles-Lettres de la même ville; membre du Conseil académique du ressort universitaire; des Académies
de Lyon, Toulouse, Marseille, Bordeaux, etc.; correspondant du Ministère
de l'Instruction publique pour les travaux historiques; officier de la Légion-d'Honneur.

*In civitate nostra peregrini, fundum alienum aramus,
incultum familiarem deserimus, ad alios Deos confugimus,
rem propriam ignorantes.* (Mercuriales, 1584.)

DEUXIÈME ÉDITION
revue et considérablement augmentée par l'auteur, comprenant l'origine véritable,
le caractère, les mœurs, les vicissitudes et l'influence des Parlements sur les phases principales
de notre histoire nationale.

TOME DEUXIÈME.

DIJON

J.-E. RABUTOT, IMPRIMEUR-ÉDITEUR
et chez tous les libraires.

PARIS

A. DURAND, RUE DES GRÈS-SORBONNE, 7

1864

LE PARLEMENT
DE BOURGOGNE

CHAPITRE V.

SOMMAIRE.

La Bourgogne à l'époque de la création de son Parlement. — Premiers chefs élus de ce Corps. — Transition historique. — La Pragmatique et le Concordat de François Ier. — Pellisson et Tabouet; procès des Sénateurs de Chambéry. — Invasion du protestantisme en Bourgogne. — Edit de janvier 1562 accordé aux protestants. — Effervescence des esprits. — La demeure du Premier Président Le Fèvre est forcée par les Huguenots. — Protestation des Elus contre l'édit de janvier. — Le Parlement proteste à son tour. — Mission parlementaire de Bégat près du Roi. — L'édit de janvier 1562 est suspendu en Bourgogne. — Serment du Parlement contre l'hérésie. — Intervention de la Chambre de ville. — Des magistrats refusent ce serment. — Les troubles recommencent. — La Cour cède; édit de mars 1563. — Les Etats de la province protestent contre cet édit. — Ils députent au Parlement. — L'archevêque de Besançon intervient dans ce débat, pour la Bresse et le comté d'Auxonne. — Le Parlement s'associe à cette résistance. — Nouvelle mission de Bégat. — Ses remontrances au Conseil du Roi. — L'édit de mars 1563 est maintenu de rigueur en Bourgogne. — Bégat rend compte au Parlement de sa mission. — Le Parlement se décide à enregistrer l'édit. — Influence de cet édit sur sa politique. — Mission de la Cour près le Parlement. — Voyage de Charles IX en Bourgogne. — But politique de ce voyage. — Charles IX arrive à Dijon. — Son entrée au Parlement. — Séance royale. — L'hérésie pénètre dans cette Compagnie. — Dissensions intestines. — Résultats politiques de ce voyage. — Etat ancien de la Coutume de Bourgogne. — Réformation de cette Coutume. — Elle est enregistrée, après modifications, par le Parlement. — Le président Bégat. — Massacre de la Saint-Barthélemy. — Le Parlement n'ose rompre le silence. — Charles IX tente de pacifier la Bourgogne par commissaires. — Séance parlementaire à cette occasion. — Henri III revenant de Pologne, passe à Dijon, — Protestants bourguignons notables : Jacques Bretagne ; Hubert Languet, ses Maximes révolutionnaires empruntées à la Jacquerie ; Hugues Doneau.

Pour juger sous ses différents rapports, et avant tout au point de vue politique, l'établissement de la Cour de justice qui avait succédé aux Grands-Jours de cette province, il convient de se rendre compte de l'état du royaume auquel elle venait d'être annexée et dont elle allait devenir un des principaux boulevards. On a vu dans le premier chapitre de cet ouvrage que le Parlement, à peine fondé par Louis XI, avait été supprimé par Charles VIII, son successeur, puis rétabli par ce même souverain suivant un acte qui ajouta à ses priviléges celui de le rendre sédentaire à Dijon, et qui est demeuré pour cette Compagnie le plus important de ses titres. Cette période de la fin du XV° et du commencement du XVI° siècle fut marquée en Bourgogne par les tentatives qu'y fit l'archiduc Maximilien pour reprendre la plus belle portion de l'héritage que lui avait apporté en dot la fille de son dernier Duc, et que Louis XI venait de réunir à la France. Ce fut après ces tentatives, mêlées de quelques succès qui avaient amené les troupes allemandes jusqu'au cœur de cette province, qu'intervint le traité de Blois. Par cet acte, Louis XII l'avait, à l'occasion du mariage convenu de Claude de France, sa fille, avec le duc de Luxembourg, cédée en dot à cette princesse, ainsi que les comtés d'Auxerre, de Mâcon et de Bar-sur-Seine ; traité désastreux qui faisait perdre à la France toutes les sûretés qu'une politique hardie venait de procurer à ses frontières.

L'avénement de l'archiduc Philippe, fils de Maximilien et de Marie de Bourgogne, au trône de Castille, en 1504, venait, mieux que toute autre chose, de faire voir le danger qu'il y avait eu de démembrer la monarchie ainsi restaurée. Les Etats-Généraux assemblés à Tours eurent pour mission de remédier à une situation devenue si menaçante. On sait avec quelle énergie ils protestèrent, au nom de la nation, contre un acte dont le mariage de la même princesse avec le comte d'Angoulême, devenu depuis François 1er, put seul prévenir les suites.

Le traité de Cambrai, qui pacifia depuis les maisons de France et d'Autriche agitées par des guerres dont la Bourgogne était le sujet, avait mis Louis XII dans le cas de faire triompher ses armes en Italie. Mais la jalousie qu'en conçut le pape Jules II et qu'il parvint à inspirer aux autres puissances de l'Europe, venait de placer cette province dans le plus grand péril. Ce fut à cette occasion que son gouverneur La Trémouille, comme on l'a dit, la sauva, en l'année 1513, de l'invasion des Suisses (1), que, par un traité conclu avec eux, on était parvenu à détacher de notre alliance. L'histoire nous apprend encore que ce pape avait, par une bulle adressée au roi d'Angleterre, accordé des indulgences à

(1) Voir le Discours préliminaire.

tous ceux qui s'enrôleraient pour servir contre le roi de France, qu'il qualifiait de *fauteur de schismatiques* à cause de son traité avec les Turcs. Les Comtois, entraînés par le respect dû au chef de l'Eglise, qui venait de faire de son autorité un si étrange abus, s'étaient joints à cette armée pour envahir la Bourgogne avec laquelle ils avaient été si longtemps unis, mais qu'une fortune contraire et des liens politiques incompatibles venaient d'en séparer. Telle fut la cause d'une résistance si glorieuse pour la capitale de cette ancienne province, et pendant laquelle son Parlement lui-même avait essayé par le patriotisme ses premières influences.

François 1er venait de succéder à Louis XII, son beau-père, sur le trône de France. Parmi les actes de son règne qui intéressèrent le plus la Bourgogne fut le traité de neutralité conclu avec Marguerite d'Autriche, dont la Franche-Comté forma l'apanage, et qui devint la première reconnaissance publique d'une séparation que la force avait proclamée. Ce traité avait été signé le 8 juillet 1522, à Saint-Jean-de-Losne, entre les plénipotentiaires des deux puissances. Au nombre de ceux-ci on avait vu figurer, du côté de la France, Hugues Fournier, Premier Président du Parlement de Dijon, institution qui comptait déjà quarante-deux ans d'existence, pendant lesquels le cours de la justice fut souvent interrompu par les guerres et d'autres calamités. Cette convention, plus politique que sincère, avait été préparée à l'instigation des cantons suisses dont la Franche-Comté couvrait la frontière, dans le but avoué de toutes parts de mettre les deux provinces à l'abri des invasions en cas de guerre entre la France et l'Empire. Fondée sur des intérêts réciproques, la meilleure des garanties, elle vint inaugurer un état de choses que le temps devait consolider.

Nous ne rappelons que pour mémoire, après en avoir fait mention ailleurs (1), le traité de Madrid, par lequel François Ier avait renoncé à la souveraineté de la Bourgogne, et le refus qu'avait fait cette province d'être démembrée de la France. Refus consacré par les États-Généraux de Cognac sur les protestations d'un pays qui n'avait jamais cessé d'être attaché à la monarchie héréditaire dont il fut un des principaux fiefs, et de laquelle il devait dépendre comme premier duché-pairie du royaume après la race éteinte de ses derniers Ducs. Français par les souvenirs, il l'était ainsi redevenu par les habitudes, et le sentiment public qu'il fit éclater à cette époque mémorable avait secondé la résistance de ses commettants. Cet acte de vigueur devait amener à des concessions plus formelles les successeurs de Marie de Bourgogne, jaloux d'un héritage qu'ils avaient si longtemps disputé.

Henri II, avant de succéder à son père, n'avait pas vu sans joie des résistances qui n'allaient, à vrai dire, qu'à contenir dans ses limites l'autorité du prince, et sauvaient, en les maintenant, l'intégrité de la monarchie. Lors du traité de Crespy, conclu le 17 septembre 1544 entre François Ier et Charles-Quint, et qui semblait, par une clause éventuelle, consacrer de nouveau les préten-

(1) Voir le Discours préliminaire.

tions de l'Empereur sur la Bourgogne, il avait protesté secrètement contre cet acte pendant que tous les Parlements du royaume, et celui de Dijon en tête, faisaient entendre des remontrances pleines de force. On sait que ce traité ne fut pas exécuté en ce point, et que le droit public l'emporta sur des concessions arrachées par les armes, aussi bien que les premières l'avaient été par la violence (1). Il faut attribuer à ces souvenirs du patriotisme bourguignon l'accueil touchant que fit Henri II aux députés de cette province venus les premiers, à son avénement au trône, lui offrir leur soumission, ainsi que la promesse à eux faite et presque aussitôt remplie de visiter la Bourgogne, où les témoignages de sa munificence se lisent encore dans nos monuments (2).

Tels furent, en résumé, les faits principaux qui s'étaient passés en ce pays dans les premiers temps de la fondation de son Parlement. Nous parlerons plus tard de l'invasion qu'y fit, au commencement du XVI° siècle, le luthérianisme venu d'Allemagne, l'événement capital de cette période de notre histoire, et dont cette province,

---

(1) Ces prétentions des successeurs de Marie de Bourgogne sur cette province ne furent pas de si tôt abandonnées. On lit dans une délibération du Parlement du 16 juillet 1580 que le comte de Charny, lieutenant général en ce pays, vint au Palais faire connaître qu'ayant reçu du roi d'Espagne la ratification du traité de neutralité conclu entre les deux provinces, il avait protesté contre la qualité de *duc de Bourgogne* que ce souverain continuait à prendre. La Compagnie ordonna que cette protestation serait transcrite sur ses registres.

(2) On peut, parmi plusieurs, citer la salle actuelle des tombeaux des Ducs de Bourgogne, dite alors *salle des gardes*, le frontispice et une partie du Palais de justice, dont la grande salle dorée fut achevée par ses ordres.

par sa situation géographique, devait être une des premières atteintes.

Dans ces premiers temps, les annales de cette Compagnie semblent se résumer plutôt dans la vie de ses chefs que dans des actes politiques, que son caractère encore dominant de Cour de justice ne lui permit d'accomplir qu'à l'exemple donné par d'autres, ou sur la provocation des États dans les circonstances que nous avons rappelées. La mort de Jean Jouard (1), le premier nommé de ses Présidents, arrivée à Dijon le 27 mars 1477, dans une sédition excitée en faveur de Marie de Bourgogne, et qu'il avait voulu apaiser après qu'elle s'était emparée de la moitié de la ville, venait de montrer à la province ce qu'elle pouvait attendre d'un Corps dont le chef avait su sacrifier sa vie à son devoir (2). Elle indiquait en même temps que sa mission, supérieure à l'autorité des Grands-Jours, ne se bornerait pas désormais à de stériles formules de Palais. Elu par l'évêque d'Alby au nom de Louis XI, pour renouer par les souvenirs le Parlement nouveau aux an-

(1) Né à Gray.
(2) Cette sédition fut l'œuvre du prince d'Orange. Mécontent de ce qu'après s'être rendu maître des deux Bourgognes au nom de Louis XI, ce prince en avait donné le gouvernement à Georges de La Trémouille, seigneur de Craon, il venait de passer au service de l'archiduchesse Marie et souleva pour sa cause plusieurs villes du duché. Ce mouvement fut réprimé, suivant Dunod, par le refus de la noblesse d'y prendre part. (*Histoire du comté de Bourgogne.*) Les villes du duché qui s'étaient le plus prononcées pour le parti de leurs anciens maîtres furent Chalon, Beaune, Tournus, Saulieu, Verdun, et Montcenis. Craon, et après lui Charles d'Amboise, commirent des horreurs à Chalon, Verdun et Semur, en réduisant en cendres ces deux dernières villes, après avoir, à Verdun, passé les habitants au fil de l'épée. (*Description de la Bourgogne*, par Courtépée.)

ciennes traditions de la justice en Bourgogne, ce même magistrat avait présidé en dernier lieu les Parlements ambulatoires, en même temps qu'il avait été le chef du conseil des Ducs, institution considérable qui n'a jamais été bien définie de nos jours. Le Roi l'avait employé comme négociateur dans ses démêlés avec la Franche-Comté, après la séparation accomplie des deux provinces. Mais à peine occupa-t-il un an la dignité nouvelle et à vie que ce Prince avait établie en sa personne, et qu'il devait transmettre pendant plus de trois siècles à ses successeurs. Les plus anciens titres nous apprennent encore que dans cette période si féconde en événements les guerres ne permirent pas au nouveau Corps de tenir ses séances comme Cour de justice. Ces séances ne devinrent régulières que dans les premières années du XVIe siècle, époque où la province commença à respirer et où l'on trouve seulement quelques traces informes des délibérations du Parlement, institué plus de vingt ans auparavant par Louis XI.

Jean Jaquelin (1), qui succéda à Jean Jouard, présida les audiences de cette Compagnie devenue sédentaire à Dijon. Membre du grand Conseil des deux derniers Ducs, il avait, à l'exemple de son prédécesseur, tenu les Grands-Jours du duché, dont il rappela les traditions au sein du Parlement nouvellement institué et formé en partie des mêmes personnages. Chevaliers ès lois et décrets, distinction fort rare à cette époque d'ignorance, tous deux avaient pris part à la rédaction de

---

(1) Originaire d'Autun.

la Coutume, qui fixa par l'écriture, sous Philippe-le-Bon, le droit municipal en Bourgogne et fut l'œuvre des jurisconsultes les plus habiles de cette province. On trouve le nom du même magistrat parmi ceux que Charles-le-Téméraire avait choisis pour l'établissement du Parlement de Malines, créé en 1474. Il avait été aussi pendant plusieurs années gouverneur de la chancellerie à Dijon, l'une des premières charges fondée par les Ducs pendant la période féodale.

Après Léonard des Potots, moins connu que les précédents, ancien juge des Grands-Jours et membre du nouveau Parlement depuis sa création, on voit en l'année 1489 figurer à sa tête Guy de Rochefort, d'une famille originaire du comté de Bourgogne, et qu'il allait illustrer par ses services. Tour à tour homme de guerre, humaniste et vieilli dans la pratique des Parlements ambulatoires, dont il avait été l'une des plus vives lumières, son nom servit le premier à fonder l'éclat de la nouvelle Compagnie, qu'il présida pendant huit ans jusqu'à son élévation à la dignité de chancelier de France qu'avait déjà occupée son frère. Malgré son penchant pour la cause de Marie de Bourgogne, à laquelle il avait rallié la Flandre et l'Artois, Louis XI l'avait attiré à son service par cette politique d'oubli qui est le génie des princes à la suite des grandes commotions. Les annales du temps nous apprennent encore que dans une de ces invasions que fit en Bourgogne l'archiduc Maximilien pour reprendre cette province demeurée au Roi par le traité de Senlis, ce grand magistrat avait été surpris, le 24 octobre 1495, dans son château de Pluvault, où il passait les vacations, et emmené prisonnier à Salins (1), d'où il s'échappa après qu'on avait refusé de le rendre aux prières de sa Compagnie. Marié en secondes noces à Marie Chambellan, d'une des plus notables familles de Dijon, et qui devint dans son veuvage gouvernante de Claude de France, épouse de François I*, l'histoire de la monarchie a conservé son nom comme celui du premier ministre du règne si court de Charles VIII, en même temps qu'il le fut des premières années de celui de Louis XII, dont il augmenta la puissance par son caractère joint au plus rare mérite. Le Parlement de Dijon l'avait ainsi vu à sa tête dans le temps où la possession encore si vivement disputée de la Bourgogne ne lui permit pas de s'associer aux remontrances des autres Cours souveraines contre les entreprises du Pape, premier cri de guerre qui excita l'ardeur de ces Compagnies et les entraîna à leur tour dans des résistances dont le but ne tarda pas à être dépassé.

Après cet homme d'Etat, mort en 1507, et dont les cendres avaient été, par un privilége insigne, déposées à Cîteaux à côté de celles des Ducs de la première race (2), Humbert de Villeneuve, qui avait occupé luimême un rang élevé au Parlement de Toulouse, avait obtenu de Louis XII, en récompense de nombreux services rendus dans les ambassades, la charge de

---

(1) Après avoir été conduit au château de Mont-Joie en Alsace.
(2) Excepté les deux premiers, Robert et Hugues I*er*, morts avant la fondation de l'abbaye.
L'inscription qui existait sur le monument en marbre blanc élevé

Premier Président en Bourgogne (1). On a vu dans le Discours préliminaire de cet ouvrage son dévouement pour le salut des otages après l'invasion suisse de 1513, excitée par les menées de la Cour de Rome, invasion qui avait mis cette province à deux doigts de sa ruine. Déjà en 1511 et 1512 il avait été envoyé comme ambassadeur en Suisse par le Roi, pour des causes qui sont restées secrètes (2). Le Roi continua à lui confier de hautes missions à

en l'honneur de Rochefort peut donner l'idée de ce que fut, à cette époque reculée, la science des épitaphes :

> Cy gist la fleur, le tiltre, l'excellence,
> Le parangon, la haute précellence,
> L'honneur, le prix, le perfait des humains,
> Le vrai miroüer de proüesse et vaillance,
> Le grand ruisseau et fleuve d'éloquence,
> Le Dieu public, excédant les Romains,
> Sage, discret, mettant partout les mains,
> Sans espairgner puissant, foible, ne fort,
> Pour le nommer, c'est *Guy de Rochefort*,
> Le plus exquis qui de son temps régna,
> De son pareil, ainsi que je prétends...
> Et tiens pour vrai que sus la terre n'a.
>
> Extrait estoit de très noble linaige,
> Du nom, des armes et hault vasselaige,
> De Rochefort au comté de Bourgogne :
> Chevalier fut en loix prudent et saige,
> Et chevalier en armes bien le say-je,
> Aymant l'honneur, fuyant honte et vergoingne,
> Vaillant et preux escuier, chacun tesmoigne,
> Un Hercules, un Hector, un Sanson,
> Un Aristote, homme de grand fasson,
> Un Cicéro, un Berthole, un Orose,
> Un Socrates, un Horasse, un Platon,
> Un Cypion, une excellente chose.

Suivaient neuf autres strophes à l'avenant.

(1) Nous passons sous silence Christophe de Cramonne, ancien procureur général au Parlement de Paris, retenu par d'autres emplois près des rois Charles VIII et Louis XII; Jean Douhet, natif de Moulins, moins connu, et Philibert de La Ferté, né à Mâcon, chargés, le premier et le dernier, de négociations dans d'importantes affaires qui les retinrent le plus souvent éloignés de leur Compagnie, à la tête de laquelle on ne les vit guère figurer que de nom.

(2) Voir les Registres des 21 juillet 1511 et 28 mai 1512.

l'étranger; et l'on peut attribuer en partie à ce choix imité depuis par les souverains qui semblèrent ainsi initier les Parlements, dans la personne de leurs chefs, à la politique de l'Etat, l'esprit d'envahissement qu'on reprocha plus tard à ces Compagnies. Le même magistrat fut aussi délégué par le Parlement de Dijon aux Etats-Généraux convoqués en 1510 à Orléans, contre les entreprises du pape Jules II sur le temporel, et pour défendre ce que l'on commença à nommer dès ce temps *les libertés de l'Eglise gallicane* (1). Ce fut là le premier acte d'opposition politique émanant d'un Corps qui ne comptait que peu d'années d'existence, à travers des troubles qui lui avaient à peine permis de se reconnaître.

Enfin, à Hugues Fournier, dont nous avons parlé, et qui avait été durant dix ans le chef du Parlement de Dijon, avait succédé Claude Patarin, podestat de Milan, devenu vice-chancelier de François 1er pour les terres conquises en Italie (2). Ainsi que le président de

---

(1) Humbert de Villeneuve mourut à Lyon, sa patrie. En reconnaissance des services qu'il avait rendus, le Parlement ordonna d'amener en grande pompe son corps à Dijon et lui fit faire des funérailles magnifiques. Par une délibération du 18 juillet 1515, la même Compagnie décida de plus qu'il serait, ce qui n'avait pas encore été fait, mis sur un lit de parade, vêtu de sa robe et manteau rouge de Premier Président, le mortier près de lui, la tête découverte, tenant une requête en ses mains, et porté par les huissiers en l'église de Saint-Etienne, dans laquelle, suivant son désir, il fut inhumé. La ville entière porta le deuil de ce grand magistrat, qui fut en même temps grand citoyen. Il était fils de Jean de Villeneuve, juge criminel et gouverneur de Collioure, et de Catherine de Bletterans, et petit-fils d'Etienne de Villeneuve, fondateur du fameux cartulaire qui porte son nom. (Voir Pernetti, *Lyonnais dignes de mémoire*, tome 1, page 221.)

(2) Il fut docteur ès-droits, conseiller au sénat de Milan à l'époque où Louis XII possédait la Lombardie, puis nommé second président au

Villeneuve, il était Lyonnais de naissance, et présida ce Parlement pendant de longues années. Magistrat de premier ordre, surnommé *le Père du Peuple*, il fut député par la Bourgogne à François Ier pour lui signifier le refus de cette province d'adhérer au traité de Madrid, contre lequel il avait déjà protesté aux Etats de Cognac (1). L'histoire nous apprend encore qu'il fit partie, comme représentant sa Compagnie, du lit de justice tenu à Paris le 12 décembre 1527, dans lequel le même acte fut déclaré nul et François Ier *dégagé d'honneur* de sa promesse de rentrer dans sa prison de Madrid, comme l'Empereur l'avait sommé de le faire. Sorte d'Etats-Généraux au petit pied, qui, par un appel fait à l'opinion dans la réunion des délégués des grandes Cours de justice, sembla être de la part de ce Souverain la rétractation de ce qu'il avait nié jusqu'alors touchant les prérogatives politiques de ces Corps. Nous parlerons dans la suite, en observant l'ordre de l'histoire, des Premiers Présidents qui appartiennent aux temps où commence, à proprement parler, la vie politique de chacun d'eux avec celle du Parlement qui les y entraîna, et où la scène se transforme avec leur mission. Ainsi voit-on, en ajoutant à ces premiers noms quelques autres moins célèbres, à travers cette époque restée obscure, une discipline sévère, de grandes vertus et l'esprit de corps se fortifiant

---

Parlement de Dijon, en attendant qu'il en devint le chef. Mort à Dijon, il laissa une fille, Denise Patarin, qui épousa Nicolas de Baufremont, dont le fils, Claude de Baufremont, fut gouverneur d'Auxerre et lieutenant général en Bourgogne. (Papillon.)

(1) Voir le Discours préliminaire.

sans s'égarer, à côté de dévouements modèles et de quelques remontrances dans lesquelles ce Parlement sut concilier le devoir avec l'obéissance, alliance difficile qui, de sa part, ne devait pas durer longtemps.

L'agitation religieuse qui se préparait en France à la suites des troubles de la réforme suscitée par Luther dans toute l'Allemagne, devait être le signal de tous les envahissements, et le Parlement de Bourgogne suivit en cela l'exemple des autres. Cette fièvre des esprits, en minant l'autorité royale, avait pénétré jusque dans ces Corps, flattés dans leur orgueil par l'appui que les peuples affectaient d'en attendre. Le Parlement de Dijon, d'abord catholique implacable jusqu'à ce qu'il devînt suspect par ses tendances politiques, vivement favorisées par les libertés de la controverse religieuse, entra, mais sourdement, dans l'arène ainsi ouverte à ses empiétements. C'était sous l'empire de ces indépendances d'idées, qui des personnes avaient pénétré dans les Cours souveraines, que les luttes de la France avec la Cour de Rome avaient pris ce caractère d'aigreur que les désordres du clergé, joints aux abus du pouvoir spirituel pendant le pontificat de Jules II, avaient, sous prétexte de réformes nécessaires, trop bien excusé. L'origine du protestantisme en Allemagne, œuvre plus politique que religieuse, n'eut pas d'autre cause que ces usurpations latentes nées du droit d'examen qui, depuis les controverses dogmatiques, devait amener la raison humaine à s'immiscer en toute chose.

Le concordat de François Ier avec Léon X, conclu dans le but apparent de pacifier l'Eglise en même temps que pour faciliter l'entreprise faite par le Roi en Italie, fut le premier objet de la résistance des Parlements. Cet acte de vigueur, qui moralisait le clergé en mettant fin aux querelles de la Pragmatique, avait été l'objet d'une immense réprobation, bien qu'approuvé dans sa base par le concile de Latran. On voit, par les anciennes délibérations, que le Parlement de Dijon ne l'enregistra qu'avec la plus grande répugnance le 7 juin 1515 (1), sur le rapport du conseiller Poillot, *præcepto domini regis reiteratis vicibus facto*, et en protestant qu'il continuerait à juger les procès suivant le droit commun. Réserve imprudente qui força plus tard le Roi, sorti de prison, à déférer au grand Conseil les contestations ecclésiastiques. Cette résistance d'une Compagnie encore novice en cette matière avait partout porté ses fruits en Bourgogne. L'évêque nommé de Chalon, Jean de Vienne, présenté par le Roi à la sanction du Pape longtemps après, s'était vu contester son élection par les chanoines assemblés, qui prétendirent retenir pour eux un privilége auquel des ordres sévères les forcèrent de renoncer. Vainement avaient-ils député un des leurs pour protester des droits du chapitre : le Roi leur ordonna d'obéir; ce que faisant à demi, ils élurent le même évêque, sous prétexte, dirent-ils, de *fortifier* sa nomination, de peur qu'il n'y fût troublé. En favorisant de telles résistances, ce Parlement suivait, de même que tous les autres du royaume, alors au nombre de six, l'exemple donné par celui de Paris

---

(1) Trois ans avant celui de Paris, qui ne le fit que le 16 mars 1518, après des lettres de jussion et sous les mêmes réserves.

après deux années de lutte soutenue durant la captivité du Roi à Madrid, comme s'ils eussent choisi, pour anéantir l'acte le plus important de ce règne, le temps où le Souverain était dans l'impuissance de leur résister. Telles furent, du côté de la Royauté, les raisons sérieuses qui avaient fait conclure ce concordat, en même temps que nous allons dire celles qui firent refuser de le reconnaître par l'abrogation qu'avait consentie François Ier, de la Pragmatique, qui depuis près d'un siècle agitait l'Eglise, et dont il ne sera pas sans utilité de rappeler ici le caractère opposé.

Etablie dès 1438 à Bourges, dans une assemblée générale du clergé et des Grands de l'Etat, puis sanctionnée par Charles VII, cette dernière loi était demeurée chère à la France, non moins par la forme solennelle sous laquelle elle avait été reçue qu'à raison du mode d'élection des évêques qu'elle consacrait, bien que dans l'origine ce droit eût été un des priviléges de la couronne. Les Parlements n'ignoraient pas cette antériorité primitive. Ils savaient que le droit du même genre concédé aux chapitres l'avait été au mépris de celui de la multitude, après que celle-ci s'était arrogé la première le privilége du Souverain. Ces mêmes Corps avaient aussi été témoins des brigues et des simonies qui avaient corrompu ces assemblées et jusqu'aux élections réduites à ces chapitres. Mais, avec la périodicité des Conciles déterminée par l'Eglise, et qui plaçait au-dessous d'eux l'autorité des Papes, bien qu'en faisant partie intégrante, un frein était imposé par la Pragmatique à l'autorité royale, si puissante en toutes choses. Il n'en fallut pas davantage pour qu'ils prissent la défense d'un droit qui souriait à leur ambition. A défaut des Etats-Généraux tombés dans l'oubli, et malgré des scandales sans nombre, la nation avait pu, dans l'assemblée célèbre qui l'avait consacrée, essayer ses forces par un simulacre de liberté dont les Cours souveraines espérèrent profiter plus tard elles-mêmes dans les affaires publiques, ainsi soustraites au seul arbitraire du Prince. Ajoutez cet entrain de popularité qui commençait à les tourmenter à mesure qu'elles s'éloignaient de leur origine, et dont le Parlement de Paris, bien antérieur à elles et soumis aux mêmes règles de subordination, leur avait donné l'exemple. Tels furent en Bourgogne, comme dans d'autres provinces, les intérêts ou les passions que souleva la fondation d'un nouveau droit ecclésiastique qui, malgré les désordres auxquels il remédia, faillit tout bouleverser.

On sait ce que devint depuis la Pragmatique. Abandonnée par Louis XI, elle fut traînée dans les rues de Rome sous le pontificat de Pie II pour reprendre faveur sous Charles VIII, après les luttes qu'engagèrent pour la défendre l'Université et le Parlement de Paris. De tout temps le clergé de France avait regretté l'abolition de cette ancienne charte, prélude d'autres libertés qu'il n'entrevit pas. De là, et par une usurpation patente, cette jurisprudence établie d'y avoir recours dans tous les cas auxquels le concordat n'avait pas dérogé, quoique ayant été expressément abrogée comme règle. En Bourgogne, pays de libre discussion, il en arriva de même, et l'usage en fut observé jusqu'à la fin. On peut lire dans le procès-verbal de l'assemblée des Etats de Bourgogne ouverts à

Dijon, le 4 mai 1789, que l'ordre du clergé demanda par ses élus « l'abolition du concordat de François I*er* et le rétablissement de la Pragmatique, *à l'exception des articles contraires aux libertés de l'Eglise gallicane et à l'autorité du Roi;* » principes alors sans contradicteurs. Ainsi le souvenir de l'ancien droit public ecclésiastique était demeuré entier et se ranima d'une commune voix émanée des évêques, des abbés et du clergé de la province (1).

Nous rappellerons ici pour mémoire l'édit de 1535 dont nous avons parlé dans le premier chapitre de cet ouvrage, et par lequel François I*er* agrandit le ressort du Parlement par la réunion de la Bresse, ainsi que des bailliages de Bourg, Gex et Belley, conquis avec la Savoie.

Un procès fameux dans les fastes de l'histoire, et dans lequel le Parlement de Bourgogne sera appelé à jouer le premier rôle, fut, après cette agglomération de territoire au ressort de cette Compagnie, l'événement le plus important qui signala cette époque de ses annales si voisine des troubles religieux du XVI*e* siècle. Nous en rassemblerons ici les faits principaux puisés à des sources authentiques, et pour la plupart ignorés de nos jours, où ils ne sont parvenus qu'à travers des appréciations confuses. François I*er*, demeuré maître de la Savoie, avait jugé à propos d'y établir un Conseil souverain avec la même autorité que celle des autres Parlements du royaume. Par lettres patentes données à Moulins au mois de février 1537, il avait choisi pour le présider Raymond

---

(1) Voir les procès-verbaux ou cahiers de cet ordre à ladite époque.

Pellisson, alors lieutenant au présidial de Riom. Plusieurs autres Français venaient d'être aussi pourvus par ce Prince de charges de conseillers au même Corps, où Julien Tabouet, simple avocat au Conseil, avait obtenu celle de procureur général, alors si importante dans un pays récemment incorporé à la France.

Pellisson et Tabouet, investis de ces premières dignités, devaient être les acteurs de la lutte acharnée que nous allons décrire. Elle fut pour chacun d'eux le sujet de traverses sans nombre, dont les causes n'ont jamais été bien éclaircies, et sur lesquelles des détails ignorés pourront répandre de nouvelles lumières, en dissipant des préventions nées de la haine ou de l'affection de quelques contemporains. On dira ensuite si la justice appelée à prononcer put s'en préserver à son tour.

C'était depuis quelques années de travaux communs, bien que dissemblables, que dataient les inimitiés capitales qui étaient survenues entre Tabouet et plusieurs officiers du nouveau Parlement. Ces haines avaient pris naissance dans des réprimandes sévères faites par ce Corps au procureur général touchant l'exercice de sa charge, suivant le droit que s'arrogeaient alors les Cours souveraines, et que ce magistrat, d'une humeur altière, n'avait pu souffrir, bien que justifiées par sa conduite. Résolu de s'en venger avec éclat, il rechercha, pour les travestir, les actions de Pellisson, l'auteur principal de ces remontrances, et celles des autres officiers qui s'y étaient associés, et qu'il regardait comme des ennemis acharnés à sa ruine. Aux mémoires qu'il avait le premier adressés au Roi à cette occasion, ceux-ci avaient eux-mêmes répondu par d'autres semblables, où ils gardaient au moins sur leur adversaire l'avantage de défendre un acte de leur justice contre les récriminations de celui qui en était le sujet et qui semblait s'en venger par la délation. Procédé condamnable en soi, par cela seul qu'il émanait, vis-à-vis une Compagnie souveraine, d'un de ses inférieurs en autorité; ce qui devait, suivant un principe admis dans la jurisprudence criminelle de ce temps, le faire repousser sans examen, *et priusquam se crimine quo premeretur exeruisset* (1). Il s'agissait pour tous de faux et de malversations commis dans leurs fonctions.

Des situations ainsi faites ne pouvaient, à défaut de la règle observée, manquer de disposer peu favorablement l'opinion en faveur de Tabouet, et elles n'eussent pas manqué de le perdre dès l'origine si des recommandations puissantes ne fussent venues en paralyser l'effet. On voit, par des lettres patentes du Roi des 3 novembre 1549 et 2 juillet 1550, enregistrées depuis par le Parlement de Bourgogne, que ces accusations réciproques ayant été portées au grand Conseil et au Conseil privé, il y fut ordonné, par deux arrêts des 12 août et 23 mars 1545, qu'il serait informé sur le tout par deux magistrats choisis dans la Cour la plus rapprochée. Ce furent le président de Bellièvre et le conseiller de Lacroix, du Parlement de Grenoble, lesquels décernèrent d'ajournement personnel Pellisson, et avec lui onze autres officiers du Parlement de Cham-

---

(1) Voir la loi *Criminis* au Code, *De iis qui accusare possunt vel non*, celle *Neganda est accusatio* (eodem), ainsi que l'article 155 de l'ordonnance d'Orléans contre les délateurs.

béry. Ces procédures achevées, et par un dessaisissement inattendu que l'on attribua non sans raison aux sollicitations nouvelles de Tabouet, il plut au Roi de renvoyer le jugement de ce procès au Parlement de Dijon, et de commettre Jean de Lantier, procureur général à Grenoble, pour faire devant la nouvelle Cour les fonctions de partie publique. Tel fut l'objet des lettres patentes de 1549 et de 1550, dont nous avons la teneur sous les yeux, et qui furent, à raison de ce premier renvoi, accordées contre toutes les règles de juridiction.

Le Parlement de Dijon, saisi de la sorte, ordonna, par arrêt du 26 mars 1549 et après l'enregistrement de ces lettres, que l'affaire serait jugée à la Tournelle au lieu de la Grand'Chambre, à laquelle la qualité des parties en attribuait la connaissance. Il décida de plus que, pour ne point retarder le jugement des procès ordinaires, on ne commencerait à instruire celui-ci qu'après le semestre d'été, et l'accusation portée contre Tabouet avant toutes les autres.

L'instruction fut commencée le 1ᵉʳ septembre 1550, et devait durer près de deux ans (1). Les juges nommés au registre du même jour, et que nous faisons ici connaître à cause des actes auxquels plusieurs d'entre eux devaient se trouver mêlés, étaient Jean Baillet, président à mortier du Parlement de Dijon (2), et les conseil-

---

(1) Terminée le 28 juin 1552.
(2) D'une famille fort ancienne de Chalon-sur-Saône. Il devint en 1551 Premier Président du Parlement de Dijon. Son corps est inhumé à l'hôpital de la première de ces villes, dont il fut le principal bienfaiteur. De lui descendit Baillet de Vaugrenant, président aux requêtes du Palais, qui se battit pour Henri IV pendant la Ligue.

lers Julien, Fremiot, Sayve, La Verne, Girardot, Colin, Coussin, de Recourt, Le Blond, Bessey, de Xaintonge, de Cirey, de Maillerois, Bataille et Gautherot. Les seuls accusés qui comparurent, sur un plus grand nombre d'ajournés par décrets, furent : le président Pellisson, Benoît, Crassus, Jean de Boissoné, Louis Gausserand dit du Rozet, et Celse Morin, tous du parlement de Chambéry ; Jean Thierry, avocat du Roi ; Julien Tabouet procureur général, et Jean Ruffin, greffier civil en la même Cour. Par des motifs qui sont restés impénétrables, il n'est plus question des quatre autres, bien que nommés dans les récriminations de Tabouet et ayant été déjà frappés d'ajournement par le Parlement de Grenoble, ainsi qu'on l'a vu précédemment. Tous les accusés présents furent placés sous la garde d'un huissier de la Cour, et c'est par une erreur évidente, jointe à beaucoup d'autres par lesquelles l'ordre de ces poursuites a été défiguré, que l'on a pu dire qu'ils s'étaient constitués prisonniers, et que Tabouet, notamment, avait été reçu dès ce temps partie civile poursuivante au procès, situation incompatible avec le rôle d'accusé qu'il subissait alors, et qu'il ne lui fut permis de prendre qu'après son absolution prononcée par le même Parlement, accusé plus tard de l'avoir accélérée dans ce dessein.

Pour d'autres causes qu'il serait difficile de justifier devant l'histoire, on voit que les accusés furent jugés séparément, bien que l'accusation portée contre tous leur fût commune et, entre les deux principaux d'entre eux, récriminatoire. L'un des premiers, Celse Morin, frère de Nicolas Morin, conseiller au Parlement de Dijon,

et qui avait été seul mandé à la barre le 8 novembre
1550, en fut quitte pour une réprimande que l'on ne
manqua pas d'attribuer à sa parenté. Puis, par un revirement de procédures qui semblait trahir des motifs non
moins suspects, on s'occupa de l'affaire concernant
Tabouet, comme pour affranchir celui-ci par un acquittement des liens qui l'empêchaient de se constituer
partie dans une cause où il allait devenir l'adversaire si
acharné de Pellisson. Cet arrêt fut rendu le 26 janvier
suivant, et Tabouet absous des crimes qu'on lui avait
reprochés, dans des termes qui n'en laissèrent pas même
subsister le soupçon.

Le Parlement commença immédiatement après le procès de Pellisson et débuta contre ce vieillard par un
acte de rigueur dont Tabouet avait été affranchi. Le
président fut arrêté et déposé au Château le 9 mai 1551.
Le 27 juillet suivant, au rapport du conseiller La Verne,
un arrêt déclara faussement fabriqués tous les actes contre lesquels Tabouet s'était inscrit. Par le même
acte, Pellisson fut jugé, en raison de ces faux, à jamais
incapable de tenir office royal, et condamné à faire
amende honorable au parquet de l'audience, où les
pièces déclarées fausses seraient lacérées en sa présence,
comme encore à 10,000 livres d'amende envers le Roi,
2,000 livres envers Tabouet, et le surplus de ses biens
confisqués. A quoi la sentence ajouta qu'il serait confiné
au lieu qu'il plairait au Roi de désigner. Ces peines
devaient lui être prononcées le lendemain à l'audience,
après quoi Pellisson serait reconduit dans sa prison.
Tous ces arrêts furent rendus par la Tournelle, à

laquelle, ainsi que nous l'avons dit, la connaissance en avait été attribuée, comme si l'illustre Premier Président Patarin, qui était à la tête du Parlement à cette époque, eût voulu s'interdire toute participation à un pareil procès (1).

Ce fut un triste spectacle que celui du jour où l'arrêt prononcé contre Pellisson fut exécuté à Dijon, en plein Palais, au milieu d'une foule attendrie et qui n'ignorait pas ce que cette affaire avait présenté d'incertain. On vit cet homme, avancé en âge, perclus de la moitié du corps par l'effet de sa longue captivité, apporté par deux huissiers du Château, où il était détenu, et déposé dans une chaire, vêtu d'une robe de taffetas noir et tenant son bonnet carré à la main. Ainsi placé, Tabouet recommença contre lui ses déclamations furibondes dans une harangue où il avait pris pour texte ces paroles de l'Ecriture : *Hæc est dies quam fecit Dominus*, et dont le Parlement ne craignit pas de souffrir la lecture. Après quoi le président Baillet prononça l'arrêt, et Pellisson s'étant mis à genoux, non sans de grands efforts, fit, suivant la formule consacrée, l'amende honorable prescrite (2). Puis il supplia la Cour de le mettre hors du Château *pour la faiblesse et grande infirmité de sa personne;* prière qui ne fut point exaucée et qui resta la dernière qu'il adressa à cette Compagnie, jusqu'au jour où à force de

---

(1) Il mourut le 20 novembre 1551, quatre mois après cet arrêt rendu, et eut pour successeur Baillet lui-même, qui avait présidé à ces débats, ayant été nommé le 23 décembre de la même année.

(2) Tenant à la main une torche de cire ardente du poids de quatre livres, et criant merci *à Dieu, au Roi et à Tabouet*. (Voir les *Arrêts de Papon*.)

persévérance de sa part, la délation étant confondue, la justice allait, par d'autres organes, se démentir elle-même.

Huit jours après, et le 4 août 1551, les conseillers de Boissoné et du Rozet, déclarés convaincus de faux, étaient privés de leurs offices par le Parlement, et condamnés à de fortes amendes envers le Roi et envers Tabouet ; Boissoné, comme prêtre, renvoyé à son juge d'église pour délit commun (1) ; l'avocat du Roi, Thierry, par un un arrêt plus rigoureux, rendu le 4 février 1552, tenu de faire amende honorable, et le greffier Raffin condamné à une réparation dont la mémoire n'a pas été conservée jusqu'à nous.

Quant au conseiller Crassus, mal à propos nommé Crafflius par les biographes, il fut condamné à 600 livres d'amende envers le Roi et 200 livres envers Tabouet, de plus suspendu de son office pendant un an. La sentence est du 11 avril 1552 et lui fut prononcée le 13 du même mois en la Chambre des huissiers. Et quand toutes ces procédures eurent été ainsi menées à fin, le Parlement, par une démarche inouïe qui ne trouvait d'exemple que dans les plus mauvais jours des troubles politiques, députa à Paris le conseiller Bataille, l'un des juges, pour rendre compte de cette affaire.

Mais, ainsi qu'on l'avait prévu, les condamnés, frap-

---

(1) On lit dans l'*Annaliste de Toulouse*, tome 2, p. 76, qu'il fut, en l'année 1551, condamné à faire publiquement abjuration de ses erreurs et en une amende de 3,000 livres envers les pauvres, avec confiscation de sa maison. Il avait enseigné avec honneur le droit dans la même ville ; Rabelais le nomme *très docte et vertueux* Boissoné. (L. 3, ch. 29.)

pés dans leur honneur par de telles sentences, en appelèrent à la justice du Roi pour obtenir la révision de leur procès. Déjà, par un acte préalable et qui ne s'était pas fait attendre, le président Pellisson s'était fait remettre les peines dont il avait été frappé et décharger de la confiscation de ses biens, en même temps qu'il avait transigé avec Tabouet lui-même sur le paiement des amendes. On répandit le bruit qu'il avait dû cette faveur au crédit du connétable de Montmorency et de la duchesse de Valentinois. Les lettres patentes publiées à cette occasion sont du 15 août 1551 ; et, bien que nous n'en n'ayons pas la preuve, tout porte à croire que Boissoné et du Rozet obtinrent plus tard la même grâce.

Le Parlement de Dijon, averti par ces retours ainsi que par d'autres plus significatifs qui menaçaient l'autorité de ses arrêts, renouvela, en l'aggravant, la faute qu'il avait déjà commise et qui était une première atteinte portée à sa dignité. Il envoya cette fois à la Cour, au lieu d'un seul de ses membres, une députation nombreuse chargée de défendre à tout prix des actes où son amour-propre semblait plutôt intéressé que la justice (1). Mais déjà le Parlement de Paris, par une décision précipitée rendue le 16 mai 1555, avait, sur le renvoi qui lui en avait été fait par le grand Conseil, cassé tous les arrêts

---

(1) Voir au Registre du 23 janvier 1556 une délibération de cette Compagnie, dans laquelle le conseiller La Verne lui rend compte de son voyage auprès du Roi pour raison des procès jugés à cette occasion, et où il conclut à ce que « nos seigneurs du Parlement de Paris faisant de grands préparatifs pour la défense de leurs jugements, il fût avisé quels moyens l'on emploierait pour que *l'honneur et victoire* demeurassent à nos seigneurs du Parlement de Dijon. »

rendus par les magistrats de Dijon dans cette affaire et ordonné que Tabouet serait poursuivi comme calomniateur. Dans cette phase nouvelle du procès, où le respect jusqu'alors négligé pour les formes de la justice avait été si hautement invoqué comme un reproche, on remarque que ce Parlement omit lui-même d'appeler à prendre part à son jugement les deux rapporteurs du procès au Parlement de Dijon, quoique l'eût formellement prescrit l'arrêt du Conseil qui lui en avait attribué la connaissance. Ainsi c'était, des deux juridictions rivales, à qui se montrerait la plus oublieuse des règles les plus essentielles dans ces épreuves difficiles, où chacune d'elles allait avoir à se défendre à son tour.

L'arrêt lui-même qui avait été rendu à la suite du renvoi fait par le grand Conseil, sous prétexte de prétendues nullités, avait mérité ce reproche pour le mépris qu'on avait fait, dans un pareil acte, de la règle qui voulait que tout procès criminel révisé fût soumis à nouveau aux mêmes juges qui en avaient connu, lorsque ces juges n'avaient point de supérieurs en autorité. Tel était le prescrit de l'édit de 1545, rendu par François 1er, et qui était demeuré une maxime du droit français ; de sorte que c'était déjà par un coup d'autorité suprême que l'instance avait été renvoyée devant le Parlement de Paris. Le ministère essaya d'échapper à ce reproche trop bien mérité, et le Roi, qui s'était fait rendre compte de cette affaire, crut mettre un terme aux luttes engagées entre les deux Compagnies en créant une justice bâtarde composée de plusieurs membres de chacune d'elles. Ceux de Dijon furent choisis parmi les juges qui avaient connu du procès, auxquels il ordonna de se trouver au Parlement de Paris transformé en commission, ainsi qu'on le pratiquait dans les cas où la justice était administrée suivant une forme arbitraire.

Déjà peu avant ces lettres patentes, Henri II avait dit aux membres de la députation dijonnaise venus pour prendre congé de sa personne, que *le Parlement de Dijon avait jugé suivant sa conscience, et celui de Paris selon l'équité.* Paroles peu équivoques et qui, sous une forme conciliante, indiquaient assez de quel côté la balance allait désormais pencher. Quelques jours plus tôt, plusieurs membres des deux Compagnies avaient été aussi mis en présence chez le chancelier, où peu s'en était fallu qu'ils n'en vinssent aux mains à la suite des discussions les plus animées, dans lesquelles chacun avait soutenu son ouvrage; querelle déplorable qui explique les paroles du Roi, qui avait cherché à donner satisfaction aux deux parties.

Mais l'arrêt du Conseil qui composait la commission définitive ne fut pas mieux exécuté que les précédents. On voit, par les registres de la Tournelle de Paris du 15 octobre 1556, qu'aucun membre du Parlement de Dijon ne fut appelé à y prendre part, non plus qu'aucun maître des Requêtes, dont l'adjonction en certain nombre avait été si expressément ordonnée par cette haute juridiction (1). C'était donc pour la seconde fois que le

---

(1) Cinq conseillers du Parlement de Dijon, et six maîtres des requêtes réunis à un président et cinq conseillers du Parlement de Paris, devaient *ensemble* composer la commission définitive instituée par l'arrêt du Conseil.

Parlement de Paris se permettait de violer les ordres du Roi ; ayant refusé lors du premier arrêt de s'adjoindre les deux rapporteurs de Dijon, ainsi qu'il y était obligé et que les plus hautes convenances semblaient lui en faire une loi. Qu'arriva-t-il au milieu de ces illégalités? Pellisson, déjà absous, vit confirmer son innocence par un nouvel arrêt, dans lequel l'oubli des formes fondamentales dépassa de beaucoup l'omission de celles qui avaient été la cause ou le prétexte de ces renvois, et dont on avait fait tant de bruit dans toute la France. Nous donnons ici la teneur de cette décision importante (1), confirmée depuis par le Conseil du Roi, et qui appartient désormais à un épisode du XVI° siècle dont les chroniques n'ont fait qu'une mention confuse et pleine d'erreurs :

« Dit a été, en faisant droit sur le tout et sans avoir égard à la qualité de procureur général du Roi en la Cour de Parlement de Chambéry par ledit Tabouet prise esdits procès, que ladite Cour, en tant que touche les faussetés par ledit Tabouet prétendues contre ledit Pellisson pour raison desdits arrêts donnés en ladite Cour de Parlement de Chambéry les 11 mai et 14 juin 1539, etc.; icelle Cour a absous et absout lesdits Pellisson, Boissoné et du Rozet respectivement desdites prétendues faussetés, et a condamné et condamne ledit Tabouet pour ce regard aux dépens desdits procès, dommages-intérêts desdits Pellisson, Boissoné et du Rozet ; lesdits domma-

---

(1) Rendue par seize magistrats du Parlement de Paris, présidés par le président Séguier, et au rapport du conseiller Gayant, le 15 octobre 1556.

ges-intérêts ladite Cour, pour aucunes causes à ce mouvantes, a taxé c'est à savoir : envers ledit Pellisson à la somme de 2,000 livres *parisis*; envers ledit Boissoné en la somme de 800 livres *parisis*, et envers ledit du Rozet en pareille somme de 800 livres *parisis*, et en outre les autres dépens, dommages-intérêts à eux adjugés par l'arrêt du 16 mai 1553, pour le paiement desquels dommages-intérêts Tabouet tiendra prison.

« Et quant au surplus des autres accusations et autres cas et crimes imputés par ledit Tabouet auxdits Pellisson, Boissoné et du Rozet, desquels la connaissance a été attribuée à ladite Cour, elle a icelles parties mis hors de Cour et de procès, sans dépens, dommages-intérêts de part et d'autre.

« Et, pour réparation des fausses et calomnieuses accusations instituées par ledit Tabouet contre lesdits Pellisson, Boisonné et du Rozet, et autres malversations résultant tant des anciennes que des nouvelles productions faites ezdits procès, ladite Cour a condamné et condamne ledit Tabouet à faire amende honorable au parquet d'icelle, à jour de plaidoirie et audience à huis ouvert, nuds pieds et tête, à genoux et en chemise, la corde au col, tenant en ses mains une torche de cire ardente du poids de deux livres, et *illic* dire et déclarer à haute et intelligible voix que faussement, malicieusement, calomnieusement et contre vérité il a chargé et accusé lesdits Pellisson, Boissoné et du Rozet desdits prétendus faits, crimes et délits, dont il se repent et requiert pardon merci à Dieu, au Roi, à justice et auxdits Pellisson, Boissoné et du Rozet, et a ordonné que les remontrances et doléances par ledit Tabouet présentées au Roi, ensemble les moyens de faux par lui baillés à l'encontre desdites pièces, seront lacérés et rompus en sa présence.

« Ordonne que, ce fait, il sera mené en l'état que dessus et conduit par les huissiers de la Cour sur le perron et pierre de marbre, et au bout des grands degrés du Palais, et *illic* faire pareille amende honorable, et dudit lieu mis dans une charette et conduit au pilori des halles de cette ville de Paris par l'exécuteur de la haute justice, pour y être tourné trois tours et après ramené en la conciergerie du Palais.

« En outre a condamné et condamne ledit Tabouet à faire semblable amende honorable aux parquet et audience de ladite Cour de Parlement de Chambéry où il sera mené sous bonne et sûre garde; l'a condamné et condamne en 2,000 livres *parisis* d'amende envers le Roi et à tenir prison audit lieu de Chambéry jusqu'à entier paiement desdites amendes et dommages-intérêts, adjugés tant au Roi qu'auxdites parties, pour, ladite satisfaction et paiement faits, être perpétuellement confiné audit pays de Savoye ou tel autre lieu du royaume qu'il plaira au Roi ordonner; et a déclaré et déclare tous et chacun ses autres biens confisqués à qui il appartiendra, lesdites amendes, dépens, dommages-intérêts préalablement payés et acquittés.

« Et pour aucunes causes et considérations à ce mouvantes, ladite Cour a ordonné et ordonne que ledit Pellisson sera mandé en icelle pour lui être fait les remontrances par elles ordonnées, auquel Pellisson la Cour a enjoint de garder et faire garder en ladite Cour de Parlement de Chambéry les ordonnances..... et défense d'y contrevenir sous peine d'amende arbitraire. »

Ce terrible arrêt fut exécuté à la rigueur, pour ce qui pouvait l'être à Paris, le même jour où il avait été prononcé; et Tabouet, qui quatre ans auparavant avait obtenu un triomphe si complet au Parlement de Dijon, fut obligé de subir devant un autre tribunal toutes ces humiliations. On a prétendu qu'il les avait supportées avec courage : c'est du moins le témoignage que lui a rendu Mathurin Cordier, son ami, savant de ce temps-là, dans une lettre pleine d'emphase et qui pouvait s'appliquer à une cause meilleure. Du reste, les personnes qui, en petit nombre, semblèrent jusqu'à la fin s'intéresser à son malheur, convenaient de ses torts de conduite et de caractère (1). Le public, moins partial, approuva l'arrêt qui l'avait frappé, et qui, après l'avoir été à Paris, fut exécuté contre lui à Chambéry, où il demeura en prison jusqu'à ce que ce pays eût été restitué au duc de Savoie. Ainsi rendu à la liberté, Tabouet revint en France et mourut à Toulouse sous le règne de Charles IX, après avoir publié plusieurs ouvrages qui lui ont laissé un nom dans la république des lettres, et qui avaient été (chose étonnante!) presque tous composés pendant sa longue captivité.

Raymond Pellisson, son compétiteur et victime de sa haine, ne survécut pas lui-même longtemps à l'arrêt qui

---

(1) Voir, dans le même sens, le témoignage de Saint-Julien de Baleure, *De l'origine des Bourguignons*.

avait proclamé son innocence (1). Courbé par l'âge et les infirmités, il mourut à Chambéry le 11 juillet 1558, en plein exercice de sa charge, dans laquelle il avait été rétabli avec honneur, après avoir servi auparavant le roi François 1ᵉʳ en Savoie, dans les affaires de l'Etat, de la guerre, de la justice, et même à l'étranger dans une ambassade. De lui est né, par troisième descendance directe, Paul Pellisson, maître des Requêtes de l'hôtel du Roi, assez connu par ses nombreux ouvrages.

Le président de Thou, qui, de tous les critiques, s'est prononcé le plus en faveur de ce magistrat, et dont le témoignage a d'autant plus de poids qu'il n'avait pas été étranger aux débats qui eurent lieu à cette occasion (2), n'hésite pas à attribuer sa condamnation devant le Parlement de Dijon aux influences du duc d'Aumale, ami de Tabouet et gouverneur de la Bourgogne. Pellisson lui-même, dans les requêtes qu'il présenta au Roi par forme de défense, ajouta à ces préventions le reproche adressé à Tabouet d'avoir fait enlever au Parlement de Grenoble la connaissance d'un procès dont il était saisi par ordre du Souverain, pour le faire attribuer à celui de Dijon, ainsi que d'avoir choisi pour juges, dans cette Compagnie, ceux dont il s'était assuré d'avance par ses intrigues. Quant à nous, nous aimons mieux croire, pour l'honneur de ces

---

(1) Sa femme en eut, suivant le témoignage de Moréri, une si grande joie, qu'elle en mourut sur l'heure.

(2) Il fut chargé avec plusieurs membres, par le Parlement de Paris, de se rendre en députation vers le Roi pour faire rapporter l'arrêt du Conseil qui avait prescrit que les deux Parlements fussent mis en présence par leurs députés, afin de rendre compte de leurs jugements.

magistrats, parmi lesquels on rencontre des noms respectés, à de nouvelles preuves (1) invoquées de l'innocence des accusés devant le Parlement de Paris, qui les jugea en dernier ordre par une sentence que l'histoire a confirmée, comme elle le fut alors par le suffrage des contemporains (2). Seuls de quelques savants de ce siècle, Jean du Luc, Gabriel Minuti, Dom Liron, Lacroix du Maine, et d'autres avec lesquels Tabouet avait conservé des rapports dont les lettres devinrent l'occasion, lui demeurèrent fidèles dans ses malheurs en entreprenant, mais sans succès, une réhabilitation devenue impossible après l'éclatante justice dont il avait été l'objet.

Le président Bouhier, jurisconsulte autorisé, mais parlementaire suspect, a essayé aussi, deux siècles plus tard,

---

(1) Parmi lesquelles fut la découverte de plusieurs pièces que Tabouet fut obligé de reconnaître vraies et qui démentaient sa plainte.

(2) Papon, en ses *Arrêts*, livre 19, titre 8, art. 9; — M. de Thou, *Hist.*, lib. 17, § 20; — Goulard, *Hist. admir.*, tome 1er, folio 7; — Bayle, *Dict.*, art. Tabouet; — Dom Liron, *Singul. histor.*, tome 1er, page 425; — Le Père Niceron, *Mémoires pour l'histoire des hommes illustres*, tome 38, page 240; — Guichenon, *Histoire de la Bresse*, tome 1er, page 102; — Le président Favre, *Cod.*, livre IV, titre 43.

On trouve aussi dans le recueil de Brillon, au mot : *Contrariété d'arrêts*, une décision par laquelle le Roi, en son Conseil, aurait ordonné que les magistrats des Parlements de Grenoble et de Dijon, qui avaient rendu les premières sentences contre Pellisson, fussent traduits devant le Parlement de Toulouse pour y être punis *corporellement et exemplairement*. Mais cet acte, tiré par l'arrêtiste d'un livre devenu fort rare ayant pour titre : *Dicearchiæ Henrici, regis christianissimi, progymnastata*, ou Recueil d'arrêts, dont Raoul Spifame, alors avocat au Parlement de Paris, était l'auteur, ne paraît pas (bien que ce dernier en ait rapporté le texte) pouvoir être facilement admis dans un récit où la vraisemblance doit être préférée à un témoignage isolé et apocryphe.

de justifier les arrêts rendus dans ce procès par le Parlement de Dijon au détriment de celui de Paris, appelé à les réviser par ordre du Roi. Malheureusement cette défense, où l'esprit de corps se montre trop à découvert, ne saurait balancer le jugement d'hommes aussi dignes d'estime que ceux que nous avons cités et cet élan de la conscience publique qui ratifia d'une commune voix la part d'innocence ou d'infamie attribuée en dernier ordre à chacun. Or la sagesse humaine ne saurait aller au-delà de ces garanties, et ce serait aujourd'hui une témérité d'en demander davantage au passé (1) pour susciter des doutes que le temps ne permet plus d'éclaircir.

Qu'arriva-t-il de contrariétés si patentes dans l'administration de la justice ? Malgré le discrédit qui ne manqua pas d'en résulter pour la magistrature et ses arrêts dont l'autorité avait été ainsi ébranlée, le gouvernement, peu ému de ce danger, ne vit dans l'atteinte portée à une puissance rivale qu'un moyen d'occuper les esprits trop enclins aux luttes religieuses qui déjà agitaient la France. Peut-être encore, et par une condescendance calculée dans ce but, voulut-il prolonger un procès plein de scandales et qu'il eût pu, par un silence prudent, étouffer sans efforts. Or, il ne le voulut pas ou le voulut mal, en laissant les deux Parlements aux prises sans prendre parti pour aucun, après avoir semblé favoriser

(1) On peut voir encore, dans les écrits publiés par les apologistes de Tabouet eux-mêmes, que le principal faux imputé à Pellisson fut démenti devant le Parlement de Paris, de l'aveu et à la grande confusion de son dénonciateur. (Affaire du comte de La Chambre et de l'évêque de Maurienne.)

successivement Tabouet et Pellisson poursuivis, absous et condamnés chacun à leur tour au gré d'influences contraires dont on put le soupçonner d'avoir disposé, en souffrant que les deux accusés usassent des mêmes artifices et de la même prévention. Mais la multitude, préoccupée des luttes irritantes de cette époque, n'apporta à celle si émouvante de noms élevés dans la robe mêlés à des accusations odieuses ou justifiées, qu'une attention passagère. C'est ainsi qu'elle continua, à l'aide des passions religieuses, à préparer au Roi des embarras plus sérieux, que le respect détruit pour la justice du pays ne pouvait que rendre plus redoutables. Le protestantisme, qui avait pris naissance au commencement de ce siècle, était le fond de cette situation, la plus périlleuse que la monarchie eût traversée, et qui devait laisser dans cette province des traces aussi nombreuses que sanglantes par la révolution qui allait en sortir, en menaçant, sous la forme de controverses dogmatiques, l'ordre public jusque dans ses fondements.

Cette révolution, religieuse en attendant qu'elle devînt politique, avait pris sa source dans l'orgueil de quelques hommes encouragés, comme nous l'avons dit, par les désordres du clergé et les entreprises de la Cour de Rome sur le pouvoir séculier. On lit dans une délibération du 30 mars 1518, que le Parlement de Dijon avait dès cette époque mandé à sa barre Legoux, vicaire général et official de Langres, pour lui dénoncer les scandales des monastères et des abbayes. Il avait de plus prescrit à l'évêque diocésain d'y pourvoir sous peine d'une intervention directe de sa part; avertissement qui n'aboutit qu'à d'insignifiantes réformes ou à des luttes avec le pouvoir spirituel, qui déjà avait oublié ce que cette Compagnie avait tenté d'efforts pour le maintien de la Pragmatique.

La Bourgogne était trop voisine de l'Allemagne et de Genève pour ne pas se ressentir une des premières parmi les provinces des erreurs nouvelles qui désolaient ces contrées. L'hérésie, proscrite en France sous des peines sévères par les édits de François Ier (1) et de Henri II, sous le règne desquels elle s'était manifestée, mais contenue dans cette province par les croyances héréditaires, n'avait point encore osé s'y montrer à découvert (2), lorsqu'un épisode inattendu l'y fit éclater bientôt. Jacques Bretagne, *vierg* d'Autun, député aux Etats-Généraux, transférés de Pontoise à Saint-Germain-en-Laye, avait parlé au sein de cette assemblée dans le sens

---

(1) Voir aux Archives la déclaration du 31 mai 1530, enregistrée par le Parlement le 13 novembre suivant, qui défend d'acheter les biens des personnes suspectes d'hérésie.

(2) Une mutilation accomplie le 19 janvier 1557 sur une peinture représentant, derrière l'abside de l'église Saint-Philibert de Dijon, l'image de la sainte hostie, fut un des premiers actes qui, par leur hardiesse, montrèrent la présence dans cette ville d'un certain nombre de ceux de la religion nouvelle. Le Parlement ordonna des poursuites sévères, mais qui n'aboutirent à rien. (Registre du 21 dudit mois.)

Les sévérités dont usa longtemps cette Compagnie contre les fauteurs des nouvelles doctrines en avaient retardé la propagation en Bourgogne. Nous en citerons un seul exemple : Par arrêt du 27 octobre 1554, un voiturier nommé Simonot, pour avoir conduit de Dijon à Genève la femme d'un *huguenot* et des meubles appartenant à d'autres de la même secte, fut condamné à être attaché à la queue de sa charrette et ayant sur sa tête ces mots écrits : *fauteur d'hérétiques*, puis à être conduit par le bourreau dans tous les carrefours de cette ville, battu de verges jusqu'au sang, banni à toujours et ses biens confisqués. (Registre des procès par écrit de cette date.)

des réformateurs, en tonnant contre les richesses du clergé, le plus spécieux des arguments comme le plus perfide. Lié secrètement avec Théodore de Bèze et Hubert Languet, celui-ci bourguignon comme lui (1), il avait, l'un des premiers, demandé un concile national dans lequel les évêques n'auraient pas voix délibérative et que présiderait le Roi ou un Prince du sang, « afin que par cette assemblée il pût être statué qu'il serait permis à ceux qui ne voudraient pas par scrupule s'assembler avec l'Eglise catholique, de se réunir publiquement pour entendre *la pure parole de Dieu.* » Motion non équivoque et qui eut en Bourgogne un retentissement dont l'état tout catholique de cette province peut faire juger l'étendue. Avant cette sortie de sa part, Bretagne avait déclamé contre l'ignorance des prêtres et leurs désordres, contre les mœurs de la Cour de Rome, et proposé au Roi de confisquer les biens de l'Eglise, afin de la ramener, disait-il, à son *institution primitive.* Ces paroles, les plus hardies qui eussent jamais été entendues, étaient toutes remplies des idées qui, rajeunies de nos jours sous une autre forme, amenèrent, après la Réforme, la révolution sanglante du XVIII° siècle. L'effet n'avait pas tardé à s'en faire sentir, et l'on avait vu quelques esprits secrètement imbus des nouvelles doctrines prendre texte d'une telle demande pour ne plus contenir davantage des opinions ainsi hautement proclamées par le plus influent des

---

(1) Théodore de Bèze était né à Vézelay, bourg dépendant alors du Nivernais. C'est par erreur que plusieurs auteurs ont écrit qu'il était né en Bourgogne.

députés de la province, puisqu'il représentait le Tiers-État aux États-Généraux.

Cet exemple une fois donné au moment où, après la répression des réformes anabaptistes, le luthérianisme envahissait l'Allemagne, survinrent en grand nombre des prédicants étrangers lancés principalement de Genève, et qui propagèrent les nouvelles doctrines en attendant qu'ils les appuyassent par la violence, qu'à défaut d'autres moyens ils ne tardèrent pas d'appeler à leur aide. Ces voies extrêmes réussirent d'abord. Chalon et Mâcon, surpris par des fanatiques de la Réforme aidés de quelques-uns de Lyon, s'étaient vus pillés le 1ᵉʳ mai 1562. Un capitaine étranger du nom de Poncenat avait ravagé le Mâconnais et la Bresse chalonnaise avec six mille hommes de troupes. Gaspard de Tavannes, lieutenant général pour le Roi dans la province, après avoir convoqué le ban et l'arrière-ban, reprit ces villes et y rétablit le bon ordre. Mais ce succès de sa part pour apaiser les troubles n'avait pas eu lieu sans quelques revers. Dans le même temps les *huguenots* de tous les pays s'assemblèrent et menacèrent de traiter ce représentant du Prince comme ils venaient de faire de Lamothe-Gondran, gouverneur de Valence, qu'ils avaient pendu aux fenêtres de son hôtel. En ce moment Dijon, capitale de la Bourgogne, ne comptait pas moins de quinze cents de ces hérétiques armés de toutes pièces et réunis dans un même quartier. Secondé par les habitants et quelques troupes introduites secrètement dans le Château, Tavannes les chassa de la ville et fit arrêter un grand nombre de suspects, parmi lesquels des membres du Parlement lui-même, ce qui inspira une grande terreur et fit ajourner de nouvelles entreprises.

Déjà sous le précédent règne un aventurier célèbre, connu sous le nom de La Renaudie, condamné par le Parlement de Dijon comme faussaire, avait rallié les mécontents de tous les pays et formé une vaste conspiration dont le prince de Condé était le chef. Ce complot s'était étendu jusque dans cette province, et peu s'en fallut qu'il ne renversât la monarchie, au nom d'une assemblée secrètement convoquée par ce même La Renaudie, et à laquelle il avait osé donner le titre pompeux d'*Etats-Généraux*. Les princes de la maison de Guise, menacés d'une mort cruelle, étaient le but le moins dissimulé de ces menées, et l'arrestation du Roi celui qu'on n'osait avouer encore. De Dijon, ville frontière et bien connue de lui, il avait ainsi rallié à ses desseins des réfugiés protestants de Genève, de Lausanne et de Berne, dont les ministres, accourus à sa voix à travers mille dangers, étaient venus diriger les Eglises réformées du royaume. Quelques catholiques *malcontents* avaient aussi grossi ce parti non moins politique que religieux, qui échoua par la révélation d'un de ses membres.

Nous rassemblons ces événements pour montrer *a priori* ce qu'était l'état de la Bourgogne vers le milieu du XVIe siècle, et faire apprécier la conduite du gouverneur et du Parlement touchant les expédients que la Royauté avait appelés à son aide au sein de ces luttes, expédients que le moment est venu de faire connaître, par les conséquences fatales qu'ils eurent dans ces contrées, où la foi catholique s'était conservée presque entière.

Moins par condescendance pour les nouvelles doctrines que par des craintes politiques nées du rôle important de la maison de Lorraine dans ces guerres de religion, Catherine de Médicis et le chancelier de Lhospital avaient accédé au libre exercice du nouveau culte, comme à l'unique moyen de rendre la paix à l'Etat. Mais tous les Parlements du royaume, effrayés de réformes qui tendaient à s'imposer par la violence, s'étaient montrés contraires à une mesure qui ressemblait trop à un pacte avec la révolte. Celui de Dijon en tête, dont le ressort était le plus menacé à cause de son voisinage de Genève, s'était signalé parmi les plus opposés. L'exemple que ce Corps donna en cette conjoncture si mémorable mérite d'être cité par la ligne de conduite qu'il s'était imposée dès l'origine, et de laquelle il ne dévia que lorsque les nouvelles erreurs se furent glissées dans son sein.

L'édit du 17 janvier 1562, obtenu par les calvinistes, et qu'il ne faut pas confondre avec celui dit *de pacification*, qui leur accorda l'exercice entier de leur religion, avait produit dans toute la Bourgogne un effet désastreux par les troubles sans nombre qui en furent la suite. A Chalon l'on avait vu un ministre calviniste prêcher dans les termes les plus violents, au sein d'une assemblée qui ne comptait pas moins de quinze cents personnes, composée des plus riches avec l'échevinage en tête. Au même lieu, le couvent des Carmes venait d'être menacé de pillage, ce qui avait amené Moutholon, lieutenant général au bailliage de cette ville, à la barre du

Parlement, auquel il était venu demander protection contre ces fureurs. A Châtillon, des ministres venus de Genève avaient suscité les mêmes désordres en établissant des prêches publics, malgré les arrêts les plus formels de la Cour. De Beaune un cri de détresse s'était fait entendre, la ville ayant été également menacée de dévastations. A Dijon enfin, sous les yeux des grands pouvoirs de la province, on avait vu le vicomte mayeur Martin venir, à la tête de la Chambre de ville, demander au même Corps justice des meurtres et des séditions; comme auparavant et par le fait du nouvel édit à peine connu, il avait dénoncé les actes des nouveaux sectaires qui s'étaient emparés des rues en armes et contraignaient les passants à se joindre à leurs cérémonies qu'ils pratiquaient en plein air. Partout ainsi l'audace et la violence, croissant à l'ombre des concessions, allaient, avec la perte des anciennes croyances, mettre, par le mépris de l'autorité, la province à deux doigts de sa ruine.

Déjà, avant que l'acte dont nous parlons ne fût accordé, le Parlement venait de comprimer par son autorité l'effervescence produite par la défection de Bretagne au sein des Etats-Généraux. Les calvinistes, excités par le souvenir de ces résistances, s'attroupèrent en grand nombre et s'introduisirent de force dans la maison et jusque dans la chambre du Premier Président, alité pour cause de maladie, auquel ils osèrent demander sous menace de mort la cause des retards apportés à l'enregistrement de l'édit de janvier, si favorable à leur cause. Ce magistrat, doué d'un grand caractère dans un corps débile (1), leur tint tête jusqu'à s'en faire respecter. Le lendemain il rendit compte de cet attentat à sa Compagnie, qui ne put sévir contre un parti nombreux et sans frein, déjà plus puissant qu'elle-même (2). Une telle violence commise impunément envers le chef du Parlement, et qui s'accomplissait le 17 mars 1562, était la suite de projets publiés huit mois plus tôt par les partisans de la Réforme. Dès le mois de juillet précédent dans la capitale de la Bourgogne, on avait affiché un placard conçu en ces termes : « *On fait savoir que la Cour de Dijon n'a voulu entériner les édits du Roi à elle envoyés, et a écrit au Roi pour les empêcher, ce qui venant à se faire, ceux de la Cour seront massacrés et le feu mis par tout Dijon.* » La Chambre de ville en avait conçu les plus vives alarmes, mais sans prendre de mesures suffisantes pour la sûreté des personnes. Des menaces si audacieuses colportées, avant même que d'autres édits moins favorables à la réforme ne fussent en vigueur dans l'étendue de la province, prouveraient à elles seules ce que seraient devenues ces contrées après la concession de l'édit de janvier, sans la résistance que nous allons racon-

---

(1) Claude Le Fèvre, né en Auvergne, auteur des meilleurs règlements du Palais au Parlement de Bourgogne, et dont Charles Févret a dit : *Illustrissimum ac meritissimum primariæ dignationis præsidem, in foro hoc Burgundico bene ac oratorie dicendi castigata viguit disciplina. Nulla ornamentorum, nulla purioris elocutionis, nulla amœnioris studii cura : ossa sola ac macies in hoc nostro valetudinario conspiciebantur.* (*De claris oratoribus Burgundiæ.*) Il habita l'ancienne abbaye de Saint-Bénigne, aimait les pauvres, et laissa à sa mort à peine de quoi pourvoir à ses funérailles, après avoir présidé douze années le Parlement, où il fut remplacé dans cette dignité par Jean de La Guesle.

(2) Délibération du 20 mars 1562.

ter, et dont un homme d'un mérite rare ne craignit pas d'aller se rendre près du Roi l'organe.

Les premiers Corps de la Bourgogne et les Etats en tête avaient dans l'origine prévu les dangers politiques qui résulteraient, pour l'exemple, d'une tolérance qui autoriserait à jamais les nouveautés, en maintenant l'égalité entre les deux cultes, et avaient été les premiers à élever la voix. On lit dans un ancien registre, qu'à peine l'édit connu, Charles de La Guiche, bailli de Chalon, Claude Loysel, doyen de Beaune, et Bénigne Martin, mayeur de Dijon, élus des trois Ordres, « tant en leurs noms que comme ayant charge des autres Etats du duché, avaient, en présence du Parlement réuni, remontré qu'ils étaient avertis qu'un édit rendu par le Roi au mois de janvier, sur le fait de la religion, venait d'être envoyé audit Parlement pour en obtenir la publication ; sur quoi il avait été trouvé par lesdits Elus que cet édit était contraire en plusieurs articles à la police du pays de Bourgogne et grandement dommageable par plusieurs raisons qu'ils entendaient déclarer à Sa Majesté, et qu'il avait par eux été décidé qu'opposition serait formée devant la Cour à cet effet, la requérant sous son bon plaisir les recevoir opposants à sa publication, » ce que cette Compagnie octroya sans désemparer (1).

Cette démarche éclatante, et qui sembla avoir été concertée avec le Parlement, s'il ne la provoqua pas, n'était pas restée sans échos. Déjà Jacques Lambelin,

(1) Voir le Registre du Parlement du 7 mars 1562.

doyen de la Sainte-Chapelle de Dijon, procureur général de l'ordre du clergé, l'avait appuyée dans des termes pleins de force. En même temps la Chambre des Comptes, le duc d'Aumale, de la maison de Guise, gouverneur de la province, et principalement Gaspard de Tavannes, lieutenant général, dont les noms indiquent assez le rôle important qu'ils allaient jouer dans cette lutte, avaient fait entendre des remontrances semblables contre un acte qui, suivant eux, devait, par une concession faite à des ennemis, enhardir toutes leurs violences.

Le Parlement, touché de ces alarmes qu'il partageait, s'en voulut rendre l'interprète et profita de la demande qui lui était faite de l'enregistrement de cet édit déjà publié par le Parlement de Paris, pour le combattre comme contraire au repos de l'Etat, bien qu'il fût l'œuvre politique du chancelier. En vain des lettres de jussion et d'autres avaient été adressées par Charles IX au duc d'Aumale, gouverneur, et en son absence à Tavannes, pour être communiquées au Parlement (1). Cette Com-

---

(1) La lettre écrite au duc d'Aumale montrera à quel danger pressant la Royauté voulait échapper en prenant une telle mesure; elle portait : « Mon cousin, voyant l'état en quoi sont toutes choses et les armes répandues par notre royaume en tant de lieux et en telle abondance qu'il y a danger de grand inconvénient, le plus grand desquels serait s'il arrivait quelque surprise en quelqu'une de mes villes de frontière ; à quoi les assemblées qui ont déjà été faites en quelques-unes sous ombre de la religion pouvaient servir de grande ombre et prétexte que je désire singulièrement éviter; je vous prie, à cette cause, mon cousin, avertir les capitaines et gouverneurs des places frontières de votre gouvernement qu'ils aient à faire entendre et publier en leurs places que mon intention est qu'il n'y ait aucune assemblée pour le fait de la religion dans ni dehors de ces villes, quelques lettres patentes qui en aient été expédiées, mais que chacun

pagnie n'en tint compte, envisageant le péril de la même manière, mais le remède à un point de vue contraire. En effet, de la part du souverain, c'était par la tolérance des deux cultes que ce danger pouvait être conjuré ; de la part des Etats et du Parlement, c'était par des rigueurs qui ne laisseraient de liberté qu'aux anciennes croyances si justement appelées *la religion de l'Etat*, mais qui n'étaient plus déjà celles de tous, en face d'une minorité formidable par les moyens violents auxquels elle avait recours.

Par une décision prise le 28 avril 1562, le Parlement décida que « sous certaines grandes considérations, et avant de procéder à la publication requise, le Roi serait averti par deux députés des raisons pour lesquelles cette publication serait dommageable à Sa Majesté, à la sûreté de la ville de Dijon et autres villes du duché limitrophes du royaume, comme à cause de plusieurs séditions et conspirations qui avaient été découvertes depuis que cet édit avait été apporté. » Cet acte que nous transcrivons vient confirmer ce qu'on a lu déjà sur la position de la Bourgogne à cette époque si critique de son

se contienne et vive doucement chez soi, sans faire sédition ni scandale. Et si après ladite publication faite aucuns s'ingéraient d'en vouloir faire, qu'ils les empêchent et ne les souffrent et permettent en quelque sorte que ce soit, usant en cela des meilleurs et plus prompts remèdes qu'ils peuvent ; comme je vous prie faire de votre part en manière que j'y sois obéi selon mon intérêt et mes places en plus grande sûreté ; car plus grand et plus agréable service ne me pouvez faire, priant Dieu, mon cousin, qu'il vous ait en sa sainte et digne garde. Ecrit à Paris le 16 avril 1562. Signé : Charles ; et plus bas : de L'Aubespin. Subscrites à mon cousin le duc d'Aumale, et en son absence à Monsieur de Tavannes, mon lieutenant audit gouvernement. »

histoire. Il montre de plus l'imprudence d'une liberté de culte inconnue, qui dès son début devait être généralisée au sein de populations réfractaires, avec la divergence des habitudes, des croyances, des situations et des intérêts politiques ici mêlés aux passions religieuses, qui pouvaient les compromettre si fatalement.

Le 4 mai suivant, le même Corps nomma ces députés. Un simple conseiller, Jean Bégat, l'un de ses membres les plus éminents, qui avait déjà été envoyé en Cour pour des négociations concernant les intérêts du Parlement, fut choisi, et avec lui le conseiller Guillaume Rémond, à l'effet de présenter ces remontrances (1). Mission délicate et qui n'était pas sans péril, par l'importance d'une faction aussi redoutable que l'était alors dans le royaume celle des calvinistes, contre laquelle on allait lutter ainsi de puissance. Les députés se mirent en route sans hésitation; la Cour les accueillera sans colère dans ces temps de communes alarmes, où les résolutions changeaient avec les dangers de l'Etat. Introduits au Conseil privé du Roi, auquel ils avaient demandé audience, et où étaient présents Charles IX, la Reine régente et le chancelier de Lhospital, Bégat, dans une harangue qui n'a pas été conservée jusqu'à nous, s'exprima avec tant d'éloquence, que les remontrances furent approuvées, l'exécution de

(1) Le Parlement était si pauvre alors que les frais de ce voyage furent recueillis par souscription ouverte à Dijon et dont le clergé fit la plus grande part. (Délibération du 8 mai 1562.) Déjà, peu avant, le même Ordre avait fourni de ses deniers pour les besoins de la *gendarmerie*, dans la crainte que Tavannes, qui y avait été autorisé par le Roi, ne s'emparât de l'argenterie des églises, comme la demande en fut faite au Parlement. (Délibération du 26 janvier 1562 et suivantes.)

l'édit suspendue, et la conduite du Parlement louée par tout le Conseil ainsi ramené par le patriotisme aux vues prévoyantes de cette Compagnie.

Ce triomphe d'un homme parlant au nom d'un Corps qu'il représentait si dignement tient une trop grande place dans l'histoire pour que nous ne transcrivions pas ici les actes qui le constatent, et qui ont échappé à la ruine des anciens titres. On lit au Registre du 26 juin 1562 : « Ledit jour, les Chambres assemblées, maîtres Jean Bégat et Guillaume Rémond, conseillers, faisant leur rapport sur la légation à eux transmise au mois de mai dernier pour les remontrances que la Cour avait délibéré devoir être faites avant la publication de l'édit du mois de janvier dernier, ont dit qu'après qu'ils ont été ouïs au Conseil privé, il leur a été répondu que le Roi se contentait fort de la Cour et qu'il n'était pas besoin de publier ledit édit eu égard au temps et avait loué la résolution que cette Cour avait suivie ; si bien que plusieurs seigneurs dudit Conseil privé avaient usé de ces mots : *Que ce Parlement se pouvait vanter d'avoir conservé le dernier fleuron de la couronne.* En témoignage de quoi lesdits Bégat et Rémond ont présenté à la Compagnie les lettres du Roi et celles de la Reine mère, desquelles la teneur suit :

« Nos amés et féaux, nous avons entendu ce que nous ont dit de votre part vos confrères présents, porteurs du bon et prudent devoir que vous avez fait pour empêcher que les affaires de là ne passassent aux mêmes troubles qui sont en plusieurs endroits de notre royaume, et connaissons par expérience que vous y avez prudem-

SERMENT DU PARLEMENT CONTRE L'HÉRÉSIE. 49

ment procédé, qui est la cause que nous louons grandement votre bonne conduite et les effets d'icelle, vous priant continuer, etc. — Donné au bois de Vincennes, le 16 de juin de l'an 1562. Souscrites : Charles; et plus bas : De l'Aubespin. »

Les lettres de la Reine mère et du Cardinal de Lorraine étaient écrites dans ce sens. Le chancelier de Lhospital lui-même, l'auteur de l'édit, avait adressé, à la suite, au Parlement cette missive qui prouve avec quel empire sur lui cet homme d'Etat savait subordonner au temps jusqu'aux actes qu'il avait conseillés : « Messieurs, j'ai reçu les lettres que vous m'avez envoyées par vos députés et entendu les remontrances qu'ils ont faites sur l'objet de leur commission, où ils ont très bien accompli leur devoir. Vous saurez par eux ce qui en a été ordonné. Pour le présent, de ma part je vous assure que je vous ferai toujours office de bon ami. — Charonne, près Paris, le 19 juin 1562. Signé : Votre bon frère, De Lhospital. »

Tel est, à la vue de pièces authentiques, le récit fidèle de cette mission, entreprise et menée à fin au milieu d'une situation si périlleuse, et qui releva, par le bruit qui s'en répandit dans toute l'Europe, le catholicisme aux abois.

Jamais succès de ce genre n'avait été plus éclatant. Mais les commissaires ne s'en tinrent pas à ces témoignages de leur conduite : ils firent connaître à la Compagnie que « les membres du Parlement de Paris avaient, le 6 du même mois, délibéré que tous les seigneurs, présidents et conseillers de ladite Cour, greffiers, notaires, secrétaires, huissiers, avocats et procureurs feraient confession explicite de leur foi, selon les articles accordés en la Sorbonne en 1543 et approuvés depuis par le roi François Ier dans son édit publié au Parlement l'année suivante ; que ceux qui se refuseraient à ce serment n'auraient plus droit aux entrées, ni voix délibérative quant aux présidents et conseillers ; et quant aux greffiers, avocats et procureurs, ils n'auraient exercice public de leur état et ne seraient reçus à postuler ni pratiquer en cette Cour, jusqu'à ce qu'ils y eussent satisfait. »

C'était, par un manifeste public que dans ces temps de vertige l'opinion ne devait pas juger sévèrement, forcer jusque dans leur dernier asile les esprits flottants ou dissimulés, en y mêlant le conflit funeste des intérêts avec les sentiments religieux. Les mêmes députés exposèrent encore comment ce serment avait été prêté par chacun d'eux, ainsi qu'il apparaissait par le procès-verbal qu'ils représentèrent à la Cour. Ils ajoutaient que le Cardinal de Lorraine, en le leur remettant lui-même, les avait assurés que « rien n'avait été plus agréable que cette résolution au Roi, à son Conseil et à la Reine mère, qui ne désiraient qu'*une foi et une loi dans tout le royaume*, et espéraient ainsi que toutes les Cours s'y conformeraient. » Expédient politique qui, s'il était concerté avec la Royauté, laissait bien loin de sa pensée les édits de pacification si hautement recommandés à ces Compagnies.

Le Parlement de Bourgogne trouva dans cette insinuation un motif de plus de persévérer dans ses résistances à ces actes, en se hâtant d'imiter un exemple qui était d'accord avec ses penchants les plus intimes. Le 1ᵉʳ juillet 1562 il rendit arrêt qui prescrivait le même serment aux officiers de justice de son ressort, après néanmoins que, par une hésitation de conduite motivée sur des divergences de religion parmi quelques-uns de ses membres absents, les magistrats municipaux furent venus l'en supplier dans des termes qui feront connaître davantage quelle était à Dijon la situation véritable des esprits à cette époque des troubles religieux :

« Sont entrés : MM. Bénigne Martin, vicomte mayeur ; Jean Maillard, Jean Petit, Jean Bourelier, Louis Bolier, Claude Grostet, Pierre Carlin et plusieurs autres échevins de la ville, assistant Mᵉ Richard Arviset, procureur d'icelle, lesquels, par la voix dudit Martin, ont dit que, comme Dieu a fait ce bien et grâce aux habitants de cette ville de les conserver en l'ancienne foi catholique et religion de l'Eglise ancienne, romaine et chrétienne, ils avaient bien reconnu et expérimenté que cela était provenu de ce que ledit Seigneur Dieu avait aussi conservé ladite religion en ce Sénat et personnes des seigneurs présidents et conseillers en cette Cour ; ayant par la volonté du bon Dieu si bien gardé et maintenu ladite religion ancienne, qu'ils avaient toujours refusé la publication de l'édit de janvier, et si bien conseillé le Roi sur ce, que ladite Cour en avait reçu grand honneur et louange de sa Majesté, laquelle avait déclaré à ladite Cour ce qu'elle entendait être fait par elle pour contenir son peuple en sûreté mêmement cette ville de Dijon. Et comme le plus grand désir desdits mayeurs et échevins était de réduire les habitants en ladite ancienne religion et extirper les nouvelles hérésies, ayant été avertis que Messieurs du Parlement de Paris avaient commencé à ce faire par la profession de foi à tous les officiers du sien propre, ainsi qu'il avait entendu avoir été déjà requis par le procureur général du Roi sur la requête présentée à cet effet.

« Auxquels vicomte mayeur et échevins a été répondu que la Cour ferait ce que de raison et tout ce qu'elle pourrait pour maintenir ladite ville en sûreté et repos et accomplirait ce que le Roi lui a commandé. Après quoi, sur la requête du procureur général, tendante à ce que, pour montrer l'exemple au peuple de l'union en laquelle il doit vivre par la foi de notre mère sainte Eglise, selon la tradition des Apôtres, saints martyrs et leurs successeurs, sans soi divertir à autres sectes qui troublent l'Etat de la république, tous les présidents et conseillers de la Cour, greffiers, notaires, huissiers, avocats, procureurs et autres de la famille d'icelle Cour eussent à jurer et affirmer l'union de notre mère sainte Eglise sur les articles mis en controverse de notre temps et selon la résolution faite par les docteurs de la Sorbonne de Paris approuvés en l'an 1543 par le roi François, premier de ce nom, que Dieu absolve, et consécutivement qu'il fût ordonné à tous les juges et magistrats inférieurs de ladite Cour de jurer et observer lesdits articles. La Cour, les Chambres assemblées, a ordonné et ordonne que tous les présidents, conseillers et chevaliers, procureur général, avocats du Roi, greffiers, huissiers, clercs du greffe et concierge de ladite Cour, avocats et procureurs en icelle, ensemble tous les officiers royaux de son ressort, feront leur profession de foi faite et affirmée; auront aussi les autres officiers du Roi, huissiers, clercs au greffe, avocats ou procureurs, aucuns exercices de leur état et office, ni postulation audit Parlement, sinon après la prestation desdits serments, *qu'autrement par le Roi en soit ordonné.* » Réserve finale qu'on ne rencontrait pas dans l'arrêt du Parlement de Paris, mais qui était ici commandée par la position des membres de la Compagnie soupçonnés d'hérésie, auxquels celle-ci semblait, en les menaçant de la sorte, offrir l'espoir d'un retour (1).

Le même jour où cet arrêt était prononcé, le serment fut prêté par le Premier Président entre les mains du second Président, et aussitôt après par tous les membres entre celles du chef de la Compagnie. Un tel acte, solennisé avec un éclat inaccoutumé, dura plusieurs jours et fut suivi des professions de foi les plus énergiques, tant de la part des magistrats eux-mêmes que de celle des différents ordres du Palais, les avocats en tête.

---

(1) Tous les articles qui constituaient ce serment étaient autant de protestations faites contre chacune des négations de principes que la religion nouvelle avait propagées, touchant le baptême, le libre arbitre, la confession, l'eucharistie, la confirmation, l'intercession de la Vierge, le purgatoire, l'Eglise universelle gardienne des Ecritures, le droit d'excommunication et les censures ecclésiastiques, le pouvoir du Pape dans les indulgences, le jeûne et autres abstinences, l'obligation de garder les vœux monastiques, etc. On peut juger par ces professions de foi énergiques opposées à la raison humaine, arbitre prétendu des vérités dogmatiques, à quel mépris furent exposés alors ceux qui se prêtèrent à un tel acte par faiblesse ou par calcul. (Voir la délibération du 1er juillet 1562, Registre du dit jour.)

Parmi ceux-ci on lit les noms de Macheco, Berbisey, Bouhier, Fyot, Bossuet, de Montholon, des Barres, Varennes, Odebert, Saumaise, Fremiot et Godran, déjà renommés, ou qui le devinrent davantage dans l'histoire de la Bourgogne.

Le danger manifesté par un tel serment imposé à quelques membres du Corps signalés comme imbus des nouvelles doctrines était le résultat prévu de cette situation pleine d'écueils. Pour eux le moment était venu de sortir d'une position ambiguë en brisant avec éclat des liaisons suspectes ou en les avouant au prix du sacrifice de leurs charges; conduite périlleuse et qui les exposait, quoi qu'ils fissent, à d'amers reproches qu'une manière d'agir sans détours eût épargnés à leur caractère. L'un des magistrats les plus illustres du Parlement, le conseiller de Vintimille, banni pour faits d'hérésie par la justice de la ville, et avec lui les conseillers Virot, Bretagne et de La Colonge, demandèrent sous différents prétextes des délais qui leur furent refusés. Tous, à l'exception du premier, ne prêtèrent qu'un serment suspect, et que leur Compagnie ne reçut qu'avec embarras. Ce résultat acheva de les compromettre dans l'opinion et les exposa plus tard (ainsi que le conseiller Valon, qui avait imité leur exemple), à une disgrâce plus éclatante, dont le Roi voulut bien en relever plusieurs sur l'intercession du Corps entier (1). D'autres, et des plus notables, avaient osé

---

(1) On lit dans les lettres patentes du Roi adressées au Parlement de Dijon six ans après : « Nos amés et féaux, ce nous a été un grand contentement d'entendre, par votre lettre du troisième de ce mois, l'exécution de l'édit que nous vous avons ci-devant envoyé sur le fait

alléguer des maladies dont le Parlement n'accepta pas l'excuse, ayant envoyé chez eux des commissaires pour recevoir leur serment. Ainsi, et par des motifs que chacun peut pénétrer, la Réforme, qui comptait déjà plusieurs adeptes dans le sein de cette Compagnie, n'y en trouva dès ce temps qu'un très petit nombre qui osassent s'en avouer les disciples. Le serment fut prêté par tous les autres successivement, et cet exemple réagit sur la conduite des officiers du ressort, assujettis, comme

de nos officiers qui sont de la religion nouvelle dont nous n'entendons plus nous servir ; ayant aussi vu les remontrances sur ce, faites par MM. Jacques de Vintimille, Nicole de Valon et Guillaume Virot, conseillers en notre Cour, prétendant ne devoir être compris sous notre présent édit, d'autant, qu'avant icelui, ils étaient revenus en la religion catholique en laquelle ils prétendent persévérer. Ce qu'étant ainsi et vu le témoignage que vous nous donnez de leur intégrité, et qu'ils se sont toujours comportés en bons et loyaux sujets, pour l'assurance que nous avons que ne voudriez les retenir en votre compagnie s'ils étaient autres, nous avons agréable de les dispenser de la rigueur de notre édit et déclarations susdits de nos vouloir et intentions qui vous seront bientôt envoyés si déjà n'a été, par laquelle verrez que n'entendons plus nous servir d'aucuns de nos officiers qui aient fait profession de ladite nouvelle religion, ce que nous voulons et vous mandons que vous ayez à faire inviolablement observer..... Donné à Melun le 17 décembre 1568. Signé : Charles, — de L'Aubespin. »   (Délibération du 7 janvier 1569.)

Le grand nom de Vintimille, déjà célèbre par les services qu'il avait rendus, ne contribua pas peu à amener cette faveur royale à une époque de compression peu éloignée d'une grande catastrophe (la journée de Saint-Barthélemy).

Le conseiller de La Colonge ne consentit à se *réunir au catholicisme* (expression des édits) que plus tard et fut rétabli dans sa charge. Quant au conseiller Claude Bretagne, tout démontre qu'il obtint la même faveur; étant mort le 16 août 1604 après avoir rendu la justice durant 47 ans. A part ces membres et ceux cités dans les lettres du Roi, il est permis de croire que d'autres subirent une plus ou moins longue disgrâce.

nous l'avons dit, à la même épreuve de conduite dont quelques-uns ne sortirent qu'avec une égale confusion.

Au milieu de ces conjonctures, le calme qu'avait momentanément procuré à la Bourgogne la suspension de l'édit de janvier ne fut pas de longue durée. Les calvinistes, compromis par leurs entreprises en cette province, avaient excité de nouveaux troubles dans le reste du royaume, où les mêmes défenses n'avaient point été prononcées contre eux. Cette prise d'armes, suivie de nombreux succès de leur part, amena la Régente à faire publier un nouvel édit par lequel on leur accordait, mais dans les villes seulement, le libre exercice de leur culte. Par cet acte, daté du 19 mars 1563, le plus favorable que les protestants eussent encore obtenu en France, et qui était le fait d'un gouvernement vaincu par la révolte (1), le ministère confessait « qu'ils avaient pris les armes dans de bonnes intentions et seulement pour le service du Roi. » Aveu d'impuissance qui allait, par le mensonge, précipiter la France dans de nouveaux malheurs, sans en excepter cette fois la Bourgogne, où l'audace des novateurs, comprimée par les mesures que nous avons dites, devait s'en montrer plus grande.

Les États de cette province étaient en ce moment assemblés à Dijon, où ils accomplissaient leur triennalité. Enhardis par le succès qu'avait obtenu le Parlement un an plus tôt, et sans tenir compte de la différence des temps, ils envoyèrent à cette Compagnie plu-

---

(1) La cause d'un traitement si favorable fut encore la crainte qu'ils ne traversassent l'entreprise qu'on méditait alors pour reprendre le Havre aux Anglais.

sieurs députés pour lui faire connaître qu'ils étaient résolus à présenter au Roi leurs très humbles remontrances sur le danger d'exécuter en Bourgogne le nouvel édit, et prier le Parlement d'ordonner qu'il fût sursis à sa publication. Le clergé, la noblesse et la Chambre de ville, pouvoirs politiques à cette époque, vinrent, comme la première fois, en aide à ces doléances fondées sur l'état particulier de cette province en proie à toutes les agitations, état qu'une concession si pernicieuse allait aggraver encore. Ainsi, dans tous les rangs l'opinion publique émue protestait à grands cris par ses plus légitimes organes.

Les députés de ces différents Corps admis, le 26 avril 1563, à faire valoir leurs remontrances à l'audience du Parlement, avaient été : pour l'Eglise, Girard Sayve, abbé de la Bussière ; Pierre Sayve, abbé de Sainte-Marguerite et doyen de la Sainte-Chapelle du Roi à Dijon ; Jean Loisel, doyen de l'église Notre-Dame de Beaune ; Bénigne Guyot, doyen de Vergy ; Charles Godran, chanoine de la Sainte-Chapelle, et plusieurs autres. Pour la noblesse, Georges de La Guiche, chevalier, bailli de Chalon ; Etienne de Loge, bailli d'Autun ; Trémont et autres gentilshommes ; et, pour le tiers-état : Bénigne Martin, vicomte mayeur à Dijon ; Sébastien Fitzjean, Bernard Maire de Montbard, et plusieurs autres, tous ayant charge des trois Etats. Et à eux joints comme assistants : Marc Fyot, avocat ; Jean Moisson et Jean Fleutelot, procureurs. Tous, aux termes de l'acte auquel nous empruntons ces faits, et par la voix du même avocat Fyot, exposèrent à la Cour « que cet édit pouvait apporter troubles et inconvénients à la province de Bourgogne et à sa police, de manière que l'assemblée desdits Etats aurait reconnu nécessaire de recourir à la majesté du Roi pour lui faire entendre les inconvénients et dommages qui étaient sur le point d'advenir si ledit édit était pratiqué en son pays de Bourgogne, limitrophe de son royaume et joignant à des pays d'autre obéissance ; lesquelles remontrances ils étaient résolus de faire par leurs délégués envoyés vers Sa Majesté, requérant de la Cour, pour le bien et profit du Roi et sûreté du pays, de tenir en sursis ladite publication jusqu'à ce que lesdites remontrances fussent faites à Sa Majesté, comme encore qu'il plût à la Cour déléguer aucuns des conseillers d'icelle pour aller avec les siens faire entendre la vérité. »

A ces motifs, développés dans des remontrances qui furent lues en plein Parlement, l'archevêque de Besançon, Claude de La Baume, prince du saint empire, dont la juridiction s'étendait sur le comté d'Auxonne et les terres de Bresse incorporés dans la province, avait joint ses propres doléances, remises par un délégué chargé de ses pouvoirs. Aux considérations fondées sur la conservation de la foi catholique dans les deux Bourgognes, dont le comté qui en faisait partie avait dû, comme l'Espagne, le maintien à d'extrêmes rigueurs, ce prélat joignait des raisons puisées dans les traités de neutralité qui dès le commencement du XVI° siècle avaient réglé la situation respective de ces deux provinces. La garantie de sécurité promise de l'une à l'autre, et qui fondait entre elles le droit public international, ne serait-elle pas en péril par l'effet d'une tolérance qui, en créant un antagonisme religieux sur la limite des deux Etats et dans un pays resté soumis par les traités à l'autorité spirituelle d'un évêque étranger, neutralisait en fait les pouvoirs qui étaient demeurés entre ses mains et qu'on lui avait reconnus? Tel était l'argument principal sur lequel reposaient ces remontrances, mais auquel on pouvait répondre : que le Roi de France n'avait point abdiqué par ces actes et pour cette partie de la Bourgogne, au profit de la juridiction spirituelle de l'archevêque, son droit de souveraineté politique jusqu'à s'interdire des mesures qui pussent rétablir l'ordre ébranlé. C'est ce que la raison d'Etat, outre la loi suprême de conservation, toujours sous-entendue dans les traités, semblait devoir faire admettre, mais qui ne faisait pas cesser un embarras de plus dans une situation déjà si compromise.

Les remontrances des trois Etats de la province étaient plus habiles, appuyées sur les mêmes dangers signalés un an plus tôt par le Souverain lui-même dans les lettres alarmantes communiquées au Parlement, et qui avaient eu pour but de lui forcer la main. Ils exposaient au « Roi les dommages et inconvénients continuels qui pouvaient advenir si l'édit était publié en Bourgogne, et entre autres que les pays étant limitrophes ne pouvaient y être exercées deux religions sans les mettre en danger, à cause des prêches et autres assemblées qui se faisaient pour l'exercice de la religion nouvelle, auxquelles se pouvaient trouver des étrangers en habits déguisés, pour au préjudice du roi et de ses sujets, faire des entreprises à la ruine dudit pays et s'en emparer ; que déjà par ci-devant les troubles avaient été si grands à cause de ladite religion, que de la mémoire et souvenance des hommes on n'avait vu telles calamités, meurtres, pilleries, voleries et saccagements : de sorte que le tout était en confusion et désordre. Les villes de Mâcon, Chalon et autres places saisies ayant été mises en mains des étrangers, tellement que, pour les réduire, il avait fallu dresser une armée, laquelle la plupart avait été soldée aux frais du pays, qui, sans la grâce de Dieu, providence, dextérité et vaillance dudit sieur de Tavannes, eût été en danger d'être ruiné et de tout perdre ; etc. »

Ces raisons politiques, fondées sur des causes différentes et auparavant proclamées par le chef de l'Etat, étaient d'un grand poids. Le Parlement de Dijon, engagé qu'il était déjà par de premières remontrances contre l'édit du mois de janvier 1562, ne pouvait demeurer indifférent à celui rendu une année après et basé sur des concessions bien autrement funestes pour l'ordre public et pour l'autorité de ses arrêts dans la province. Le 7 mai suivant, il délibéra que Bégat, *unanimement élu par lui*, irait faire entendre au Roi les motifs qui lui avaient fait différer sa publication. Ce magistrat ne s'acquitta pas avec moins de courage de cette mission que de la première, bien qu'elle s'accomplît cette fois dans des conjonctures moins favorables nées de la multiplication des troubles, après que les voies de rigueur avaient été inutilement tentées. Le président de Thou, contemporain de ces événements, en rend, dans son *Histoire universelle du XVI° siècle*, ce témoignage éclatant que nous reproduisons textuellement à cause de la grande autorité de son auteur : « *In comitiis Burgundiæ provinciæ, ex ordinum sententia, decretum erat, ut contra libertatem conveniendi, protestantibus edicto concessam, apud regem intercederetur, delegato ad id Begato, senatu divionensi, viro docto, qui et lucenta oratione coram principe habita, et Apologia publice edita, duas religiones in eodem regno admitti non debere, et id ad Dei contumeliam pertinere, nec citra publicæ quietis detrimentum fieri posse, multis rationibus probare conatus est. Cui apologiæ postea contrario scripto, itidem publice edicto, responsum est* » (1).

Les remontrances faites et présentées au Roi par Bégat dans ce voyage, et qui, à la différence des précédentes, avaient été rédigées par écrit, furent, quoique non suivies de succès, traduites en plusieurs langues et répandues dans toute l'Europe. L'orateur semble s'y attacher de préférence au côté politique de la question, déjà indiquée dans la remontrance des Etats au Parlement et empruntée à la situation géographique de cette province. « La Bourgogne, disait-il, est d'une bien grande utilité à la couronne, et les rois l'ont tant eue en estime qu'ils en ont fait la première pairie de cette grande monar-

(1) « Il avait été résolu dans l'assemblée des Etats de Bourgogne de faire des remontrances au Roi contre la liberté de faire des assemblées, que sa Majesté avait accordé aux protestants par son édit. Dans ce but fut député, pour faire les remontrances, Jean Bégat, conseiller au Parlement de Dijon, homme docte, qui, dans une harangue faite au Roi et dans une apologie donnée au public, tâcha de prouver, par plusieurs raisons, qu'on ne devait point souffrir deux religions dans un royaume; que cette tolérance était injurieuse à Dieu et contraire à la tranquillité publique. Cette harangue fut refutée par un écrit public. »

chie. Aussi Jules César, pour envahir les Gaules, pensa-t-il d'abord à s'en emparer, où étant établi à Autun, il lui devint plus facile de répandre les armées romaines en toutes les parties de ce royaume. Encore aujourd'hui les villes de ce pays lui servent de lisière contre plusieurs de nos voisins qui sont de diverses langues, mœurs et religions, comme la Franche-Comté, le duché de Savoie et les Suisses ; ce qui fait que cette province est la vraie descendante et avenue de tous les pays de l'Allemagne et des autres frontières du royaume. Mais il n'en est point ainsi des autres ; la Normandie et la Navarre les bornent contre l'Angleterre et l'Espagne, mais avec la sûreté de l'Océan et de hautes montagnes ; et si la Picardie et la Flandre sont privées de ces avantages, elles n'ont pas la perspective d'un peuple voisin et toujours menaçant. »

Il ajoutait que la frontière de Bourgogne avait été conservée près d'un siècle à la couronne par la fidélité de ses habitants, qui faisaient à leurs frais la garde de toutes les villes ; chose impossible à concilier avec l'assemblage des deux religions qui créaient deux obéissances hors de la religion, ce lien unique de stabilité et de paix. « Dans ce pays, continuait-il, qui s'est maintenu dans la monarchie, quand la fortune l'avait abandonné, les villes y étaient régies par un magistrat nommé par le peuple, lequel avait tout droit de vie et de mort sur les habitants, à la différence des autres du royaume où la justice était entre les mains des prévôts et juges commis par le Roi. Or, comment ces droits pourront-ils se soutenir entre deux religions et sur quel autel devra-t-on lui jurer obéissance ? Le commerce de la Bourgogne consiste avec le comté de ce nom, pays si unis d'ancienneté, que l'un ne peut durer sans l'autre. Comment se fera-t-il et que deviendront les traités qu'ils ont maintenus comme un même peuple ?... »

Il alléguait enfin les dissidences pratiques entre les religions sur le baptême et l'indissolubilité du mariage, la paix des familles troublée, la parole de Dieu méconnue ou interprétée ; les cérémonies extérieures, sujet sans cesse renaissant de toutes les violences ; la diversité d'opinions déjà manifestée entre les hérétiques eux-mêmes ; puis enfin, avec l'abolition des redevances dues à l'Eglise, l'envahissement par ceux-ci de biens qui excitaient leur convoitise et par-dessus tout l'exemple de tous les princes chrétiens qui avaient triomphé des hérésies, comme celles des Valentinois, des Marcionistes, des Montanistes, des Donatistes, des Ariens, la plus répandue de toutes ; de la secte de Nestorius, des Anabaptistes, des Albigeois ; invoquant surtout celui du Roi catholique qui, par de vigoureuses ordonnances, venait de préserver la Franche-Comté soumise aux mêmes dangers ; etc.

Telles furent, en abrégé, les raisons discutées dans cet acte, qui ne comprenait pas moins de soixante pages in-4° d'impression, et qui, toutes vraies pour le temps où on les faisait entendre avec tant de force, eurent dans le royaume un retentissement tel que le parti de la Réforme s'en alarma et jugea nécessaire de les faire réfuter par un manifeste ayant pour titre : *Apologie de l'édit du Roi sur la pacification de son royaume contre les remontrances du Parlement de Bourgogne*, et qu'on répandit dans toutes les provinces.

Le gouvernement, non étranger peut-être à un pamphlet qui tendait à justifier sa politique, venait, par une conséquence rigoureuse, de repousser les remontrances de cette Compagnie si courageusement exprimées par son député; et voici ce qui s'était passé à cette occasion. Le Conseil du Roi, tout en louant la piété des Bourguignons et le zèle de leur mandataire, répondit qu'il fallait céder au temps et publier l'édit sans différer. On peut lire dans une chronique contemporaine que Bégat s'étant permis d'insister sur les inconvénients d'un acte « qui, à côté de tant de dangers, violait les priviléges de la province, jurés par le Roi à son avénement au trône, fut *aigrement* repris par Lhospital, celui-ci ayant répondu qu'il n'appartenait pas aux sujets d'agir contre leur Roi *ex sponsu*, et que toutes les concessions à eux faites par les princes souverains n'obligeaient ceux-ci qu'autant qu'il leur plaisait. » Quoi qu'il en soit de la vérité de cet épisode, il fallut obéir, et les lettres patentes dont la teneur suit furent adressées au nom du Roi au Parlement de Bourgogne :

« Nos AMÉS ET FÉAUX, nous avons vu la lettre que vous nous avez écrite par M⁰ Jean Bégat, votre confrère, et entendu, tant par sa bouche que par le contenu aux remontrances qu'il a apportées par écrit, tout ce qu'il a eu à nous dire et remontrer sur le fait de la publication des lettres patentes que nous avons expédiées pour la pacification des troubles du royaume, dont il nous a rendu fort bon compte, comme il en était bien instruit.

Et pour ce que, plus nous avons mis cette affaire en délibération avec les gens de notre Conseil privé, plus nous trouvons de nécessaires et importantes occasions qui sont pour la publication desdites lettres, nous vous mandons, commandons et enjoignons qu'incontinent après la présente reçue vous procédiez à la lecture, publication et enregistrement desdites lettres, selon leur forme et teneur, sans aucune restriction, modification ni difficulté ; et, suivant icelles, rétablissiez tous ceux qui doivent jouir des bénéfices de ladite pacification, de quelques qualités et conditions qu'ils soient, tant en la jouissance de leurs bénéfices et exercice de leur état et office qu'en la possession de tous et chacun de leurs biens, meubles et immeubles, pour en jouir ainsi qu'ils faisaient auparavant lesdits troubles, sans aucuns contredits ni empêchements, et même laissiez rentrer les conseillers de notre Cour de Parlement, vos confrères, en notre dite Cour, sans les astreindre à faire profession de leur foi, ainsi que nous avons ordonné être fait au semblable en cette Cour de Parlement de Paris ; faisant jouir tous nos sujets du bénéfice de la paix et pacification, et mêmement ceux qui encore sont détenus prisonniers pour le fait de la religion et des armes prises pour raison d'icelle, que vous ferez délivrer et mettre en liberté, observant exactement et inviolablement, faisant observer le contenu en nosdites lettres, qu'il n'y ait personne qui ose contredire ; et, s'il y en a qui le fassent, faites-les si promptement et si rigoureusement châtier, que chacun y prenne l'exemple. Et quant à l'établissement des prêches, attendu que la ville de Lyon n'a encore déposé les armes, nous entendons que le rétablissement soit sursis jusqu'à ce que ladite ville de Lyon ait été désarmée et que les choses aient été rétablies en premier état ; et lors le seigneur de Tavannes, lieutenant général au gouvernement de Bourgogne, fera établir lesdits prêches, suivant le contenu en la déclaration que nous avons fait expédier par grande et mûre délibération des gens de notre Conseil privé, et suivant ce que nous lui en écrivons plus particulièrement. Mais ne faites faute de satisfaire à tout ce que dessus incontinent et sans délai, surtout que vous aimiez le bien de notre service et craigniez nous désobéir, car tel est notre plaisir. — Donné à Paris, le 26° jour de mai 1563. » Signé : « CHARLES. » Au-dessous : « BOURDAIN. »

A ces lettres en étaient jointes d'autres de la même date, écrites par la Reine mère à la Compagnie, et contenant la recommandation de faire exécuter cet édit comme *la chose qui pût être la plus agréable au Roi son fils, et dont il aurait le plus de contentement*. Tavannes reçut lui-même du Roi et de Catherine de Médicis les mêmes recommandations, mais régla sa conduite dans le gouvernement de la province dont il avait le commandement comme si l'édit qui leur avait été indiqué comme base n'existait pas encore.

La dernière de ces pièces, que nous rapportons à cause de son intérêt capital dans les événements de cette époque, confirme mieux que de vaines assertions ce qui a été dit précédemment des divergences religieuses qui, dès le milieu du XVI° siècle, s'étaient manifestées dans le sein du Parlement, et que les concessions faites par la Cour à la nouvelle secte devaient encourager davantage, ainsi que la suite le prouvera bientôt.

En présence d'un tel conflit ici mélangé de grandeur, on peut se demander qui, dans un Etat où le catholicisme avait tout créé, devait céder la place, d'une religion gravée dans les institutions et dans les mœurs, ou de nouveautés, œuvre de calcul d'un homme sans mission? La liberté de conscience, juste conquête de l'avenir, fut-elle autre chose alors qu'une tactique de la part d'une secte qui ne l'invoquait que pour assurer sa domination sur les ruines qu'elle avait faites, et qui lui eût garanti la neutralité de l'Etat, son plus redoutable adversaire? Ainsi, et en résumé, une guerre d'extermination était, sous les faux semblants de la liberté religieuse, le but véritable que se proposaient les deux partis. Les remèdes apportés à ces dangers étant envisagés à ces points de vue, l'histoire doit dire que la raison d'Etat résidait entière dans la résistance qu'avaient conseillée les grands pouvoirs de la Bourgogne et son Parlement en tête; ce que la Royauté ne tarda pas à reconnaître, mais en souillant sa politique par des massacres. Celle de Lhospital, au contraire, trop libérale pour son temps, fut la cause de cette méprise, que les événements se chargèrent de dissiper bien vite.

Bégat, de retour à Dijon, avait rendu compte à sa Compagnie des volontés du Roi exprimées dans ses lettres patentes. On ne voit pas que Lhospital y ait ajouté, suivant l'usage consacré, aucune recommandation personnelle pour assurer l'exécution d'un acte qui était son ouvrage. Une telle réserve de sa part semblerait confirmer la vérité de l'apostrophe qu'aurait faite à Bégat ce chancelier, en plein Conseil, et que nous avons rapportée précédemment.

L'illustre député de la Bourgogne fit aussi connaître aux Chambres assemblées du Parlement toutes les circonstances de son voyage, dont la relation rédigée par lui n'existait déjà plus à Dijon au commencement du XVIII° siècle (1). Acte d'opposition hardi pour cette époque, et qui fit honneur au Corps qu'il avait si dignement représenté devant le Conseil du Roi. Resté ferme dans ses convictions tout en recommandant l'obéissance à sa Compagnie, il osa, de plus, publier les remontrances faites dans cette circonstance mémorable et les envoya à la Reine mère. Cette princesse ne s'en offensa point, et l'on peut supposer qu'elle y puisa plus tard la pensée d'une politique différente, au milieu de ces actes si opposés du XVI° siècle, où les desseins des princes changèrent si souvent avec la fortune des partis.

Cet ouvrage, plein de vigueur, mais qui a les défauts de son temps, fut imprimé deux fois, et donna lieu à l'apologie calviniste dont nous avons parlé, et à laquelle Bégat répondit par un nouvel écrit, véritable traité de la matière, sans nom d'auteur et ayant pour titre : *Réponse pour les députés des trois États du pays de Bourgogne contre la calomnieuse accusation publiée sous le nom d'Apologie*. Premier exemple d'une discussion

---

(1) Ce rapport, formant un volume, fut déposé avec les pièces à l'appui, par Bégat, sur le bureau du Parlement, le 7 juin 1563, *ad perpetuam rei memoriam*. (Voir le Registre dudit jour.)

publique entre les partis, qui montre la parole humaine prenant part au plus grand débat qui eût jusqu'alors agité la société, et dont la liberté religieuse fut le prétexte.

Les événements qui arrivèrent en Bourgogne après la publication de cet édit, ne tardèrent pas à justifier toutes les appréhensions des Etats et du Parlement. La contrariété des deux cultes, jointe à la haine respective de ceux qui les pratiquaient, multiplia les troubles sans les prévenir. Les catholiques ne se lassèrent pas de murmurer contre un acte qui plaçait des nouveautés sur le pied des plus anciennes croyances; les protestants l'acceptèrent comme une concession qui n'était, à tout prendre, que l'aveu public de leur triomphe dans toute la France; et sans l'habileté de Tavannes, qui corrigea par sa prudence ce que cet acte avait d'excessif, c'en eût été fait de la sûreté de cette province, la plus exposée par sa situation aux propagandes du dehors.

Le Parlement lui-même, malgré les injonctions de la Cour, n'obéit pas de prime abord. L'on voit, par une délibération du 12 juin 1563, qu'il hésita à rétablir dans leurs fonctions des conseillers protestants relaps et pour lesquels il avait, un an plus tôt, manifesté plus de complaisance dans des conjonctures que le temps avait changées. L'arrêt de publication consacrant les nouvelles concessions faites aux calvinistes fut mis aux voix et ne passa qu'après un délibéré qui avait duré huit jours entiers au milieu des plus étranges perplexités (1). Des

---

(1) Voici le texte de cet arrêt : « Ayant été trouvée la commune et grande opinion que pour grande raison proposée et déclarée par Messieurs, que, bien que l'édit de pacification soit de telle conséquence

magistrats tels que Fremiot et La Verne, plus exposés aux menaces de ceux de la nouvelle secte à cause de leur énergie (1), avaient refusé sous différents prétextes de prendre part à cette mesure, et ne s'étaient soumis que sur l'injonction réitérée de leur Compagnie. Bégat, le principal athlète de la lutte du Parlement contre les édits, s'inclinait devant la volonté du Prince et conjurait ce Corps de ne pas prolonger une résistance devenue inutile, pendant que les protestants, moins prudents et qui s'étaient assemblés en grand nombre aux portes de la ville, brisaient les croix, foulaient aux pieds les images des saints, et menaçaient de meurtre si les prisonniers de leur secte n'étaient relâchés sur l'heure; ce à quoi on fut obligé d'obtempérer. Tel fut le résultat d'un épisode qui tint en Bourgogne, au sein des luttes religieuses du XVI° siècle, une place très importante, et dont son Parlement fut le principal auteur au milieu des plus rudes épreuves.

Mais la rentrée au sein de cette Compagnie de ceux de ses membres accusés d'hérésie, jointe à la liberté accordée désormais à tous de confesser sans péril leurs opi-

---

qu'il pourrait importer la mutation de la religion chrétienne et romaine, divisions entre les peuples et guerres civiles dont les suites pourraient importer au Roi et à la république intérêt irréparable, néanmoins, après avoir considéré le contenu ès lettres et après avoir fait déclaration que ce qu'ils faisaient était pour obéir au commandement du Roi et de la Reine mère, ordonne que ledit édit sera publié en ce Parlement par provision et jusqu'à ce qu'autrement en soit ordonné. » (Délibération du 19 juin 1563.)

(1) Poursuivi par une troupe furieuse jusque dans sa maison de campagne de Quetigny près Dijon, ce dernier y avait failli perdre la vie. (Voir la délibération du 14 juin 1563.)

nions religieuses, changea rapidement ces dispositions en introduisant dans le Corps les idées de la Réforme, si promptes à se propager. Les traditions du Parlement, qui avaient fait jusqu'alors une partie de sa force, en furent altérées pour faire place à des résolutions nouvelles aussi mobiles que les majorités suspectes qui les produisirent. L'esprit de la Compagnie s'était ainsi métamorphosé avec ses membres, comme ceux-ci avaient varié dans leurs sentiments politiques unis à des vues différentes nées de ce mélange des dissidents dans son sein. De manifestations échappées à quelques-uns et de tendances soupçonnées chez un plus grand nombre résulta aussi une différence de conduite de la part des pouvoirs appelés à surveiller le Parlement. Car, tandis que la Cour le tint pour adversaire dans l'exécution si recommandée de ses édits, contre lesquels il avait constamment lutté, Tavannes, plus clairvoyant comme étant plus rapproché de lui, commença à douter de son assistance dans la défense qu'il entreprit, avec le concours des Etats, de l'ancienne foi catholique dans cette province. Sentiments bien opposés, qui expliquent la politique contraire dont cette Compagnie devint en dernier lieu le but de la part de ces deux pouvoirs, et feront comprendre par quelle voie le commandant de la province ramena plus tard en cela la Royauté à ses vues.

La mission confiée un an auparavant, par le Roi et la Reine mère, aux conseillers Etienne Charlot et Jean de Monceaux, du Parlement de Paris, et la harangue que prononça le premier d'entre eux le 29 juillet 1563 aux Chambres assemblées du Parlement de Dijon, n'avaient pas remédié à une situation si peu éclaircie, et prouveraient le peu de confiance que la Cour avait encore dans les dispositions de cette Compagnie. L'exemple du Parlement de Paris, qui s'était soumis à cette politique, exemple cité comme à plaisir dans des paroles maladroites et pleines d'emphase (1), excita les murmures en ranimant par l'envie, en Bourgogne, le vieux levain parlementaire, déjà tout absorbé par l'esprit de secte. Quelques éloges hors de saison, touchant les résistances des magistrats aux premiers édits, quand on venait les supplier de se soumettre à d'autres qui abandonnaient aux vainqueurs le champ de bataille, parurent une énigme plutôt qu'une

(1) Le conseiller Charlot avait dit au Parlement : « M. de Monceaux et moi étant venus en ce pays par le commandement du Roi, *nihil antiquius duximus* que de venir *in hunc locum ornatissimum* pour saluer cette grande et noble Compagnie, laquelle je puis dire *non immerito* être l'une des premières et plus anciennes de ce royaume..... La charge que nous avons ici est pour vous faire entendre *consilium profectionis nostræ* et qu'il a plu au Roi et à la Reine sa mère nous donner en ce pays de Bourgogne pour apaiser la sédition..... La Cour du Parlement de Paris a été mue de publier l'édit sur le fait de l'édit de pacification sans modifications, vu la nécessité du temps, pour le repos public et pour apaiser *undique immergentes procellas... sed Dii etiam ipsi parent*. Le Roi, pour y remédier, *ne longe major calamitas nos premat...* nous a donné une loi..... Il a fait ce que disait autrefois Jérémie de la bonté infinie de Notre-Seigneur : *Post dies illos, dixit Dominus, dabo leges eas in mentem eorum et in cor eorum scribam eas.....* Et la raison de ce Prince a été *quoniam propitius ero injustitiæ eorum, et peccatorum ipsorum non recordabor amplius.....* Il a suivi en cela le sage et prudent conseil des Romains anciens, de Thrasybulus, citoyen d'Athènes, qui, *bello Peloponesiaco confecto*, et pour apaiser les grandes dissensions, *legem tulit saluberrimam*, qui était *lex oblivionis injuriarum*, et s'en trouvèrent si bien, que Paulus Vosinus et Flavius Vopiscus récitent que par ce moyen *concussum et labefactum civitatis statum in pristinum habitum revocavit.....*

« C'est une des premières et des plus grandes charges que nous

recommandation à laquelle on pût se fier sans crainte. Le Parlement n'accepta qu'avec froideur cette communication faite par un Corps dont il se prétendait l'égal et qui semblait vouloir lui dicter la loi. La mission manqua ainsi le but qu'on s'était proposé, et les commissaires n'emportèrent que la honte des aveux par eux faits de l'impuissance qui avait forcé l'Etat à de pareilles concessions.

En présence de ces humiliations nouvelles, le voyage arrêté du Roi dans les provinces par Catherine de Médicis, sa mère, sembla un moyen propre à adoucir l'esprit de secte en rapprochant les sujets du Prince pour faire oublier dans la joie publique les horreurs des guerres civiles. Tel fut le motif avoué de cette résolution inatten-

ayons par notre commission, laquelle je confesse être fort ardue et *meis quidem humeris impar*, n'était une chose *quâ me magnopere recreat et reficit*, que nous sommes envoyés en cette province, où, quelque grands troubles qu'il y ait eu en ce royaume, les sujets du Roi ont été si étroitement contenus *in officio* par votre prudence et justice accoutumées, que *merito* elle se peut dire la plus paisible, la plus tranquille, la plus nette et la moins polluée du sang des séditions que provinces de ce royaume; tellement que *inter tot bellorum civilium tumultus, nullæ cædes, nulla latrocinia peracta et tranquilla omnia*, dont nous nous estimons en cela *sorte nostra aliquanto feliciores* que Messieurs qui sont délégués aux autres provinces..... La grande et admirable police dont MM. les ducs d'Aumale et de Tavannes ont ci-devant usé *in rebus gerendis* vous y ont grandement aidés, *in bello, in otio, in negotio*; de façon que, par le moyen du bon ordre qui a été donné par mesdits seigneurs ou fait du gouvernement, cette province est demeurée pour la plus exempte de ces séditions et s'est conservée en son intégrité. Donc, Messieurs, pour du tout apaiser les clameurs et satisfaire à l'exécution de notre commission suivant le bon plaisir du Roi, nous vous supplions bien humblement nous vouloir prêter tout conseil, faveur et aide..... » (Registre du Parlement, du 29 juillet 1563, sur lequel ce discours est transcrit *in extenso*.)

due à laquelle la politique rattacha des desseins que chaque parti s'efforça de pénétrer, et qui écartèrent d'eux la confiance, sentiment principal qu'on leur voulait inspirer. La Bourgogne, entre toutes les provinces, devait être visitée l'une des premières. L'on verra par ce qui va suivre que la situation des partis religieux dans son sein, expliquée par la voix de Tavannes à la Reine mère, à son arrivée à Dijon, ne contribua pas peu à ramener celle-ci à des sentiments contraires à la politique de Lhospital, dont il est permis de penser qu'elle commença dès ce jour à se séparer (1).

Ce fut surtout vers le Parlement, le Corps le plus important et celui dont elle était le moins sûre, que tendirent toutes les préoccupations de la Cour dans cette province, en même temps que l'état des esprits allait y être étudié par elle dans les hommes et dans la situation embarrassante que les dissidences religieuses avaient créée au gouvernement de l'Etat. L'entrée, qu'on va lire, de Charles IX dans cette Compagnie, le 24 mai 1564, le fait le plus important de ce voyage, bien qu'elle n'eût pas un caractère politique avoué, ne devait pas être non plus une vaine cérémonie d'étiquette à côté des violences dont nous avons parlé et qui avaient jeté le trouble en Bourgogne. Chalon surpris et ravagé en pleine paix

(1) « Charles IX partit de Paris, s'arrêta à Troyes où il tint une assemblée composée de sa noblesse, des baillifs, procureurs et avocats du Roi, et leur recommanda d'observer les édits de pacification d'Orléans. De là il se rendit à Langres où il tint la même assemblée, puis s'achemina vers Dijon. » (*Journal de Haton*, publié par l'Etat.) Il arriva le samedi 20 mai 1564 au couvent des Chartreux où il séjourna jusqu'au lundi 22, qu'il fit sa première entrée dans cette ville.

par les protestants ; Dijon échappé comme par miracle à une sédition dont les insultes des dissidents avaient été l'occasion ; un rendez-vous donné en armes par les deux partis jusque dans ses murs ; et, pour aggraver ces maux, un Parlement douteux, un commandant de la province indépendant, des Etats menaçants, et la fureur des *huguenots* ici de plus en plus croissante à mesure des concessions qu'ils obtenaient de la faiblesse ou de la politique, étaient l'image d'un pays où la Royauté, en intervenant, allait se montrer impuissante ou irrésolue.

Le Roi venait à peine de faire déclarer sa majorité par le Parlement de Rouen, et il allait essayer de gouverner lui seul dans les conjonctures les plus difficiles, en butte à des intrigues différentes et observé par une mère jalouse qui ne quittait le pouvoir qu'à regret. Même à cette époque critique de l'histoire, tout espoir d'apaiser les partis pouvait flatter encore les gouvernants, sous les auspices d'une Royauté nouvelle et du prestige qu'elle imposait aux peuples en se rapprochant des Cours souveraines autres que le Parlement de Paris, déshérité cette fois de sa suprématie politique. Pour mieux réussir dans ce dessein, le moyen était de tromper à force d'avances la vanité de ces Corps en raison de l'appui qu'on avait à en attendre, et dont l'un d'eux venait, aux acclamations publiques, de donner un si mémorable exemple en brisant les liens d'une minorité incommode. Enfin, par-dessus tout, la voix de Lhospital était encore écoutée ; il accompagnait le Roi dans ce voyage et devait haranguer le Parlement en son nom. Tout porte donc à croire que le chancelier en avait approuvé la résolution dans l'espérance du rapprochement de la Cour avec cette Compagnie, sans laquelle il ne fallait songer à rien entreprendre ici de sérieux. Telle fut, ainsi qu'on peut en juger, la raison d'Etat qui amena la séance royale que nous allons rappeler et préluda, par l'arrivée du Roi en Bourgogne, à la visite des autres provinces, où la présence du Prince fit trêve aux dissentiments religieux si elle ne les anéantit pas.

C'était pour la première fois depuis sa fondation par Louis XII que la grande salle aux lambris dorés allait donner asile à la Royauté revêtue de tout son éclat. Charles IX venait de faire la veille une entrée triomphale dont la province supporta les frais. La Reine mère, qui l'avait précédé dans ce voyage, était témoin de cet imposant spectacle, d'une fenêtre de l'hôtel Tabourot, place Saint-Jean, où la ville lui avait fait servir une collation et où se réunit à ses côtés une partie de la Cour et la plus brillante. La présence de cette femme si proche d'un souverain à peine sorti de sa tutelle pouvait cacher des perfidies ; mais le temps n'était pas encore venu des résolutions sanglantes, et comme garant de sa bonne foi on voyait près d'elle Lhospital, l'homme le plus modéré de ces temps comme le plus vigilant, et dont l'aspect semblait ouvrir tous les cœurs à la confiance.

La réception du Roi par la ville avait été somptueuse. Un tournoi que lui offrit Tavannes sur la même place y ajouta le spectacle d'un combat qu'on ne craignit pas, malgré la mort si fatale de Henri II, de donner à sa veuve. « Tout y sembla, dit une chronique du temps, *hormis la mort*, un combat entre ennemis ; on vit couler le sang et porter des coups si terribles, que la Reine demanda *quels jeux c'étaient* et ajouta *qu'ils lui faisaient trembler l'âme dans le corps*. » (Mémoires de Tavannes.) Cet homme de guerre était allé la veille à une lieue de Dijon au-devant du Roi, auquel il avait dit, en mettant une main sur son cœur : *Ceci est à vous* ; puis, portant l'autre sur son épée : *Voilà de quoi je vous puis servir* ; paroles de malheur que la part qu'il prit à la journée de la Saint-Barthélemy ne vint que trop réaliser (1), en flétrissant ses lauriers de Renti, Jarnac et Montcontour.

Après la réception de la ville, celle du Parlement refléchit la gravité sévère de la première magistrature de la province. Le mardi 22 mai, avant-veille du lit de justice dont nous allons parler, Charles IX avait reçu au couvent des Chartreux, avant son entrée en ville, le Corps entier venu à cheval et en robes rouges pour l'y complimenter suivant l'usage établi. Au *propos* du Premier Président Claude Le Fèvre il avait répondu par des paroles bienveillantes dont la politique se trouvait soigneusement exclue, bien que déjà Catherine de Médicis, sa mère, visitée peu auparavant par la même Compagnie, lui eût, par la recommandation d'être plus diligente à l'avenir dans la publication des édits, laissé transpirer l'un des motifs que s'était proposés la Cour dans ce voyage.

(1) Il est juste de rappeler ici qu'il s'opposa à ce que l'on comprît dans les massacres le roi de Navarre et le prince de Condé, qui furent rayés par son énergique résistance de la liste des victimes. (Voir le Discours préliminaire de cet ouvrage.)

De ces actes, qu'on ne citait pas, le plus important, comme il fut le premier, était celui de janvier 1562, touchant la liberté de conscience, trop favorable aux protestants, mais inspiré par la politique de la Reine dans le but d'abaisser la puissance des Guise. Edit que le Parlement de Dijon, seul de toutes les Cours du Royaume, avait longtemps refusé d'enregistrer, par l'influence de Tavannes jointe aux remontrances rédigées par le conseiller Bégat, qui avaient ému toute la province. Ajoutons à ces inquiétudes celles causées par l'édit d'Amboise du 19 mars 1563 sur la pacification des troubles, le plus favorable au nouveau culte, enregistré lui-même, mais non sans une répugnance profonde, par la même Compagnie ; raisons d'Etat plus que suffisantes pour venir gourmander son zèle et prévenir d'autres résistances de sa part. C'était, à n'en pas douter, à ces mesures, fruits de la politique du jour, que se rapportaient les paroles que nous avons rappelées. Le Parlement ne s'y méprit point, et garda le silence devant des reproches qui déjà n'étaient plus assez sincères pour exclure d'autres résolutions.

Une précaution plus blessante et qui révélait les mêmes soupçons était prise dès le lendemain. Le Roi voulut voir lui-même les actes de la Compagnie pour examiner sa conduite pendant les troubles, et envoya, le 23 mai, son propre frère, le duc d'Orléans, s'en faire remettre les Registres (1). Le Parlement obéit, mais non

---

(1) Le duc d'Orléans se fit remettre encore les informations faites par la Chambre de ville, qu'il avait envoyé chercher chez Tavannes,

sans regret, à un ordre si nouveau et qui accusait assez le peu de confiance qu'on avait en lui.

Ces préliminaires accomplis et le jeudi 24 mai arrivé, jour fixé pour le lit de justice, Charles IX, qui n'avait pas quatorze ans, fit son entrée au Palais, où un dais de velours surmonté de drap d'or avait été disposé pour lui à l'angle de la grande salle. Lhospital, en longue robe de velours et cornette en tête, l'avait précédé de quelques heures dans cette visite attendue, accompagné des évêques d'Orléans, de Valence, de de Lisle, premier président de Bretagne, et de plusieurs grands personnages du Conseil et de la Cour. Enfin, à neuf heures du matin, au bruit des fanfares et des acclamations publiques, le Roi, couvert du manteau royal, l'épée au côté et décoré du grand collier de son Ordre, entrait d'un pas ferme au Parlement, après qu'une députation de la Compagnie l'avait harangué, têtes nues et genoux en terre, à la porte extérieure du Palais. De là il était conduit par le Premier Président au trône qui lui avait été préparé. Charles IX marchait accompagné de la Reine mère Catherine de Médicis, de son frère le duc d'Orléans, des princes de Nevers, de la Roche-sur-Yon et de Montpensier, du gouverneur de la province le duc d'Aumale, du vieux connétable de Montmorency l'épée nue à la main, des quatre maréchaux de France et d'une foule de gentilshommes et de chevaliers en habits de cérémonie, qui tous se placèrent à sa droite dans l'ordre que nous venons de décrire. Le

---

disant en avoir charge du Roi son frère. (V. Registre du Parlement dudit jour.)

Roi avait à sa gauche les cardinaux de Lorraine et de Bourbon en costume de princes de l'Eglise ; puis à ses pieds, au Parquet, Lhospital son chancelier, et, plus bas encore de quelques degrés, les présidents, conseillers et gens du Roi du Parlement, tous revêtus de leurs robes fourrées et écarlates, découverts et le genou en terre dans l'attitude du respect. Parlerons-nous de ce jeune prince Henri de Bourbon, fils du roi de Navarre, alors âgé de onze ans, dont la grâce et les saillies plaisaient tant à la Reine mère, et qu'elle avait amené à sa suite à Dijon, mais que sa jeunesse tint éloigné de cette solennité ?

Jamais cette Compagnie n'avait vu réunis dans son sein des personnages plus illustres. Des noms comme ceux de Guise et du cardinal de Lorraine ; un Roi si jeune et qu'on pouvait croire innocent ; la Reine mère, femme au-dessus de son sexe ; un ministre comme Lhospital, un brave comme Tavannes, un guerrier comme Montmorency ; une Cour brillante et un Parlement majestueux, furent tout ce qui frappa la multitude, qui ne vit qu'une cérémonie dans cette solennité où la prévoyance avait bien mieux ses vues que le vain motif qui lui avait servi de prétexte.

Rien n'apparut en ce jour qui exprimât de la part du Souverain des vues politiques ou des reproches. Charles IX ne dit que quelques mots, suivant la formule consacrée, par lesquels il déclara sa volonté sur l'observation des édits et sur l'obéissance qui devait leur être rendue ; après quoi le chancelier fit au Parlement des remontrances qui se rapportaient à ses devoirs et à sa fidélité, et ne sont pas parvenues jusqu'à nous. Le Premier Président répondit à cette harangue par un discours à la louange du Prince et de la justice; puis, l'audience ayant été ouverte, une cause fut plaidée, suivant l'usage le plus ancien, devant le Roi, qui en fit prononcer l'arrêt par son chancelier (1). Il s'agissait d'une sentence rendue par la Chambre des Comptes entre Marie Ferrand, veuve Brigandet, contre le *sieur* de Villeberny, se disant aux droits du Souverain au fait d'une commise féodale ou de réversion portée par appel au Parlement, et qui fut jugée sans désemparer parmi les causes importantes du Palais que la Compagnie choisit elle-même et dont les avocats les plus célèbres avaient été chargés. Coutume ancienne qu'on vit passer depuis, par abus, des rois aux simples gouverneurs, princes du sang ou légitimés, comme il arriva au duc de Vendôme, commandant de la province au milieu du XVII° siècle, qui voulut user de la même prérogative (2).

Tout le secret de ce voyage resta donc enfermé dans le silence des Chambres réunies, tenues hors la présence du Prince et avant son entrée au Palais. Nous n'avons

---

(1) Cet arrêt, qui existe encore aux Archives du Palais, porte en tête ces mots : Le Roi séant en sa cour de Parlement..., et finit par ceux-ci : *Fait au Parlement de Dijon, le Roi étant au jugement*. Il est signé M. Delospital, et fut rendu sur les plaidoieries des avocats Nicolle, Legrand, Fyot et Guillaume de Montholon ; les procureurs Fichot, Fournier, Arviset et Fleutelot étant ceux des parties. Le procureur général Languet conclut au nom du Roi.

(2) On peut lire au Registre du 26 avril 1521 que le chancelier Duprat, qui accompagnait François Ier lors de son voyage à Dijon à cette époque, vint au Parlement, où une cause fut plaidée à la Grand'-Chambre, qu'il présidait.

pas le discours que prononça en cette occasion le chancelier de Lhospital, qui avait demandé cette assemblée (1), et dont il ne permit pas qu'il restât de trace. Mais le soin pris par lui de se faire représenter les édits de pacification et l'arrêt qui les avait fait publier dans le ressort révèle, à n'en pas douter, le but qu'il avait voulu atteindre en se rendant dans le sein de la Compagnie, et dont les paroles échappées à la Reine mère dans l'audience donnée au Parlement, jointes aux causes particulières qu'il reste à faire connaître, rendent l'évidence peu douteuse.

Cette cérémonie se passait huit ans avant les massacres qui devaient épouvanter la France, et dont la Bourgogne fut si heureusement préservée. Claude de Lorraine, duc d'Aumale, était gouverneur à cette époque; Tavannes, devenu depuis le fameux maréchal de ce nom, lieutenant général pour le Roi ; Claude Le Fèvre, chef du Parlement; et Bénigne Martin, vicomte mayeur. Pierre Jeannin, avocat, depuis célèbre, avait à peine plaidé sa première cause, qui le fit admettre dans les conseils de la province, dont, par une initiative courageuse, il sauva plus tard l'honneur.

Mais déjà les événements que nous avons rapportés avaient rendu cette présence du Souverain nécessaire, et des causes imprévues vinrent ici en aide à la raison d'État qui avait conseillé ce voyage. Le Parlement, tout

---

(1) Dans une conférence tenue à Saint-Seine-l'Abbaye, où tout fut concerté à l'avance entre lui et une députation du Corps venue à sa rencontre.

le premier, par l'adhésion de plusieurs de ses membres aux nouvelles doctrines, avait, malgré la profession de foi catholique jurée par la plupart d'entre eux, ajouté à la situation générale le danger d'une justice déchirée par les mêmes erreurs. Bien avant le voyage du Roi, la preuve en était acquise, et la Chambre de ville, gardienne plus vigilante de l'orthodoxie catholique, ne fut pas la dernière à s'en inquiéter. Dès 1562 elle avait fait chasser hors des portes de Dijon les servantes du conseiller Saumaise et d'un bourgeois nommé Fabry, soupçonnées de *huguenotisme*, avec défense d'y rentrer, sous peine d'être pendues ; comme elle avait fait informer, pour la même cause, contre un autre conseiller au Parlement, et sa femme, prévenus d'avoir fréquenté les assemblées du nouveau culte. La femme du médecin Vignier, inculpée d'hérésie, n'avait été elle-même relâchée que sur la caution bien étrange des conseillers Saumaise et Fyot, partisans secrets de ces erreurs. Enfin des hérétiques relaps, traduits à la Tournelle, s'étaient vu acquitter, malgré leurs aveux, par des magistrats timides ou sympathiques.

Tous ces actes rapprochés étaient publiés par des ennemis intéressés à s'en prévaloir comme d'autant d'accusations nouvelles. Tavannes, qui partageait les soupçons de la ville, avait demandé au Parlement, pour éprouver son zèle, de faire faire par ses membres des patrouilles à cheval, ce dont la Compagnie s'était excusée sous prétexte de son service, en envoyant des salariés à sa place. Enfin le procureur général venait d'être pour ce motif dénoncé aux Chambres assemblées, et avec lui plusieurs officiers du Parlement ; mesure extrême qui avait amené une délibération violente où la délation, recommandée comme un devoir, avait donné prise, en détruisant l'harmonie du Corps, aux passions personnelles, si promptes alors à se mêler à tout.

C'est ainsi que le Parlement, si hostile aux nouvelles hérésies, qu'il avait combattues d'abord, venait d'en être atteint lui-même par cet esprit frondeur qui souriait à ses habitudes ; ce qui explique la raison politique qu'eut Lhospital de démêler l'esprit de cette Compagnie dans la conférence secrète qui a été rappelée, et dont, entre ces dangers contraires, l'intérêt était alors si important. Mais la Cour, tout en insistant sur la mise en œuvre de l'édit de pacification dû aux conseils du chancelier, penchait secrètement, après une politique tortueuse suivie sans succès, vers la défense des catholiques, les plus redoutables par leur nombre pour son autorité. L'aspect des partis prêts à en venir aux mains en Bourgogne, les ruines amoncelées par les protestants dans une grande partie de cette province, les influences de Tavannes, et, par-dessus toute chose, la politique du Parlement devenue impénétrable, avaient changé ses résolutions en la ramenant à des sentiments auxquels sa haine seule pour les princes lorrains, aujourd'hui bien moins dangereux après l'assassinat du plus grand d'entre eux (1), lui avait fait préférer en premier lieu l'essai si malheureux des accommodements. L'histoire, à défaut

---

(1) François, duc de Guise, blessé par Poltrot, sieur de Méré, d'un coup d'arquebuse, le 18 février 1563, sous les murs d'Orléans, et qui succomba le 24 du même mois.

des chroniques, n'a pas tenu compte de ces faits, qui, révélés aujourd'hui par une étude locale, semblent indiquer la cause d'une politique nouvelle et si imprévue.

Déjà la présence au lit de justice du cardinal de Lorraine, vainqueur de Théodore de Bèze au colloque de Poissy, de son frère le duc d'Aumale, gouverneur de la province, le cœur plein de vengeance pour le meurtre si récent de leur frère, et celle du connétable de Montmorency, l'ennemi déclaré des nouvelles doctrines, inauguraient assez une politique différente de celle qu'on avait suivie jusqu'alors et qui, par une neutralité sans bornes, n'avait su contenter personne. Dans une telle réunion on pouvait voir une menace plutôt qu'un cortége ordinaire. La sagesse du chancelier, jointe à son austérité connue, pouvait seule diminuer ces craintes. Lhospital ne s'y méprit pas et attendit tout des circonstances, en remettant à un autre temps le soin de combattre un danger qu'il n'avait pu conjurer. Les protestants, de leur côté, durent se tenir pour avertis, et le Parlement, que la Cour avait principalement en vue, ne s'abusa pas davantage après les leçons sévères qu'il avait reçues. Tourmenté de ses divisions et peut-être effrayé de son impuissance, il conseilla au chancelier la mesure la plus étrange qui eût été encore imaginée, en demandant qu'on le délivrât de ceux de ses membres suspects d'hérésie (1). Mais Lhospital ne le voulut pas par respect

---

(1) On lit dans une délibération du 26 mai 1564 : « Prière par le Parlement au sujet de ceux de ses membres qui iraient saluer le Roi et le chancelier à leur départ : *Supplions ledit seigneur Roi de faire*

pour la règle, comme pour ne point troubler la pureté du jour où une royauté nouvelle semblait faire oublier les maux du temps, en se montrant pour la première fois.

Ce voyage manqua le but qu'on s'était promis, et le lit de justice dont nous venons de parler n'aboutit, malgré les précautions et les intrigues, qu'à causer de nouvelles alarmes. Les protestants furent ceux qui se crurent le plus menacés. Enhardis par les refus de la Cour de suspendre l'exécution du nouvel édit sur la demande des Etats, refus qui avaient amené les massacres des catholiques à Cravant, ils passèrent de l'audace à la défiance et leurs soupçons ne s'arrêtèrent plus. Dans les personnages ennemis qui accompagnaient le Roi, ils virent leurs forces consultées, leurs entreprises prévenues, la division jetée parmi leurs principaux chefs par une Cour qui cherchait à les séduire ou à les rendre suspects. Tavannes, leur plus mortel ennemi et le personnage le plus important de la province à cette époque, venait d'être, de la part du Roi et de sa mère, l'objet de prédilections non déguisées. Catherine de Médicis avait, sous un vain prétexte de santé, voulu descendre dans son hôtel rue Vannerie, avant l'arrivée de son fils (1), comme pour l'associer à sa politique, en lui dévoilant d'avance les secrets d'une cérémonie qui, à défaut de

---

justice des fautes qu'il estime être en aucuns de cette Compagnie, et qu'il conserve ceux qui se tiennent en bon devoir. »

(1) Le roi Charles IX avait été reçu, par Chabot lui-même, dans l'hôtel Chabot, devenu plus tard un couvent, aujourd'hui l'hôtel du Parc. (Reg. munic.)

franchise, devait plutôt ressembler à un complot auquel l'adversaire le plus déclaré des concessions ne pouvait manquer de prendre part. La nouvelle reçue par la Cour, pendant son séjour à Dijon, de la mort de Calvin arrivée à Genève le 27 mai 1564, ne fut pas étrangère à ce changement de vues, si elle ne le détermina pas. De ce jour en effet les haines devinrent plus implacables et les rapprochements eux-mêmes périlleux. Les catholiques, de leur côté, malgré ces préférences manifestes, ne se trouvèrent pas assez protégés et s'en plaignirent au Roi par l'organe de la Chambre de ville, leur plus solide appui à défaut du Parlement. Triste résultat d'une politique sans bonne foi de la part d'un gouvernement flottant entre les partis, auquel il ne fut donné d'en contenter aucun, ce qui le portera plus tard à ces résolutions sanglantes qu'il avait tant reprochées à d'autres et essayé si inutilement de prévenir.

En présence de ces intrigues de toute espèce dont aucune ne lui échappa, Lhospital se consola de son impuissance dans l'extirpation des abus. Des scènes nouvelles, telles que la prise d'Auxerre et le pillage de l'abbaye de Moutier-Saint-Jean, accomplies par les protestants, et les cruautés commises à Romay par des étrangers de la même secte, faisaient tomber sa politique devant les faits, les plus puissants de tous les arguments. L'entrée récente des Allemands dans la province sous la conduite d'Andelot, qui était allé mendier leur secours à l'étranger, ajoutait encore à ces accusations. Les illusions de la paix venaient ainsi *de plano* de se dissiper en Bourgogne, sans ébranler les desseins de cet homme d'Etat, mais en transformant à son insu le but qu'on s'était proposé dans ce voyage entrepris de son aveu. Tavannes, comme pour l'occuper de soins différents, lui avait dès son arrivée montré dans l'administration de la justice, des vices qui n'avaient point échappé à cet homme de guerre, dont le coup-d'œil s'étendait partout. Le chancelier fut frappé de ces révélations nouvelles, et tout porte à croire qu'elles fixèrent ses résolutions. Le Premier Président Le Fèvre, auteur, comme nous l'avons dit, des meilleurs règlements du Palais, avait inutilement lutté contre des désordres que le pouvoir royal pouvait seul prévenir et faire cesser. Consulté par le chancelier, la parole de ce magistrat fut écoutée comme celle d'un sage et ses conseils comme des règles de raison qui devaient être consacrées par le Souverain. Le savant conseiller de Vintimille, interrogé à son tour, eut aussi sa grande part dans ces travaux préliminaires. Il en recueillera plus tard la gloire avec le chef de sa Compagnie, appelés qu'ils furent tous deux et cinq membres tirés des autres Parlements, à leur donner la sanction dans l'assemblée des notables de Moulins. Ainsi, la Bourgogne avait la première montré par ses magistrats la nécessité de ce grand remède de la réformation de la justice accompli par des ordonnances à jamais célèbres et qui furent, chose étonnante, conçues, faites et promulguées au milieu des troubles religieux du XVIe siècle (1).

(1) Datées de Moulins et de Roussillon, rendues pendant le voyage de la Cour, elles passèrent plus d'un siècle après dans celles de Louis XIV. (Voir le Registre du Parlement du 20 février 1566.)

A part cet épisode digne de remarque, le voyage du Souverain dans cette province au mois de mai 1564 devint pour elle plus malheureux qu'utile. Bien conçu dans son principe, il avait été dénaturé dans ses moyens et n'aboutit qu'à des résultats opposés à son but. Dans des avances faites au Parlement, la Cour essaya, mais vainement, de l'assujettir à l'autorité royale dans des vues qui changeaient avec la fortune par les intrigues d'une femme jalouse, trop près d'un Roi si jeune et qu'elle avait nourri de ses leçons. De ce jour, au contraire, les esprits s'irritèrent, la défiance s'accrut, et cette Compagnie n'accepta pas la loi d'un pouvoir ennemi dont la politique avouée n'était le plus souvent qu'un piége, et qu'elle se réserva de combattre plus tard, au lieu de cette soumission aveugle qu'on avait exigée d'elle dans une voie alors inconnue et pleine d'écueils.

Dans un temps voisin de ces événements et peu avant la période si lamentable de la Ligue, doit se placer une révolution arrivée dans le droit municipal en Bourgogne et à l'accomplissement de laquelle on s'étonnera qu'au milieu des guerres civiles qui occupaient tous les esprits, les Etats de cette province aient pu mettre la dernière main. Or, la grande part que prit le Parlement à la Réformation de notre Coutume, les magistrats illustres qui y coopérèrent par leurs travaux et l'éclat qui en réfléchit sur cette Compagnie, doivent la faire considérer comme un épisode de sa vie plutôt que comme l'œuvre du Prince, qui ne sanctionna cette réforme qu'après que le Parlement l'avait lui-même sollicitée par des remontrances nombreuses. Auparavant disons un mot de la rédaction par l'écriture qui la précéda, et sans laquelle elle n'eût pu s'accomplir.

Pour saisir l'importance d'un pareil travail, il faut consulter les vicissitudes de notre législation depuis l'origine de la Coutume. Longtemps conservée en Bourgogne dans la seule mémoire des hommes, elle avait été, depuis, transcrite sous le règne de Philippe-le-Bon, l'un des Ducs de la seconde race. C'était l'époque de l'histoire où la rédaction des lois municipales avait été ordonnée dans l'étendue de la monarchie française par un de ses Rois. Avant cette résolution prise, la tradition seule était demeurée parmi nous, ainsi que dans la plupart des provinces coutumières, la garantie du droit local, malgré l'exemple donné sous le règne de saint Louis par Desfontaines et Beaumanoir, qui avaient, de leur autorité privée, rédigé par écrit les Coutumes de leurs bailliages. Cet état d'une législation muette et incertaine dura plusieurs siècles, pendant lesquels les souvenirs en furent plus d'une fois corrompus ou altérés.

Mais à mesure que la période féodale approchait de sa fin, l'ignorance tendant à se dissiper, les besoins d'une législation fixe commencèrent à se faire sentir. L'ordre donné par le Roi de France pour y satisfaire allait être suivi en Bourgogne par un de ses Ducs de plus glorieuse mémoire. On voit par les premières lettres patentes publiées à cette occasion, que, sur la requête des trois Etats, Philippe-le-Bon avait chargé plusieurs de ses conseillers de s'informer de ces Coutumes et de les faire mettre par écrit; et que, « ces informations faites, Girard de Plaine, alors chef de son Conseil et président de ses Parlements de Bourgogne, et à lui joints d'autres membres désignés, durent en écrire leur avis à lui et aux gens de son grand Conseil, pour en être ordonné ce qu'il appartiendrait. »

Telle fut la teneur de cet acte important qui ouvrit à la justice comme aux travaux juridiques dans cette province une voie inconnue dont la certitude des textes allait devenir la garantie. Les commissaires nommés pour cette enquête étaient au nombre de six. Ils devaient s'informer de l'état des Coutumes générales du duché ; à l'effet de quoi le Duc avait fait assembler à Dijon plusieurs prélats et gens d'église, chevaliers, écuyers, avocats fameux, procureurs, demeurant en plusieurs lieux. Tous avaient été interrogés sur ces statuts, tant en commun qu'en particulier ; et sur leurs témoignages ils avaient été déclarés par écrit *véritables pour le bien et utilité de ce pays*. Puis, déférant au vœu des commissaires chargés de ce grand travail, le même Prince avait proclamé les mêmes Coutumes, ainsi rédigées en une seule, *loi du duché*, avec le supplément du droit écrit à leur défaut. Enfin, et par un premier pas fait vers une législation uniforme, toutes les autres Coutumes particulières et locales avaient été annulées en Bourgogne, jusqu'à défendre d'interpréter par leurs usages le nouveau statut municipal. Ces lettres sont du mois d'août 1459 et données à Bruxelles « pour être publiées, y est-il dit, en chacun de nos bailliages et de nosdits duché de Bourgogne, comté de Charollais, terres d'outre-Saône et ressort de Saint-Laurent, » d'où avaient été tirés les commissaires qui avaient préparé ce premier monument de la législation écrite en Bourgogne. Toutefois, si l'on en croit le témoignage de l'un de nos plus doctes jurisconsultes (1), ce ne fut pas un grand avantage pour cette province qu'une telle rédaction, bien que confiée à des praticiens consommés, eût été accomplie une des premières du Royaume, alors que n'avaient pas encore paru ces grands maîtres qui donnèrent tant d'illustration aux Coutumes rédigées par leurs soins. Mais une raison politique que nous ferons connaître servira à expliquer cette précipitation confirmée par quelques négligences qu'on remarque dans la nôtre, ainsi qu'il arrive aux œuvres de l'homme qui commencent les grandes réformes.

A partir de cette date de l'écriture, le caractère de la Coutume demeura invariablement fixé (2); peut-être même fut-elle améliorée au fond dans les règles qui présentaient des ambiguités ou que le temps avait modifiées. Placée, par la situation géographique de la province dont elle réglait les droits, entre les pays coutumiers et ceux de droit écrit, elle puisait des deux parts plusieurs de ses maximes. Elle en avait aussi qui lui étaient propres et comme patrimoniales. De plus, elle renvoyait, pour les cas non prévus, au droit romain comme à un supplément naturel où étaient transcrites les meilleures

---

(1) Melenet, dont il a déjà été parlé. (*Projet de réformation de la coutume de Bourgogne.*)

(2) On trouvait auparavant quelques vestiges de la même coutume transcrite dans deux anciennes chartes publiées par Pérard, pages 356 et suivantes. Seulement l'auteur laisse ignorer l'origine de cette rédaction qu'on peut attribuer aux ordonnances rendues en 1303 par Philippe-le-Bel sur la publication des coutumes du royaume ; ordonnances restées généralement sans effet.

règles de raison. Ces règles eurent force de loi, tandis que les Coutumes voisines ne pouvaient jamais être invoquées, dans le silence de la nôtre et de ce droit lui-même que comme des exemples abandonnés à la prudence du juge.

Tel avait été, à côté de tant d'autres, le grand bienfait qu'avait apporté dans cette province le Duc que nous venons de nommer. Cette époque fut pour elle la renaissance du droit véritable, c'est-à-dire approprié aux mœurs formées du mélange des races, et auparavant corrompu par le temps ou défiguré par les hommes de loi. A partir de ce moment, la Coutume de Bourgogne (1) présenta trois caractères : elle demeura écrite, elle devint générale, elle fut revêtue du sceau de l'autorité ducale *souveraine*, sans avoir besoin de l'approbation du Roi de France, malgré son droit de suzeraineté qui, dans la plupart des grands fiefs, assujettis comme cette province au ressort du Parlement de Paris, lui avait maintenu ce privilège.

Cette régénération du droit municipal, qui de la part du vassal semblait violer aussi essentiellement les droits de la couronne, était la mise en œuvre d'une clause peu connue du traité d'Arras. On lit dans cet acte, où la

---

(1) L'original en avait disparu des archives dès le commencement du XVIII° siècle. Le Parlement et la Chambre des Comptes en possédaient chacun une copie des plus anciennes, dont celle des Comptes a paru à Baunelier avoir eu seule le caractère authentique, et qu'il a fait imprimer dans le *Traité*, revu par lui, *du Droit français à l'usage du duché de Bourgogne* (tome 1, pag. 13, édition in-4°). La seconde, qui ne serait, suivant le même auteur, qu'une copie de la première, existe encore avec la mention apocryphe d'*original* dans les archives du Palais.

Bourgogne fit payer si cher à la Royauté les secours qu'elle en attendait, que le Duc régnant, Philippe-le-Bon, s'était fait dispenser de *faire foi, hommage et service au Roi la vie durant de chacun* (1). Condition qui avait ainsi placé cette province, par une souveraineté *viagère* absolue, en dehors de la règle de dépendance à laquelle étaient subordonnés, pour la rédaction de leurs Coutumes, les autres grands fiefs où régnait la maxime féodale, *que les seigneurs qui ne pouvaient rendre la justice qu'à la charge de l'appel en la Cour de Parlement, n'avaient pas le droit de faire rédiger par leur propre autorité les Coutumes du pays dont ils étaient seigneurs.* C'était en vertu du même droit de souveraineté viagère qu'on avait vu ce Duc donner son approbation suprême à la rédaction de la Coutume de Franche-Comté, province alors réunie sous son sceptre au duché. Maître de deux pays avec dispense de foi et hommage sa vie durant, ce fait explique comment il fut le seul de nos Ducs Capétiens ou Valois qui eût pris le titre de *Duc de Bourgogne par la grâce de Dieu,* ce qu'il n'eût pas fait s'il eût été vassal du roi de France. De ce principe commun de suzeraineté, on doit de nouveau conclure *à fortiori* que la justice relevant de Paris était demeurée, aux temps de leurs Ducs, pour les deux Bourgognes comme pour les autres provinces vassales, la preuve toujours vivante qui rappelait leur démembrement d'un plus grand Etat.

Cette fixité du droit coutumier avait duré plus d'un siècle dans le duché, lorsque les rois de France, redeve-

(1) Du 21 septembre 1435, art. 24.

nus souverains de cette province par son retour à la monarchie, entreprirent d'y corriger les imperfections que le temps et l'expérience y avaient fait découvrir. On voit par un des plus anciens Registres, que dès le 24 janvier 1559 le Parlement avait rendu arrêt portant qu'il serait procédé à la réformation de la même Coutume. Mais ce projet, bien que suspendu, ne demeura pas stérile, ayant été exécuté plusieurs années depuis, à l'époque la plus agitée des troubles de la Ligue, et onze ans après les changements opérés dans l'administration de la justice par Lhospital.

La réformation de cette Coutume, qui en avait suivi de plus d'un siècle la rédaction par l'écriture et qui avait été sollicitée par les Etats de Bourgogne eux-mêmes dès 1562 et 1567, fut l'œuvre des hommes les plus éminents, choisis par Charles IX dans le Parlement de Dijon. Jamais cette Compagnie n'en avait compté un plus grand nombre. Ce furent Jean de La Guesle, Premier Président [1]; Hugon de la Reynie, président à mortier; Jacques de Vintimille, Jean Bégat, conseillers, et Claude Bretagne, qui leur fut adjoint, sans qu'il paraisse avoir pris part à ce travail. Les commissaires arrêtèrent les articles en présence des élus des trois ordres avec l'assistance des plus célèbres avocats de la province, et les mirent sous les yeux des Etats, appelés à en poursuivre la sanction près du Roi. Mais le président de La Reynie, ainsi que les conseillers Bégat et de Vintimille, que nous venons de

---

[1] Fils de François de La Guesle, gouverneur d'Auvergne. De conseiller au Parlement de Paris, il devint chef du Parlement de Dijon.

nommer, eurent en réalité l'honneur de ce grand ouvrage entrepris sous la conduite du Premier Président de La Guesle, depuis appelé par le Roi aux fonctions de procureur général au Parlement de Paris, malgré la réclamation des Etats (1).

A côté d'eux, l'histoire doit citer encore les avocats les plus accrédités, tels que : Marc Fyot, Claude David, Philippe de Villers, Bernard Coussin, Guillaume de Montholon, Etienne Bernard, Guillaume Rouhier, Bénigne Grostet, Edme Pollechat, Bénigne Arviset et Jean-Baptiste Richard. Tous furent entendus séparément et aidèrent à résoudre par leurs lumières la force contestée des usages touchant les questions restées obscures dans les statuts coutumiers. Il en sera de même plus tard du titre *des Successions*, revu par les commissaires après l'ensemble de la Coutume.

Les lettres patentes du Roi qui sanctionnèrent cette réforme sont du mois de septembre 1575, c'est-à-dire de six ans postérieures à la rédaction des *cahiers*, accomplie, à la suite des conférences, par Bégat, l'un de ces commissaires, avec un soin qui leur donna dans le ressort une autorité presque égale à celle de la loi dont ils expliquaient l'esprit pour le faire pénétrer dans la jurisprudence. Le Parlement de Dijon entérina ces lettres par arrêt du 10 décembre de la même année (2); il ordonna

---

(1) La Guesle était dans le cabinet de Henri III, lorsque ce prince fut assassiné par Jacques Clément. La douleur qu'il en ressentit précipita sa fin.

(2) Cet acte se trouve mentionné au Registre des séances des 9 et 10 du même mois. (Voir aussi la collection de Brulart par ordre de matières extraites des Registres, au mot *affaires de diverses natures*.)

de plus « que l'édit du Roi serait dorénavant gardé et observé pour coutume et loi municipale, entre toutes personnes, tant ecclésiastiques, nobles, que de tiers-état du pays sujet à la Coutume, et ajouté au livre d'icelle, selon l'ordre donné sur la vérification et mis au greffe. Dit néanmoins que les articles anciens de ladite Coutume qui étaient réformés et corrigés par ceux contenus esdites lettres d'édit ne seraient distraits du livre coutumier, mais y demeureraient pour y avoir recours toutes et quantes fois que besoin serait. »

Ce Parlement fit davantage, et, par une entreprise qui ne se renouvela jamais de sa part, même au temps de sa plus haute puissance, il ne craignit pas de corriger un acte complet voté par les Etats du pays et sanctionné par le suzerain lui-même, sans lequel il eût été sans force. On lit dans le même arrêt ces changements qui furent de véritables abolitions ou restrictions de clauses essentielles consenties par des pouvoirs supérieurs à lui et qui montrent combien, dès cette époque reculée, les cours de justice avaient dévié de leur mission (1) : « Et néanmoins a été conclu et ordonné être retenu que la clause contenue à la fin du premier desdits articles portant ces mots *pourvu*, etc., n'aura lieu ni effet, et sera tenue pour retranchée et ôtée dudit article. Aussi a été dit que la vérification desdites lettres pour le regard de l'article concernant les rentes constituées à prix d'argent, aura lieu

---

(1) L'arrêt nous apprend que le Premier Président avait ouvert la séance en disant que : « sa compagnie étoit réunie *pour aviser à l'entérinement des lettres de l'édit*, contenant homologation de la *réformation d'aucuns articles de la coutume du pays*, » ce qui fait voir assez que, dans l'opinion commune, son pouvoir ne s'étendait pas au-delà.

seulement pour les rentes qui seront constituées depuis le jour de ladite publication et sans préjudice des droits acquis. »

Une telle atteinte portée à la souveraineté des Etats et du Roi en fait de législation fut d'autant plus hardie que le Parlement s'était arrogé d'avance le pouvoir suprême de réformer une œuvre aussi solennelle en délibérant séparément sur chaque article ainsi soumis à son contrôle. Quoiqu'il en soit, et à partir de cet arrêt, la Bourgogne, le comté de Charolais compris, prit rang parmi les provinces dont les statuts mis en harmonie reçurent une nouvelle consécration que nul ne songea à contester (1).

Bégat avait ainsi mis le comble aux services déjà rendus par lui à cette province dans un autre ordre d'événements, par ceux qu'il lui rendit encore dans la réformation de ses lois. Il avait aussi dressé, sur chaque titre de la Coutume révisée, de longs et savants mémoires dont le président Bouhier parle avec un grand

---

(1) Il s'en fallut toutefois beaucoup que la coutume étendît son empire sur le ressort entier du Parlement ou même dans l'intégrité de la province avec ses annexes. Rien ne fut changé dans les législations différentes qui en régissaient auparavant certaines parties. Les pays exceptés de cette coutume furent la Bresse autrefois dite *Savoisienne*, le Valromey, le Bugey et le pays de Gex réunis plus tard à la Bourgogne pour la justice et pour l'administration et qui étaient régis par le droit écrit; le Mâconnais et une faible partie de la Bresse dite *Chalonnaise* qui suivait le même droit; le comté d'Auxerre, qui eut sa coutume à part, et le comté de Bar-sur-Seine, qui était soumis à la coutume de Troyes; ces trois pays du Mâconnais, d'Auxerre et de Bar-sur-Seine n'ayant pas cessé, comme on l'a vu, de ressortir du Parlement de Paris, bien qu'appartenant à l'administration civile de la Bourgogne.

éloge dans la préface de l'édition de cette Coutume publiée en 1717. On en trouve encore des fragments dans les traités *de Retractu gentilitio* et *de Censu, Reditu et Emphyteusi*, publiés par le même Bégat. Ces fragments, conservés après la perte de ces mémoires, font voir que ses opinions avaient été presque constamment suivies dans les conférences que tinrent les commissaires et qui, imprimées sous son nom, ne firent que lui rendre une justice si bien due.

Avant ce grand travail et à une époque antérieure aux missions périlleuses dont nous avons parlé, le même avait été envoyé par sa Compagnie près du Roi pour lui dénoncer les actes du procureur général Morin, soupçonné de *huguenotisme* et qui, pour cette cause, fut obligé de se démettre de sa charge. Ce mandat difficile, commandé par l'opinion du jour, quand la raison d'Etat se trouvait mêlée à toutes les questions religieuses, avait mis en relief tout le mérite de Bégat. Il charma tellement la Cour par sa parole, que le garde-des-sceaux voulut qu'il fût consulté sur une affaire importante portée au Conseil et sur laquelle, à peine âgé de trente-un ans, on le vit appelé à émettre son avis, honneur insigne qui donna plus d'éclat à sa renommée. Tel fut le premier acte d'une carrière politique dans laquelle, à l'exemple de presque tous les hommes élevés en mérite qui n'hésitèrent pas à se prononcer pour la défense des anciennes croyances, il suivit, en essayant de le régler, le mouvement national qui fit de la Ligue la résistance la mieux justifiée dans son but, si elle ne le fut pas dans ses moyens.

Déjà en 1552 il avait été délégué par les Etats de

la province pour solliciter en Cour un grand nombre d'affaires, entre autres la révocation d'une déclaration du Roi par laquelle les Francs-Comtois étaient réputés Aubains vis-à-vis le duché de Bourgogne et réciproquement ; mission qu'il accomplit avec honneur après avoir été admis à se faire entendre au Conseil privé chargé de prononcer sur une affaire qui avait réveillé entre les deux provinces des rivalités de voisinage à peine éteintes.

La réputation d'un homme devenu si important au-dedans n'avait pas tardé à s'étendre au-dehors. Les catholiques allemands, persécutés dans leur foi, invoquèrent ses conseils comme un appui. Genève disputa avec lui comme avec un adversaire de premier rang. Dans un autre ordre d'événements, le roi d'Espagne, en guerre avec la Suisse touchant les limites de la Franche-Comté, le nomma, d'accord avec ses voisins, l'un des arbitres chargés de leur différend, qu'ils réglèrent, sauf une partie réservée entre les deux Bourgognes et nommée *terres de surséance*, lesquelles ne furent délimitées qu'en 1610, à cause du malheur des temps (1). Ces témoi-

---

(1) Voir aux Archives du Palais les lettres du Roi du 5 septembre de ladite année, qui nommaient les présidents Bénigne Fremiot et B. Legoux de la Berchère, Venot, maître aux Comptes et Marc-Antoine Millotet, avocat général au Parlement, qui, pour la France, concoururent à ce travail. (Registre 10° des édits et déclarations.) Toutefois il ne fut approuvé par les deux Souverains que deux ans après. Les commissaires de la Franche-Comté avaient été les conseillers Garnier et Brun du Parlement de Dôle, Jean Boivin, avocat fiscal, et Saint-Maurice, procureur général au même Corps. (Voir le traité et les pièces qui s'y rapportent à la suite de la coutume de Bourgogne, commentée par Bégat et Despringle, Lyon, édition de 1652.)

On peut voir aussi dans la correspondance de Brulart, que cette

gnages d'estime en appelèrent un autre non moins précieux de la part de son Souverain. Charles IX rétablit en faveur de Bégat une charge de président au Parlement de Dijon, supprimée trois ans auparavant, et en fit expédier les provisions par des lettres qui mentionnèrent les grands services qu'il avait rendus à l'Etat et au public. Cette Compagnie venait d'enregistrer cet acte le 6 avril 1571, lorsque, le 19 juin de l'année suivante, la mort enleva ce courageux magistrat à l'âge de quarante-neuf ans, au milieu d'une carrière déjà si dignement remplie par le triple succès qui fonda sa renommée comme jurisconsulte, orateur et homme d'Etat.

Bégat était mort moins de deux mois avant les massacres du mois d'août 1572, dont une politique odieuse fut la cause et la religion de l'Etat le vain prétexte que la Royauté aux abois appela à son aide. De sa vie tout entière on peut conclure avec assurance que la conduite qu'il eût tenue dans ces jours sanglants eût été celle des hommes de bien qui, à l'exemple de Pierre Jeannin et d'Etienne Bernard, surent concilier leur fidélité à la religion avec ce qu'ils devaient à leur pays et à l'humanité. Comme orateur et malgré quelques défauts de son temps, il avait été aussi, suivant le témoignage de Févret (1), le premier de cette province qui sut joindre à une érudition profonde en tout genre de la politesse dans la diction et de l'ornement dans le discours ; ce qui veut

délimitation ne fut pas entièrement achevée, et qu'elle laissa en litige sous le nom de *terres de surséance* plusieurs points des frontières, ce qui, de part et d'autre, entretint par des usurpations nombreuses l'antagonisme de province à province.

(1) *De claris oratoribus Burg.*, p. 25.

dire qu'il peut être compté parmi les réformateurs du barreau à cette époque de mauvais goût (1).

Tel fut un des personnages les plus considérables de ces temps de troubles, dont le nom se trouva mêlé aux plus graves événements de la Bourgogne vers le milieu du XVI° siècle, et qui exerça tant d'influence sur les destinées du Parlement, désormais privé de ses conseils dans les plus mauvais jours qu'il aura à traverser.

Depuis lors, l'histoire ne peut guère connaître ce qui se passa dans le sein de cette Compagnie. Sous un chef comme Denis Brulart, dont nous parlerons bientôt et que le roi Charles IX avait placé à sa tête, les chroniques, devenues rares dans un temps de tumulte, ne citent aucun fait important qui mérite de trouver place dans ce récit. Au milieu des luttes sanglantes qui se préparaient et qui, par la crainte, imposèrent silence à ses habitudes, ce Corps ne songea guère qu'à se maintenir entre deux partis également redoutables pour son autorité. Les Registres municipaux témoignent seulement de querelles sans cesse renaissantes entre la Chambre de ville, trop ardente à persécuter les protestants, et le Parlement, trop enclin à les protéger par des arrêts qui ressemblaient moins à la justice qu'à la faveur. La Cour, obligée d'intervenir dans ces conflits, s'en fit une tactique plutôt qu'un devoir. L'envoi qu'elle fit, en 1572, du maréchal de Vieilleville en Bourgogne, sous prétexte d'assurer l'exécution de ses édits, n'aboutit qu'à donner

(1) Le trop fameux procureur général Tabouet, qui l'avait entendu plaider au barreau de Dijon en 1550, confirme ce témoignage en le nommant dans ses écrits *primi nominis advocatum*.

raison à tout le monde sans fortifier la puissance royale, qui seule eût pu sauver l'Etat de l'orage le plus menaçant qui se fût jamais formé et dans lequel il pouvait périr. Les massacres de la Saint-Barthélemy, effroyable remède contre des conspirations patentes, allaient souiller les annales de notre histoire sans ensanglanter cette province. Le Parlement, étranger à ce crime politique enfanté dans des intrigues de Cour, ne fit rien non plus pour le condamner et garda un silence que son abaissement à cette époque peut seul expliquer. La noble initiative de Jeannin et la courageuse résistance de Chabot, qui sauvèrent la Bourgogne des massacres, sont des actes admirables qui se passent devant lui et sans lui. Ennemi, par sa mission juridique, d'exécutions qui transportaient la justice sur la place publique au gré du plus fort; secrètement lié avec les protestants, dont il compte un grand nombre dans son sein, et jaloux par-dessus toutes choses des usurpations du Souverain sur son autorité, il cède en ce moment à la terreur avec beaucoup de gens de bien. Mais ce sentiment, qui pourrait excuser ceux-ci, restera comme un reproche capital contre cette Compagnie qui trouvait dans son passé de si nobles traditions de conduite, et à ses côtés l'exemple d'un refus courageux auquel elle laissa échapper l'occasion de s'associer (1).

(1) Dans un temps moins agité, un homme, bourguignon de naissance et sorti des plus hauts rangs de la magistrature parisienne, Barthélemy Chasseneuz, Premier Président du Parlement d'Aix, en refusant, trente-deux ans auparavant, de faire exécuter la sentence de mort rendue contre des Vaudois, avait aussi laissé à la magistrature de sa province un grand exemple de courage à imiter.

Qu'arriva-t-il depuis ? Une année s'était écoulée à peine, que, par une de ces réactions qui succèdent aux mesures violentes, Charles IX avait chargé deux gentilshommes de visiter les villes et principaux bourgs de chaque province. Le but de cette mission était de pourvoir aux oppressions que ses sujets éprouvaient de toute part pour y mettre ordre par l'avis des grands du royaume et de son Conseil. L'assemblée en avait été fixée d'avance à Saint-Germain-en-Laye. En Bourgogne, Guillaume de Tavannes fut un de ces commissaires. Fils aîné du maréchal de ce nom, il exerçait dans ce pays les fonctions de lieutenant du Roi. Agé seulement de dix-neuf ans et mûri avant le temps, comme il arrive aux hommes mêlés de bonne heure aux calamités de leur siècle, il sera le même qui, sous le nom du comte de Tavannes, défendra, ainsi que nous le verrons bientôt, la cause royale dans cette province déchirée par les maux de la Ligue.

Sa mission accomplie dans les bailliages de son commandement, il avait, dans un discours prononcé devant l'assemblée réunie, discours qui lui valut les plus grands éloges de la part du Roi et des Princes, signalé comme causes des plaintes du peuple, les désordres des ecclésiastiques, les places de magistrature occupées par les plus riches et les moins capables, l'exemption, pour un grand nombre de personnes, des tailles et autres charges, le désordre dans les finances et la violence des gens de guerre vivant sans rien payer et menaçant des plus grands maux ceux qui osaient leur résister ; tous demandant au Roi *des Etats-Généraux libres,* auxquels aboutiraient des réformes nécessaires et qui pouvaient seuls les garantir.

Tel fut, dans un acte que nous publions en entier, à cause de son importance dans l'histoire (1), le tableau des misères publiques tracé par un homme de cœur au nom d'une province aux abois. Après quoi il proposa pour y pourvoir la réformation des mœurs du clergé, l'épuration de la magistrature par le choix, avec abolition de la vénalité des offices et des priviléges, l'ordre

(1) « Sire, par le commandement de Votre Majesté, j'ai vu et visité les villes qui sont cinq bailliages du gouvernement de Bourgogne, délaissant les autres à la charge du sieur de Missery, auquel vous avez adressé semblable commission. Et me suis essayé satisfaire à votre intention, avec toute la fidélité et diligence que l'on pourrait désirer en votre très affectionné sujet de cette Couronne; n'ayant jamais rien eu de si cher, dès lors qu'il vous plût m'honorer des charges que je tiens, sinon de faire en sorte qu'exécutant vos commandements, je fusse reconnu de vous et d'un chacun pour très humble serviteur de votre Majesté. J'ai dressé des mémoires qui contiennent particulièrement ce que j'ai vu, appris et entendu en chacun lieu, après m'être secrettement et doucement informé des ecclésiastiques, principaux habitants des villes, mieux affectionnés à votre service, et à la conservation du repos public, des maires et échevins des lieux, de vos officiers établis pour rendre la justice et des autres officiers commis au maniement de vos finances. Tous, d'une même voix, prient Dieu pour votre prospérité, vous reconnaissant d'une sincère obéissance, pour leur prince naturel; veulent toute leur vie vous révérer et honorer comme l'image du Dieu vivant. Et néanmoins ils ont jeté quelques plaintes et doléances entre mes mains qu'ils vous supplient très humblement recevoir; bien assurés, comme ils disent, que si elles viennent jusqu'à vos oreilles, leur mal en sera du tout guéri, du moins de beaucoup allégé et amoindri. Les ecclésiastiques se plaignent, non tous en général, mais aucuns d'entr'eux, du trouble et empêchement qui leur est fait en la jouissance de leur bénéfice; pour ce regard les évêques ou leurs vicaires ont dressé des procès-verbaux pour être présentés à Votre Majesté. Le peuple se plaint que pour raison de cette non-jouissance, les services accoutumés d'être faits à l'honneur et louange de Dieu ne sont point continués en plusieurs endroits; que la vie et les mœurs des

dans les finances avec la surveillance des deniers publics, l'égalité dans l'impôt et dans les charges de tout genre et la discipline parmi les gens de guerre, le pire de tous les maux. Mesures suprêmes que le temps devait amener, mais auxquelles les mœurs mal préparées de l'époque n'eussent pu se plier dans une transformation si brusque. Des dissensions religieuses, la base ou le prétexte de ces luttes acharnées, pas un mot ; comme si par ce silence Tavannes eût voulu faire entendre que les

ecclésiastiques ne sont point remplis de sainteté et religion pour leur servir d'exemple ; mais plutôt qu'ils sont adonnés à tous vices; qu'entr'eux s'exerce publiquement un trafic et commerce de bénéfices; comme si, avec la corruption des mœurs, telle marchandise était approuvée et rendue licite. Avec même volonté, ils regrettent de ce qu'ils voyent bien souvent la place des magistrats être occupée par ceux qui ont plus de deniers pour les acheter, et non par personnes capables, suffisantes et de bonnes mœurs ; lesquels devraient être recherchés et tirés de leurs maisons, pour être employés au service du public. Ajoutant encore que le grand nombre des dits officiers retourne à leur foule et oppression, en ce que la justice leur est plus chèrement vendue ; et que, par moyen de ce qu'ils sont exempts de tailles et autres charges publiques, le reste du peuple en supporte davantage. C'est de ce dernier point duquel ils se plaignent principalement, et disent que cette maladie étant plus grieve, leur fait oublier leur mal premier. Que les impositions, subsides, emprunts qu'ils supportent, ajoutés à une continuelle stérilité de plusieurs années, ne leur laissent rien, sinon l'esprit pauvre, souffrant et misérable. Lequel néanmoins ils maintiennent toujours en votre obéissance et se contentent, pour s'exempter d'icelles charges, de vous apporter non pas une volonté méchante de rébellion, qu'ils n'eurent jamais, mais avec leurs plaintes très humbles, leurs grandes pauvreté et nécessité. Ils se plaignent encore de la très grande vexation qu'ils reçoivent par le passage et séjour des gendarmes; lesquels n'étant payés de leurs soldes, vivent aussi sans rien payer, pillent et rançonnent les pauvres villages, exercent sur eux, comme s'ils étaient ennemis, tous faits d'hostilité : et ne s'en osent plaindre, comme ils disent, de crainte que le feu mis à leurs maisons, par la vengeance d'un soldat, ou gendarme courroucé

abus détruits, la réforme manquerait de son principal appui.

Charles IX, frappé d'un langage si nouveau, promit de faire droit à ces remontrances. L'histoire n'a pas conservé les mémoires que Tavannes avait dressés pour satisfaire aux plaintes des populations et dont le Roi lui avait fait la demande. La mort si imprévue de ce prince, arrivée trois mois après, empêcha l'étude d'une politique qui devançait l'avenir de plus de deux siècles, et qu'ins-

---

de leurs plaintes, ne leur ôte ce que par le pillage ils n'auraient pu emporter. Demandant les Etats-Généraux libres, pour mieux vous informer de leur mal, lequel vous étant connu, ils s'assurent de votre clémence que le remède salutaire y sera apporté, auxquels pour appaiser aucunement leurs doléances, j'ai fait entendre que la corruption des mœurs qui étaient en la justice, le défaut de piété et de sainteté qu'ils reprenaient justement ès ecclésiastiques provenaient plutôt de l'injure et misères des siècles passés, que par votre dissimulation; que n'aviez jamais rien tant désiré, sinon que ces deux fermes colonnes et appuis de votre couronne, la piété et la justice, fussent maintenues en leur entier. Au regard des tailles et impositions qu'ils devaient comme bons, loyaux et fidèles sujets, considérer les charges que vous avez trouvées, venant à la couronne; que depuis elles étaient accrues et augmentées, à l'occasion des troubles qui avaient apporté infinies dépenses; que n'aviez épargné aucun soin et diligence, non pas même votre propre patrimoine, pour les faire voir au repos, et appaiser les dissentions civiles, ainsi qu'il était raisonnable ; que ressentant le profit de cette tranquillité publique, fussent rendus participants des charges qui en provenaient; que c'était le devoir des bons et affectionnés sujets de départir libéralement toutes aides à leur prince, duquel ils reçoivent assurée protection et bon traitement; ajoutant avec plus amples discours, remontrances particulières à chacune de leurs doléances, selon que je les ai rédigées par écrit. Aux mémoires que je vous présenterai, quand il vous plaira me le commander, j'ajouterai autres choses qui regardent le gouvernement de Bourgogne, et le devoir de la charge que je tiens pour votre service. »

Voir sur le même sujet le procès-verbal des enquêtes, à la Bibliothèque impériale, portefeuille XXXIX, n° 26, fonds de La Mare.

pira dès cette époque un patriotisme ardent à un jeune homme, dont le nom devint un étonnement de plus. Gaspard de Tavannes, son père, si tristement mêlé aux souvenirs de la Saint-Barthélemy, venait de mourir à Sully en Bourgogne, laissant à sa famille un héritage rempli de gloire et de regrets.

De la part de Charles IX, l'accueil si favorable fait à une telle politique surprendra moins, si l'on considère que par l'épreuve qu'on venait d'en faire, le temps des exécutions sanglantes était passé, et que pour sauver la France prête à périr, il fallait recourir à d'autres remèdes. Peut-être pourrait-on voir encore, dans la conduite ultérieure du souverain, un enseignement de plus que ces raisons d'Etat empruntées à la situation des esprits en Bourgogne. Un fait important, digne de remarque, fut que, loin de punir Chabot de son refus d'obéissance aux ordres qu'il avait reçus touchant le massacre des protestants dans cette province, le Roi avait continué cet officier dans l'exercice de sa charge. Bien mieux, des lettres patentes du 12 novembre 1572, c'est-à-dire rendues près de trois mois après, l'y avaient solennellement confirmé par une faveur qui lui accorda, *pour servir sous ses ordres* en qualité de lieutenant du Roi, ce même Guillaume de Tavannes, dont il venait d'épouser la fille, et qui méritait si bien de servir sous un tel chef. Une observation analogue put être faite dans le Mâconnais, où La Guiche fut maintenu dans les mêmes pouvoirs que Chabot, dont il avait imité l'exemple, et ainsi en fut-il dans d'autres provinces. Preuve nouvelle que la volonté royale eut la moindre part dans ces massacres.

SÉANCE PARLEMENTAIRE A CETTE OCCASION. 109

Les lettres du Roi qui investissaient Tavannes de son titre avaient été enregistrées au Parlement de Dijon, le 19 décembre 1573. A la même séance, le duc d'Aumale, gouverneur, vint avec Chabot en grande pompe faire part à cette Compagnie des résultats d'une mission par laquelle le Roi l'avait chargé de visiter la province pour y recevoir le serment des populations, et en particulier celui des gentilshommes protestants qui avaient pris les armes contre lui; la plus impolitique de toutes les mesures, alors que le sang de tant de victimes fumait encore.

La réponse que le Premier Président Denis Brulart adressa à cette occasion au gouverneur, dont il avait partagé la charge dans ce voyage, mérite d'être connue. A côté d'une profession de foi catholique qui ne manquait pas de noblesse, mais qui n'eût pas dû trouver ici sa place, il rappela les événements du mois d'août 1572, non pour les accuser, mais pour les travestir sous la couleur « d'une conjuration dont le Roi a dû frapper et briser les chefs en pardonnant à la multitude, » là où cette multitude égorgée avait mêlé son sang à celui de grands qu'on nommait ses chefs. Paroles de malheur qui semblaient répondre aux sentiments de sa Compagnie sur des massacres que le Parlement de Paris avait qualifiés de la même manière dans le lit de justice tenu pour en expliquer les causes, le lendemain du jour où ils furent accomplis, mais où cette fois la présence du Souverain pouvait servir d'excuse à un tel langage.

Charles IX mort, Henri III son frère venait de succéder au trône avec une nouvelle guerre civile à soutenir. Le chancelier de Lhospital était décédé peu auparavant, et avec lui avait disparu la politique de concessions, qui n'avait pas mieux abouti que celle de la force à rendre la paix à la France. Echappé de la Pologne à l'insu de ses sujets, le jeune souverain, après un long voyage fait à l'étranger, était arrivé dans ses nouveaux Etats. Catherine, régente, vint à sa rencontre jusqu'à Lyon et séjourna à Dijon. Le 3 février suivant, le Roi fit son entrée avec sa mère dans cette capitale de la Bourgogne, où le Parlement fut admis à le complimenter, mais sans le cérémonial d'usage. De là ce Prince se rendit à Reims, où il allait être sacré. Les frais occasionnés par ce voyage à travers la France avaient été d'avance mis à la charge des villes, sans admission d'aucun privilége, sous le nom de *taxe du voyage du roi de Pologne*. Ruinée, comme tout le royaume alors, par les guerres et autres calamités, Dijon avait, par le maire et la Chambre de ville, supplié le Parlement et la Chambre des Comptes de supporter leur part dans cet impôt, « sinon, qu'ils seraient obligés d'y pourvoir à leurs grands regrets en s'aidant des moyens que le Roi leur avait donnés par ses lettres. » Le Parlement, qui déjà avait refusé de loger les officiers de la Reine, lors de son premier passage, se fondant sur les priviléges de ses membres qui les en dispensaient, ne pardonna pas une liberté qui n'était que l'expression de la volonté du souverain, commandée par la détresse des habitants. Par arrêt rendu en la Grand'Chambre, quatre échevins furent mis en arrestation pour ce motif. Le maire Bernard d'Esbarres plus responsable comme chef, mais à cause de sa dignité (1), se vit seul traduit en pleine audience, où, placé derrière le bureau, il lui fut dit, en présence de ses échevins, qui l'assistaient, « qu'indiscrètement, témérairement et arrogamment il avait parlé, et lui furent fait défenses de plus y retourner, sous peine d'y être pourvu ainsi qu'il appartiendrait, » sommant la ville en sa personne de fournir sa cote dès le lendemain par dépôt fait au greffe, ce qui fut accompli. Ainsi verra-t-on à toutes les époques de son histoire cette Compagnie se montrer plus jalouse de ses priviléges que préoccupée des malheurs publics, comme elle ne craignait pas de le faire voir à l'aurore d'un nouveau règne, où ces malheurs étaient arrivés à leur comble.

Au milieu des désordres dans le clergé, signalés par Tavannes au Roi, la Bourgogne avait conservé la foi, patrimoine héréditaire qui datait pour elle des peuples Burgundes, les premiers chrétiens d'entre les Francs, et qui restait pure des excès commis en son nom. Toutefois, quelques hommes d'un mérite rare et doués de cette énergie de caractère qui assure les grandes entreprises, avaient pris rang dans son sein parmi les noms célèbres qui, à cette époque, marchèrent en Europe à la conquête des idées dont l'indépendance était devenue le drapeau. Après Jacques Bretagne, dont nous avons

(1) *Urbis vice-comes major, majoribus gestorum gloria præluxit, cum turbida rexit, prava correxit, disciplinæ politicæ prudentissimus,* comme on l'écrivit sur sa tombe (Palliot). Henri III étant à Dijon, le récompensa de sa vigoureuse résistance en le nommant conseiller au Parlement, où il devint bientôt président. On retrouvera le même personnage au temps de la Ligue, où il joua un rôle important.

parlé, et qui avait, dans la motion la plus hardie, jeté le premier cri de la réforme au sein des Etats-Généraux (1), il faut placer un sectaire plus célèbre et non moins redoutable par le prestige qui s'attacha à sa parole et à ses actes. Hubert Languet, né à Vitteaux, attiré en Allemagne par les écrits de l'helléniste Mélanchton, dont il devint le disciple, et, par ce dernier, aux erreurs de Luther son maître, fut, dans le camp ennemi du catholicisme, le négociateur le plus habile, sinon le plus heureux. Il avait été chargé à plusieurs reprises, par les princes allemands, de missions protestantes à la Cour de France, où il obtint de Charles IX, le 23 décembre 1570, cette audience restée fameuse dans laquelle il essaya de réfuter les motifs qui, huit ans auparavant, avaient servi de texte aux remontrances de Bégat contre l'édit de mars 1563, et qui cette fois, dans un autre sens, n'eurent pas un meilleur succès. Hubert Languet s'était aussi trouvé présent à Paris au moment des massacres de la Saint-Barthélemy, pendant lesquels il montra un grand courage en sauvant Duplessis-Mornai et André Wechel, ses amis, d'une mort certaine.

L'horreur qu'il conçut d'un tel attentat lui inspira plus tard une diatribe des plus violentes, intitulée : *Vindiciæ contra tyrannos, sive de principis in populum populique in principem legitima potestate*, qui parut en

(1) Demeuré presque inconnu des historiens. On peut consulter avec un grand intérêt les documents publiés sur ce personnage et le rôle ardent qu'il remplit pour le succès de sa secte, dans l'ouvrage de M. Abord intitulé : *Histoire de la Réforme et de la Ligue dans la ville d'Autun*; Autun, chez Dejussieu, 1855 et 1856, et dont le premier volume seul a paru.

1579 sous le pseudonyme de *Stephanus Junius Brutus*; ouvrage plein de colère, dans lequel l'auteur s'exprime contre les monarques ainsi qu'eût pu le faire à Rome un républicain farouche après l'expulsion des Tarquins. On y voit, à côté des idées les plus hardies puisées dans la puissance de la multitude, le développement de cette thèse, que le droit et le devoir des Etats d'un royaume est de déposer et châtier un Roi prévaricateur; en ajoutant néanmoins que si le tyrannicide est légitime dans certains cas extraordinaires, cependant le droit de prendre le glaive n'appartient pas aux particuliers isolés et sans mission. De telles maximes, qui avaient en vue la situation de la monarchie en France, étaient, sous des formes dissimulées, le fond du protestantisme lui-même; dogme politique plutôt que religieux, et dont les auteurs en s'adressant aux consciences par l'appât de la liberté, n'allaient pas en refuser l'exercice à la société civile, fondée sur des maximes moins invariables. Déjà le germe de ces doctrines était tout entier dans les paroles prononcées par Bretagne aux Etats-Généraux, et qui furent considérées alors comme l'expression la plus avancée du calvinisme en France.

Un tel livre, qui ne faisait que déduire une conséquence fatale du principe même de la réforme, donnait un démenti éclatant aux protestations calculées de Luther et de Calvin en faveur de l'obéissance passive. Il eut un succès immense et fut traduit en plusieurs langues à la fois. Ce fut la révolte politique des esprits mise en jeu par l'homme le plus austère et le plus franc de sa secte, comme elle avait déjà éclaté cinquante ans auparavant, par la seule impulsion de son principe, dans des insurrections nombreuses en Allemagne, d'où elles avaient menacé la France. Mais le temps n'était pas venu encore où, l'intérêt religieux disparaissant, il ne devait demeurer de cette révolte, commise en son nom, que les passions qu'il avait allumées. Hubert Languet n'avait pas cru à cet isolement d'une liberté existant sans le contre-poids des croyances dont la négation ne fut que l'usage indéfini du droit d'examen qu'il avait propagé lui-même avec tant de zèle. Danger frappant et que des illusions de prosélytisme ne laissèrent pas soupçonner à un esprit profond mais chagrin, qui avait conçu pour l'humanité ce dégoût qui perce dans ses ouvrages et fut aussi chez lui le reflet d'un grand orgueil (1).

A son exemple et après lui, des ouvrages écrits dans le même sens par des protestants s'étaient répandus dans toute la France en montrant plus à découvert la relation du protestantisme avec les dogmes révolutionnaires. Nous citerons : le *Discours sur la servitude volontaire*, d'Etienne de La Boëtie; le *Réveil-Matin des Français et de leurs voisins*; le traité des *Droits des magistrats sur leurs sujets*; *Le Politique, dialogue expliquant jusqu'où on doit supporter la tyrannie et si en une oppression extrême il est loisible aux sujets de prendre les armes pour défendre leur vie et liberté; quand, comment, par qui et par quel moyen cela se peut faire;* et, par-dessus tout, un livre

---

(1) Voir, sur la vie d'Hubert Languet, une biographie fort remarquable publiée par M. Henri Chevreul; 1 vol. in-8°; Paris, Potier.

tristement célèbre intitulé : *Franco-Gallia*, ou *la Gaule française*, de François Hotman, savant jurisconsulte de l'école de Bourges ; ouvrage qui s'adressait aux libres penseurs par l'histoire corrompue du peuple frank dans les traditions germaniques, et dont les enseignements passèrent, à la fin du XVIII° siècle, dans les actes.

Toutes ces thèses n'étaient pas aussi nouvelles qu'on pourrait le croire. Déjà des maximes non moins significatives au fond, mais plus ménagées à la forme, et qui se trouvaient dégagées de l'esprit de secte, avaient été avancées aux Etats-Généraux de 1484 par un député célèbre de la noblesse de Bourgogne (1). On y lisait entre autres choses : « Que la royauté est un office et non un héritage ; que ce fut le peuple souverain qui, dans l'origine, créa les rois ; que l'Etat est la chose du peuple ; que la souveraineté n'appartient pas aux Princes, qui n'existent que par le peuple ; que ceux qui tiennent le pouvoir par force ou de toute autre manière, sans le consentement du peuple, sont usurpateurs du bien d'autrui ; qu'en cas de minorité ou d'incapacité du Prince, la chose publique revient au peuple, qui la reprend comme sienne ; que ce peuple, c'est l'universalité des habitants du royaume ; que les Etats-Généraux sont les dépositaires de ces volontés communes ; qu'un fait ne prend force de loi que par la sanction des Etats, et que rien n'est sain ni solide sans leur aveu (2).

(1) Philippe Pot, sire de la Roche, illustre dans l'histoire de la Bourgogne, à laquelle il rendit de grands services, chevalier d'honneur au Parlement et dont nous avons parlé dans le commencement de cet ouvrage. (Voir Palliot.)

(2) *Journal des Etats-Généraux de France tenus à Tours en* 1484,

Ces idées, que ne désavouerait pas la démocratie la plus absolue de nos jours, avaient été déjà celles d'Etienne Marcel et de la *Jacquerie* amenée par les désastres de la bataille de Poitiers, où la noblesse, ordinairement si brave, avait lâché pied devant un ennemi inférieur en nombre. Ici le mécontentement du Tiers-Etat, qu'il ne faut pas confondre avec les rêveries honnêtes de Guillaume de Tavannes au milieu des calamités de la Ligue, avait éclaté, sous la pression de l'amour-propre national blessé, contre une nation rivale. Tel est, à ces grandes distances, le sort de ces théories dangereuses, qu'elles prennent leur source dans les temps d'orages ou sous des règnes malheureux. Invoquées et mises en œuvre, c'est la foudre qui tombe et creuse pour remède un abîme, où périssent ceux qui l'ont voulue. Grand est le Prince qui sait contenir ces volcans sans cesser d'être juste! L'histoire des maux qu'ils ont causés n'a-t-elle pas prouvé que partout où le peuple l'emporte, ses appétits déréglés profitent à ses flatteurs qui deviennent ses maîtres jusqu'à ce qu'ils tombent à leur tour? Hubert Languet, sectaire ardent plutôt que politique inspiré, n'avait fait, dans un intérêt de prosélytisme religieux, que pousser à leurs dernières limites les maximes de La Roche aux Etats-Généraux un siècle auparavant. Ainsi, la révolution religieuse et la révolution politique se rencontraient-elles déjà dans des idées qui, excitées par des passions différentes, provenaient de

publiée dans la collection des documents inédits sur l'*Histoire de France*.

la même source, la révolte de l'orgueil contre l'obéissance due.

Enfin un nom plus obscur dans les actes politiques de la Bourgogne, mais illustre dans la science du droit, avait aussi été mêlé dans le mouvement de la réforme protestante au XVI° siècle. Hugues Doneau, né à Chalon-sur-Saône le 23 décembre 1527, rival et compétiteur de Cujas dans l'enseignement des lois romaines qu'il professa avec un grand éclat à Bourges, s'était trouvé présent dans cette ville au moment des massacres de la Saint-Barthélemy et y avait failli périr à cause des opinions nouvelles qu'il avait embrassées. Plusieurs de ses disciples allemands venus en France pour suivre ses leçons le sauvèrent au risque de leur propre vie. De Lyon, où il s'était réfugié, Doneau gagna Genève, puis de là Heidelberg, attiré par les offres de l'électeur palatin Frédéric III. Ce Prince lui fit obtenir une chaire à l'université de cette ville, où il enseigna le droit durant quelques années, après lesquelles il passa successivement à Leyde et à Altorf, écoles devenues célèbres elles-mêmes par les leçons qu'il y donna à une foule avide de l'entendre (1).

(1) Mort dans cette dernière ville le 4 mai 1591, à l'âge de 64 ans. On lisait sur sa tombe: *Hugo Donellus Heduus, nulli jurisconsultorum nostri seculi secundus. In Galliis initio, mox inde, civili bello flagrante, secedere coactus, Heildelbergæ, deinde Lugduni Batavorum, denique Altorphii, magna cum omnium admiratione et concursu exterorum, jura facundo ore docuit. Deo et hominibus æque carus. Senio tandem confectus, vitæ et molestiarum satur, pie ac placide animam Creatori reddidit, anno reparat. sal. hum. MDLXXXX, mense maio, ætat. suæ LXIV, cui bene merito de academia Altorphina scolarchæ, perennis memoriæ ergo h. m. p. c.*

Depuis ce temps des jurisconsultes de la Renaissance, la mémoire du maître s'était conservée grande dans toute l'Allemagne. De nombreux ouvrages qu'il y publia figurent encore en premier ordre parmi les écrits qui ont illustré la science des lois en Europe dans un siècle si mélangé d'erreurs (1). Des savants tels que Dumoulin, Godefroy, Bodin, Hotman, Gui-Coquille, Cujas, Lhospital et Barnabé Brisson, ses contemporains, avaient élevé avec lui la France au premier rang des nations dans les monuments de la jurisprudence. Emule de tous, il ne fut inférieur à aucun d'eux par son génie, remarquable surtout par la synthèse ou la liaison des idées entre elles ; caractère des esprits généralisateurs comme fut le sien et qui devint celui d'une école dont la réputation lui survécut. Dirons-nous qu'à l'exemple des hommes que nous venons de citer, et qui furent suspects dans leur foi, s'ils ne l'abjurèrent pas, Doneau avait puisé à celle de Bourges, de laquelle était sorti Calvin, ainsi que dans les travaux de sa profession, cette habitude de la dispute ou de la scolastique qui souriait à des esprits enclins à vouloir se rendre raison de toutes choses et s'y laissèrent entraîner ? Telle fut l'occasion de ses erreurs en religion, qui devinrent pour lui la cause d'une vie pleine de traverses. L'étranger, plus juste que son oublieuse patrie (2), a conservé

(1) Le chancelier Michel de Lhospital lui écrivait en Allemagne : *Ego te pene priusquam nossem, amavi. Ego semper ingenio et gloriæ tuæ favi. Ego tui in isto dignitatis gradu collocandi Biturigibus auctor fui.*
(2) Cette omission a été réparée. En 1859, sous notre présidence, l'Académie de Dijon a mis au concours l'éloge de ce grand maître. Le mémoire couronné, écrit en latin, contenant une mono-

en l'honorant le souvenir d'un auteur que les entraînements de l'hérésie ne devaient pas laisser périr dans la mémoire des hommes, et qui fut, avec le président Bouhier, la plus grande renommée juridique de cette province.

A part ces personnages et ceux que nous avons déjà cités parmi les membres d'un Parlement dans lequel l'esprit de secte se mêla plus facilement à l'esprit de corps, la Bourgogne n'avait guère compté parmi les soutiens du protestantisme que des hommes d'un rang secondaire, quelques-uns aigris par la persécution, d'autres par les désordres auxquels l'Eglise n'avait pas apporté remède, et cette foule de mécontents qui forment dans les troubles l'espoir ordinaire des chefs avides de fortune ou de renommée. Ils avaient aussi trouvé des appuis involontaires chez un petit nombre de la religion catholique, des membres de la noblesse et du clergé, et des magistrats restés purs de toute participation à l'hérésie. Ainsi en fut-il chez quelques rares amis des formes légales qui n'avaient pas oublié l'édit de Henri II par lequel ce prince avait ordonné l'exécution sans appel des sentences ecclésiastiques, en introduisant en France à cette époque, sous une forme différente, l'inquisition espagnole, qui blessait le sentiment national. Ces répressions sanglantes, renouvelées du moyen âge contre une secte qui

---

graphie raisonnée de la vie et des travaux de Hugues Doneau, est l'œuvre de M. Th. Eyssel, docteur en droit et avocat à la Haute-Cour des Pays-Bas, à La Haye. Il a été traduit par M. Jules Simonnet, et publié en français dans les *Mémoires de l'Académie de Dijon*, 2ᵉ série, tome VIII, année 1860.

avait donné le signal de toutes les violences, mais s'était aussi servie parfois de représailles, faisaient horreur aux hommes sages dont nous venons de parler. Ils avaient osé de plus invoquer la force des bons exemples à donner aux peuples par des réformes nécessaires comme le remède véritable contre les schismes et les excès qui en étaient la suite, ce qui les rendit suspects. Ces expédients honnêtes plutôt que praticables avaient pénétré dans les conseils et parfois dans les arrêts sans pénétrer dans les mœurs. Ils ne firent qu'aigrir encore les esprits en amenant dans les délibérations du Parlement de Dijon des débats irritants dont les partis surent tirer avantage en s'exagérant leurs forces. Ainsi s'éternisa une guerre que la lassitude, à défaut de la raison, pouvait seule terminer après les efforts suprêmes que la Ligue, dont on va parler, devait opposer à l'attaque la plus violente qu'aucune hérésie eût livrée à l'ordre établi en France jusqu'à ce jour.

CHAPITRE VI.

SOMMAIRE.

Etat de la France après la mort de Charles IX. — Formation de la Ligue en Bourgogne. — Tergiversations du Parlement. — Confréries du Saint-Esprit. — Projets du duc de Mayenne sur cette province. — Il s'en fait reconnaître gouverneur par le Parlement. — Mission du baron de Lux près de cette Compagnie. — Plusieurs de ses membres sont arrêtés. — Nouveau serment prêté à l'union. — Le nom du Roi en est effacé. — Effervescence populaire. — Le Parlement se soumet aux ordres de Mayenne. — Réactions violentes des catholiques en Bourgogne. — Le Parlement se divise en deux Corps. — Le Président Fremiot. — Le Parlement de Flavigny. — Luttes des deux Parlements. — Le président Jeannin. — Meurtre de Henri III. — Le chevalier Dio est envoyé au Parlement. — Arrivée du légat Cajétan à Dijon. — Il entre au Parlement. — Le Parlement reconnaît la royauté du cardinal de Bourbon. — Les Etats de la province en donnent l'exemple. — Le gallicanisme parlementaire se ranime par un refus de l'évêque de Langres. — Le Parlement nomme un vicaire général à Dijon. — Le Pape confirme cette usurpation; caractère politique de cette affaire. — Oligarchie révolutionnaire dans cette ville. — Conspiration de La Verne pour ouvrir Dijon à Henri IV. — Le Premier Président et Legouz de Vellepesle tonnent contre cet acte. — Cause de la défection de La Verne. — Refus du Parlement de l'admettre comme conseiller nommé par Mayenne. — Le courage revient avec le devoir. — Le Parlement de Flavigny est transféré à Semur. — Décadence de la Ligue dans le royaume. — Courage civil, la première présidente Brulart. — Insultes et violences à Dijon. — Sacriléges et meurtres au-dehors. — Attentats du vicomte de Tavannes. — Trahison antérieure de sa part. — Revirement parlementaire. — Le Parlement se soumet. — Dijon ouvre ses portes à Henri IV. — Caractère de cette soumission. — Conduite du Premier Président Brulart. — Le Parlement envoie une députation au Roi. — Henri IV consent à la recevoir. — Le Parlement de Dijon obtient grâce. — La clémence du Roi s'étend aux plus compromis. — Denis Brulart, des Barres, Legouz de Vellepesle, le vicomte de Tavannes, le baron de Thenissey, le baron de Vitteaux, Etienne Bernard. — Le Parlement de Semur rentre en triomphe à Dijon. — Serment imposé au Parlement ligueur. — Harangue du procureur général Picardet. — Les deux Parlements sont réunis. — Résultat politique de cette fusion. — Combat de Fontaine-Française, son caractère et ses conséquences sur la fin des troubles. — Correspondance de Henri IV sur ce combat.

Arrivée à l'année 1574, date d'un nouveau règne, l'histoire du Parlement de Bourgogne, jusqu'alors si pleine d'événements, s'accroît d'un intérêt nouveau à mesure que la lutte des partis religieux découvre, en s'engageant davantage, le caractère politique qui en dénature le but. Ici Mayenne personnifiera cette lutte aidé d'une multitude aveugle, instrument d'une ambition qu'il avait mal dissimulée, mais que la fortune d'un prince plus habile allait rendre sans effets. C'est cette période d'intrigues et de haines violentes jointes à d'immenses misères, qu'il nous reste à décrire dans ses rapports avec la vie d'un Corps qui s'y trouva mêlé.

Outre les traces sanglantes d'un règne lamentable, la mort de Charles IX avait laissé en un désordre extrême chaque partie de la France et ébranlé les fondements du trône. On voyait les *huguenots*, parti politique plutôt que religieux, s'emparer des principales villes et forteresses. Ceux des seigneurs de marque qui avaient le plus d'expérience des affaires, d'autorité parmi les grands et d'estime dans la guerre étaient contenus dans des gouvernements confiés à leur garde où leur influence s'affaiblissait. Les finances restaient épuisées, la noblesse malheureuse, les soldats découragés, le peuple écrasé de souffrances. Dans cet état de choses, le royaume n'avait aucun appui pour se soutenir, ni de moyens pour s'opposer à sa ruine. Chacun travaillait par des menées secrètes à l'énerver. Le trône vacant ou inoccupé, il fallait, dans le passage d'un règne à un autre si favorable aux ambitions, lutter contre le plus grand danger qui pût menacer le vaisseau de l'Etat prêt à s'engloutir.

Catherine régente venait d'accomplir cette tâche difficile, par des négociations avec l'étranger, des espérances données qui avaient divisé les ennemis de la France et trompé les complots des grands. Si jusqu'à l'arrivée incertaine du nouveau roi d'un pays lointain, elle ne put remédier aux maux de l'Etat, sa gloire fut de ne pas les avoir laissé empirer, en préservant le trône d'une usurpation menaçante, nos frontières de l'envahissement du dehors, et en surveillant les partis au-dedans pour déconcerter leurs trames. Le roi de Navarre et le duc d'Alençon, tous deux prisonniers; Condé, éloigné de la Cour et mendiant les secours de l'étranger, les seuls princes rapprochés par le sang de l'héritier de la couronne devenant d'un appui inutile, sinon compromettant, dans la situation la plus grave qui pût être faite à une femme, contrainte de recourir à ce parti, déjà trop puissant de la Ligue, qui pouvait lui faire payer bien cher une pareille confiance : tel est le tableau qui s'offre à nos regards au sommet d'une étude qui, bien que circonscrite, peut répandre de nouvelles lumières sur une des plus grandes époques de l'histoire.

Cette Ligue, dont le centre s'établit vers la fin en Bourgogne par la résidence du gouverneur (1), qui en resta le chef, fut l'épisode le plus important de la vie de son Parlement, comme elle en est demeurée le plus curieux dans l'ordre des événements qu'il nous sera donné de faire connaître. Un tel acte, religieux dans son origine et rendu politique par les passions qu'il alluma bientôt, avait été l'association d'un peuple uni contre des hérésies menaçantes ; dessein légitime en soi, mais dénaturé dans son but par l'ambition, qu'il servit à déguiser, des ducs de Guise qui en furent les instigateurs.

Le Parlement, bien qu'atteint, comme nous l'avons dit, par les nouveautés religieuses dans plusieurs de ses membres, observa, en cette conjoncture, le mouvement des esprits plutôt qu'il ne le régla par ses conseils. La ville entière avait depuis longtemps juré l'union catholique fondée en dehors de l'autorité royale, que cette Compagnie hésitait encore et attendait pour se déclarer, quand déjà l'édit du Roi qui approuvait cette grande mesure avait été rendu. Jamais pareil silence de sa part n'avait autorisé une entreprise si hardie sur les droits de la Couronne. Il révélait de plus ses sentiments les plus intimes pour le succès d'une cause qu'elle n'eût pas manqué, sans cela, de foudroyer de ses arrêts.

Mais ce pacte, renouvelé en Bourgogne sept mois après (2) et auquel le Parlement ne se prêtera que plus

---

(1) Charles de Lorraine, duc de Mayenne.
(2) Le 18 août 1588. (Voir, avec les signatures originales, aux

tard, devait, sous une autre forme, se ressentir des ambitions qui en étaient issues. On verra cette fois, dans le texte de ses articles, qu'il dégénéra en une déclaration de guerre contre la Cour, par laquelle on sembla offrir la couronne à ces princes lorrains dont le premier allait essayer de la porter parmi nous, et qui, par une confiance trop aveugle dans le succès, leur échappa dans la suite. De cet acte à la véritable Ligue formée treize ans auparavant, quand les partis dissimulaient encore et que le Souverain pouvait s'en déclarer le chef, la différence était immense et devint le signal des moyens suprêmes auxquels eut recours la Royauté ouvertement menacée.

On a attribué justement au cardinal de Lorraine la première pensée de l'union catholique, une des plus vastes entreprises dont l'histoire ait offert l'exemple. Les articles, préparés par lui, en avaient été signés à Joinville, dans un vieux château de famille (1), presque aux frontières de la Bourgogne, où depuis près d'un siècle et demi les ducs de son nom étaient accoutumés, comme gouverneurs, à dicter la loi. Ce fut là le secret de ce pouvoir qu'ils y fondèrent et qui survécut à

Archives du Palais, t. XI, à la fin, collection des actes enregistrés par cette Compagnie.)

(1) Le 31 décembre 1584. Ce château, bâti par Etienne de Joinville (dit de Vaux) en 1035, sur l'emplacement d'une forteresse nommée la Roche-Blanche, fut agrandi par les seigneurs qui l'habitèrent. Pillé par l'armée des Tard-Venus, incendié par Brocard de Fénestrange en 1360, rebâti depuis, il fut vendu en 1791 par le duc Philippe d'Orléans pour être démoli. L'église collégiale de Saint-Laurent, qui y était incluse, a disparu elle-même en 1792. (Documents recueillis et vérifiés par nous sur les lieux.)

leurs désastres. Chez nous, néanmoins, des ligues catholiques occultes, organisées dès 1567 dans les principales villes par les soins de Tavannes, sous le nom de *Confréries du Saint-Esprit*, avaient déjà montré par des efforts réunis contre l'hérésie ce qu'on pouvait attendre d'une association semblable dans tout le royaume. Malheureusement ces ligues locales s'étaient plus d'une fois souillées par le meurtre et la vengeance ; représailles que les excès de leurs adversaires ne justifiaient pas et que ce même Tavannes, peu ennemi de la violence, se plut à excuser s'il ne les excita point par ses exemples.

Aussi, à l'abri d'un tel nom, les avait-on vues dès 1568 continuer, malgré la paix de Lonjumeau, la troisième guerre civile par la perte des hérétiques traqués de toutes parts. Il faut donc attribuer à l'existence ancienne de ces sociétés organisées en Bourgogne l'opinion erronée de ceux qui ont écrit que la véritable Ligue remontait à une époque bien antérieure à sa date connue. Ce qu'il importe de constater dès à présent, c'est que les confréries du Saint-Esprit étaient devenues, depuis leur formation, une puissance des plus redoutables, ainsi qu'on peut en juger par la formule du serment qui les constitua, et qui a été conservée jusqu'à nos jours (1). On aura une juste idée de leur importance quand on saura qu'à Dijon seulement Tavannes pouvait réunir au premier signal deux cents chevaux et deux cent cinquante hommes de pied fournis par la ville, non compris quinze

---

(1) Voir les Mémoires de Tavannes, collection Michaud, p. 289; et, à la Bibliothèque impériale, fonds Fontette, portefeuille XXXIX, n° 22.

cents cavaliers et quatre mille fantassins disposés à lui obéir dans le reste de la province.

Au milieu de ces précautions contre le calvinisme, le Parlement, en tergiversant dans sa conduite, ne faisait que suivre les exemples du Souverain, qui, par des avances faites aux deux partis, avait consulté ses intérêts politiques plutôt que ceux de la religion, sérieusement menacés. Après la mort du duc de Guise, assassiné aux Etats de Blois, et l'acte de la Sorbonne qui déliait les sujets de leur serment de fidélité envers le Roi, la Ligue allait changer de caractère (1). Dijon, capitale du gouvernement du duc de Mayenne, deviendra le premier théâtre de sa puissance, comme elle restera la seule place importante de son parti, après que toutes les autres l'auront abandonné. Ce fut là, en effet, qu'il prépara ses vengeances en même temps qu'il y réorganisa ses forces dispersées par le coup de main désespéré qu'avait frappé la Cour, et dont elle ne sut pas profiter. Proclamé lieutenant général du royaume par le Parlement de Paris et la violence des Seize, il était parvenu déjà à se créer en Bourgogne une retraite formidable d'où il pouvait observer les événements et les dominer dans l'occasion. De là le rôle si important que cette province allait être appelée à jouer dans ce drame si émouvant de l'histoire, où le Parlement ne devait pas tarder à se mêler lui-même, suivant cette politique du jour dont la religion n'était plus demeurée que le masque. Or, voici

(1) La ligue française, qui voulait un prince français, et la ligue espagnole, qui était le parti de l'étranger, dont Bussy-Leclerc fut à Paris le chef stipendié par Philippe II.

comment, par l'artifice non moins que par l'audace d'un seul homme, Dijon était devenu, après les meurtres de Blois, le centre des événements qui pendant les sept dernières années marquèrent la fin des troubles dans le royaume.

On était arrivé au mois de janvier 1589 et Mayenne dissimulait encore, quand il fit demander à cette Compagnie son adhésion aux actes que nous allons rappeler et dont le but, bien que déguisé, ne pouvait abuser personne. A peine avait-il appris à Lyon la nouvelle de la mort de ses deux frères, que déjà le soin d'assurer sa vengeance lui avait fait prendre une de ces résolutions où la prudence s'unissait à l'habileté. Marchant sur la Bourgogne, il y prit ses sûretés. Chalon, l'une des villes les plus zélées pour la Ligue et où il avait le plus de crédit, allait devenir le foyer d'où il allumerait la guerre civile, qui pendant huit ans embrasa la province. Ce fut dans ce but qu'il s'empara de sa citadelle, qui lui fut livrée par connivence; puis il fit jurer *la Sainte-Union* aux bourgeois assemblés, nomma des magistrats dévoués à sa cause et prépara la campagne si hardie qu'il allait entreprendre contre son Souverain, en se ménageant cette place comme un asile en cas de revers. S'avançant ensuite au cœur de la Bourgogne, il était venu jusqu'aux portes de Dijon, après s'être emparé d'autres places dont plusieurs se trouvaient sur son passage et qu'il avait disposées à le soutenir dans une guerre dont l'ambition fut le mobile (1). Le soin de tenir ses desseins

(1) Mâcon, Chalon, Beaune, Autun, Châtillon, Auxonne, s'étaient déclarés pour lui de leur propre mouvement ou par l'influence des

cachés lui avait rendu ces précautions faciles, et ce fut ainsi que le nouveau chef de la maison de Lorraine était parvenu sans obstacle aux portes de cette ville, précédé par un de ses plus fidèles lieutenants.

Les moyens dont il fit user par le baron de Lux pour se concilier l'esprit des habitants témoignaient assez du peu de confiance qu'il avait dans ses ressources. Il voulut débuter par le Parlement, le premier Corps comme le moins sûr, et dont la politique ambiguë s'était montrée sous le précédent règne plutôt une énigme qu'une garantie contre les troubles. Cette Compagnie venait à peine de recevoir les lettres patentes du Roi par lesquelles on l'instruisait des causes qui avaient conseillé les meurtres de Blois, que déjà des mesures venaient d'être ordonnées par elle pour conserver cette ville au Souverain; mais les sympathies du peuple pour les ducs de Guise allaient en empêcher l'effet. Ce fut ainsi que se trouvèrent servis d'avance les projets de Mayenne sur la Bourgogne.

La délibération prise par le Parlement le 31 décembre 1588 apprend la manière dont il reçut communication du premier de ces meurtres et sa résolution de rester uni au Roi dans une conjoncture où, malgré des attentats si révoltants, il y aurait eu un si grand danger à s'en séparer. On jugera auparavant par les lettres patentes adressées à cette Compagnie comment la Royauté com-

gouverneurs qui y commandaient; Auxerre, par celle du provincial des Cordeliers qui chassa son évêque, le célèbre Amyot, lequel avait pénétré ses projets.

prenait alors, jusqu'au droit de vie et de mort, l'étendue de sa mission :

« Nos amés et féaux, encore que vous soyez bons témoins des occasions que le feu sieur duc de Guise nous a données de nous ressentir des troubles qu'il a semés en notre royaume, des entreprises et attentats qu'il a faits depuis quelques années sur notre Etat et couronne, notre honneur et notre propre vie, toutefois, en attendant que nous vous fassions bien particulièrement entendre comme il s'est porté ingrat envers nous, en récompense de ce que nous lui avons pardonné les choses passées, avec espérance que notre bonté et les biens et honneurs que nous lui avons faits depuis et faisions tous les jours, jusqu'au mécontentement de nos bons et loyaux sujets, qui en étaient scandalisés, le ramèneraient au bon chemin et à reconnaître le respect et obéissance que justement il nous devait ; nous vous dirons seulement que depuis quelques jours son insolence était devenue telle, qu'au mépris de notre autorité, il n'a rien oublié de tout ce qu'il a pu faire pour nous troubler et arracher notre sceptre et couronne, voire notre propre vie, et que ce qu'il ne pouvait faire il ne l'a fait, ce qui nous a donné occasion de lui faire connaître que Dieu a mis en nous l'autorité, les moyens et le courage de l'en châtier, comme il l'a mérité, par la perte de sa vie, dont nous avons bien voulu vous donner avis par ce mot de lettre, afin que vous en sachiez la vérité, et que par quelque faux bruit elle ne vous soit point déguisée ; aussi pour vous avertir qu'incontinent la présente reçue, vous fassiez assembler tout le Conseil de notre ville de Dijon, et faire que chacun des principaux chefs des maisons s'arment, tant pour la conservation de leurs familles et facultés domestiques et de leur ville, que de notre autorité et obéissance qu'ils nous doivent ; ensemble que nous ne voulons aucunement nous départir de notre sainte entreprise de faire la guerre et exterminer les hérétiques. Mais comme elle n'était pas fondée sur la mort, ou la vie, ou l'ambition dudit feu duc de Guise, mais sur le zèle et affection que nous avons toujours eus et aurons particulièrement gravés dans le cœur à l'honneur de Dieu et l'augmentation de notre religion catholique, apostolique et romaine, aussi ne peut-elle être détournée pour quelque occasion que ce soit, faisant en sorte que nosdits sujets se rendent capables de nos bonnes et saintes intentions, lesquels se peuvent assurer de tout le soulagement que nous leur pourrions procurer, ensemble que, continuant à leur devoir, il nous trouveront toujours leur bon Roi, prêt à les gratifier autant que leur fidélité le pourra mériter, et à les châtier aussi s'ils s'oublient de leur devoir et sortent du respect et obéissance que Dieu leur a commandé de nous porter. Priant sur ce Notre-Seigneur qu'il vous ait, nos amés et féaux, en sa sainte et digne garde. — A Blois, le 24° jour de décembre 1588. » — Signé : « HENRI ; » et plus bas : « RUZÉ. »

Ces lettres par lesquelles un exécrable meurtre était préconisé comme l'accomplissement d'un devoir commandé par la raison d'Etat et la défense du trône, avaient trouvé dans le Parlement les esprits disposés à répondre aux mesures de sûreté que le Souverain prescrivait en cette conjoncture. On lit dans le procès-verbal de la séance dans laquelle la lecture en avait été faite à cette Compagnie, que les officiers municipaux furent immédiatement mandés à sa barre, où, au milieu d'un profond silence, le Premier Président leur avait remontré « qu'ayant toujours été fidèles au Roi, il fallait aviser plus que jamais à veiller soigneusement à la garde de la ville sous son autorité et obéissance, en quoi la Cour les aiderait de tout son pouvoir, en défendant à toute personne de faire aucune assemblée dans les villes ou en dehors, sous peine de mort. » Mesure extrême à laquelle le vicomte mayeur La Verne lui-même, l'un des principaux soutiens de la Ligue à Dijon, affecta d'applaudir (1).

Quelque suspects que parussent ces témoignages, la fidélité au Prince ne pouvait être portée plus loin de la part d'une Compagnie dans laquelle le duc de Guise comptait de nombreux partisans, et où sa mort excitait tant de regrets. Néanmoins, les lettres du Roi ne furent pas publiées, dans l'appréhension, partagée par la Chambre de ville elle-même, d'un mouvement qu'une telle nouvelle n'eût pas manqué de provoquer en faveur d'une cause que le sang versé de ses chefs allait rendre plus populaire. La crainte qu'inspirait le capitaine du Château commandé en ce moment par Franchesse, créature des princes lorrains, et la réponse de cet officier aux députés qui venaient de lui être envoyés par le Parlement, avaient encore rendu ces précautions nécessaires. Ce fut ainsi, et sous l'empire de l'émotion causée

---

(1) Registre du Parlement du 31 décembre 1588.

par une si terrible nouvelle, que l'envoyé du duc de Mayenne voulut se faire reconnaître dans la capitale de la province. Il était descendu à Dijon chez le président Jeannin, et l'on pourrait en induire que l'assistance de ce personnage ne lui fit pas défaut dans le succès d'une intrigue dirigée de sa demeure et presque sous ses yeux.

Le 5 janvier 1589, cinq jours après la connaissance de cet acte, le baron de Lux faisait assembler le Parlement. En présence de tous ses membres, il protestait au nom de Mayenne que, « encore qu'il l'eût trouvé rempli de douleur et regret des choses passées, toutefois, comme il était prince plein de douceur et qui ne sortait hors des limites de la raison, avait juré *de ne pas se ressentir du meurtre de son frère.* » Il ajoutait que « si ce gouverneur était troublé à l'entrée de la ville, le Roi en aurait regret et mécontentement, voulant qu'il fût reconnu dans son commandement de Bourgogne, *tout ainsi que si la mort du duc de Guise n'était advenue...,* » paroles dont il justifierait par des lettres patentes desquelles il se disait porteur, mais qu'il évita de produire par un motif aussi suspect que frivole (1). Le Premier Président lui répondit « que la Cour ne doutait pas que le duc de Mayenne ne portât beaucoup de regret de la mort de son frère par l'affection naturelle du sang, mais qu'il croyait que le zèle qu'il avait pour le bien de l'Etat et Couronne de France avait tant de puissance sur lui, qu'il oublierait

(1) « Lesdites lettres étant, dit-il, entre les mains d'un de ses hommes qui devait arriver dans une heure ; l'ayant devancé pour plutôt s'acquitter de sa charge. » (Registre du Parlement du 5 janvier 1889.) »

tout ce qu'il pouvait avoir d'amertume dans le cœur, et dirigerait tous ses conseils, desseins et forces pour maintenir ce pauvre Etat, qui ne pouvait subsister que par l'union des bons citoyens sous l'obéissance du Roi. »

Après une adhésion si expresse sortie de la bouche de son chef et par sympathie secrète de la plupart de ses membres pour des desseins entrevus, le Parlement, si sévère en toute chose, sembla garder le silence sur un mandat si surprenant et se contenta de faire demander ces lettres qu'il ne devait jamais voir (1). Ce fut ainsi, et à l'aide d'un subterfuge déloyal, que Mayenne, arrivé à la suite de son envoyé, entra dans Dijon au milieu d'une pompe qui ressemblait à un triomphe, et qu'on n'avait jamais vu décerner qu'aux Souverains.

(1) Le Registre du même jour, séance de relevée, montre à quel point le baron de Lux avait trompé la Compagnie, si celle-ci ne s'était pas elle-même prêtée à ses manœuvres; on y lit ce qui suit : « Après que le greffier a eu déclaré que le sieur de Lux ne lui avait pas délivré les lettres et instructions qu'il a dit lui avoir été baillées par le Roi, a été conclu que le greffier serait envoyé par devers ledit baron pour lui demander lesdites lettres et instructions, afin de les voir et qu'il fût pourvu sur icelles. A l'instant le greffier Joly a rapporté qu'il avait parlé audit sieur de Lux en la maison de M. le président Jeannin, lequel lui avait dit que son homme qui avait lesdites lettres et instructions n'était pas encore arrivé; sur ce a été résolu que le greffier retournera vers ledit sieur de Lux pour lui demander encore une fois lesdites lettres et instructions, et qu'il sera fait registre de sa réponse... et étant retourné, a rapporté Joly qu'il n'avait trouvé ledit sieur en la maison du sieur président Jeannin, mais qu'on lui avait annoncé qu'il était allé au Logis-du-Roi pour voir M. de Mayenne, qui venait d'arriver. A été dit que ledit greffier l'ira trouver ; et étant de retour a déclaré que ledit sieur de Lux avait dit que son homme n'était pas encore arrivé, ce dont il était bien marri et priait la Cour de croire qu'il n'était pas menteur. »

« Et le lendemain, 6 janvier 1589, porte le Registre de cette date,

Mais la reconnaissance qu'avait exigée cet homme de guerre de ses nouveaux pouvoirs par le Parlement sans les avoir vérifiés, ne s'était pas accomplie sans coup férir. Fort des sympathies d'une population toute catholique, Mayenne avait, le même jour où cette Compagnie allait le complimenter par ses députés, fait arrêter presque en pleine séance les conseillers Odebert et Bretagne, dont l'éloignement pour sa cause n'était douteux pour personne. Le motif d'une telle violence était l'insistance que ces magistrats venaient de mettre pour la représentation des lettres invoquées par le baron de Lux et qui, par un mensonge avéré, avaient tourné à sa confusion comme ambassadeur et comme gentilhomme. Ce coup frappé au sein d'une Compagnie dont le plus grand nombre ne demandait pas mieux que de se soumettre, avait déconcerté les plus hardis et amené, au détriment des

---

a été résolu que le sieur de Lux serait mandé, et à cet effet le greffier Joly a été envoyé vers lui. Lequel greffier à l'instant a rapporté qu'il avait parlé audit sieur de Lux, au cabinet dudit sieur de Mayenne, qui lui avait dit que son homme n'était arrivé et qu'il avait de grandes et importantes affaires avec le sieur de Mayenne, pour raison de quoi il suppliait la Cour de l'excuser..... »

On doit conclure de ces preuves que c'est par erreur qu'un auteur fort accrédité, M. Henri Martin, a écrit quelque part « que le duc de ce nom avait reçu à Dijon des lettres du Roi qui lui offraient de le maintenir dans ses charges et dignités. » (*Histoire de France.*) S'il en eût été ainsi, Mayenne n'aurait pas manqué de produire ces lettres pour justifier la mission qu'il soutenait avoir reçue. Mais outre qu'il n'est pas probable que le roi Henri III eût proposé au frère de ceux qu'il avait fait mourir de servir sa cause, « les chances de fortune qui le poussaient à venger ses frères, ainsi que le dit si bien le même auteur, les exhortations de sa sœur, l'impétueuse duchesse de Montpensier, accourue de Paris à sa rencontre » l'eussent déterminé à repousser les avances du Roi.

priviléges du Corps, une adhésion qu'il eût été plus politique de lui demander sans détour, quand de toutes parts l'opinion semblait favoriser cette entreprise.

Le Parlement humilié n'osa protester contre un acte qui, au début d'une révolution dans la province, anéantissait sa puissance. C'était là le but suprême que s'était proposé le gouverneur, et néanmoins cette Compagnie affecta de s'y méprendre. Elle attribua à une erreur l'arrestation de ses membres, demanda avec instance leur élargissement et eut la douleur de se le voir refuser par des paroles pleines de fiel qui furent le dernier témoignage de sa ruine. La ville, toute sympathique à ces violences, ne tarda pas elle-même à les imiter en faisant mettre au Château, peu de mois après, plusieurs membres du même Corps, entre autres les conseillers La Verné, Bernardon, Danon et Millotet, soupçonnés de désaffection. Ces actes arbitraires, aussi rapprochés l'un de l'autre, achevèrent la perte du Corps, dont à aucune époque la puissance ne deviendra plus avilie. C'était deux jours avant que Mayenne s'éloignât de Dijon, où il devait laisser Fervaque pour commander à sa place pendant qu'il allait combattre le Roi avec une armée rassemblée à Troyes, qu'avait été frappé par lui ce coup de vigueur qui faisait disparaître de la scène un Corps important qui pouvait l'embarrasser sans le servir. Par cet acte soudain, le Parlement était vaincu sans combat et ses oppositions étouffées d'avance le jour tant désiré où il plairait au nouveau chef de la maison de Lorraine de se faire proclamer Souverain.

Telle avait été la pensée d'une politique violente que

l'avenir ne tarda pas à manifester davantage. Les paroles amères adressées par Mayenne à la députation du Parlement chargée d'aller le saluer avant son départ, venaient confirmer ce jugement. Elles furent celles d'un maître envers des sujets coupables ou ingrats : « Qu'en cette ville s'étaient passées assez de choses auparavant, qu'il avait tout oublié; et néanmoins qu'on n'avait laissé d'y prendre des conseils violents qui auraient mis cette ville à feu et à sang s'ils avaient été exécutés, n'étant pas son pouvoir si petit ni dépourvu de forces qu'il n'eût moyen d'y mettre ordre... Qu'il ne tiendrait qu'aux habitants que le tout ne fût comme de coutume, que la justice n'y fût librement administrée, le commerce exercé, et que le laboureur ne pût faire sûrement son travail... Qu'il n'avait pas pris les armes pour empêcher ces choses, mais pour la conservation de sa personne et le bien général du royaume; étant bien marri de ce que l'on avait brassé contre lui, et dont il se garantirait bien avec l'aide de Dieu. Priait chacun de s'unir au bien général de ce royaume, et s'il y en avait quelqu'un qui eût la volonté de remuer en cette ville, qu'il en sortît promptement et n'y fît aucune sédition ni émotion; autrement, qu'il donnerait ordre de le bien châtier... Quant aux personnes qui étaient détenues de son autorité au Château, qu'il les avait fait arrêter pour sa sûreté et la conservation de la ville, et était bien résolu de les y laisser (1)... » Le Parlement, par ses députés, eut à dévorer ces reproches, qui, sous une forme générale, ne s'adressaient qu'à

---

(1) Registre du Parlement du 16 janvier 1589.

lui, composé qu'il était de tous ses membres ligueurs ou royalistes ; car en ce moment la séparation de cette Compagnie en deux corps, sous des drapeaux contraires, ne s'était pas encore accomplie.

De telles menaces, faites sous la forme d'adieux, cachaient aussi des desseins que le lieutenant de Mayenne devait exécuter bientôt et que la multitude, instrument aveugle de l'ambition des grands, allait favoriser par des manifestations concertées avec ses chefs. A peine le gouverneur était-il parti de Dijon, que Fervaque, chargé de commander à sa place, venait implorer l'assistance du Parlement contre une émeute excitée par lui, et dont les articles de l'union qu'on allait faire jurer de nouveau étaient le sujet. Son langage fut d'accord avec le rôle qu'il devait jouer dans une conjoncture où il espérait fonder, par l'anéantissement de la Royauté en Bourgogne, la nouvelle puissance de son maître. Le 22 mars 1589, il demanda la convocation du Parlement et exposa aux Chambres assemblées « que comme les membres du Corps de la ville lui avaient apporté quelques articles de l'union, *lesquels n'ayant pas trouvés tels qu'il désirait, il les avait changés et modérés le plus doucement qu'il avait pu.* Et parce qu'ils étaient résolus de les venir présenter à la Cour en corps de ville, il avait bien voulu s'en charger lui-même, pour éviter que le peuple ne s'émût davantage. » A quoi le Premier Président répondit « que la Cour avait très agréable et louait sa bonne affection à la conservation de cette province, et que ces articles seraient communiqués au procureur général, pour y être avisé. » Les gens du Roi, mandés en effet et sommés de conclure sans retard, avaient trouvé *de grande importance et extraordinaire* un tel manifeste duquel, ainsi qu'on le verra bientôt, le nom du Roi et l'obéissance qui lui était due étaient exclus avec une affectation qui tenait de la révolte. Ils demandèrent à être admis à la délibération; mais le Parlement ne le permit pas. C'était là le projet que Mayenne n'avait osé avouer en s'éloignant de Dijon et dont, en raison de l'intérêt politique qu'il allait y rattacher après qu'il aurait reçu à Paris le titre de lieutenant général du royaume, la conduite devait être confiée à un homme dévoué à sa cause.

Les auteurs de la Ligue n'étaient jamais allés si loin, et à moins de proclamer Roi le chef de la maison de Lorraine, celui-ci ne pouvait espérer davantage d'une population prête à lui obéir. Le Parlement, malgré ses tendances ou son abaissement, fut effrayé d'un progrès si rapide dans les esprits et n'approuva les articles que sous la condition qu'on y substituerait ces mots : *Jurons encore de nous rendre obéissants,* SOUS LE NOM ET AUTORITÉ DU ROI, *au commandement de M. de Mayenne,* GOUVERNEUR POUR SA MAJESTÉ EN CETTE PROVINCE (1). Il délégua, pour les faire accepter à Fervaque, les conseillers Bretagne et Fyot, dont la fidélité au Roi allait se manifester bientôt par leur rupture avec une Compagnie rebelle.

Ces réserves, qui dans un autre temps eussent fait la loi, ne furent pas même discutées. Fervaque, fidèle à sa politique, déguisa par son impuissance de les faire ac-

(1) Registre du 22 mars 1589.

cepter par la Chambre de ville la résolution d'un refus qui souriait à l'ambition de son maître. Déjà quatre mille habitants, qui sous son influence avaient juré les articles, menaçaient d'envahir le Palais, où le Parlement avait commencé à délibérer au milieu de la plus vive agitation. Le lieutenant de Mayenne se présenta à l'assemblée, exagéra le danger et n'eut pas de peine à amener la Compagnie à souscrire à une déclaration qui, motivée sur l'*éminent péril*, fut de la part de ceux qui y consentirent un acte de félonie ou de pusillanimité. La révolte contre l'autorité royale y était écrite en effet dans ces mots, qui en résumaient le but le moins dissimulé et devinrent dès ce moment le programme de la nouvelle Ligue : *Jurons encore de nous rendre obéissants aux commandements de M. le duc de Mayenne, gouverneur de cette province, et, en son absence, de M. de Fervaque, comte de Grancey, son lieutenant général*, DESQUELS NOUS NE NOUS SÉPARERONS JAMAIS, QUELQUES MANDEMENTS OU COMMANDEMENTS QUI PUISSENT ARRIVER, DE QUELQUE PART QUE CE SOIT (1).

Le reste des articles se rapportait au serment de vivre et mourir dans la religion catholique, apostolique et romaine ; de maintenir la ville de Dijon en repos et tranquillité ; de conserver la province en son entier ; d'assister envers et contre tous, les princes, prélats, seigneurs, gentilshommes, villes, bourgades et communautés unis à cette sainte résolution ; de tenir le commerce et trafic libres ; de ne souffrir aucune altération ou diminution

---

(1) Registre du 23 mars 1589.

des autorités et privilèges appartenant aux trois ordres ; de conserver en leur ancienne splendeur le Parlement et la Chambre des Comptes de cette ville, selon la convention faite entre les prédécesseurs du Roi et les Etats, sans permettre que ces Compagnies fussent transférées ailleurs et qu'il y en eût d'autres établies en cette province; de ne se séparer jamais les uns des autres; de ne donner avis par écrit ou autrement à ceux qui tiendraient le parti contraire à cette union, ni de recevoir des lettres d'eux sans les communiquer à M. de Mayenne, et en son absence à M. de Fervaque ou au vicomte mayeur, à peine d'être punis comme perturbateurs du repos public; de ne favoriser directement ou indirectement ceux qui contreviendraient aux articles de la sainte union, parents, amis ou alliés ; de tenir pour hérétiques ceux qui refuseraient de se joindre par effet et sans déguisement à la présente association; desquels, en cas d'action contraire de leur part, ils poursuivraient par toutes voies le châtiment.

Cette formule tyrannique, la mieux combinée qu'on eût encore vue, enlaçait la liberté des affiliés en autant de réseaux que l'esprit inventif d'une faction pouvait entrevoir pour elle d'avantages ou de dangers, en renchérissant sur les articles de la Ligue. Ce fut la volonté de chacun amortie au profit de la cause commune, jusqu'à ce que l'intérêt ou les événements permissent au plus grand nombre de s'affranchir à son gré.

Les Registres qui nous sont restés de cette époque font connaître ceux des magistrats qui refusèrent un pareil serment. Ils furent en petit nombre; on comptait à leur tête Pierre Jeannin et Bénigne Frémiot, noms vénérés qui allaient suivre des drapeaux contraires, mais que le devoir envers le prince unit alors dans un refus courageux. Un autre magistrat, qui, dans l'exil, servira la Royauté avec éclat, le procureur général Picardet, le prêta en même temps que l'avocat général Legouz de Vellepesle (1); deux hommes que l'on s'étonne de rencontrer ensemble dans l'accomplissement d'un acte qui, de la part de ces officiers du prince, fut une grande faute, et, pour le premier d'entre eux, une faiblesse inexplicable, que sa vie, désormais pleine de fidélité, fera oublier lors de la translation du nouveau Parlement à Flavigny.

Cette révolte presque avouée de la maison de Lorraine en Bourgogne devint le contre-coup des mesures violentes concertées à Paris, et dont cette province avait suivi le signal. En effet, avant cet acte accompli à Dijon et dans les premiers jours de janvier 1589, venait d'éclater toute une révolution dans la capitale : la puissance des Seize, les fureurs de la Sorbonne, l'arrestation en masse du Parlement de Paris, et Mayenne proclamé chef de l'Etat sous un titre qui n'était pas encore celui que sa famille avait ambitionné depuis le commencent de la Ligue. Ce fut dans ce temps que le maire et les échevins de Dijon, soupçonnant Fervaque d'infidélité à la Ligue, s'assurèrent de sa personne et le firent conduire au Château, où il demeura prisonnier durant un an (2).

Toutefois, l'occupation de la première ville de la

(1) Ils furent mandés à part à la séance de relevée, n'étant pas venus à la première. (Registre du 23 mars 1589.)
(2) Voir le Discours préliminaire.

Bourgogne, exécutée au nom de l'union catholique par son chef, n'avait pas préservé cette province des fureurs de ce parti. Un sieur Bourlemont d'Amblesse, à la tête de sept cents Lorrains, venait de piller pendant dix-huit jours le bourg d'Is-sur-Tille, qui s'était rendu, puis après la ville de Tournus, soumise aux mêmes excès, bien qu'elle lui eût ouvert ses portes sans différer. Trois cents Suisses et quelques cavaliers venus à Dijon dans ce moment et qui devaient protéger cette cité, n'avaient fait autre chose que piller les paysans qui y amenaient des denrées, et étaient allés ruiner le bourg de Mirebeau, puis celui de Fleurey, où ils avaient volé jusqu'aux vases sacrés, qu'on leur fit rendre, sans qu'on osât sévir contre ces profanateurs. Enfin le baron de Sennecey, nommé commandant du pays par *la Sainte-Union*, loin de mettre un frein à ces violences, en avait donné lui-même l'exemple en dévastant deux maisons du Roi en Bourgogne et le château de Gilly appartenant aux moines de Citeaux, après avoir épuisé le pays d'argent, sous prétexte de faire la guerre à son Souverain.

Ce fut au sein de ces malheurs publics que l'édit qui changeait la résidence des Parlements vint ajouter à la situation de nouveaux embarras dans les provinces. On vit en Bourgogne, à la place d'un Corps uni jusque dans ses revers, apparaître deux Compagnies rivales dont l'une emporta loin de sa capitale les traditions de fidélité à son Souverain, pour n'y laisser que des magistrats déchus. L'acte de Henri III, qui prescrivit cette grande mesure, fut, après ceux que nous venons de raconter, l'événement le plus important de cette époque, et prépara à notre province une longue suite de vicissitudes.

Le duc de Mayenne venait, par les actes les plus audacieux, de justifier cette séparation. Dès le 5 août 1589 il avait, dans une proclamation fanatique où le meurtre de Henri III était préconisé comme un acte méritoire, tenté de rallier tous les catholiques à sa cause. Le Parlement, écho de ces violences, enregistrait le 9 avril suivant l'édit du nouveau roi Charles X du 30 décembre, qui ordonnait la confiscation des biens des partisans du Roi de Navarre. Enfin, le même gouverneur n'avait pas craint, souverain sans en posséder le titre, de donner l'institution à de nouveaux membres du Parlement pendant qu'il signait des lettres qui conféraient au vicomte de Tavannes le titre de lieutenant général en Bourgogne, à la place du baron de Sennecey, retiré à Auxonne et dont la fidélité à la Ligue était devenue suspecte. Tous ces actes et d'autres plus nombreux s'étaient succédé sans relâche (1).

(1) Voir, aux Archives du Palais, la collection des édits, déclarations et lettres patentes de cette époque. L'édit de Henri III du mois de mars 1589, donné à Tours, qui ordonnait la translation de la Compagnie, disait aussi avec vérité : « Le duc de Mayenne s'est injustement saisi tant de notre ville de Dijon que de plusieurs autres du pays, fait mettre au Château aucuns de nos présidents et conseillers de notre dite Cour de Parlement, de ceux qu'il reconnaissait les plus affectionnés à notre service, tellement que la plupart auraient été contraints à se retirer et cacher, en sorte qu'il ne se peut espérer que les suffrages des présidents et conseillers de notre Cour de Parlement, tant qu'elle sera en ladite ville, puissent être libres et la justice y être administrée. »

D'autres lettres du Roi, enregistrées par le Parlement réfugié le 29 mars de la même année, autorisèrent en outre cette Compagnie à

Ce fut à travers de pareils désordres que deux Parlements s'établirent en face l'un de l'autre. Celui demeuré à Dijon, maître des villes de la plaine, conserva le nom de Parlement de Bourgogne, tandis que la fraction royaliste, retirée dans les montagnes à Flavigny, prit le nom de cette dernière place, qu'elle abandonna plus tard pour se réfugier à Semur. Chacun de ces Corps prétendit être à lui seul le Parlement entier, en s'intitulant comme tel dans ses mandements; antagonisme qui dura six ans et entretint l'agitation parmi des populations flottantes ou divisées.

Toutefois, au milieu d'un tel chaos, l'émigration de Flavigny n'en resta pas moins, ainsi qu'on en jugera bientôt, un fait important qui rallia le parti du Roi de Navarre dans la province, par le courage que montrèrent ceux du Parlement qui répondirent à l'appel de leur Souverain; et l'opinion ne se méprit point sur ce résultat quand, les passions étant apaisées, la fortune eut couronné le bon droit.

Le Président Fremiot, un des plus beaux caractères

---

rendre arrêt au nombre de sept membres, au lieu de dix, comme nous l'avons dit au commencement de cet ouvrage, et assura ainsi l'administration de la justice dans ces temps de troubles. (V. *ibidem*). Le 17 avril suivant, elle enregistrait de plus les lettres patentes du Roi données à Blois au mois de février précédent, par lesquelles les duc de Mayenne et chevalier d'Aumale étaient déclarés rebelles et criminels de lèse-majesté. Le même Parlement mandait encore à tous gentilshommes et autres tenant fiefs de se rendre le 2 mai auprès de Sa Majesté ou de ses lieutenants généraux en Bourgogne, sous peine de confiscation de leurs biens; et à ceux qui s'étaient retirés du service du Roi et entrés en Ligue et pratique avec le duc de Mayenne, de venir prêter serment de fidélité au Roi le même jour, sous peine d'être procédé contre eux comme rebelles. (Registres dudit Corps.)

de cette époque, avait préparé ce grand événement qui allait changer la face des choses. Nous résumerons ici, pour l'intelligence des faits, les services nombreux qu'il rendit depuis à la cause royale et qui accomplirent, sous son nom, la pacification de la Bourgogne; premier réveil du patriotisme dans cette province au milieu de la défaillance des gens de bien, ici ranimés par son exemple et à sa voix.

A peine la catastrophe arrivée aux Etats de Blois avait-elle été connue, que ce magistrat était allé trouver le Roi dans cette ville et lui avait conseillé de transférer à Tours le Parlement de Paris. Idée-mère qui fut accueillie avec ardeur et amena la séparation, en deux fractions, de tous les Parlements dans les provinces où des scissions profondes ne leur laissaient pas la liberté d'obéir en masse. Ce fut de cette mesure, qui produisit dans tout le royaume de grands résultats, que data le commencement de son crédit sur la politique de Henri III. Désormais rien de sérieux ne fut entrepris de la part de ce Prince sans lui ou sans ses conseils.

Fremiot avait organisé en même temps le parti du Roi en Bourgogne, où la licence semblait trouver un aliment de plus dans l'esprit frondeur de la multitude. Son premier acte fut l'union qu'il contracta avec le comte de Tavannes, nommé par son crédit lieutenant général dans cette province, après la démission donnée par le comte de Charny, son beau-père. Par leurs efforts communs, la petite ville de Flavigny s'était déclarée la première pour la cause royale, et avait été occupée, le lendemain de cet événement, par les compagnies de

Longueval, d'Argolais et de Gand, levées secrètement par les soins de Fremiot et à ses frais; coup de main des plus hardis que nous expliquerons plus tard, et qui releva l'espoir des royalistes dans ces contrées.

La mort de Henri III, assassiné par Jacques Clément, loin d'ébranler la fidélité du Président à son nouveau Souverain, la fit éclater davantage. Aux lettres flatteuses par lesquelles le duc de Mayenne, le baron de Sennecey et Jeannin lui-même avaient cherché à l'attirer à leur parti en lui offrant de payer plus de 300,000 livres de dettes qu'il avait contractées pour le service du Roi, et en outre la place d'Arpont comme garantie, Fremiot avait, en rejetant fièrement ces offres, répondu qu'il ne serait jamais qu'au Roi et à l'Etat. Dès ce moment il obtint de Henri IV le même crédit dont il avait joui sous le précédent règne et qu'il augmenta par des services nouveaux rendus à sa cause.

On lit dans la chronique à laquelle nous empruntons ces faits (1), qu'à peine averti du meurtre de Henri III, il s'était rendu seul à cheval au siége de Duesme, où commandait le comte de Tavannes, et avait fait jurer à cet homme de guerre, ainsi qu'il le jura lui-même en

---

(1) Manuscrit en six pages, fort incomplet, déposé à la Bibliothèque de la ville de Troyes (n° 1070), écrit dans le langage du temps par un familier du Président associé à tous ses actes pendant la Ligue, et tiré de la bibliothèque du président Bouhier.

On y lit entre autres choses qu'à ce siége, Fremiot écrivant des lettres à ses amis pour les presser de venir à lui, vit sans s'interrompre le tambour sur lequel il s'appuyait percé d'une balle. Le même trait s'est renouvelé pendant les premières guerres de notre temps, mais ce n'étaient pas des magistrats qui donnaient l'exemple d'un pareil sang-froid.

sa présence, qu'il persévérerait dans sa fidélité jusqu'à la mort. Déjà il avait appelé à ses côtés des personnages influents, tels que Chantal, Meilleron, Crusille, Chissey, Nivernais, auxquels il avait fait donner des commissions pour des levées d'hommes. Il convoqua en même temps les Etats du pays, même les Elus, et envoya en Suisse et en Allemagne Claude Mochet d'Azu, avocat, et Margeret, maître aux Comptes, qui avaient embrassé la même cause. Ceux-ci tirèrent de cette mission, outre un emprunt de 48,000 écus, 2,000 lansquenets, 500 reîtres et des munitions de toute sorte qui furent d'un grand secours à Henri IV au combat d'Arques, livré peu peu de temps après, et où il vainquit Mayenne.

Des services si nombreux, que nous ne faisons qu'indiquer, mériteraient une histoire à part. Fremiot ne s'en tint pas là, et osa, par la tentative la plus hardie, chercher à attirer à la cause du Roi le baron de Vitteaux, l'un des premiers lieutenants de la Ligue en Bourgogne, et qui disposait à lui seul de plus de deux mille hommes avec du canon. Cette entreprise, préparée d'avance par une lettre que le Président avait fait écrire par le Roi à cet officier, pour l'inviter à se rallier à sa cause avec offre d'un commandement, ne réussit pas, mais demeurera dans les annales de la Bourgogne comme preuve de ce qu'il y eut de résolution dans un des plus grands caractères de ce temps. On lit dans la même chronique que, pour accomplir son dessein, le Président n'avait pas craint, malgré les prières du Parlement, de se rendre au château de Vitteaux, où le baron de ce lieu avait exigé qu'il vînt négocier avec lui. Une telle réponse cachait un piége, ainsi que l'événement le prouva bientôt. Là, en effet, au lieu des pourparlers convenus, s'étaient trouvés assemblés en conseil de guerre vingt-six capitaines dont vingt-quatre opinèrent pour qu'il fût retenu prisonnier, « par le grand avantage, dirent-ils, qu'il en résulterait pour la Ligue. » On aura peine à croire qu'une proposition si déshonorante fut discutée pendant douze heures et n'échoua que devant les protestations énergiques de deux d'entre ces officiers. Drouas de La Plante et Lyonnais étaient leurs noms ; ils avaient promis à Fremiot, *sur leur foi de gentilshommes,* qu'on respecterait sa liberté, et ne craignirent pas de l'accompagner, au péril de leur vie, jusqu'aux portes de Flavigny, où ses amis en larmes n'espéraient plus le revoir. L'entreprise manquée, quoique conduite avec tant d'abnégation, devait aboutir à semer la division parmi les partisans du baron de Vitteaux, dont les troupes depuis rompues et découragées ne prirent plus qu'une part indécise aux luttes de la Ligue dans cette province.

Ce fut aussi de Flavigny, où il avait appris l'arrestation de son fils détenu au Château de Dijon et dont on l'avait menacé de lui envoyer la tête s'il ne se rangeait du côté de Mayenne, que Fremiot écrivit à Fervaque cette lettre si digne de son grand cœur, dans ces temps de malheurs publics où la vertu était plus rare que le courage. On jugera par sa lecture de quel sacrifice un tel homme était capable (1).

(1) Cette lettre est conservée en original aux Archives municipales de Dijon. (Voir Correspondance, tome X, n° 132.) Communication due, avec d'autres, à l'obligeance de notre savant archiviste du département et de l'ancienne Bourgogne, M. Garnier.

A *Monsieur, Monsieur de Fervaque, chevalier de l'ordre du Roy, capitaine de cinquante hommes d'armes de ses ordonnances, comte de Grancey, seigneur et baron de Selongey. Fervaque, Cussey, Marey, etc., etc., à Dijon.*

« Monsieur, je me sens infinyment obligé à vous et à tous Messieurs de la ville, de la courtoisie que vous m'avez faicte de permettre à mon frère venir icy pour me veoir, non seulement pour le contentement que j'ay receu, nous consolant mutuellement en nos misères publicques et privées, mays aussi pour ce que par là j'ay reconneu la bonne opinion qui vous reste encore de moy, qu'en mon ame j'ai tousiours beaucoup de scintile de la charité qu'ng homme de bien doyt avoir envers sa patrie et ses concitoiens. Et pleust à Dieu que ma vye feust sacrifiée pour le public et que tout allast bien. Je voudrois bien que j'eusse peu me laisser aller aux larmes et persuasions de mondit frère, qui m'ont touché bien avant au cueur quand j'ai sceu les fâcheries et rudes traittements que luy et mon fils ont receus à mon occasion et dont les miens sont encore menacés. Mays mon honneur et mon debvoir m'empeschent de plyer soubs toutes ces choses; et vous supplie humblement, Monsieur, considérer quelles ont esté mes actions passées que j'ay données par escript à mon frère; que s'il s'y trouve un seul mensonge je veulx mourir. Et lors je m'assure que tant sen fault que je pusse estre blasmé ou repris, que au contraire ceulx qui voudront juger sans passion

me loueront et de l'affection que j'ay heue au repos de
toute la province et de la patience que j'ay heue contre
tant de menaces et mauvais desseins que l'on a faicts
contre moy. Il est vray que me voïant en la nécessité de
demourer en cette province, puisque le Roy me l'avoit
commandé (et aussy qu'avois-je faict pour en estre
banny), et n'ayant autre bruict à mes oreilles que des
charges données à celuy-cy et celuy-là pour me faire
mourir. Enfin, ne pouvant plus languir, je me résolus
de chercher une habitation plus seure qu'une meschante
maison champestre. Et à ces fin mardy dernier me retiray
en cette ville, où s'il se treuve que auparavant j'eusse
faict praticque avec un seul des habitants, je veulx
mourir. Depuis, Monsieur de Thavannes, comme lieutenant général pour le Roy en ce pays, y est entré et a
confirmé tous les habitants en la bonne volonté qu'ils
avoient tous de demourer perpétuellement en l'obéissance du Roy. Si c'est crime d'estre serviteur du Roy et
de se retirer dans une ville qui est soubs l'obéissance de
S. M., j'ay failly. Si c'est crime encore à un homme de
bien que l'on court à force et que l'on veult injustement
et sur faulses impressions et par colère faire perdre la
vye, de se retirer et chercher un couvert pour la défense
de sa vye, je suis coulpable. Mais, Monsieur, vous estes
trop sage pour imputer à crime toutes ces choses. Et
quant j'auroys failly en cela, je m'esbays pourquoy l'on
en veut jecter la vengeance sur mon fils et sur mes frères
et seurs et proches parents qui sont innocens et desquels
je n'avois heu aucune nouvelle depuis deux mois entiers.
Et maintenant mon frère m'apporte ceste funeste

menace que l'on m'envoiera la teste de mon fils dedans un sac, et que l'on fera à tous mesdits parents toutes les rudesses que l'on pourra. Je sçay bien, Monsieur, qu'en un cueur si généreux que le vôtre une si cruelle et barbare résolution ne peut entrer ; mays que cela provient des furieux conseils de mes ennemys qui voudroient bien assouvir leur passion desmesurée aux despens de cette belle et grande réputation que vous avez acquise par tant d'actes héroïques qu'avez faicts et charges honorables desquelles vous vous estes toujours sagement et dignement acquitté, qui me faict espérer que vous, Monsieur, ne tomberés jamais en conseil si horrible et esloigné de tout humanité. Mays quant votre vertu et bon naturel seroient surmontés par la violence ou fureur de mes ennemys, je ne suis point tant aliéné d'humanité et depourveu du sentiment de l'affection paternelle, que je ne portasse à regret un tel spectacle. Si diray-je librement que j'estimeroys mon fils très heureux de mourir si jeusne et en la première fleur de son eage pour la chose publicque; et innocent comme il est avoir un sépulchre si honorable, et par les destins ou malheur plustost que par la faulte de son père anticiper le cours de sa vye et éviter le sentiment des calamitéz qui sont aprestées sur ce misérable Estat. Je vous supplie donc, Monsieur, tempérer ces mauvais conseils que l'on vous donne du sel de votre prudence, et croyre que ny les tourments que l'on pourroit me donner, ny ceux que l'on fera à mon fils que je sentiray plus que les miens, ne me pourroient esbranler à faire chose contre mon honneur et le debvoir d'un homme de bien. J'ayme mieux mourir tost, aïant la réputation entière, que vivre longuement sans réputation. Et si sans blasme je pouvois ce que mon frère m'a dict, je m'y fusse rendu aisément. Ce que je vous supplie très humblement prendre de bonne part et croire qu'il n'y a personne en ce monde qui désire plus que moi le bien et le repos de la patrie; et que quant j'y pourrai estre utile, je m'y emploieray de bien bonne volonté, de laquelle après vous avoir humblement salué, je prieray Dieu, Monsieur, vous conserver en santé heureuse et longue vye. A Flavigny, ce dimanche cinquième mars 1589. Votre très humble et obéissant serviteur. FREMIOT. »

L'histoire de cette époque si féconde en cruautés ne devait pas avoir à rougir de l'accomplissement d'un crime sans nom. Emporté par un esprit ardent dans les camps de la Ligue, Fervaque n'était point de ces hommes qui bravent la fortune par des actes sanglants qui les laissent après les désastres d'un parti sans espoir et sans pardon. Sa défection pour passer au Béarnais, avant même que le succès eût couronné son droit, allait révéler plus tard ce caractère peu exempt de vicissitudes (1). Toutefois un sentiment plus noble, celui du point d'honneur, auquel Fremiot s'adresse avec une confiance qui est un éloge, restera le meilleur témoignage du mobile qui régla la conduite d'un chef réduit à compter avec un

(1) Guillaume de Hautemer de Fervaque, comte de Grancey, dont nous avons parlé dans le Discours préliminaire de cet ouvrage. C'est le même à qui Henri IV écrivit avant la bataille d'Ivry : « Fervaques, à cheval, car je veux voir à ce coup de quel poil sont ces oysons de normands. » (Lettre originale sans date, entre les mains de M. de Mandat, comte de Grancey.)

parti sans frein. Mu par ce sentiment mieux que par un calcul, Fervaque tint ferme contre une populace irritée, en sauvant la vie du fils d'un si courageux père qui avait placé ses devoirs de citoyen au-dessus des plus chères affections du sang (1). Cependant Fremiot fils ne recouvra la liberté que lorsque les affaires de la Ligue s'étant empirées, chacun songea à se ménager des titres à la clémence ou à l'oubli.

A côté d'un dévouement si généreux, la calomnie elle-même n'épargna pas le président Fremiot et s'égara jusqu'à lui reprocher des actes qui, pour être démentis, n'avaient besoin que de l'éclat de son nom et de son désintéressement. Durant les luttes que les lieutenants du Roi de Navarre eurent à soutenir en Bourgogne contre Mayenne vers la fin des troubles, des dissentiments funestes avaient rendu ennemis des hommes voués à la même cause, mais tourmentés de cette jalousie du commandement qui dans les temps de guerre déconcerte les plans les mieux conçus. L'intervention du président entre le comte de Tavannes et le duc d'Aumont pour les rapprocher, avait enflammé de colère Vaugrenant, attaché à l'un d'eux et qui était resté implacable. Il osa

---

(1) Six mois plus tard, l'exemple de Fremiot trouvait un imitateur au siège de Paris. Les Seize ayant délibéré de mener les enfants du maréchal d'Aumont à l'endroit des murailles qu'il attaquerait, de les percer de coups à ses yeux et de jeter leurs corps sanglants dans le fossé, « j'espère, écrivait ce digne officier à Claude Aubray, prévôt des marchands, son ami, qui lui avait donné avis de cette résolution, que Dieu qui me verra fidèle à mon devoir et à mes serments protégera mes enfants. » L'attaque brusque de la capitale qui se rendit, empêcha l'exécution d'une menace dont on ne cita pas un seul exemple dans la cause royale. (Courtépée, au mot Nolay.)

accuser Fremiot de concussion, de péculat et même de trahison devant sa propre Compagnie. La réponse que fit ce magistrat aux Chambres assemblées à Semur le 27 juillet 1592, quand il lui eût suffi de garder le silence (Registre de ce corps), restera comme un modèle de dignité, en même temps qu'il résumait déjà les services qu'il avait rendus à la cause royale :

« .... Que c'était pour lui un grand bonheur que de telles impostures fussent proposées devant Messieurs qui étaient les plus riches et fidèles témoins de ce qu'il avait fait en dedans et en dehors de ce Palais d'actions même les plus secrètes.... Mais qu'il aimait mieux être défendu par son intégrité et innocence que par la seule bonne opinion que tous les gens de bien de la province avaient conçue de lui, s'assurant que comme l'or s'affinait en la fournaise, aussi que plus sa vie serait criblée, plus seraient connus les services qu'il avait rendus au Roi et à la patrie... Que l'on ne pouvait blâmer de concussion celui qui n'avait jamais fait aucune recette des finances, et qui au contraire avait mis tout le sien, celui de ses amis et autant qu'il avait pu emprunter de tous côtés pour le service du Roi, pour soudoyer les gens de guerre qui avaient réduit le pays sous l'obéissance..... Qu'on ne pouvait accuser de trahison celui qui, depuis le commencement des troubles, n'avait respiré autre chose que le service du Roi et la conservation de l'Etat; qui, pour avoir abandonné son propre fils et souffert le ravage de tous ses biens, avait lui-même plusieurs fois hasardé sa vie, et qui s'était montré le plus dur et le plus rigide ennemi des rebelles.... » Il rappela ensuite les voyages périlleux qu'il avait entrepris à grands frais pour réconcilier le maréchal d'Aumont et le comte de Tavannes, les lettres qu'il leur avait écrites dans l'intérêt de la cause qu'ils servaient, les mêmes soins qu'il avait pris pour réunir les seigneurs de la province, la levée qui en était résultée du siége de Château-Vilain, fait par le comte de Nevers à la tête des forces de Bourgogne, au grand étonnement des ennemis, qui ne fondaient leurs desseins que sur ces divisions; et « que quant aux lettres supposées pour le perdre, jurait par le serment qu'il devait au Roi et à la Cour qu'il ne les avait écrites, et si cela était, priait Dieu qu'il le fît mourir... » Le Parlement indigné protesta à son tour par une délibération énergique contre un libelle qui était une atteinte portée à son autorité et ordonna qu'il serait procédé à l'égard de Vaugrenant suivant la rigueur des lois. Vaine menace que le succès des armées royales auquel cet officier contribua grandement allait faire oublier.

On voit de plus, dans le discours que nous venons de citer, percer le mécontentement de Fremiot contre les trois présidents plus anciens, et dont la *défection*, qu'il appelle *perfide*, *l'avait placé*, dit-il, *à la tête d'un Corps où la fidélité qu'ils devaient au Prince et à l'État les avaient appelés par leur rang et avant lui*. Ces présidents étaient Denis Brulart, des Barres et Pierre Jeannin lui-même, qui tous, à des différences près de conduite, avaient mérité ce reproche, que le dernier d'entre eux devait effacer bientôt par d'éclatants services.

Tel fut, dès l'abord, par quelques exemples de sa vie,

le grand magistrat dont le nom va se trouver mêlé à ce récit. Placé à la tête du parti royal en Bourgogne pendant la Ligue, rien ne s'y accomplira sans ses ordres ou sans ses conseils. Personnage que l'antiquité eût respecté comme un sage et dont Plutarque eût buriné le portrait comme le modèle des vertus civiles unies à l'intrépidité dans ces temps de fureurs où les plus grands esprits se laissèrent emporter par les égarements de la foule. Aussi habile que Jeannin dans la science des négociations, non moins habile dans l'art de commander aux hommes, plus entraînant dans ses rapports et plus ferme par son caractère, il eut encore sur lui l'avantage de n'avoir jamais dévié dans sa conduite en jugeant la Ligue à son début comme chacun l'apprécia depuis par ses actes. Ce mélange des ambitions humaines aux choses saintes, qui n'en furent que l'auxiliaire ou le prétexte, avait frappé cet homme de bien, et son attachement à la foi de ses pères ne les lui fit jamais confondre dans la ligne politique qu'il s'imposa et dans laquelle il persévéra jusqu'à la fin. Père de Mme de Chantal béatifiée au XVIIIe siècle, aïeul de Mme de Sévigné, que les lettres françaises ont honorée comme un maître, on peut dire, pour achever son éloge, qu'il ne ressembla à personne qu'à lui-même, en montrant au milieu des fureurs de ces temps, le spectacle, si rare en cette province, d'un homme toujours fidèle à son Prince et à sa patrie, deux guides assurés que dans les dangers publics on ne sépare jamais sans regret. Par ses exemples qu'il donna, comme par le rôle qu'il joua dans la politique de ces temps, sa vie justifia la devise de sa famille : *Sic virtus super astra vehit*; ainsi la vertu s'élève au-dessus des astres (1).

Le nombre de ceux qui à la suite de Fremiot avaient quitté la ville de Dijon après l'édit du Roi qui ordonnait la translation du Parlement à Flavigny, avait été au commencement, de onze, dont deux présidents, huit conseillers et le procureur général, chiffre qui, par des émigrations successives, s'éleva jusqu'à vingt-trois. Tous demeurèrent pendant quelque temps dans le Morvan, au château de Thoste, dont le nouveau chef du Parlement était seigneur, et d'où ils se rendirent, pour éviter d'être surpris par les agents du duc de Mayenne, suivant l'ordre qu'il en avait donné (2), à Noyers, où ils reçurent l'édit qui fixait la nouvelle résidence du Corps. A côté du président Fremiot, le premier d'entre eux, on voyait Hugues Picardet, procureur général, persécuté dans sa famille et dans ses biens depuis son départ de Dijon, dont il s'était enfui à travers mille dangers; et, dans l'ordre des conseillers, le nom depuis si fameux de Bossuet, ceux de Bouhier, resté célèbre dans la jurisprudence et dans les lettres; de Saumaise, qui le deviendra plus tard à d'autres titres, et ce même Millotet dont le

---

(1.) Bénigne Fremiot fut fils d'un conseiller au Parlement de Dijon et le troisième de quatre frères, dont l'aîné devint président à la Chambre des Comptes, le second conseiller au même Parlement, et le dernier religieux à l'abbaye de Saint-Bénigne; nommé plus tard prieur général du Val-des-Choux en Bourgogne. Il avait exercé pendant plusieurs années la profession d'avocat avec un grand éclat jusqu'à ce que le Roi l'eût pourvu d'un office d'avocat général au même Corps, où il obtint ensuite celui de président à mortier. Il est inhumé en l'église Notre-Dame de Dijon.

(2) Voir le manuscrit de la bibliothèque de Troyes, déjà cité.

fils défendra la Royauté pendant la Fronde, à l'exemple de son père (1).

Ce fut un spectacle digne de grandeur que celui qui fut montré dans cette province par une poignée de magistrats au milieu des malheurs de la guerre civile. La fraction du Parlement retirée à Flavigny n'hésita pas à agir et à délibérer comme si elle eût été le Parlement entier dans la plénitude de sa puissance. Elle rendait des arrêts, faisait des remontrances au Souverain et veillait à sa propre discipline, après avoir annulé les Etats tenus à Dijon, et en avoir convoqué d'autres (2). Ce fut ainsi qu'elle attira tous les respects et mérita l'admiration de la France. On jugera, par quelques harangues prononcées devant ce Corps par le procureur général Picardet, ce que furent ces hommes fortifiés par le devoir et la fidélité au Prince, qui était dans ces temps de misère le mobile des grands dévouements. Nous citerons celle qu'il fit entendre à la Saint-Martin 1590. Le sujet en est emprunté aux circonstances et dégagé de tout ménagement. Sauf l'abus des citations et des antithèses, le vice de l'art oratoire à une époque de décadence, cette composition hardie est l'œuvre d'un homme de bien, nourri de fortes études. Il y a je ne sais quoi de cicéronien dans ce colloque animé, qui suspend les esprits et les éclaire, en signalant le côté faux des choses après en avoir fait une trompeuse peinture. De même

(1) Un seul, égal aux autres par son courage, le conseiller Blondeau, retiré dans sa terre de Sivry dès le commencement des troubles, était mort en se défendant contre les Ligueurs venus pour l'assassiner.
(2) Arrêt du 17 novembre 1590.

on y trouve, avec le courage, une belle philosophie qui se montre dans un jugement où toutes les expressions portent dans ce sujet délicat que nous nommerons *le discernement dans les devoirs*, sans lequel les meilleurs esprits s'égarent, alors qu'il était si dangereux de s'égarer.

« Si nous tournons, disait-il, nos conseils aux événements, ainsi que l'a pensé un philosophe grec, il en faut faire ainsi de nos paroles et les tailler sur le moule que la vicissitude des choses et les occasions nous façonnent... Qu'avons-nous plus affaire d'avocats ni de procureurs ? qu'ont-ils besoin de nos remontrances ? *Pellitur e medio sapientia, vi geritur res : spernitur orator bonus, horridus miles amatur... non ex jure manu consertum, sed mage ferro rem repetunt...* Maintenant que Bellone a violemment arraché l'épée des mains de notre Thémis, qu'elle l'a chassée jusqu'aux portes du ciel, qu'elle a honni et profané ses temples, ses autels, ses reliques... Maintenant que nous voyons, que nous souffrons *proscriptiones innoxiorum, cruciatus virorum illustrium, bona,* même les vôtres, Messieurs, *quasi hostilem prædam, vænum, aut dono data;* que l'ostracisme a été rétabli et pratiqué en nos personnes, *quomodo cantabimus canticum Domini in terra aliena?...* Au lieu des remontrances que nous devons aujourd'hui aux avocats, dépouillons tous ces longues robes, endossons la cuirasse, quittons ces chaperons, prenons le baudrier, ceignons l'épée, sonnons la trompette, remettons les causes particulières et tous ensemble allons à la défense de l'Etat... Voilà un beau chemin auquel on peut s'égarer...

Voilà des préjugés qui nous font beaucoup de tentations et en feraient encore davantage, si n'était un scrupule : c'est qu'il n'est pas honnête de commencer une profession par une faute contre le premier de ces préceptes : *Primum militiæ vinculum est Religio, et signorum amor, et deserendi nefas.* Il faut donc que nous n'en soyons déserteurs, *injussu imperatoris non licet stationem deserere...* Il faut donc que notre capitaine nous loue de ce consentement et nous appelle à la charge; alors nous l'y suivrons... Encore que la guerre soit ouverte, il n'est pas nécessaire que tous y entrent, *alii orabunt, alii militabunt,* et nous demeurerons ici pour faire la justice, de laquelle ni la paix ni la guerre ne se peuvent passer. Achevons donc le sacrifice que nous avons commencé et lui présentons une victime aussi nette que la chasteté de ses mains, la sainteté de ce lieu et la dignité de ce que nous faisons le désirent... »

A côté de ces belles paroles, appropriées à un mal alors contagieux, né des entraînements d'un faux zèle, Picardet reprochait aux avocats dans un langage sévère « de traiter avec leurs juges de pareil à pareil, de répliquer à leurs conclusions, de répartir aux arrêts, de *tempêter* tous ensemble lorsqu'on était las de les ouïr, de ne pouvoir entendre une plaidoirie sans qu'elle fût interrompue de mille interruptions, jusqu'à faire rougir la cour de la pétulance des anciens. » Chose étonnante, une censure si amère trouva les esprits résignés à l'entendre. Picardet lui-même ne s'en était pas dissimulé la hardiesse, quand au sommet de ce discours il l'avait appelé, par allusion aux paroles d'un ancien : *Intempestivam sapientiam* (Tacite).

Deux ans plus tard et quand le Parlement royaliste aura été transféré à Semur, on retrouve dans l'orateur la même énergie de langage appropriée à des temps plus calamiteux, que la guerre avait amenés. Dans une mercuriale qu'il prononça le 10 novembre 1592 aux avocats et procureurs réunis à la rentrée de la Saint-Martin, à laquelle assistaient un assez grand nombre d'hommes de guerre, il disait : «..... En la guerre paisible du palais, les Parlements ouvrent le camp et la barrière de la justice par supplications à Dieu, et nous y faisons la première charge par les remontrances que nous devons aux avocats et procureurs, premiers membres de cette gendarmerie..... *Utraque militia est; nec enim solos nostro imperio militare credimus,* disent les empereurs, *illos qui gladiis, clypeis et thoracibus nituntur, sed etiam advocatos. Militant namque causarum patroni, qui gloriosœ vocis confisi munimine, laborantium spem, vitam et posteros defendunt* (1). Comme ces professions ont même intention et même force, elles ont aussi même milieu et même commencement..... Nous voyons en cette grande assemblée les principaux de cette province qui se mêlent de toutes les deux. Le devoir y amène les uns, la curiosité y attire les autres..... Nous traiterons pour ce coup trois points qui seront également nécessaires aux robes et aux épées. Le premier sera du respect que tous doivent à leurs chefs et supérieurs; l'autre, de la fidélité à l'endroit de ceux qui les emploient; le dernier, du traitement qu'il convient faire, soit aux hôtes et aux paysans en

---

(1) Loi 14, C., *De adv. div. judiciorum.*

campagne, soit aux partis qui viennent se loger sous la protection et le conseil de ceux qui les défendent. Nous montrerons que tout le devoir des gens de guerre est fondé sur les mêmes maximes que celui des avocats....; que si, en marquant les défauts des nôtres, nous donnons quelques atteintes aux autres, ils n'auront à se plaindre que d'eux-mêmes, qui sont venus présentement à cette fête sans y être invités.....

« A l'ouverture du dernier Parlement, séant à Flavigny, ce sujet fut profondément traité. Nous étions d'avis, pour plusieurs raisons, que les avocats dépouillassent la robe et vêtissent la cuirasse (1). Aujourd'hui nous désirons que les gens d'armes apprennent le métier du barreau pour essayer si, en cette vocation, ils pourraient donner à Dieu plus de satisfaction, au Roi plus de service, au public plus de soulagement qu'ils n'ont fait jusqu'alors.; et si le débordement et la dépolice grossissent partout à proportion de ces dernières années, à la Saint-Martin prochaine nous les prierons de se reposer, ou de s'employer à quelque autre exercice moins désagréable à Dieu, moins inutile au Roi, moins à charge de son pauvre peuple affligé et ravagé de tant de sortes de travaux, de fatigues et d'oppressions.

« C'est une chose étrange que le déréglement qui est partout. Il n'y a plus rien qui ne soit altéré, rien qui ne soit perverti. Levons les yeux au ciel, nous y verrons des signes contre nature, des constellations extraordinaires, des conjonctions hétéroclites, des éclipses, des comètes,

(1) Cette harangue, qui correspondait à la rentrée de la Saint-Martin 1591, n'a pas été conservée jusqu'à nous.

des météores épouvantables. Descendons à bas, nous y trouverons la terre dépitée contre nous et lasse de faire des fruits, les rivières de couler en leurs lits accoutumés, les montagnes de seoir en leurs places ; parmi les hommes un désordre universel en tous les ordres particuliers. Les ecclésiastiques sacrifient à Mammon, la noblesse fait la guerre au Roi, le peuple se ronge, se déchire, se dépeuple soi-même.....

« On dit que la femme d'Auguste, Livia, recueillit des serres d'un aigle une branche de laurier qu'elle planta, dont sourdit une pépinière de lauriers, de laquelle les empereurs prenaient leurs couronnes quand ils triomphaient, et qu'à mesure qu'un de la maison des Césars défaillait, aussi en séchait quelque arbre jusqu'à ce que Néron, dernier de cette famille mourant, mourut aussi tout ce bocage. C'est toi, belle justice, qui es ce laurier, toujours triomphante, toujours victorieuse ; tu es descendue des mains du grand aigle du monde..... Il t'a plantée en ce royaume par la piété, femme et compagne de nos Rois. De tes feuilles ils ont paré leur couronne, de tes branches taillé leur sceptre, de tes racines bâti et élevé leur trône. Tant que tu y as été cultivée, tant que tu y as été honorée, tout y a fleuri, tout y a prospéré..... Mais si tes ouvriers cultivent aussi mal tes parterres et manient aussi négligemment tes plantes comme ils ont fait depuis quelques années ; s'ils continuent de laisser sécher tes feuilles, rafaudir tes branches, rabougrir tes racines, il faut que bientôt ce beau sceptre, cette luisante couronne, ce grand trône se brise, se démembre et tombe à bas ; tu es la patronne de cet Etat, tu en es l'appui, la protection et le bonheur. En ta droite est la force des armes, non seulement pour la punition des criminels, mais encore pour nous défendre de nos ennemis. En ta gauche, la règle à laquelle tu proportionnes et dispenses équitablement la fortune d'un chacun. Vous à qui cette sainte vierge fait porter son épée, tenez-la si droite qu'elle ne penche jamais que du côté des méchants; qu'elle n'épargne que les bons, qu'elle ne tranche que pour celui qui vous l'a ceinte..... Unissez-vous pour son service. Joignez fidèlement la puissance des robes à la force des épées, la prudence au courage, afin qu'ensemble invincibles, vous puissiez détourner les malheurs, les désastres et la ruine dont, par tant de mauvais pronostics, votre patrie est menacée..... Mais nous sommes peut-être parmi ces froides montagnes d'Auxois, où les paroles gèlent ainsi qu'elles sont prononcées : il faut attendre que les rayons de la grâce de Dieu les viennent fondre, qu'ils échauffent les cœurs pour les préparer à recevoir cette semence heureuse et en produire les fruits que nous désirons. O cher flambeau, quand luiras-tu?.....

« Quand on voit nos armées si mal exploiter, cette guerre tirer en tant de langueurs, l'éloquence si abattue, ses ministres si peu reconnus, il ne s'en faut pas ébahir. La meilleure pièce y fait défaut, qui est la droiture de l'intention. Les soldats n'arrêtent au parti du Roi qu'autant que l'avantage les y retient, prêts de voler à la Ligue sitôt qu'ils y seront leurrés de quelque plus grande condition. Aveugles, qui ne voient pas qu'hors cette barque, tout ce qui se gagne est perdu, et que dans la seule fortune du Roi, celles des sujets se peuvent sauver. Ainsi les avocats plaident pour l'avarice, non pour la charité : oubliant ce que les lois leur ont appris, que ce noble travail se récompense bien plus amplement de ce qui vient d'en haut que de tout ce qu'on peut recueillir ici-bas. Aux premiers, toute la force est montée des mains à la langue. Aux autres la vertu est descendue de la langue dans les mains. Ceux-là, les courages desquels ne doivent briller qu'aux flammes des batailles, s'en retirent et gèlent à l'air du premier vent qui souffle. Ceux-ci, ordonnés pour semer le repos et la paix, brûlent en l'exercice des brouilleries et y courent... Les anciens, affamés de gloire, agissaient autrement. Ils méprisaient pour elle et leurs vies et encore plus ces fols empressements de bien vivre, que les ignorants en appellent les commodités. Il n'y avait travaux ni périls que les gens de guerre n'allassent chercher pour désir seulement qu'à leurs obsèques on mît ce mot, « qu'ils étaient morts pour le service de leur pays ; » que s'ils s'osaient flatter de la promesse que leur nom serait écrit aux pieds d'une statue, c'était le parfait de leurs espérances. Tacite a dit : *Veteres oratores famam in posteros, præmia eloquentiæ cogitarunt pulcherrima. Alioqui et bonarum artium principem sordidis ministeriis fœdari ; nec fidem integram manere, ubi magnitudo questuum spectetur.* Ils se contentaient de faire des amis, des hôtes, des clients, de se voir suivis en public et étaient plus glorieux de sauver la vie ou la succession à quelqu'un, que s'ils en eussent gagné trente pour eux-mêmes. Fallait-il aller à la guerre, ils ne voulaient point de solde. Le public manquait-il de moyens, les particuliers lui donnaient tout ce qu'ils avaient et ne laissaient pas de l'aller servir à leurs dépens.....

« Aujourd'hui la justice est si mal traitée, qu'elle est prête de nous quitter et de se renvoler au ciel..... Evitons ces malheurs, rentrons au chemin de notre devoir pour rentrer en celui de la grâce de Dieu. Nous relèverons nos professions et nous irons plus haut que nous ne fûmes jamais..... »

De même que sa résidence avait été changée par le Prince, le Parlement de Flavigny changea aussi celle des bailliages de son ressort (1) et fit défense, sous les peines les plus sévères, d'obéir à ce Parlement intrus qui était demeuré à Dijon sous le nom de *Parlement de Bourgogne,* comme à tous les officiers publics d'exercer près de lui; actes de vigueur auxquels ce dernier Corps répondit lui-même par des arrêts semblables (2), où les reproches non plus que les menaces ne furent pas épar-

---

(1) Ce fut en vertu de cette mesure que les juridictions de ces bailliages, chancelleries et autres tribunaux furent transférée, savoir : la juridiction de Dijon à Is-sur-Tille, puis à Saint-Jean-de-Losne; celle de Beaune à Nuits, puis à Saint-Jean-de-Losne et Vergy; celle de Chalon à Louhans, puis à Verdun; celle de Semur à Montbard; celle de Noyers à Yrouer; celle de Châtillon à Aisey-le-Duc; celle d'Avallon à Montréal; celle de Charolles à Bourbon-Lancy; et celle d'Autun à Saulieu et Lucenay-l'Évêque. (Mémoires de Tavannes et Registres du Parlement demeuré à Dijon, qui relatent ces actes. (Voir idem ceux de Flavigny et Semur.)

(2) Voir aux Registres du Corps l'arrêt général du 5 septembre 1589, « qui casse tous jugements donnés par ceux qui se sont retirés à Flavigny, avec défense à eux d'usurper la qualité de *Parlement,* à peine d'encourir les peines établies contre les criminels de lèse-majesté; et à toutes personnes, tant gentilshommes qu'autres, d'y obéir, comme à tous ministres de justice de les exécuter, à peine d'être déclarés rebelles au Roi, *et qu'il sera permis de courir sus comme ennemis de la pa-*

gnés. Chose digne de remarque, on vit les professions du Palais écouter la voix de ceux qu'elles regardaient encore comme leurs véritables maîtres. Des avocats, et à leur tête Claude Mochet d'Azu, aïeul maternel de Bossuet, des procureurs et de simples huissiers accoururent à ce poste si périlleux de Flavigny, qui allait devenir le point de mire du duc de Mayenne, et ne l'abandonnèrent plus. Telle avait été l'influence de cet exemple de fidélité dont l'honneur appartint à cette Compagnie et qui trouva ainsi à Dijon, même au sein des plus grands dangers, tant d'imitateurs courageux. Mayenne n'avait pas vu sans effroi ce foyer de résistance formé contre ses projets, et des lettres de lui et de l'un de ses lieutenants font assez voir l'intérêt puissant qu'il mit à s'en rendre maître (1).

Le Parlement tint ses séances à Flavigny depuis le 7 avril 1589 jusqu'au 16 avril 1592, époque à laquelle il fut transféré à Semur, au prieuré Notre-Dame, où il demeura jusqu'au 15 juin 1595 et où les Elus royalistes des Etats de la province se réunirent à leur tour (2). Emigration qui n'empêcha pas ceux de la

---

trie. » Plus, un autre arrêt à la suite, qui décréta de prise de corps messire Antoine Damas, sieur de Digoine, « pour s'être pourvu au *prétendu Parlement de Flavigny*, et fit défense aux parties elles-mêmes de s'y présenter désormais sous peine de mille écus d'amende. »

(1) Voir notamment la lettre écrite le 12 mars 1589 par Franchesse, capitaine du château de Dijon, à Fervaque, lieutenant du duc de Mayenne en Bourgogne, dans laquelle il l'invite « à assiéger Flavigny, où étaient retirés le comte de Tavannes et tous les présidents et conseillers; *ce qui serait*, dit-il, *une bonne prise et de laquelle résulterait un grand bien.* » (Archives de la ville, correspondance municipale, B. 22, IV; X, n° 337.)

(2) Consulter aux Archives du Palais les Registres du Parlement tenu

Ligue de continuer leurs fonctions à Dijon à l'exemple du Parlement, divisé en deux parties. De toutes les villes de la province, Semur était alors la seule où l'autorité royale se fût conservée intacte, après avoir été surprise par un parti de Ligueurs qu'elle n'avait pas tardé à chasser. Le Parlement l'avait choisie par délibération prise le 21 mars 1592, en vertu des Lettres du Roi qui, dès le 1ᵉʳ septembre 1590, lui en avait laissé la faculté « pour le bien de ses affaires et de la justice. » Tout porte à croire que Flavigny ne lui avait pas paru à l'abri d'un coup de main, ainsi qu'il était arrivé lorsque le comte de Tavannes, de concert avec Fremiot, s'en était emparé, tous deux servis par leurs intelligences avec Claude Valon, seigneur de Barain, qui habitait cette ville pendant que le vicomte de Tavannes, frère du comte du même nom, suivait le parti de la Ligue. Valon avait un frère au Parlement de Dijon, qu'il avait instruit secrètement de ses desseins; ce fut par lui que Fremiot, averti, entraîna tous les magistrats fidèles au Roi à le suivre. L'occupation temporaire de Semur par les Ligueurs à cette époque, expliquerait donc comment Flavigny, ville de moindre importance, fut choisie

---

à Flavigny et à Semur, contenant les arrêts civils de cette compagnie, et, dans quelques bibliothèques, une copie fort incomplète des délibérations du même corps. On doit y joindre quelques registres de ce corps insérés dans une collection d'arrêts et délibérations appartenant à M. Saverot, et dans laquelle se trouve l'espace entre la Saint-Martin 1591 jusqu'à la fin de juin 1595. La Chambre des Comptes avait aussi reçu l'ordre de se rendre dans la première de ces villes et l'exécuta en petit nombre et à grand peine. (Voir aux archives du même palais, dans la collection des édits, les lettres patentes du Roi qui ordonnent la translation ainsi accomplie du Parlement royaliste.)

dans le principe comme le siége du Parlement réfugié (1).

Parmi les émigrations qui avaient fondé ce nouveau Corps, la famille de l'évêque de Meaux occupa le premier rang, et ses conseils y furent d'un grand poids. Indépendamment de Claude Mochet, dont nous avons parlé et qui avait été envoyé en Suisse et en Allemagne dans l'intérêt de la cause royale, mission dont il apporta des ressources inespérées en hommes et en argent, Isaac Bretagne fut, après Fremiot, la meilleure tête de ce Parlement et devint *la terreur du duc de Mayenne*, suivant l'expression du procureur général Picardet aux Etats tenus à Semur en 1592.

La perte ou l'insuffisance des délibérations du Parlement royaliste, rentré ensuite à Dijon, laisse obscure l'histoire de ses principaux actes. Nous lisons dans les procès-verbaux de la Chambre de ville « qu'elle fit arrêter un huissier de cette Compagnie, porteur de lettres patentes du Roi qui déclaraient *indignes* les maires et échevins tenant pour la sainte Union, » en même temps que cette Chambre sévissait avec colère contre ceux qui

---

(1) On jugerait mal de l'importance de la place de Flavigny au temps de la Ligue, par son état actuel singulièrement réduit. Construite à peu de distance d'Alise, le tombeau de la liberté gauloise, elle se divisait en trois parties : la ville, le faubourg et la forteresse. Les deux premières ont disparu ; il ne reste plus que la troisième, devenue la ville actuelle. Ainsi a-t-elle successivement perdu sa seconde enceinte et ses belles portes fortifiées du *Bourg* et du *Val*, et l'abbaye assez importante qui s'y était fondée. Dès l'année 878, cette ville était assez considérable lorsque le pape Jean VIII, alors en France, vint consacrer sa basilique, aujourd'hui l'église paroissiale.

correspondaient avec les magistrats de Flavigny ou cherchaient à s'en rapprocher.

Les persécutions dont ces derniers devinrent l'objet dans une ville où l'on traitait de *politiques* ceux qui ne partageaient pas les emportements du jour, furent pour beaucoup dans ces résolutions de leur part, qui tinrent, il faut l'avouer, autant du désespoir que de la fidélité. De proche en proche, ces sévérités s'étendirent jusqu'à des femmes comprises dans les même mesures. La demoiselle Fyot, l'une d'elles, en voulant y échapper, fut arrêtée aux portes de Dijon cachée dans un char de fumier, ce qui attira de nombreuses vengeances sur sa personne et sur sa famille (1). Un de ses frères était membre du Parlement ligueur, et l'on supposa qu'il lui avait donné le conseil de cette fuite, qui fit pendant longtemps les frais de la verve dijonnaise par le mode étrange qui avait servi à la dissimuler. Le Parlement de Flavigny ne manqua pas de tonner contre ces violences et d'en condamner les auteurs par des arrêts menaçants, mais qui aggravèrent les maux de ceux qu'ils voulurent protéger.

De son côté, soutenue ici par un peuple fanatique dont, après l'avoir flatté, elle supportait la violence, la fraction ligueuse de la Compagnie demeurée à Dijon comme étant le vrai Parlement ne s'endormait pas davantage. Le contraste des actes de Flavigny ne fit

---

(1) La cause en fut un discours tenu au Premier Président dans une maison où elle l'avait rencontré et où elle s'était expliquée sur la misère des temps avec une grande force, disant: « qu'il ne falloit pas, sous l'ombre de sept à huit personnes qui se voudroient opiniâtrer, que le reste des gens de bien se perdît. »

qu'irriter son zèle, qui n'était plus d'ailleurs qu'un dévouement aveugle à la cause de Mayenne. Les décisions qu'elle rendit se ressentirent des passions auxquelles elle était en butte et eurent avec les arrêts de Flavigny cette dissemblance résultant du caractère des deux Corps et des principes différents qui les animaient. Leur conduite opposée tint encore à l'état contraire des populations au sein desquelles les deux Parlements furent appelés à agir et à délibérer. Celui de Flavigny reçut et n'eut pas de peine à faire respecter les ordres du Roi par les habitants des montagnes, dont ces actes garantissaient la sûreté ; pendant que celui de Dijon subissait le joug d'une Chambre de ville asservie à des hommes turbulents et sans frein.

Avec une origine semblable puisée dans la révolte de la Compagnie contre son Souverain, ce Parlement avait eu, bien avant les plus grands troubles de la province, le malheur d'avoir pour chef un homme inférieur à son rang, comme les crises de cette époque n'en montrèrent que trop d'exemples. Cet homme fut Denis Brulart (1), dont l'arrière-petit-fils devait, parmi nous, immortaliser le nom. Magistrat sans courage,

---

(1) Fils de Noël Brulart, procureur général au Parlement de Paris et ancien conseiller au même corps. Nommé par Charles IX Premier Président du Parlement de Bourgogne en 1570, marié à Madeleine Hennequin, dont il eut douze enfants; il mourut à l'âge de 70 ans, retiré du monde, après avoir exercé sa charge pendant 40 ans. Il avait succédé à Jean de La Guesle, nommé procureur général au Parlement de Paris, et fut remplacé par son fils, président à mortier, le 9 décembre 1610, où il fut reçu au Parlement. Le père Besson, cordelier, en a prononcé un hyperbolique éloge. (Paris, Merlin, 1611.) On verra dans la suite la généalogie de cette famille.

esprit sans résolution et chef de Corps sans initiative, la Ligue l'avait aussi surpris sans prévoyance à la tête de sa Compagnie, ce qui est demeuré, pour sa mémoire, la cause d'un éternel reproche. La fortune du duc de Mayenne semblait lui avoir ménagé un personnage si peu redoutable, de même que la province dut aux faiblesses de ce chef ou à ses égarements une grande partie de ses maux, aggravés par un Corps abandonné à lui-même.

La présence de Jeannin eût pu changer cette situation ou en diminuer le danger; mais le Président était absent de la Bourgogne et employé par la Ligue dans des négociations où il devait exercer sa prudence. Son nom n'avait pas toutefois cessé d'être inscrit sur les registres de la Compagnie restée à Dijon, et cette mention serait, après l'émigration de Flavigny, une tache dans sa vie, si des considérations de bien public, parmi lesquelles il faut compter les services qu'il rendit au Roi sur la fin des troubles, ne venaient le faire absoudre de ce reproche. Mais, de même que la plupart des hommes éminents de son temps, Jeannin avait conseillé et signé l'Union catholique, quand le danger des hérésies menaçait d'anéantir la foi dans le royaume. Une nécessité politique plutôt qu'un faux respect le retenait ainsi dans les rangs des rebelles. En abandonnant Dijon dès l'année 1589, il y avait laissé sa femme et son frère, moine à Saint-Bénigne (1), comme gages assurés d'une

---

(1) Nicolas Jeannin, devenu depuis abbé de cette maison et de celle de la Bussière. Il obtint, à ce titre, séance au Parlement de Dijon, pour lui et ses successeurs, avec voix délibérative (lettres patentes du Roi du 21 septembre 1618). On peut voir, dans l'arrêt de sa réception du

conduite qui, même au milieu des égarements du jour, ne cessa pas d'être celle d'un homme de bien. Le Parlement n'avait pas exigé de lui tant de garanties, par l'affection qu'il lui savait pour une cause qui était son ouvrage. La présidente Jeannin, de son côté, subordonna ses actions à la politique de son mari. On la voit, suivant la chronique de Breunot, allant solliciter le duc de Mayenne en faveur du conseiller Bretagne, l'un des émigrés de Flavigny, dont on avait confisqué les biens à Dijon, en considération du même service que celui-ci lui avait rendu à Semur en obtenant pour elle une égale faveur; pendant que le Président offrait de Reims sa médiation à Berbisey, député par le Parlement de Dijon à Mayenne pour justifier sa conduite dans une circonstance que l'histoire ne fait pas connaître.

Jeannin lui-même était plus d'une fois revenu dans cette ville durant les troubles de cette époque. On l'y trouve, suivant la même chronique, tenant, le 1er janvier 1594, conseil au Château avec le vicomte de Tavannes; entrant, le 7 du même mois, à la Grand'Chambre du Parlement, où il exprime à la Compagnie ses regrets de vivre séparé d'elle, lui faisant offre de ses services près le duc de Mayenne, et siégeant ensuite à la Tournelle (1), où il prend encore séance le 4 février

---

4 mars suivant, qu'il lui fut exprimé au nom de cette compagnie « combien elle se trouvait heureuse dans une telle occasion de témoigner au Président Jeannin et à lui-même l'affection qu'elle leur portait. »

(1) On lit au Registre du Parlement de la même date : « M. le Président Jeannin a dit qu'il était venu pour saluer la Compagnie, lui offrir son service et la supplier de l'excuser s'il n'avait pas fait sa charge cy-devant, ce qui était advenu à son grand regret, tant à cause

suivant (1) ; stipulant depuis à Mâlain pour la Ligue avec les barons de Lux et de Thénissey attirés par des offres à la cause royale; arrivant le 10 du même mois à Mâcon, avec le même Mayenne, afin de retenir cette ville et autres voisines prêtes à se déclarer pour le Roi de Navarre, à l'exemple de Lyon ; puis revenant à Dijon qu'il ne quittera que le 22 mars suivant pour aller en Cour, fort disposé à la paix. Enfin, et comme dernier témoignage de sa persévérance dans le parti de la Ligue, on peut citer encore la lettre qu'il avait adressée de Paris, le 3 février 1590, au conseiller Fyot l'aîné, un des membres du Parlement resté à Dijon, et dans laquelle on lit : « Notre armée et nos ennemis sont proches l'un de l'autre de six lieues. Il ne se présente point d'occasion de combat que M. de Mayenne ne cherche et ne prenne. Dieu veuille favoriser cette cause qui est la sienne. On nous promet beaucoup d'assistance du dehors, il serait temps de l'avoir, car nos maux veulent des remèdes souverains. Nous attendons dans quatre ou cinq jours quinze cents lanciers qui viennent des Pays-Bas... Il faut vous secourir, car nous tenons que

---

des divisions, désobéissance et désordres que l'on avait vus du passé que des affaires dont il avait été chargé pour le public, où il était contraint de continuer dans quelques jours, attendant qu'il plût à Dieu donner tel repos qu'il le souhaitait ; néanmoins, qu'il lui était toujours resté bonne affection pour faire service à cette Compagnie, en général et en particulier, et qu'il plût à icelle lui en déclarer son intention. »

A quoi le Premier Président répondit « que la Cour le remerciait de sa bonne volonté et le tenait pour excusé à faire sa charge ; mais que les grandes affaires auxquelles il avait toujours été employé ne l'avaient pu permettre ; que durant ces misères le Parlement n'avait délaissé le cours de la justice. »

(1) Voir Registre de ce jour, audience de relevée.

M. le maréchal d'Aumont va par delà pour y faire la guerre, sy travaillez incessamment tant en particulier qu'avec Monseigneur et avec nos amis... Ayez courage pendant nos misères; Dieu les remettra toutes et ne laissera jamais perdre une cause si juste que la nôtre. » (*Mémoires de la Ligue.*) Faits essentiels qu'il importait de rassembler ici comme preuve que le Président était resté jusqu'au dernier jour attaché à la fortune de ce parti ; bien qu'ayant perdu la confiance de Mayenne, qui exprima plusieurs fois, dans les derniers temps, le regret « de l'avoir trop écouté et d'avoir par sa faute perdu le royaume. »

Ce reproche fut l'effet du mécontentement d'un chef de parti trompé dans sa fortune. Tout dévoué qu'avait été Jeannin à la cause des princes lorrains, comme personnification de la foi catholique, jamais il ne leur eût sacrifié l'intérêt de la France. Un seul exemple de sa vie en demeurera le plus éclatant témoignage. Il avait été chargé par Mayenne d'aller sonder Philippe II et de lui montrer le peu d'avantages pour sa cause de faire convoquer les Etats-Généraux sollicités par le nonce du pape, Landriano, pour l'élection d'un roi catholique. Le Président, se rendant à Madrid par Marseille, avait déjoué dans cette dernière ville les intrigues du duc de Savoie et raffermi le parti national, en lui montrant ce qu'il y avait de honteux à subir le joug de l'étranger. Arrivé à sa destination, il ne craignit pas d'insister sur l'impossibilité de toucher à la loi salique, invoquant à l'appui les droits de ceux des princes de la maison de Bourbon restés catholiques, et jusqu'à ceux de Henri de

Navarre, pour le cas où il viendrait à abjurer et épouserait l'infante Isabelle, après que son mariage avec Marguerite de Valois aurait été annulé. Ce qui posait la question de la dévolution de la couronne entre les seuls descendants de saint Louis, et ruinait par l'ambition déçue de ses chefs la Ligue dans son dernier retranchement. Mais ce langage si peu attendu avait excité la colère de la Cour d'Espagne. On lui répondit fièrement « que l'infante, comme plus proche héritière des Valois, avait plus de chance que personne; que le Roi son père était résolu à lui mettre la couronne sur la tête, et que si la Ligue s'y refusait, il lui retirerait son appui. » Dans ces paroles menaçantes, qui couvraient d'autres projets, Jeannin avait pénétré celui de démembrer la France, en lui enlevant la Bourgogne et la Bretagne. Négociateur avisé, c'en fut assez pour qu'il changeât de tactique et conclût, en attendant des temps meilleurs, un traité où les intérêts de Mayenne ne furent pas oubliés. D'où l'on peut juger déjà que, tout en restant l'homme d'un parti, Jeannin n'avait pas cessé d'être national, c'est-à-dire plaçant le salut de l'Etat par-dessus toutes choses. Ainsi surgissent, dans les grandes calamités, de ces hommes rares qui sauvent de leur perte, par la sagesse, les nations épuisées. Le crédit d'un tel personnage parmi les Ligueurs jusqu'à la fin des troubles, et l'emploi si heureux qu'il en fit dans les derniers temps pour mettre un terme à la guerre civile, s'expliquent par ces actes. Le Roi, en le ralliant à sa fortune, lui offrit l'occasion de sauver la France de sa ruine, et il la saisit avec joie.

Avec cet homme d'Etat de moins et un chef sans

résolution à sa tête, le Parlement resté à Dijon subit la loi des plus emportés parmi ses membres, de même que ceux-ci l'acceptèrent à leur tour d'une multitude aveugle ; sorte d'anarchie qui maîtrisa la ville à cette époque. Depuis le départ pour Flavigny de la fraction royaliste et peu après cette séparation accomplie, ce Corps s'était mis en pleine révolte contre le nouveau Roi. Il avait reçu dans son sein l'ambassadeur de l'Union chargé de porter au Pape la nouvelle de l'assassinat de Henri III et qu'elle avait chargé d'en instruire la Compagnie comme de l'événement le plus heureux qui eût pu s'accomplir.

La séance où cet envoyé remplit ce honteux message doit être ici rapportée comme exemple du fanatisme de ces temps et de ce qu'étaient devenues les mœurs religieuses, ainsi perverties. Le chevalier Dio, seigneur de Montperroux, gentilhomme bourguignon, se présenta, le 12 août 1589, aux Chambres assemblées, où, et au milieu d'un profond silence, il exposa « qu'il avait été envoyé par le duc de Mayenne, lieutenant général et du Conseil de l'Etat royal et Couronne de France, pour donner avis à la Cour comment l'Etat avait été miraculeusement délivré par la mort du Roi occis par un jeune Jacobin âgé de 24 ans, le plus simple de son couvent; que le 31 juillet dernier celui-ci ayant communiqué à aucuns de ses compagnons s'il était permis de tuer un roi hérétique (parlant de l'hérésie du roi de Navarre), il s'était résolu de tuer le Roi, et, après avoir dit la messe, s'en était allé à Saint-Cloud, où il avait couché, et où s'étant adressé au procureur général de La Guesle, il lui avait annoncé qu'il apportait des lettres au Roi et avait montré un passeport du comte de Bordeaux, et qu'il y avait moyen de faire entrer le Roi en la ville de Paris par la porte Saint-Honoré ; ce qu'ayant achevé incontinent le même Jacobin avait été mené au Roi par le sieur de la Guesle sur les cinq heures du matin ; et comme le Roi lisait les lettres qu'il avait données l'une après l'autre, il avait tiré un couteau de sa manche et le lui avait plongé dans le bas-ventre. Soudain le Roi s'était jeté sur lui et lui avait ôté le couteau, dont il avait été encore blessé à la main, et à l'instant ledit Jacobin avait été tué par les gardes ; que le Roi était mort à une heure après minuit sans parler ni à clerc ni à prêtre, et avait été sa fin telle qu'avait été sa vie, étant décédé au temps de l'excommunication contre lui prononcée et pendant la fête de la délivrance de Saint-Pierre-aux-Liens, et qu'ainsi on pouvait dire que l'on avait été délivré du plus grand tyran qui fût au monde... »

Ce discours achevé, le Premier Président s'était borné à répondre à l'envoyé de Mayenne : « Que sur les particularités qu'il avait déclarées, l'on prenait avis certain de ce qui était advenu pour prier Dieu que ce fût à son honneur, au repos du royaume et particulièrement de cette province, qui avait été fort travaillée sous un prétexte qui était levé par la mort du Roi. » Paroles pleines de faiblesse qui montrent l'abaissement d'une Compagnie réduite, par l'oubli de ses devoirs envers le Prince, à subir de sang froid un pareil message.

Le Parlement alla plus loin et, sans désemparer, il rendit, sur les lettres de Mayenne à lui remises par son ambassadeur, arrêt portant défenses à toutes personnes, sous peine d'être punies comme hérétiques et perturbatrices du repos public, de reconnaître pour souverain Henri, roi de Navarre, et de lui donner aide ou assistance (1); tandis que dans le même temps le Président Fremiot, repoussant avec indignation les avances de Mayenne (2), faisait jurer au Parlement retiré à Flavigny de venger la mort du Roi si lâchement assassiné par un parti où le nom de la religion se trouvait indignement mêlé.

Le lendemain, cette nouvelle était portée à la Chambre de ville par le même député dans des termes où l'apologie du crime, pour être moins violente, se revêtait d'une sorte de simplicité mystique. « Frère Jacques Clément, disait-il, ayant appris les meurtres et assassinats commis dans la ville de Blois, protesta que le Roi ne mourrait que de sa main. Il était religieux, fort simple, de grande probité, et s'enquérait souvent s'il était

(1) Voir le Registre du 12 août 1589. On y lit : « La Cour duement informée de la mort du Roi advenue le premier du mois d'août, vu les édits derniers de juillet et octobre 1588, servant de lois fondamentales du royaume..... fait inhibition et défenses à tous Princes, Seigneurs, tant ecclésiastiques, gentilshommes, officiers des Parlement, Chambre des Comptes de la province, habitants des villes, etc., de reconnaître pour Roi Henri roi de Navarre, le favoriser et bailler aide........ à peine d'être punis comme hérétiques et perturbateurs du repos public. »

A quoi le Parlement de Flavigny répondait le 26 du même mois : « Vu les lettres données à Poissy le 7 août présent, signées Henry, par lesquelles Sa Majesté, pour les causes y contenues, a ordonné la continuation de la séance de ce Parlement en ce lieu de Flavigny..... La Cour a ordonné et ordonne qu'elle continuera sa séance.... » (Extrait d'un Registre dudit Corps.)

(2) Par le *sieur* de Toire, de la maison de Foissy, chargé de lettres pour ce magistrat et les principaux chefs de la noblesse. (Mémoires de Tavannes.)

loisible de tuer un tyran et s'il serait sauvé en tuant un roi... Il se résolut de faire son coup, et, après avoir jeûné douze jours avec dévotion, fit faire un couteau qu'il fit bouillir dans des drogues portant poison, sortit lundi dernier de Paris après avoir communié ; il se rendit, etc.» Suivait le récit de l'homicide du Roi, auquel le messager de la Ligue ajoutait, comme il l'avait fait au Parlement, que celui-ci était mort *sans confession*. Mensonge affecté qui fut alors le mot d'ordre de l'Union, et auquel l'intérêt de faire passer Henri III pour hérétique donnait une grande importance (1). Ici, à la différence du Parlement qui s'était contenté d'y souscrire, ces paroles furent accueillies avec transport, et la Chambre ordonna des réjouissances publiques. Telles étaient les fureurs de cette époque au sein d'une ville renommée par l'urbanité non moins que par l'esprit de ses habitants.

La présence du cardinal Cajétan, légat *a latere*, envoyé par le pape Sixte-Quint au Parlement quelques mois après, vint confirmer davantage les résolutions extrêmes de cette Compagnie, par lesquelles, au mépris des lois fondamentales, elle conférait la couronne de France à un prêtre de l'Eglise romaine, cardinal et prince français à la vérité, mais chef d'un parti bâtard, ridiculisé

---

(1) Voir, comme démenti de ce bruit, l'acte public délivré à Saint-Cloud le 3 août 1589, et signé par les ducs d'Orléans et d'Epernon, Roger de Bellegarde, grand écuyer, de Chastelux, capitaine des gardes, et d'autres; ainsi qu'une lettre fort curieuse écrite en Bourgogne par de La Guesle, ancien Premier Président du Parlement de cette province, procureur général au Parlement de Paris, témoin, comme nous l'avons dit, du meurtre de Henri III, et qui frappa Jacques Clément d'un coup d'épée. (Mémoires de Tavannes, et *l'Illustre Orbandale*.)

dès cette époque sous le nom de *Tiercelet* ou de *tiers parti*. L'arrêt qui suivit cette cérémonie et qui proclama le nouveau roi Charles X est du 15 décembre 1589, et, sera, après celui du Parlement de Paris, le premier de ce genre rendu par les Cours souveraines du royaume. Le cardinal-légat, au nom du Pape, avait dit au Parlement, par la voix du patriarche d'Alexandrie qui l'accompagnait dans cette cérémonie (1) : « *Deinde rogat et obtestatur vos per monumenta et decora majorum vestrorum, per ruentis Galliæ salutem, ne, datis præclaris fidei vestræ documentis, deficiatis in hac rerum omnium perturbatione, sed studium vestrum integrum et inviolatum Catholicis Principibus conservetis, et fortunas, liberos, vitam potius eripi patiamini, quam ut vestra auctoritate atque consensu Rex hæreticus populis Catholicis imperet: decet enim Burgundos, qui auctores fuisse perhibentur Regibus Gallis Christianos ritus suscipiendi, non permittere eos falsis et peregrinis doctrinis a Catholica veritate abduci. Postremo Legatus Sanctitatis Suæ nomine vobis offert quidquid potest et debet gratus et amans Pater; illudque imprimis vobis præcipit, se non laboribus aut sumptibus, non denique sanguini suo parsurum, ut Gallia sub Rege Catholico ad pristinam dignitatem et majestatem revocetur* (2). »

---

(1) Avec lui se trouvaient encore de nombreux prélats et docteurs, parmi lesquels nous citerons le grand théologien Bellarmin et l'évêque d'Asti, Pignarola, éloquent prédicateur (de Thou., *Hist. Univ.*), faisant ainsi marcher de front, pour l'accomplissement de ses desseins, la parole et l'autorité.

(2) « Sa Sainteté vous prie et vous conjure, au nom du souvenir et
« de la gloire de vos ancêtres, au nom du salut de la France qui

La Compagnie répondit à Sixte-Quint, après l'enregistrement ordonné de sa bulle : « *Accepimus litteras Sanctitatis Vestræ..... In hoc enim miserrimo totius Galliæ statu nihil poterat contingere nobis utilius atque optatius præclara illa et Sacra Legatione, quæ, maxima omnium rerum perturbatione, atque extremi fere periculi metu recreat, et ad spem erigit meliorem nos, summis istis difficultatibus vel imminenti potius exitio brevi liberatos ad summam tranquillitatem perventuros, presertim præsente et gubernante tali Nauclero. Ille enim ab excelsa illa Sede, tanquam ex alta specula, errantibus nobis, et tot dissidentium opinionum procellis jactatis, clarissimum lumen ad portum ostenditur. Quod autem justissimis sapientissimisque consiliis Sanctitatis Vestræ constitutum esse ad Reipublicæ et Ecclesiæ Gallicanæ salutem animadvertimus, illud ipsum summo studio et solita majorum nostrorum fide et constantia, ut hactenus, ita in posterum, Deo optimo Duce et Adjutore, procurabimus, omniaque consilia, curas, cogitationes, adjumenta ad Catholicæ Fidei conser-*

« marche à sa ruine, vous qui avez fourni de si brillants exemples de
« votre fidélité à l'Eglise, de ne point l'abandonner au milieu de tous
« ces troubles politiques, mais de conserver toujours pur et intact
« votre amour pour les Princes catholiques; de vous laisser arracher
« fortune, enfants, vie même, plutôt que de souffrir, par votre exemple
« et votre consentement, qu'un monarque hérétique impose des lois
« à des peuples catholiques; car il est juste que les Bourguignons, qui
« sont reconnus pour avoir déterminé les rois de France à adopter les
« mœurs chrétiennes, ne souffrent jamais que des doctrines fausses et
« étrangères les éloignent de la vérité catholique. Enfin, le Légat de Sa
« Sainteté vous offre, au nom de ce Pontife suprême, tout ce que peut
« et doit vous offrir la gratitude d'un père qui vous aime; ce qu'il
« vous déclare avant tout, c'est qu'il n'épargnera ni ses peines, ni ses
« ressources, ni sa vie, pour que la France, gouvernée par un Roi
« catholique, recouvre son ancienne et illustre grandeur. »

vationem, ad patriæ salutem, et Regis Christianissimi defensionem conferemus : utque animosus ille Nauta rectam navigationem, sic nos rectam mentem isto rerum fluxu adhibebimus. Namque istam mentis rectitudinem ab ipso numine et summo totius Ecclesiæ Tribunali assumemus; ad quod, velut ad sacram anchoram, rebus afflictis, recurrendum certo scimus. Si vero contra aliquid tentatum fuerit, nostro et usitato more severis judiciis legibusque vindicabimus, quæque sanctissimis consiliis decisa terminataque fuere, sarta tecta retineri fideliterque servari curabimus; quo magis tota Burgundiæ Provincia optimus Ecclesiæ status et antiquitas sub Rege Catholico inconvulsis radicibus vigeat, excolatur, ametur (1). » **Paroles**

---

(1) « Nous avons reçu les lettres de votre Sainteté..... Dans la dé-
« plorable situation où se trouve la France entière, pouvait-il rien y
« avoir pour nous de plus utile et de plus désirable que cette auguste
« et illustre ambassade ? Au milieu du désordre de toutes choses, elle
« nous fortifie contre la crainte d'un péril extrême ; elle fait naître
« de bonnes espérances en nous, qui, bientôt délivrés des plus grands
« embarras, ou plutôt soustraits à une ruine imminente, allons enfin,
« avec l'aide et sous la conduite d'un tel Pilote, arriver au port d'une
« extrême tranquillité. Car, du haut de son siège apostolique, ainsi
« que d'une tour élevée, il nous apparaît, au milieu de nos hési-
« tations et de la tourmente qu'occasionnent les flots de tant de
« croyances opposées, comme le phare le plus éclatant qui puisse nous
« conduire au port. Ainsi donc, toute mesure que la sagesse et la jus-
« tice des conseils de Votre Sainteté nous auront montrée nécessaire
« au salut de l'Etat et de l'Eglise Gallicane, avec autant de fidélité, de
« zèle et de fermeté qu'en ont fait preuve jusqu'ici nos ancêtres, nous
« aussi désormais travaillerons à l'établir, avec l'aide et sous la con-
« duite de Dieu ; tous nos projets, tous nos soins, toutes nos pensées,
« tous nos efforts auront pour but la conservation de la foi catho-
« lique, le salut de notre patrie et la défense de notre Roi très chré-
« tien ; et à ce Pilote intrépide qui saura diriger sûrement notre gou-
« vernail, nous viendrons en aide par la droiture de nos intentions.
« Elle nous sera communiquée par le Souverain lui-même qui occupe

dignes d'éloge si des desseins trop pénétrés n'eussent diminué en elles la confiance (14 décembre 1589).

Dans la réponse que Brulart avait faite auparavant au discours de l'ambassadeur du Saint-Siège, on retrouve ce beau langage auquel la violence des partis n'avait plus depuis longtemps accoutumé. Il disait au légat : « *Summa consensio totius Ordinis hujus, in his maxime quæ ad Religionem pertinent, ab antiquis ad hæc usque tempora, protestata est nihil majores nostros, neque nos illorum exemplo, prius aut præstantius unquam habuisse aut habere Religione Catholica, Apostolica et Romana; in ea si quæ collapsa aut violata fuere, severis legibus judiciisque vindicanda et coercenda semper censuit et decrevit Senatus. Non enim sumus ii quorum animi vagentur erroribus, similes iis qui curiosa sectantes omni vento doctrinæ circumferuntur; sed ita docti eruditi, ut non facti, sed nati, non instituti, sed imbuti ad veræ pietatis et justitiæ cultum videamur*... (1) Il termina sa

« le siége suprême de l'Eglise universelle; c'est à lui, nous le savons,
« que dans le malheur nous devons recourir, comme à une ancre sa-
« lutaire. Si l'on tente quelque chose de contraire à nos décisions,
« alors, ainsi que nous avons accoutumé, nous châtierons les coupables
« par des lois et des jugements sévères; enfin, tout ce qui aura été
« réglé et déterminé par de sages décrets sera par nos soins conservé
« et maintenu fidèlement, pour que, dans la province de Bourgogne
« tout entière, et sous la protection d'un Roi catholique, l'Église,
« avec l'excellence de son ancienne constitution, prospère comme un
« arbre vigoureux dont on a respecté les racines, et soit aimée et
« honorée de tous. »

(1) « Le consentement unanime de cet Ordre, principalement en ce
« qui touche la religion, n'a point varié depuis les temps anciens jus-
« qu'à nos jours. Suivant l'exemple de nos ancêtres, pour qui rien
« n'a jamais été plus grand ni plus excellent que la religion catho-
« lique, apostolique et romaine, nous faisons aujourd'hui cette même

harangue par ce vœu : « *Ut, tandem errorum nebulis dissipatis, moribus omnium Ordinum emendatis, hæretica pravitate sublata, intestinis seditionibus compositis, sub Rege Catholico et Christianissimo Respublica simul et Ecclesia pace diu optata fruantur* (1). » Mais ces souhaits, peu désintéressés, ne devaient pas même s'appliquer à la conversion prévue du roi de Navarre, et l'arrêt qu'on va lire en expliquera assez le sens. On sait ce que devait être, dans la pensée de la Ligue, la royauté sans issue du cardinal de Bourbon, qui, en prolongeant l'espoir des princes lorrains, leur fit perdre la couronne, qu'ils attendirent vainement du temps quand la fortune venait la leur offrir (2). Les Parlements, après tous les autres Corps,

« déclaration solennelle; si quelques-uns de ses préceptes ont pu dé-
« périr ou être violés, c'est par des lois et des jugements sévères que
« ce Sénat a toujours ordonné et décrété le châtiment et la répres-
« sion. Nous ne sommes pas hommes à nous laisser égarer par l'er-
« reur; nous ne ressemblons pas à ces amis de la nouveauté qui se
« laissent entraîner à tout vent de doctrine ; mais nous avons été ins-
« truits et formés de telle sorte que l'amour que nous témoignons
« pour la justice et le devoir n'est point l'œuvre du travail, mais
« celle de notre nature, ni l'effet de l'étude, mais celui de notre con-
« viction. »

(1) « De voir les nuages de l'erreur se dissiper, les mœurs de tous
« les ordres s'amender, l'aveugle hérésie disparaître, les dissensions
« intestines s'apaiser, afin que l'État, placé sous la domination d'un
« Roi catholique et très chrétien, jouisse enfin, aussi bien que l'Eglise,
« d'une paix si ardemment désirée depuis longtemps. »

(2) On peut lire au Registre municipal du 8 janvier 1590, le récit d'une querelle survenue entre la Chambre de ville et le Parlement, qui se plaignit au Légat, à son départ, dans un discours prononcé en latin par le Président de Montholon, d'avoir été desservi dans son esprit par les officiers de la Chambre de ville. Ceux-ci reprochèrent à à leur tour au même Montholon de les avoir traités de *faquins* et de *gens de néant*. Le prélat, en blâmant les officiers de la ville, répondit prudemment qu'eu égard à la misère des temps, il ne fallait pas procéder contre eux à la rigueur.

acceptèrent cet expédient politique, véritable trêve entre les factions prêtes à s'entr'égorger, et qui, par le besoin qu'on pouvait avoir encore d'eux, leur ménageait un simulacre de puissance.

Tel fut le but d'une solennité religieuse où la Compagnie se consola de la perte de son autorité, dont une pompe inusitée ne fit que lui rappeler le souvenir. Mais elle ne s'en tint pas à de vaines paroles, et trois jours après, afin de donner au Légat les garanties de fidélité qu'il avait demandées et qui lui avaient été promises, elle rendait et publiait l'arrêt qui fut, avec celui par lequel le roi de Navarre avait été déclaré indigne du trône, le principal grief que ce Prince reprochera plus tard au Parlement rentré dans le devoir. On lit dans le Registre du 15 décembre 1589 : « La Cour, Chambres assemblées, pour donner occasion à tous les sujets de ce ressort de se maintenir en l'obéissance *du roi Charles très chrétien*, et d'autant que les expéditions qui se font à Paris sont scellées du grand scel *de Charles X, roi de France*, a ordonné et ordonne que toutes les expéditions et provisions de justice seront ci-après expédiées sous ce nom. » Ainsi s'était terminée, par l'acte politique qu'on vient de lire, la mission accomplie en Bourgogne par le Légat Cajétan, et qui, après la vacance survenue du trône, n'avait eu d'autre but que d'en écarter l'héritier.

Déjà, avant cette reconnaissance consacrée par le Parlement, Brulart avait, dans une assemblée des Etats du pays, tenue à Dijon le 22 avril 1589, proclamé une royauté si étrange. On lit dans le Registre du même jour que, lecture faite aux trois Ordres des lettres missives du conseil tenu à Dijon et du duc de Nemours, lieutenant du Roi au gouvernement de la province, et sur la motion de ce Président développée dans une longue harangue, les résolutions suivantes avaient été prises : « Le Parlement demeurerait invité à faire faire les expéditions de la chancellerie au nom du nouveau roi Charles X; le roi de Navarre et ses adhérents étaient déclarés criminels de lèse-majesté divine et humaine, fauteurs d'hérétiques et perturbateurs du repos public; la ville de Langres, qui s'était prononcée pour le parti de ce Prince, sommée de l'abandonner aussitôt, sinon qu'on supplierait le Pape de transférer son siége épiscopal à Dijon; les officiers et jusqu'aux simples citoyens tenus de prêter serment au nouveau roi Charles X, sans quoi ils seraient punis comme criminels de lèse-majesté. » Enfin, et par le même acte, les pouvoirs les plus étendus étaient conférés aux Elus pour emprunter toutes les sommes nécessaires afin de faire face aux besoins de la Ligue en Bourgogne.

Des mesures aussi violentes, résolues par les Etats, sous la présidence du chef du Parlement demeuré à Dijon, n'avaient provoqué aucun désaveu de la part de cette Compagnie. On pourrait par là s'étonner des retards qu'elle avait apportés, durant huit mois, à adhérer à une formalité dans les expéditions de justice qui, sans ajouter à sa défection, en rendait le témoignage plus éclatant. Auparavant déjà des assemblées tenues depuis par les mêmes Etats, et surtout celle du 10 octobre 1590, dans laquelle Brulart s'était livré à des déclamations non moins violentes contre le parti du Béarnais, avaient prouvé que le temps des ajournements était passé et qu'il n'y avait plus rien à attendre d'un calcul par lequel les plus avisés du Parlement ligueur eussent voulu se ménager une planche de salut contre des revers. Mais, par l'arrivée en Bourgogne du cardinal Cajétan, comme par la mission qui en était le but, les choses venaient de changer de face et le Parlement n'hésita plus à jeter le masque (1).

Toutefois, cette conformité aux vœux du Légat, dans un acte qui était moins religieux que politique, ne faisait point perdre à cette Compagnie le souvenir de ses anciennes rancunes. Elle n'avait pas vu sans chagrin le clergé reprendre, à la faveur des troubles, une influence qui ne permettait plus aux Cours souveraines de réveiller des querelles que l'opinion n'eût pas souffertes. Un conflit sérieux, qu'à raison des événements dont il fut suivi nous ne pouvons passer sous silence, était survenu entre le Parlement et l'évêque de Langres, duc d'Escars, au mois de janvier 1591. Le refus de ce prélat de nommer un vicaire général à Dijon, faisant alors partie de son diocèse, en était la cause et avait occasionné dans cette ville une grande rumeur. Ce Parlement profita de cette disposition des esprits pour ressusciter des prétentions auxquelles il n'avait renoncé qu'à regret et qui étaient une machine de guerre toujours prête pour ses

---

(1) Déjà, par un arrêt du 24 janvier, il avait, sur la requête du procureur général, ordonné que les mandements de justice des bailliages seraient expédiés au nom des baillis; seulement le nom du roi de Navarre en demeurait effacé. (Voir ledit arrêt.)

empiétements. On lit au Registre du 23 du même mois qu'il rendit arrêt par lequel « il ordonna audit seigneur évêque, duc de Langres, de nommer et instituer en la ville de Dijon un vicaire général capable et suffisant, dans quinze jours, et *faute, ce dit temps passé, que ladite Cour en nommerait un d'office auquel ledit Escars serait contraint d'envoyer lettres de vicaire général en bonnes formes, à peine de saisie de son temporel dans ce ressort.* » L'évêque diocésain ne se soumit pas à une usurpation si étrange de la part de la puissance séculière sur son autorité. Le Registre du 15 février suivant fait connaître que le même jour le Parlement rendit un autre arrêt par lequel il nomma *Claude Peto, conseiller d'église, un de ses membres, vicaire général dudit évêque de Langres tant au spirituel qu'au temporel, pour en cette qualité faire en ce ressort toutes provisions et expéditions nécessaires, tout ainsi que s'il avait été nommé par ledit évêque.* Il enjoignait de plus à ce prélat d'envoyer dans un délai de quinze jours après la signification qui lui serait faite de cet arrêt à la personne de son promoteur en cette ville, des lettres de vicaire en bonne forme, sous la même peine de la saisie de ses biens. Et, en attendant, il l'autorisait « à ordonner les collations, provisions et autres expéditions qui seraient faites dès aujourd'hui par le conseiller clerc Peto, pour valoir partout où il appartiendrait, après que ledit arrêt aurait été publié à l'audience. » L'histoire de cette Compagnie offrira dans l'ordre moins important des fonctions curiales des conflits analogues, à mesure que nous approcherons du XVIII° siècle, si favorable à ces empiétements.

On se tromperait fort de penser que l'intérêt de la religion fut le mobile d'un zèle servi par des moyens aussi violents qu'elle réprouvait. Ce qu'il y a de plus vrai que ce jugement, c'est que des dissentiments politiques avaient amené les actes dont nous venons de parler, de même que l'anéantissement d'un parti par l'autre allait servir, contre toute attente, à les faire cesser. Le Parlement de Dijon avait depuis longtemps manifesté ses entraînements pour le succès de la Ligue. Nous avons dit ailleurs ce que fut cette association formidable dans son principe et ce qu'elle devint dans la suite. L'évêque de Langres, duc d'Escars, bien que fidèle à l'orthodoxie catholique, était un de ces rares prélats d'alors qui ne séparaient pas de tels sentiments de l'amour du Prince et de leur pays. L'absence prolongée d'un vicaire général officiel à Dijon, revêtu de grands pouvoirs, avait été la suite de ces divisions où le pouvoir ecclésiastique se trouvait engagé vis-à-vis d'un corps que les limites de juridiction n'arrêtaient jamais quand on n'obéissait pas à ses impulsions. Ainsi peut s'expliquer *a priori* le conflit dont nous venons de parler et qui avait amené de la part du Parlement la résolution hardie qui le suivit et ressemblait à une vengeance.

Cette situation d'un délégué ecclésiastique tirant ses pouvoirs spirituels d'un corps laïc, au lieu de l'autorité canonique de son évêque attaquée, était une nouveauté non moins périlleuse qu'un schisme et avait duré plus d'un an. A défaut par le duc d'Escars d'y pourvoir, le pape Clément VIII, à peine élevé au pontificat, vint mettre fin à une telle lutte. Mais le remède mis en œuvre ne fut pas moins dangereux que le mal par le silence qu'il affecta de garder sur une usurpation où les règles les plus vulgaires de juridiction avaient été si hautement violées. Chose à laquelle on ne s'attendait guère, par un bref daté de Rome le 13 avril 1592, le chef de l'Eglise adressa au conseiller clerc Peto lui-même, vicaire général et official intrus, sous les formes les plus flatteuses pour lui, mais pleines d'amertume contre l'évêque de Langres, une institution en règle dans les mêmes fonctions qui lui avaient été conférées par le Parlement, dont il était membre. Le même Pape y ajouta des attributions extraordinaires pour la garantie desquelles il dépouillait l'évêque de toute juridiction sur une partie importante de son diocèse en transférant son autorité à l'archevêque métropolitain de Lyon, devant lequel les appels des causes jugées par l'official devaient être portées; ce qui limitait à des cas insignifiants l'autorité de cet évêque vis-à-vis ce dernier ainsi confirmé dans un choix d'origine laïque qu'il avait accepté sans scrupule. Des droits du Saint-Siége dans la collation absolue des pouvoirs spirituels méconnus et foulés aux pieds par une cour de justice, pas un mot ni pas un regret, quand le regret pouvait adoucir le reproche et eût été la consolation d'une défaite que le Pape lui-même venait consacrer. Nous donnerons ici, à cause de son intérêt capital, cette pièce entière, qui par ses termes montre d'ailleurs que des personnages considérables de la Bourgogne avaient écrit à Rome pour faire cesser un état de choses si favorable aux entreprises du protestantisme et dont ses adeptes ne manquèrent pas de profiter.

Clément VIII, pape.

« Cher fils, salut et bénédiction apostolique. L'Eglise romaine, mère féconde qui nourrit et instruit ceux qu'elle a enfantés par l'Evangile, et qui en approchant son sein leur donne tantôt le lait, tantôt la nourriture, veut que tous acquièrent la grâce de Dieu ; et qui, veillant sur le royaume de France et sur la ville, ou mieux la noble cité de Dijon, dépendant, au spirituel et au temporel, du diocèse de Langres, privée du vicaire qui a l'habitude d'y résider ; regardant de plus près au salut du même peuple, comme de raison, y veille tout à fait.

« C'est pourquoi, comme il est venu dernièrement à notre connaissance que Charles, évêque de Langres, depuis quelque temps en ça avait ajourné d'établir dans le lieu sus-indiqué, comme lui et ses prédécesseurs depuis un temps ancien en ont eu l'habitude, ledit vicaire chargé d'exercer, dans cette ville et son district, la juridiction spirituelle et temporelle, et que ni par lui ni par

« Clemens papa VIII.

« Dilecte fili, salutem et apostolicam benedictionem. Ecclesia romana fœcunda mater filiorum, quæ, quos per Evangelium genuit, alit, instituit, et propriis admotis uberibus modo lac, modo cibum subministrans, omnes Deo lucrifacere intendit, in Galliæ regnum prospiciens, et in urbem sive insigne oppidum Divionensis, Lingonensis Diocesis in spiritualibus et temporalibus, vicario episcopi ibi commoranti, habere consueto, destitutam, proprius intuens, ejusdem populi saluti, ut par est, admodum invigilat. Quapropter, cum nobis nuper innotuerit, Carolum, Episcopum Lingonensionem, ab aliquo tempore citra, in loco prædicto, prout ipse, ejusque predecessores antiquo consueverunt, vicarium prædictum, qui inibi et ejus districtus jurisdictionis spiritualem et temporalem exerceat, constituere distulisse, nec per se, nec per vicarium, ibi præsentiam sui facere, in

un vicaire il n'y fait acte de présence, au grand dommage et préjudice de ce troupeau qui, errant dispersé, se trouve exposé à la rage du loup, — espérant sur le témoignage d'hommes excellents et très graves que vous serez très bien venu et très bien vu dans ladite charge de vicaire, et comme vous exercerez à la fois et en cumulant toutes les charges que nous vous confions, par les motifs énoncés et d'autres encore qui déterminent suffisamment notre esprit, nous reposant sur votre foi, votre prudence, votre expérience, et plus encore sur le Seigneur, dans ladite ville ou plutôt la cité de Dijon et son district, nous vous nommons au spirituel et au temporel vicaire général et official et notre commissaire du siége apostolique, selon notre bon plaisir à nous et du Saint-Siége, sur l'avis de nos Vénérables Frères les Cardinaux de la sainte Eglise romaine, à qui nous avons confié, en vertu de notre autorité apostolique, les affaires et les consultations des évêques et des autres prélats; nous vous constituons et députons pour tenir la place de

grave damnum et prejudicium gregis illius, qui per invia dispersus aberrans, luporum faucibus reperitur expositus, sperantes, ex optimorum et gravissimorum virorum testimonio, te in officio vicarii prædicto gratum et acceptum futurum. Necnon quod ea omnia quæ tibi committimus cumulate explebis, ex narratis et aliis causis animum nostrum digne monentibus de fide, prudentia, atque experientia tua, plurimum in domino confisi, te in dicta urbe sive oppido Divionensi ejusque districtu in spiritualibus et temporalibus, vicarium generalem et officialem, ac nostrum et sedis apostolicæ commissarium, ad nostrum ejusdemque sedis beneplacitum, ex sententia venerabilium fratrum nostrarum sanctæ romanæ Ecclesiæ Cardinalium, quos negotiis et consultationibus Episcoporum, aliorumque prelatorum præfecimus auctoritate apostolica, tenere presentiam constituimus et deputamus, dantes tibi plenam et liberam facultatem et

l'évêque de Langres, vous donnant pleine et libre faculté et pouvoir, pour les choses qui sont de la juridiction et de son autorité, comme s'il était présent dans la ville et le district susdits, pour être exercés *in utroque foro*, tant au nom du droit commun qu'au nom des décrets du sacré Concile de Trente et qu'au nom du droit coutumier; nous vous donnons droit toujours de visiter et réformer les églises et tous les endroits sacrés avec toute la vigilance possible et due selon la prescription des sacrés Canons et du Concile susdit, d'y réunir un synode, de conférer les cures, les bénéfices par concours en employant des examinateurs députés à cet effet dans le même synode selon les décrets du Concile susdit, de bénir les parements et tous les ornements sacerdotaux nécessaires des ecclésiastiques de la ville susdite, d'accorder des lettres de nomination et de destitution à tous les degrés sacrés du sacerdoce, de prononcer selon la prescription du sacré Concile susdit des excommunications pour les choses perdues ou volées, à l'effet d'obtenir

potestatem, quoad ea, quæ sunt jurisdictionis et voluntariæ, quas Episcopus Lingonensis si in oppido predicto ejusque districtu adesset, tam de jure communi ac etiam ex decretis sacri Concilii Tridentini, quam ex consuetudine, in utroque foro habere et exercere posset, ecclesias et quæcumque loca pia quam celerrime et debita cum diligentia, juxta sacrorum canonum et Concilii prædicti dispositionem visitandi et reformandi, synodum ibidem celebrandi; curata, beneficia per concursum, adhibitis examinatoribus in eodem synodo ad hunc effectum deputatis, juxta prædicti Concilii decreta conferendi; paramenta et ornamenta omnia ecclesiastica ad usum ecclesiasticarum oppidi prædicti et districtus necessaria benedicendi; dimissorias et commendatitias litteras, ad omnes et sacros presbyteratus ordines concedendi; excommunicationes pro rebus deperditis, seu furto sublatis, ad effectum revelationis, juxta Concilii prædicti dispositionem, conce-

révélation, de vous réserver certains cas dans votre for intérieur selon la prescription du même Concile et selon que cela vous semblera nécessaire au salut des âmes; le droit de créer, selon l'usage, de casser les juges, les consultants, les vicaires, les promoteurs, les agents fiscaux, les notaires des causes, et tous et chacun des autres officiers, tant grands que petits du tribunal ecclésiastique de la cité susdite et de son district dans toute son étendue; d'appliquer à des œuvres pies les amendes et les peines pécuniaires qui devront être déposées entre les mains d'un homme probe que vous ferez élire parmi le clergé; d'ouvrir, comme si elles vous étaient spécialement adressées, toutes lettres apostoliques ayant rapport à la juridiction de la ville susdite et de son district, adressées ou devant être adressées au même évêque de Langres; d'en faire exécuter le contenu dans l'érection des droits de patronage par fondation, construction ou dotation de bénéfices, de les sanctionner selon les règles

dendi; casus aliquos, ad prescriptum ejusdem Concilii, prout animarum saluti videbitur expedire, in foro conscientiæ, tibi reservandi, et ab eis absolvendi; judices, consultores, vicarios, promotores, fiscales, notarios causarum, omnesque alios et singulos officiales, tam majores, quam minores Curiæ ecclesiasticæ prædicti oppidi, ejusque districtus, quocumque censeantur, juxta solitum creandi, removendi, ac alios subrogandi; mulctas et pœnas pecuniarias apud aliquem probum virum, perte de clero eligendum, deponendas, piis usibus applicandi; quascumque litteras applicas ad jurisdictionem oppidi prædicti et districtus pertinentes, eidem Episcopo Lingonensi directas et dirigendas, æque ac si tibi specialiter dirigerentur, aperiendi; et in eis contenta exsequendi in erectione jurispatronatus ex fundatione, constructione, vel dotatione beneficiorum, juxta formam juris fienda, auctoritatem et consensum prestandi, et in eis ad patronorum presentationem personas idoneas instituendi; causas civiles, criminales,

de droit; de nommer à ces bénéfices, sur la présentation des patrons, des personnes idoines; d'entendre par vous-même ou par commissaires, et terminer comme il convient les causes civiles, criminelles, mixtes et matrimoniales, introduites ou devant être introduites soit principalement, soit incidemment; bref, toutes les affaires qui relèvent dudit vicariat soit de droit, soit en vertu de la coutume, soit pour toute autre cause; de procéder contre les délinquants par enquête, ou sur l'instance des parties, selon que de droit; de les punir, condamner à une amende, de les priver de leurs bénéfices, de les excommunier, de les suspendre, de les interdire et déposer, de modérer les mêmes censures et peines comme il sera juste et même de les en absoudre, à propos de toutes mises hors la règle et suspension provenant de délits cachés, de donner des dispenses et d'absoudre, selon le décret du Concile de Trente, à l'exception toutefois de l'homicide volontaire; de faire gérer, exercer et confier toutes autres choses qui seraient de la compétence

---

mixtas et matrimoniales, tam principaliter, quam incidenter introductas, vel introducendas, et quæ de jure, vel consuetudine, vel alio quovismodo, ad dictum vicariatus officium, pertinentes, audiendi; committendi, et fine debito terminandi; contra delinquentes, per inquisitionem, vel ad partium supplicationem, et instantiam prout juris fuerit, procedendi, eosque corrigendi, mulctandi, et puniendi, beneficiis privandi, excommunicandi, suspendendi, interdicendi, et deponendi, easdemque censuras et pœnas, prout justum fuerit, moderandi, necnon ab eisdem absolvendi; super irregularitatibus omnibus et suspensionibus ex delicto occulto provenientibus, excepto homicidio voluntario juxta Concilii prædicti decretum, dispensandi et absolvendi, aliaque omnia singula faciendi, gerendi, exercendi et committendi, quæ Episcopo Lingonensi in oppido prædicto, ejusque districtu adesset, tam de jure quam ex consuetudine; necnon ex sacri

de l'évêque de Langres (s'il était présent dans la ville susdite et son district), soit du droit commun, soit du droit coutumier, soit des décrets du sacré Concile et d'autres constitutions des Souverains-Pontifes, bien que ces choses fussent telles qu'elles exigeassent plutôt une commission expresse et spéciale.

« Voulons et mandons que les appels dans les causes devant être expédiées par vous, soient appelés, poursuivis et terminés, non devant Charles, l'évêque susdit, mais devant le métropolitain archevêque de Lyon et son tribunal, révoquant tous vicaires dans ladite ville et son district, soit qu'ils aient été nommés jusqu'à ce jour par l'évêque susdit ou par d'autres en son nom ; vous concédons aussi et assignons par les présentes une provision annuelle pour vos besoins et ceux de votre famille, provision qui était accordée aux vicaires généraux du lieu susdit; et en même temps tous les émoluments ordinaires et extraordinaires, permis, habituels et accoutumés, à prendre et percevoir sur les fruits, revenus et

Concilii decretis, aliisque summorum Pontificum constitutionibus, vel alias quomodolibet competerent, etiamsi talia forent, quæ magis expressam et specificam exigerent commissionem ; appellationes vero in causis per te expediendis, non ad Carolum Episcopum prædictum, sed ad metropolitanum archiepiscopum Lugdunensem ejusque curiam interponi, prosequi ac terminari volumus et mandamus, revocantes expresse omnes et quoscumque vicarios in dicto oppido, ejusque districtu, ab Episcopo prædicto, seu alio quocumque ejus nomine forsan ad presens deputatos vel deputantur. Tibi et provisionem annuam pro te tuæque familiæ sustentatione, vicariis generalibus loci prædicti prestari solitam, una cum omnibus emolumentis ordinariis, et extraordinariis, licitis solitis et consuetis, super fructibus, redditibus et competentibus exigendam et percipiendam, tenore presentium concedimus et assignamus, contradictores quoslibet et rebelles,

rentes ; vous donnons le droit de poursuivre tous contradicteurs et rebelles, tous ceux qui ne vous obéiront pas dans ce que nous venons de dire, de quelque rang, degré et condition qu'ils soient ; d'appliquer les peines pécuniaires à des œuvres pies, de punir ces rebelles par les censures ecclésiastiques et d'autres moyens de droit et de fait, en négligeant l'appellation, en invoquant même au besoin l'aide du bras séculier, nonobstant les constitutions et décrets apostoliques et les serments desdites églises de Langres et de Dijon, qui ont reçu l'approbation apostolique ou toute autre; nonobstant les statuts et coutumes, priviléges, indults et lettres apostoliques accordées, approuvées et innovées auxdites églises à leurs chapitres, au clergé et au diocèse.

« Regardant, par tout ce qui précède, comme suffisamment clair le sens de ces lettres, qui devront dans d'autres circonstances rester dans leur force, nous y dérogeons, pour cette fois seulement, spécialement et expressément et à toutes autres contraires. — Donné à

ac tibi in premissis non parentes, cujusvis status, gradus et conditionis sint, pœnis pecuniariis piis usibus applicandis, ac etiam per censuras ecclesiasticas aliaque juris et facti remedio appellatione posposita, compescendi, invocato quoque ad hoc, si opus fuerit, auxilio brachii secularis, nonobstantibus constitutionibus et ordinationibus apostolicis, ac dictarum Ecclesiarum Lingonensis et Divionensis juramente confirmatione apostolica, vel quavis alia firmitate roboratis statutis et consuetudinibus privilegiis quoque indultis et litteris apostolicis eisdem Ecclæsiis, illarumque præsuli Capitulo, Clero vel diocesi concessis, approbatis et innovatis. Quibus omnibus eorum tenores pro sufficienter expressis habentes, illis alias in suo robore permansuris, hac vice duntaxat specialiter et expresse derogamus, cæterisque contrariis quibuscumque. Datum Romæ apud Sanctum Petrum sub annulo Piscatoris, Die XIII Aprilis M. D. IXXXXII Pontificatus nostri anno primo.

Rome, près de Saint-Pierre sous l'anneau du Pêcheur, le 13 avril 1592, l'an premier de notre Pontificat. Signé Vestrius Barbianus, et scellé de cire rouge et au dos sont écrits ces mots : A notre bien-aimé fils Claude Péto, chanoine de la Sainte-Chapelle ducale de Dijon, conseiller ecclésiastique au Parlement royal de Dijon. »

Enregistré au Parlement, le 17 juin 1592. — En marge est écrit : « J'ai retiré le présent vicariat. » — Signé, PÉTO.

Ce bref fut présenté au Parlement le 17 juin suivant, c'est-à-dire deux mois environ après qu'il avait été rendu, retard qui s'explique par la communication qui en fut faite aux Etats, alors réunis, de la province, et qui par leur concours à sa publication devait en augmenter la pompe. Nous lisons dans le Registre des délibérations du même jour, que le procureur syndic de ces Etats se présenta à l'audience de la Grand'Chambre, « afin, dit-il, qu'il y fût publié et enregistré *en conséquence de l'arrêt du 15 février 1591 contenant vicariat en l'évêché de Langres octroyé à M. Claude Péto, conseiller ecclésiastique à la Cour*, et les *vidimus* d'icelui envoyés aux bailliages de ce ressort et diocèse de Langres pour y être pareillement lus et enregistrés ; ledit arrêt par lequel la Cour aurait nommé, commis et député ledit Péto vicaire géné-

---

Signatum. M. Vestrius Barbianus et sigillatum in cera rubea, et in dorso scripta sunt hæc verba : Dilecto filio Claudio Peto, sanctæ Capellæ Ducum Divionensium Canonico et præposito, consiliario ecclæsiastico in Parlamento Regio Divionense. »

La mention ci-dessus de l'enregistrement, ainsi que le reçu original du bref, se trouvent à la suite et en marge du texte latin transcrit aux Registres du palais. (Collection des édits et déclarations.)

ral dudit évêché, tant au spirituel qu'au temporel, pour, en cette qualité, faire au ressort d'icelle toutes provisions et expéditions, tout ainsi que s'il avait été nommé par l'Evêque dudit lieu, et qu'à cet effet il lui enverrait lettres de vicariat en bonne forme, à peine de saisie de son temporel. Sur quoi la Cour avait ordonné que *suivant ledit arrêt ledit bref serait enregistré* ès Registres d'icelle, pour y être observé et exécuté par ledit Pétot. » Ce bref ainsi soumis à l'enregistrement fut publié séance tenante contre tous les usages, tant la joie était grande d'un tel succès venant de ce côté.

On peut juger par ces actes que le Parlement, loin de laisser en oubli dans un triomphe d'orgueil le premier arrêt par lequel plus d'un an avant il avait usurpé le pouvoir le plus essentiel de l'épiscopat, constate avec complaisance comme pour en consacrer le souvenir toutes celles de ses prérogatives qui en découlaient et qui s'y trouvent rappelées. Cette Compagnie fit davantage encore. Dans son bref, le pape Clément VIII avait passé sous silence les faits antérieurs qui avaient, en Bourgogne, ému toutes les consciences catholiques. Elle ne veut pas qu'on les isole d'un acte auquel elle les rattache comme à plaisir par un rapport que la papauté ne pouvait avouer et qui eût été pour elle un abaissement, sinon une humiliation. L'arrêt que nous avons transcrit le dit hautement, en signalant le bref comme une satisfaction donnée par la cour de Rome à l'acte du Parlement du 15 février 1591, faute par l'évêque de l'avoir fait lui-même. Rien ne manqua donc dans ce réveil des passions d'un Corps occupé de soins plus importants, alors que ses membres les plus dignes s'en étaient séparés pour une cause où la fidélité aux croyances héréditaires et celle due au Prince restaient inséparables.

En des temps ordinaires le Parlement n'eût pas manqué de foudroyer de ses arrêts dans le bref une usurpation du Saint-Siége sur la puissance royale et les prérogatives des cours souveraines, gardiennes des libertés de l'église gallicane. Que devenait en effet à ses yeux le droit de nomination des évêques par le Roi, acquis sur la Pragmatique par le concordat de François Ier, s'il était permis à la cour de Rome d'enlever *motu proprio* à la juridiction d'un évêque non frappé d'une interdiction en règle, une partie de son diocèse pour la faire administrer par un délégué relevant d'elle seule, et où s'arrêteraient désormais de pareilles prétentions qui eussent anéanti dans son caractère dominant ce concordat lui-même? Cette objection l'eût emporté en toute autre occurrence où le vicaire général, ainsi nommé, n'eût pas été un membre du Parlement. Mais cette Compagnie n'en tint compte et garda en cela un silence intéressé, pour célébrer un triomphe où la bonne foi manquait de sa part.

Des considérations politiques puisées dans la divergence des partis, jouèrent aussi un rôle parmi les actes que nous venons de rappeler. De la part de Rome, le Souverain-Pontife avait eu à ménager un Corps qui, par son crédit, était un des principaux appuis de la Ligue dans une grande province et pouvait utilement en servir la cause; ainsi céda-t-il au temps et aux circonstances. Du côté du Parlement, au contraire, l'attaque violente dirigée dans l'origine contre l'évêque de Langres, dévoué au parti royal, fut, alors que les armes du Roi semblaient triompher, plutôt une satisfaction donnée à une colère de parti que l'effet de sa sollicitude pour le catholicisme attaqué. En cela se vengea-t-il de tous, même de la papauté aux abois, à laquelle il fit payer bien cher sa complaisance ou ses calculs. Telles furent les phases de cet événement jusqu'au jour où Henri IV, entrant à Dijon, y sera salué par ce même évêque d'Escars, qui, en recevant de ce Prince la récompense de sa fidélité, reprit dans une partie de la Bourgogne l'exercice de sa juridiction spirituelle que le succès des armes du Roi lui avait rendue et que la cour de Rome ne songea plus à lui contester. Ce qu'il nous a été permis de recueillir de ces actes restera comme un témoignage de plus des influences politiques qui, sur la fin de la Ligue, avaient pris la place des intérêts religieux et les dominèrent dans l'occasion.

Ainsi avait fini une situation sans exemple que le malheur des temps avait amenée, exploitée par l'esprit de Corps. Mais les troubles une fois apaisés, le Parlement n'aura garde de ne pas maintenir un prétendu droit né d'une entreprise violente de sa part et qui lui avait si bien profité, dans des temps que le génie d'un prince et sa fortune avaient changés. On voit au Registre du 13 juillet 1621, c'est-à-dire trente années après, « que, sur la requête d'Etienne Jarrenet, promoteur en l'officialité de Dijon, il fut ordonné, au rapport du conseiller Odebert, à l'archevêque de Lyon, *suivant les arrêts précédents*, de nommer un vicaire gérant dans ce ressort dans un mois pour procéder aux appellations interjetées en ladite officialité, à peine de saisie de son temporel et qu'il en serait nommé un par la Cour. » Le même acte faisait « défense aux parties appelantes de distraire le même Jarrenet en sa qualité de promoteur hors le ressort de ce Parlement, à peine de nullité des procédures, et à tous prêtres, notaires apostoliques, appariteurs ou sergents de mettre à exécution aucunes lettres ou commissions émanées du métropolitain de Lyon *ou autre* pour distraire ledit promoteur du ressort dudit Parlement, à peine de tous dépens, dommages-intérêts et d'être procédé contre eux, ainsi qu'il appartiendrait, et serait ledit arrêt signifié audit archevêque de Lyon à la diligence du procureur du Roi, à ce qu'il n'en ignore. » Cette fois encore, et dans des temps plus calmes, on put se convaincre davantage que si le Parlement reconnaissait la suprématie du chef de l'Eglise pour confirmer ses propres usurpations, ainsi qu'il était arrivé dans l'affaire de Langres, il n'en serait pas de même des actes contraires qui de Rome pourraient essayer de maintenir le métropolitain de Lyon dans l'exercice troublé de ses pouvoirs. Deux ans après, et le 4 mars 1623, nouvelle usurpation du même genre, quoique mitigée, vis-à-vis de l'archevêque de Besançon, qui avait tardé à nommer un vicaire général à Auxonne. Jean Borthon, curé du lieu, y fut commis en ladite charge « jusqu'à ce qu'il y eût pourvu pour les terres d'enclave qui étaient de son diocèse (1). » Ainsi, jusqu'au sein de la justice souveraine le mélange du temporel et des choses saintes venait

(1) Registre dudit jour.

servir, au gré des temps ou des intérêts, l'orgueil d'un corps qui ne souffrait pas de résistances à ses empiétements, soit qu'elles vinssent du trône ou de l'Eglise (1).

La mort du cardinal de Bourbon, arrivée presque

(1) En droit les seuls cas admis où les évêques pussent être obligés d'établir des vicaires généraux furent : 1° lorsqu'ils étaient hors de leurs diocèses pendant un temps considérable; 2° lorsqu'on y parlait différentes langues, ce qui, suivant le Concile de Latran, devait être restreint à un pays d'une autre langue ; 3° s'ils étaient malades ou hors d'état de remplir leurs fonctions. A quoi quelques Parlements ayant voulu ajouter le cas où leurs diocèses étaient du ressort de plusieurs Cours, l'assemblée du clergé de France en fit des plaintes appuyées avec raison sur l'édit de 1695 article 31, qui décidait le contraire (d'Héricourt). Quant aux officialistes, juridiction obligée, on ne voit nulle part que les évêques eussent pu être régulièrement contraints à en instituer ailleurs que dans leur résidence ordinaire, bien que l'usage d'en établir dans certaines villes, à raison des distances, eût été généralement observé, ainsi qu'il arriva à Dijon, où l'official réunissait à sa charge les pouvoirs de vicaire général de l'évêque de Langres. Une fois néanmoins établis, le Parlement, malgré son incompétence en pareille matière, ne souffrait pas qu'on les transférât ailleurs, ainsi qu'il arriva en 1714 pour celui d'Auxonne, que le cardinal de La Baume, archevêque de Besançon, avait transféré à Seurre et qui fut par arrêt réintégré dans sa première résidence.

Quant aux moyens de contraindre ces évêques à pourvoir aux besoins des populations par la nomination obligée des vicaires généraux, le seul que l'on pût avouer était la saisie de leur temporel, ainsi que l'enseigne Charles Févret dans son *Traité de l'Abus*. Il est digne de remarque que cet avocat célèbre, qui a écrit son livre pour la Bourgogne et résumé la jurisprudence du Parlement en cette matière épineuse, garde un silence prudent sur des arrêts rendus presque de son temps et qui avaient fait tant de bruit. N'était-ce pas de sa part, à défaut d'une critique sévère qu'il n'osa pas entreprendre, condamner l'entreprise d'un Corps dans la collation de pouvoirs spirituels, sur lesquels, à cause de leur origine toute canonique, il ne pouvait mettre la main sans scandale? On jugera par cet exemple de la liberté d'écrire qui existait alors en présence d'un Parlement qui ne souffrait pas qu'on discutât ses actes, même les plus radicalement nuls, alors même que la critique eût pu en être faite par un organe aussi autorisé que celui de ce grand jurisconsulte.

dans le même temps de l'affaire de Langres et quelques mois après son élection, ne changea point les résolutions de cette Compagnie contre les prétentions du roi de Navarre au trône de France. On lit dans le Registre du 10 janvier 1591 que, sur l'avis qu'elle reçut de cette nouvelle, elle ordonna que les expéditions de la chancellerie seraient désormais scellées *du nom du Parlement* jusqu'à ce qu'il en fût autrement ordonné. Cette mesure était la suite des nombreux arrêts par lesquels elle avait déclaré ce prince indigne de la couronne, cassé tous les baillis qui rendirent la justice en son nom (1), et fait emprisonner ses serviteurs les plus fidèles. Un tel mépris pour les lois fondamentales du royaume, joint aux attentats dont Henri III avait donné l'exemple à ses sujets, corrompit l'esprit de la nation, désormais livrée à elle-même, sans autres guides dans le parti de la Ligue que les ambitieux qui s'étaient faits ses maîtres.

Après les meurtres des Guise et de Henri III, que nous avons rappelés, on peut juger ce que pouvait être la multitude égarée par de tels exemples. Ainsi que le Souverain, le peuple eut ses idoles et ses favoris, et on le vit choisir comme tels ceux-là mêmes qu'avait atteints le Parlement dont il ne craignait pas de braver les arrêts en face. Un *capitaine*, comme on le disait alors, chef de ces bandes indisciplinées qui, sous le prétexte de combattre les hérétiques, ravageaient les campagnes et détroussaient les voyageurs, avait été condamné à mort pour ses méfaits. — Des femmes en grand nombre l'atten-

---

(1) Voir notamment l'arrêt du 24 janvier 1590 déjà cité.

dent à la porte de la conciergerie au moment où on le conduit au supplice, et l'arrachent enferré et la corde au cou des mains du bourreau, sans que l'autorité songe à leur disputer cette singulière victoire. Chose étrange ! le couteau qui devait trancher la tête du coupable et que le maire La Verne avait fait préparer lui-même à cet effet, fut celui qui servit à son propre supplice lorsqu'il eut été condamné pour les faits de trahison que nous avons rapportés dans le Discours préliminaire de cet ouvrage. Mais la clémence ne fut pas la vertu de cette époque, et il est douteux que Thuron, dit La Gauche, (c'était le nom de cet officier) en eût ressenti les effets s'il n'eût été avant tout dévoué à la populace qui l'arracha au supplice par la sédition.

Presque dans le même temps deux soldats, moins heureux, étaient pendus pour avoir livré l'abbaye de Citeaux au comte de Tavannes, que des chroniques du temps appellent pour ce fait *un grand voleur*. Le 6 octobre 1591, on décapita au Morimont (1) un officier nommé Hesnard, convaincu d'avoir voulu ouvrir la ville de Seurre au roi de Navarre. Deux autres capitaines, Bonnard et Lépine, du parti du Béarnais, furent pendus sans rémission comme détrousseurs de chemins publics, sorte de peccadille alors et qui était, à vrai dire, la manière de faire la guerre dans ces temps de troubles. Le lieutenant commandant pour le Roi la tour de Saint-Seine-sur-Vingeanne, nommé Robert, amené le 15 mai suivant prisonnier de guerre, subit le même supplice au Morimont,

(1) Place de Dijon destinée aux supplices.

ayant au-dessus de sa tête un écriteau portant ces mots : *Traître et voleur*. Un autre, du parti de l'Union, appelé Johannès, qui commandait à Nuits, mais dont la fidélité était soupçonnée, fut pendu à sa fenêtre par les habitants pour les avoir rançonnés ; faute moins grave que la première, mais qui servit à déguiser d'autres reproches. Un homme enfin, accusé de blasphème, était dans le même moment, si l'on en croit un écrit contemporain, brûlé vif à Talant, aux acclamations du peuple, qui avait demandé sa mort.

Malheureusement ces excès trouvaient des exemples jusqu'au sein de la magistrature municipale. On avait vu deux ans plus tôt le maire Michel, alors simple procureur, sous prétexte d'effrayer la garnison de Saint-Jean-de-Losne, laquelle envoyait des partisans qui tuaient les vendangeurs aux portes de la ville, recourir aux mêmes extrémités. Il avait fait pendre sans jugement un jeune homme, prisonnier de guerre depuis trois mois et que des bouchers du Bourg dépecèrent à la potence sans que personne, sauf Etienne Bernard, échevin à cette époque, protestât contre un meurtre ainsi commis au mépris des lois de la guerre.

Le Parlement semblait autoriser par son silence ces exécutions sanglantes, où la politique du jour fut plutôt consultée que la justice, sous le nom de laquelle elles furent souvent accomplies. Des condamnations, émanées de la Chambre de ville elle-même, atteignirent aussi dans le même temps les principaux personnages, tels que de Lespine, gentilhomme condamné à mort pour trahison ; Guillaume de Saulmen, chevalier de l'ordre du Roi, pendu au Morimont, malgré son titre et sa dignité, pour un fait semblable; enfin, La Verne lui-même, ancien maire de Dijon, arrêté, jugé et décapité nonobstant appel, de l'aveu du Premier Président Brulart et de l'avocat général Vellepesle, qui soutinrent les premiers que le Parlement n'avait pas à se mêler de cette affaire. L'arrivée d'un nonce, Marsile Landriano, envoyé en 1591 par le pape Grégoire XIV en France, après l'excommunication prononcée contre les partisans du roi de Navarre, n'avait pas été sans influence sur ces excès (1). Reçu à Dijon au milieu d'acclamations frénétiques, sa présence y fut signalée par la publication des plus violents monitoires, dont l'effet fut de faire courir aux armes et de renouveler la guerre civile avec le caractère déshonorant que nous venons de rappeler et dont la Ligue en Bourgogne eut à rougir.

L'envie contre la fortune et les grands noms, ferment commun des révolutions, peut servir encore à expliquer

---

(1) Ce nonce, dont la mission en France était accompagnée d'ordres sévères, sanctionnés par l'excommunication, pour obliger le clergé à se ranger du côté des ligueurs, avait éprouvé des résistances inattendues. Henri IV, par lettres patentes données à Mantes le 4 juillet 1591, ordonna à ses Parlements restés fidèles de procéder contre lui pour être entré en France sans sa permission. La fraction du Parlement de Paris retirée à Châlons-sur-Marne le décréta de prise de corps. Le Parlement de Flavigny « cassa et annula tout ce qu'il avait fait en conséquence des bulles dont il était porteur, comme contraires aux libertés de l'Église Gallicane et prééminente de ce Royaume, défendit aux évêques de les publier sous peine d'être poursuivis comme perturbateurs du repos public, ordonna qu'elles seraient en copies biffées et lacérées, et ledit Landriano, nonce, pris au corps et amené en la conciergerie du Palais pour répondre aux conclusions du procureur général; à l'effet de quoi il serait informé par monitoire. » (Arrêt du 29 juillet de la même année.)

comment la Chambre de ville, issue du suffrage public, sembla constamment recourir à cette rigueur extrême qui atteignit les plus grands personnages et ressemblait à de la vengeance. Juridiction subordonnée au Parlement qu'elle avait longtemps précédé dans l'administration de la justice, on l'avait vue ainsi revendiquer ce droit d'aînesse toutes les fois que la multitude s'était emparée des affaires, et l'abus qu'elle fit alors de son indépendance était la suite de cette ancienne prétention de sa part.

Le Parlement, tout déchu qu'il fût alors et bien que resté étranger au procès de La Verne retenu par la justice de la ville, n'avait pas subi sans indignation cette réaction des libertés municipales étendues jusqu'à l'arrestation de ses membres les plus compromis. Dans l'assemblée des Chambres tenue le 2 septembre 1594, le Premier Président Denis Brulart et l'avocat général Vellepesle, en tonnant contre le complot, ne songèrent qu'à revendiquer des priviléges qui ne permettaient pas, suivant eux, à la Chambre de ville d'ordonner des arrestations dans son sein. Brulart parla avec véhémence de ces entreprises comme faisant *brèche* aux priviléges de la Compagnie. Vellepesle prononça un long discours dans lequel, après avoir déclaré *l'auteur de ce complot digne de mort en raison de l'atrocité du crime*, il invoqua la maxime : *Vir senatorius de senatore judicat*, malgré celle contraire : *Reatus omnem dignitatem excludat;* cita de de plus la loi du Code : *Ubi senatores vel clarissimi convenire debent*, et des exemples fameux tirés de l'antiquité. Après quoi le Parlement opina « que si des échevins et avocats pouvaient faire le procès à Messieurs de la Cour, les membres du Parlement seraient *tous plébéiens et pires que des esclaves*... et qu'il fallait plutôt fermer le Palais.» Vaines protestations que la force n'appuyait plus et qui allèrent s'éteindre dans les députations envoyées coup sur coup au fils de Mayenne, qui, pour toute satisfaction, fit répondre à cette Compagnie « que le crime était si grand qu'il était de ceux dont on pouvait dire : *In quo licet punire, postea rescribere* (1). »

C'était à l'occasion de ce même La Verne, dont les actes ont pris place dans le Discours préliminaire de cet ouvrage, et de sa tentative de livrer Dijon au roi de Navarre, qu'avait lieu ce débat. Cette défection du plus ardent des ligueurs fut amenée par des événements qui intéressent trop l'histoire que nous écrivons, pour être passés sous silence. Nommé conseiller au Parlement par Mayenne pour son dévouement aveugle à sa cause, La Verne avait tenté vainement de se faire admettre par cette Compagnie. Celle-ci s'y était refusée à cause des crimes dont il avait souillé sa magistrature municipale, joints au mépris qu'il avait affecté pour ses membres. Nous dirons ici ce qui s'était passé dans cette lutte mémorable où il y allait de l'honneur du Corps et où les injonctions de Mayenne, soutenues par l'emporté Tavannes, vinrent échouer devant des résistances qu'on n'attendait guère.

Le 15 décembre 1593, après avoir hésité plus de six mois à le faire, La Verne, le terme de sa mairie appro-

---

(1) *Pendu d'abord, jugé ensuite.* (Registre du 6 septembre 1494.)

chant (1), avait osé présenter au Parlement les lettres par lesquelles il était investi par le chef de la Ligue en Bourgogne de l'office de conseiller, afin qu'elles y fussent examinées et vérifiées. Sous une forme insolite et qui ne s'était jamais vue au Palais, les Chambres assemblées ordonnèrent que pour *certaines causes et considérations à cela mouvantes,* il serait informé d'office par commissaires des vie, mœurs et religion du postulant, *auquel effet le procureur général nommerait témoins* (2). Une telle enquête, qui préjugeait des empêchements considérables, montrait assez la répugnance de la Compagnie à l'admettre dans son sein. Cet arrêt avait causé un grand mouvement dans la ville, où les victimes de la tyrannie de La Verne crurent voir venir pour lui le jour de la justice. Six mois s'écoulèrent sans qu'il survînt aucun acte qui pût troubler la paix publique. Le Parlement avait espéré que, par prudence ou par calcul, l'élu de Mayenne se départirait de sa demande, mais il n'en fut rien, et la Cour, mise en demeure de se prononcer, n'hésita plus. Les Chambres furent assemblées, sous la présidence de Denis Brulart, le 25 juin 1594, alors que la magistrature municipale de La Verne avait cessé (3). Au milieu d'un silence profond, le président de Montholon, à défaut

---

(1) Il gouverna la ville cinq années, y compris six mois où il remplaça dans la charge de maire le procureur Martin, non moins cruel que lui, et qui était mort dans ses fonctions.

(2) Registre dudit jour.

(3) A cette séance, le conseiller Odebert, rapporteur originaire de la requête de La Verne, se justifia du reproche que quelques-uns lui avaient fait à ce sujet, « par les ménagements que la prudence exigeait alors et d'autant que ledit La Verne était encore en charge. » (Breunot.)

d'autre aussi hardi, prit la parole sans hésiter. « Il demanda que les procédures sur la mort de l'échevin Chantepinot fussent visées, qu'il y allait de l'honneur et du devoir de la Compagnie; que chacun savait combien cet acte avait été lamentable, funeste et tragique, par lequel La Verne l'aurait fait mourir, ainsi que le péril de mort que plusieurs habitants coururent le même jour, comme cela avait été épanché dans toute la France...; que partant l'on ne devait recevoir le nouveau titulaire dans cette Compagnie, car il avait fait pendre ledit Chantepinot sans figure de procès, puis fait enterrer le même par le bourreau et sa femme, en une fosse au cimetière Saint-Michel, du côté du logis dudit La Verne, lequel, avec sa femme, regardait cette action; qu'il y avait temps de parler et temps de se taire et qu'il était expédient de ne remuer aucune chose pendant le sceptre dudit La Verne, qui l'avait manié comme on savait... Que le principal intérêt de cette affaire appartenait à la fille de Chantepinot, laquelle enverrait procuration pour en demander réparation et que lors même qu'elle n'agirait pas, Chantepinot avait des parents qui s'en ressentaient, parmi lesquels était la dame, femme de lui Montholon, sa sœur germaine... (1) » Un langage si ferme, appuyé sur l'annonce d'une plainte de la part des plus proches parents de la victime, répondait aux sentiments du Corps et produisit l'effet qu'on pouvait attendre. Dix membres du Parlement déclarèrent sur le champ, comme parents, vouloir se retirer d'une délibération où une demande

(1) Registre du même jour.

en poursuite criminelle prenait rang sur une réception ordinaire, sur quoi la séance avait été ajournée faute de nombre (1).

Cinq jours après, le 1ᵉʳ juillet, les Chambres assemblées de nouveau, le conseiller Maillerois fit lecture d'une requête adressée par la dame Chantepinot, femme du sieur Doges, tendante « à ce qu'un commissaire fût député pour informer, sans exception de personne, du meurtre commis par Jacques La Verne, avocat à la Cour, sur la personne d'Edme Chantepinot, avocat du Roi au bailliage de Dijon, son père. » Une voix nouvelle vint renchérir sur les paroles prononcées par Montholon à la séance précédente et qui avaient ému tout le Parlement. Le conseiller Saumaise, absent de cette dernière assemblée, exposa à son tour qu'en qualité de mari de la nièce de Chantepinot, il s'unissait à une plainte aussi juste. Il ajouta « que l'honneur de la famille lui en faisait un devoir....; que ce meurtre était tellement en horreur au peuple de cette ville et de la province, que le souvenir en faisait dresser les cheveux et que chacun attendait justice....; que Jacques La Verne avait commis en la mairie, mais plutôt en sa dictature, d'autres actes dont il donnerait mémoire....; foulant aux pieds l'honneur et autorité de la Cour, ne recevant les appellations, même celles dudit Chantepinot, qui n'avaient point empêché qu'il ne fût mis au supplice et son corps inhumainement traîné par un bourreau par la ville; ayant, en mépris et contemnement des arrêts, exercé infinies violences envers

---

(1) Registre du même jour.

tant de gens d'honneur et de respect de cette Compagnie et leurs familles et biens, chassé une partie, emprisonné les autres comme bon lui semblait; qu'il était besoin et nécessaire que de tels actes et violences fussent réprimés pour le bien et le repos des habitants, afin que chacun pût vivre en repos et sûreté en sa maison et famille. » Sur quoi douze autres membres proposant de nouveaux empêchements, il ne resta que le Premier Président Denis Brulart, et avec lui les conseillers Catherine et de Xaintonge, ce qui rendait toute délibération impossible (1).

Ainsi nous ont été conservés dans des actes authentiques ces faits importants, en cela plus sûrs que les chroniques, puisqu'ils émanent d'un Corps et qui montrent à quelles violences le pouvoir de la commune, ou d'un seul en son nom, était arrivé pendant la Ligue. La cause de ces crimes fut, comme on l'a vu depuis, que par la participation des masses aux troubles civils, celui-là reste le plus fort dont l'autorité en est issue, tandis que les corps réguliers, leurs antagonistes, par une origine différente, restent des fictions vaines. Tel avait été, à cette époque, La Verne pendant une dictature, qui se perpétua cinq ans, durant lesquels il gouverna Dijon par la terreur. Appuyés sur lui, bien plus qu'il ne s'appuyait sur eux, Mayenne et Tavannes, complices de ces violences, qu'ils avaient souffertes, écrivirent au Parlement des lettres où la supplication cachait mal le ressentiment. Cette Compagnie fut sourde à ces prières, bien

(1) Registre dudit jour.

que soutenues par une émeute provoquée pour vaincre ses résistances qui, cette fois, avaient la justice pour base. Comme aux jours de son ancienne puissance, elle osa en rendre, dans des termes amers, les officiers municipaux responsables, et écrivit au gouverneur et à Tavannes lui-même, le premier auteur de ce mouvement, afin qu'ils eussent à y pourvoir (1).

Le président de Montholon avait, comme on l'a vu, donné le premier l'exemple d'une telle conduite. Mandé au Logis-du-Roi sous un vain prétexte, le prince, fils de Mayenne, et Tavannes ne lui épargnèrent ni les reproches, ni les menaces. « Le peuple ne souffrira pas, avait dit ce dernier, que La Verne soit ainsi traité. » Montholon répondit fièrement « que le peuple ne ferait que ce qu'on lui ferait faire. » Une pareille scène, dénoncée au Parlement, y causa une vive rumeur. L'avocat général Vellepesle s'écria bravement que de tels actes intéressaient l'honneur du Corps. Ces paroles passèrent dans les âmes et amenèrent une délibération par laquelle une députation fut nommée, chargée d'exprimer au prince et à Tavannes la prière « que lorsque des magistrats seraient mandés au Logis-du-Roi, ils y fussent reçus selon leur dignité, sans permettre qu'aucuns propos soient tenus, sinon avec le respect dû aux organes de la justice. » Les députés admis prononcèrent mot à mot ces paroles concertées d'avance, mais trouvèrent chez Tavannes cette fierté arrogante à laquelle ils s'étaient attendus. Au président des Barres, leur chef, celui-ci de répondre :

(1) Registre du même jour.

« qu'il ne permettrait pas que La Verne fût travaillé par les politiques, » montrant ainsi ce qu'il était disposé à entreprendre dans le cas où le Parlement oserait pousser l'affaire jusqu'au bout. Le fils de Mayenne, plus maître de lui, s'excusa d'avoir donné à la justice l'occasion de se plaindre et ajouta qu'il faisait profession de l'honorer, cachant sous ces dehors de respect les mêmes colères.

Que devint cette demande d'admission que La Verne avait adressée au Parlement? Que devinrent les plaintes que les familles, rassurées par sa chute prochaine, avaient osé former contre lui? Le peu de temps qui s'écoula avant sa trahison accomplie et son supplice nous apprennent dans quel danger il était allé se précipiter pour en éviter un autre moins menaçant, alors que la puissance de Mayenne le protégeait encore. Mais cette justice, sans force pour se faire obéir, allait trouver dans les égarements d'un coupable la garantie qui devait, par une autre voie, lui assurer son cours, et l'on vit les protecteurs de La Verne devenus les plus acharnés à sa mort par la trahison qu'il entreprit pour se sauver.

Les actes qui nous sont restés font encore connaître à quelles vengeances s'étaient exposés les magistrats qui bravèrent ainsi, en méconnaissant un choix fait par lui, les ressentiments du chef de la Ligue. On y lit que le président Jeannin s'était trouvé en mission à Dijon dès la présentation des lettres de La Verne au Parlement (1)

---

(1) Voir notamment le Registre du 7 janvier 1594, où l'on voit qu'il entra au Parlement saluer cette Compagnie, en la priant de l'excuser

et qu'il y revint pendant cette affaire, où il ne cacha pas son sentiment sur la conduite qu'avait à tenir cette Compagnie ainsi éprouvée. Du crédit d'un tel personnage dans un Corps dont il était membre, n'est-on pas autorisé à conclure que ses conseils vinrent fortifier, s'ils ne les inspirèrent pas, des résolutions pour lesquelles l'honneur de tous avait parlé si haut et quand le courage sembla être revenu avec le devoir?

Pendant ce temps la fraction du Parlement retirée à Semur attirait tous les regards par son attitude inébranlable. Elle rendait des arrêts, procédait aux réceptions (1) et agissait comme en pleine paix quand le canon de la Ligue menaçait de l'en chasser, comme on avait fait des ligueurs à Flavigny, lorsque le comte de Tavannes avait surpris cette ville par un coup de main hardi. A une époque rapprochée, des soldats du Roi à Semur, qu'un autre Tavannes avait entraînés plus tard à sa suite à force de promesses, faits prisonniers et reconnus, furent pendus sans miséricorde par délibération des habitants restés fidèles. Ainsi l'opinion commençait à seconder de sa force l'exemple donné par de courageux magistrats.

Autour d'eux, et comme un glorieux cortége, s'étaient réunis tour à tour, sous les ordres du premier des Tavannes, une noblesse fidèle, tels que Clugny, Chantal,

---

de ne pouvoir faire sa charge à cause des affaires auxquelles il est employé pour le public.

(1) Non avec trop de condescendance, malgré les calamités du temps. On lit dans le Registre des 1ᵉʳ décembre 1593 et 8 mars 1594, que MM. Folin et Millotet ne furent admis, le premier comme conseiller et le second comme avocat général, qu'à la charge de revoir *assidûment* leurs livres.

Lusigny, Blanchefort, les deux Chabot, Jaucourt, Fervaque de Grancey (passé au parti du Béarnais), Damas de Saint-Riran, le Compasseur (1) et Ponthus de Thiard, le seul évêque (2) de la province qui fût resté fidèle à ses devoirs et en éprouvât mille persécutions. C'est ainsi que la robe et l'épée concouraient pour montrer aux plus timides de quel côté était le salut commun, préparé par une poignée de gens de bien qui attirèrent ainsi, à force de constance, cette foule d'hommes sans courage qui, dans les malheurs publics, attendent pour agir qu'on leur en montre la voie.

Par là s'était formé peu à peu en Bourgogne, centre de la Ligue et de son gouvernement, un parti opposé qui, s'il ne pouvait déjà l'emporter, balançait du moins les chances de la guerre et préparait au Roi un appui important. L'arrivée du maréchal d'Aumont, envoyé par Henri IV dans cette province, loin d'avancer ses affaires, les avait retardées par une suite de fautes et de contremarches (3). Biron, qui le remplaça bientôt, rétablit la fortune de son maître et prépara par des dispositions hardies (4) l'événement que chacun connaît, mais dont

---

(1) Bénigne, le même qui obtint du Roi Henri IV étant à Dijon le 11 juillet 1595, en récompense de son courage à la prise des villes et châteaux de Troyes et de Sens, même en la réduction d'Auxonne, l'établissement de sa terre de Courtivron en baronnie, érigée depuis en marquisat en 1698. (Voir les *Mémoires de la Ligue*, tome II, où on lit encore des lettres des rois Henri III et Henri IV qui attestent les services de cette famille.)

(2) Du siége de Chalon.

(3) Ce qui faisait dire à ses adversaires « qu'il prenait des conseils en latin et qu'on le battait en bon français. » (*Mémoires de Tavannes.*

(4) Dont la plus décisive fut la prise du château de Beaune, où il

il nous reste à compléter le récit dans sa relation particulière avec la conduite du Parlement.

La capitale venait d'ouvrir ses portes à l'armée royale. Ce dénouement était pour la Ligue une catastrophe, mais non pas de ces malheurs sans remède qui ne laissent prise qu'au désespoir. En ce temps-là Paris n'était pas la France, et la province renfermait en elle les germes d'indépendance que le temps, non moins que les mœurs, avait développés. La Bourgogne, où le parti de l'Union était plus nombreux, affaiblie mais nullement vaincue, songea à elle seule à relever son drapeau et à préparer au Roi des résistances formidables dans le cas où il viendrait l'attaquer en personne. Dès le 4 avril 1594, on parlait à Dijon de mourir plutôt que de se rendre, quand toutes les autres villes viendraient à ouvrir leurs portes. Les prédicateurs redoublaient leurs véhémences accoutumées et traitaient de *politiques* ceux qui osaient manifester des vœux pour la paix. Déjà, deux années auparavant, le vicomte de Tavannes avait dit en plein Parlement « que la chose la plus juste était de faire la guerre à la tyrannie, les rois n'étant rois qu'à certaines conditions. » Preuve nouvelle que les idées démocratiques eurent une grande part aux troubles d'alors, pour les uns comme un système, pour d'autres, et Tavannes fut de ce nombre, comme un moyen d'agitation qu'on désavouerait après le succès. Un cordelier,

---

avait ouvert la brèche après une canonnade de 3,000 coups, et qui se rendit à Pâques 1595, après six semaines de résistance ; ce qui coupa les communications de Mayenne avec Chalon, qui tenait encore pour lui. (*Mémoires de la Ligue*, tome IV.)

plus courageux, exposa sa vie pour avoir dit « que ce n'était point au peuple à se donner un roi, mais qu'il fallait l'attendre de la main de Dieu. » On proposa de faire arrêter les *suspects*, et leurs maisons furent marquées d'initiales qui les vouaient aux vengeances et à la mort. Triste récompense de leurs faiblesses, les maisons des membres du Parlement furent exceptées de ces menaces. Le maire, épouvanté, se faisait garder lui-même jour et nuit par onze sergents et donna l'ordre de fermer les églises, de peur que les *politiques* ne s'en emparassent comme de forteresses. Un tableau avait été exposé représentant le testament de la Ligue, ce dont la Chambre s'était montrée fort irritée. On parlait de jurer de nouveau l'Union et de faire des emprunts sur les *mal affectionnés*, ainsi qu'on nommait *les plus riches* dans ces temps de commune misère. Dans les rues, des chants obscènes et des cris sauvages venaient se mêler à des déclamations furibondes où la religion était outragée à force de violence. La modération elle-même fut dénoncée comme un crime, et c'était à qui, pour sauver sa tête, figurerait parmi les plus emportés. Des hommes perdus d'honneur excitaient ainsi les passions de la multitude et faisaient trembler jusque sur leurs siéges les membres de la magistrature municipale, condamnés à leur obéir (1).

(1) Depuis longtemps la démocratie révolutionnaire avait pris la place des intérêts religieux. Voir l'*Histoire des prédicateurs de la Ligue*, par Labitte, où on lit entre autres maximes que parmi les enseignements de quelques-uns fut celui « que la république conservait en tout temps le droit de vie et de mort sur le roi qu'elle s'était donné. »

Le Parlement s'inclina devant ces fureurs et n'en démentit aucune, par l'impuissance de les prévenir ou de les réprimer. Déjà il s'était vu insulté du haut de la chaire par des prédicateurs fanatiques qui, comme Buffet à l'église Saint-Jean et le Père Christophe à la Sainte-Chapelle, avaient proposé d'exterminer plusieurs de ses membres présents à leurs injures, et qui avaient été obligés de les endurer (1), montrant à quel degré d'abaissement la fortune les avait fait descendre. Brulart lui-même, malgré sa faiblesse, s'indigna des humiliations de sa Compagnie comme chef, et écrivit à Tavannes pour l'engager à protéger le Parlement contre des outrages ainsi répétés, *sinon qu'il fermerait la porte,* ce qui signifiait que le cours de la justice allait être suspendu. Qu'arriva-t-il? Tavannes ne répondit pas même à ces prières, et la Compagnie demeura avec la honte d'un aveu fait de son impuissance, après lequel il ne lui restait plus qu'à mourir (2).

Telle était la situation politique du Parlement au mois de mai 1595, époque restée si mémorable dans les annales de la Bourgogne et dont l'histoire sembla être celle de toutes les Cours souveraines qui, par une adhésion à une Ligue formée sans leur concours, eurent la triste honte d'avoir précipité leur ruine par l'asservissement.

Mais la fortune changeante de l'Union et la réflexion venant en aide, firent que les esprits commencèrent à se

(1) Voir Registre municipal du temps.
(2) Délibération du 4 août 1592. (Registres secrets.)

refroidir. La désolation des campagnes, où par la violence des gens de guerre les terres étaient demeurées incultes, ajouta encore à cette situation l'horreur d'une famine prochaine qui avait effrayé les deux partis et amené peu auparavant entre Mayenne et le roi de Navarre la trêve dite du *labourage,* enregistrée par le Parlement de Dijon (1). Une femme de tête, la première présidente Brulart, à défaut d'autres courages, ne craignit pas de rompre le silence. Elle s'exprima avec force sur les malheurs publics et sur la réduction de Paris, qu'elle proposa comme exemple de ce que Dijon avait à faire, et publia partout qu'il ne fallait pas que, pour le salut de quelques-uns compromis, le plus grand nombre des habitants succombât. Propos hardis dans ce moment et qui l'eussent infailliblement perdue si le maire ne l'eût fait avertir de se cacher.

Cette énergie, qu'elle devait communiquer à sa race, Madeleine Hennequin en donnait un nouvel exemple en répondant avec fierté à Franchesse, envoyé par Mayenne à son mari pour obtenir d'humiliantes concessions du Parlement, « qu'il n'était pas digne d'un gentilhomme de violenter ainsi la justice, et que si elle était le premier président, les choses ne se passeraient pas ainsi; » sur quoi cet officier, interdit, s'était retiré devant cet adversaire inattendu. Enfin, peu de jours auparavant, elle avait fait au maire Fleutelot, qui se plaignait qu'il y en eût qui parlaient trop et menaçait de les faire taire, une réponse pleine de vigueur dans laquelle elle mon-

(1) Registres des 29 et 30 janvier et 4 février 1591.

trait les résolutions que son sexe était capable d'inspirer pour le salut commun. Le bruit de cette altercation, dans laquelle une femme jouait le principal rôle, se répandit dans la ville et excita plus qu'aucun autre événement la colère des ligueurs.

Des propositions sinistres furent la suite d'un tel incident et ne tardèrent pas à se faire jour. On parlait d'exterminer les *politiques*, et le vicomte de Tavannes lui-même disait hautement *qu'il fallait en purger la ville*. Des cris confus, des motions violentes, des visites domiciliaires où les personnes ne furent pas épargnées, répondirent à ces excitations. On colporta dans la ville des tableaux où les conseillers Fyot et Bernard, ainsi que le maire Fleutelot, étaient pendus en effigie. Des libelles outrageants contre les premières familles, et dont Tabourot fils (1) était l'auteur, furent répandus à profusion et soulevèrent l'indignation des gens de bien. Déjà les prisons se remplissaient de ceux qu'à défaut d'autres accusations on nommait *suspects*. On parlait de répression à exercer, et, pour y parvenir, la justice des rues fut préconisée comme la meilleure ; tandis que le même Tavannes n'osait protester contre des entreprises qui ruinaient son autorité.

On aura peine à croire qu'il avait donné, peu de mois avant, l'exemple de ces fureurs en faisant, sans égard pour les intérêts de la Ligue et sous prétexte de rançons

---

(1) Issu du poète de ce nom, *riche en toute médisance*, comme le dit une chronique du temps, et connu depuis sous le titre imaginaire de *Seigneur des Accords*, auteur des *Bigarrures* et d'une foule de productions légères.

qui devaient lui être payées, incendier les villages de Prauthoy, Vaux, Rivière-les-Fosses, Pommard; piller ou démolir les églises; violer et brûler à la fois des femmes et des filles réunies dans un même lieu ; assassiner les habitants et commettre des profanations dont les protestants eux-mêmes auraient rougi (1). Henri, fils du duc de Mayenne, chargé des pouvoirs de son père, jeune prince fort décrié, n'avait point été étranger à ces exécutions qui avaient fait détester son nom et celui du vicomte de Tavannes, en ramenant les esprits vers la paix, à commencer par le Parlement, qui se dévoua enfin à cette œuvre avec un zèle égal à celui qu'il avait mis auparavant à se déclarer.

Le rôle indigne qu'un lieutenant du Roi comme Tavannes (que nous venons de citer) avait joué en Bourgogne en accablant jusqu'aux gens de son parti, ne devait pas surprendre. Dix ans plus tôt, et quand l'autorité royale y était encore reconnue, il avait donné à Auxonne, dont il était gouverneur, l'exemple des mêmes excès précurseurs d'une défection prochaine. Nous lisons dans une délibération du Parlement qu'Henri III avait adressé à cette Compagnie des lettres, « afin que par commissaires il fût informé dans cette ville sur les mauvais traitements que les habitants avaient reçus de lui et dont ils avaient porté plainte. » Les enquêtes devaient être secrètes et envoyées au Roi lui-même. Les conseillers Claude Bretagne et

---

(1) On lit dans la chronique de Breunot, où se trouvent confirmés plusieurs de ces actes, qu'il avait fait brûler dans un village le saint-ciboire renfermant des hosties consacrées; à quoi Courtépée ajoute, à l'article de Meursault, que le même fit piller l'église de Plombières.

Bourgeois furent chargés de cette mission, qui n'était pas sans danger (1). L'arrestation de Tavannes (2), conduit au château de Pagny par le peuple irrité de ce qu'il avait tenté de livrer la ville à la Ligue, fut la suite d'une émeute provoquée par la municipalité du lieu. Mais ce personnage, au risque de sa vie, parvint à s'évader de la prison, où il était resté quatre mois. Après avoir essayé sans succès de reprendre Auxonne, il se vengea des habitants en faisant ravager leurs propriétés. Le Parlement s'empara de l'affaire, décréta de prise de corps l'auteur de ces attentats et manda à Chabot-Charny, lieutenant général pour le Roi à Dijon, de lui prêter main-forte (3), ce que celui-ci promit de faire, bien qu'il s'agît d'un officier du Prince. A cette nouvelle, la colère de Tavannes ne connut plus de bornes. Le conseiller Bretagne, un des commissaires, passait à ses yeux pour être le promoteur des mesures qui avaient été ainsi ordonnées à son égard; il lui adressa une lettre pleine d'injures, dans laquelle il le menaçait par serment d'une mort certaine si l'on passait outre aux procédures commencées (4). Le Parlement en conçut de vives alarmes

---

(1) Délibération du 18 novembre 1585. Les lettres du Roi qui y sont transcrites sont du 7 du même mois.
(2) Dans la chapelle Sainte-Anne de l'église d'Auxonne, par le maire aidé de trois bourgeois.
(3) Délibération du 14 février 1586.
(4) Cette lettre portait : « Bretagne, sans justice vous m'avez fait assigner à trois briefs jours, je n'ai point fait de mal. J'ai voulu reprendre la ville qui m'était donnée en charge, laquelle m'a été volée sans l'aveu du Roi. Les Compagnies levées ont aveu de M. de Mayenne. Les prisonniers que j'ai pris, c'est pour ravoir mon bien que l'on me détient injustement. Vous savez que M. de Mayenne vous aime. J'aime mieux mon honneur que ma vie. Si l'on passe outre à

pour la vie d'un de ses membres qui n'avait fait que remplir son devoir. Les maire et échevins de Dijon furent mandés à sa barre et rendus responsables des violences qui se pourraient pratiquer envers Bretagne (1). Mais cette recommandation devint inutile, Tavannes ayant obtenu du Roi des lettres qui le relevaient de toutes poursuites et que le Parlement n'enregistra pas sans résistance (2), après avoir donné l'exemple d'une fermeté de conduite que la Cour qui l'avait provoquée n'imita pas. Cinq ans plus tard et le 4 août 1592, la même Compagnie fera publier les actes du duc de Mayenne qui conféraient à ce même Tavannes la charge de lieutenant général au gouvernement de Bourgogne, par la démission du baron de Sennecey (3) et quand déjà le parti du Roi dans la même province allait en s'affaiblissant.

A côté des humiliations de cette Compagnie dont nous avons parlé tout à l'heure, sa misère était devenue telle, qu'elle fut obligée de se passer de feu pendant l'hiver de 1594 à 1595. Dès la rentrée de la Saint-Martin, Brulart avait fait un récit touchant des malheurs publics dont le Parlement supportait la plus grande part, «réduit, disait-il, à prouver au peuple, à force de constance, qu'il était digne d'un meilleur sort.» Cette mercuriale entre-

---

me le vouloir ôter, je jure Dieu, et que je sois damné si je ne vous tue à coup de dague et me retirerai au petit pas. Je pardonne aux autres conseillers, qui ne sont poussés que par vous. Il est en moi de comparaître à l'assignation sans que me puissiez faire mal. Vous me verriez bientôt après l'arrêt si vous m'affligiez, je vous le jure. » (Extrait de la délibération du 25 février 1586.)

(1) Délibération du 27 février 1586.
(2) Délibération des 5 février et 21 mars 1587.
(3) Délibération du même jour.

mêlée de citations, et dans laquelle il recommandait pour la première fois, sous le nom de *dilection fraternelle*, la concorde à tous les membres, *ut omnes bona fide redeant in gratiam*, et où il insistait sur le devoir imposé à chacun « de se mettre sous les yeux *quam personam sustinerent*, » fut le dernier cri de détresse de sa part et sembla présager le retour du Corps à des sentiments plus pacifiques. Mais le passage de l'Ecriture qu'il cita ensuite en s'adressant à cette Compagnie : *Dii estis et filii Excelsi omnes*, non plus que celui-ci : *Judicia Dei, non hominum, exercemus*, n'étaient plus de saison et ressemblaient presque à de la raillerie. Le nombre des magistrats de Dijon présents à cette assemblée fut si faible, qu'il fallut pour former deux Chambres les compléter par l'adjonction des membres des Requêtes du Palais; ce qui faisait voir assez que le temps était venu où chacun songeait à se rapprocher du côté le plus juste et qui était devenu le plus fort (1).

Le plus opposé à cet acte de salut fut l'avocat général Vellepesle. De concert avec le président des Barres, il avait proposé des mesures qui, en protégeant la ville contre la violence des partis, garantissaient la fidélité des habitants à la cause qu'ils avaient embrassée avec tant d'ardeur. L'arrivée attendue en Franche-Comté de l'armée espagnole, commandée par le connétable de Castille, que dispersera plus tard le Roi de France à Fontaine-Française, n'avait pas peu contribué aux excès de la multitude, en entretenant jusqu'à la fin les espé-

---

(1) Voir la délibération dudit jour, citée par Breunot.

rances des ligueurs. Un état de 30,000 écus de pension payés par le Roi d'Espagne en Bourgogne, et dont on venait de trouver les quittances chez un banquier de Lyon, prouvait assez les intelligences que ce souverain entretenait avec les principaux meneurs de la Ligue dans cette province (1). La campagne entreprise par le maréchal de Biron avait eu pour but de la réduire à l'obéissance, en détruisant ensuite l'armée étrangère qui s'avançait ainsi à son aide. Ce plan de guerre allait atteindre son but. La misère publique, jointe aux projets supposés aux Espagnols contre la monarchie, au lieu des secours qu'on attendait d'eux, acheva de ramener les esprits en ranimant le patriotisme bourguignon. Pour comprimer son élan, les hommes les plus compromis et, pour cette cause, les plus violents, avaient demandé l'entrée dans les murs de nouvelles troupes qui, à défaut de ce motif qu'ils ne pouvaient avouer, devaient veiller à la sûreté du fils de Mayenne, le premier de tous à en réclamer l'accès. Une telle proposition faite aux Chambres assemblées par deux des membres les plus emportés ne trouva pas d'écho, et fut repoussée sans discussion par le Par-

(1) 2 mars 1594 (Breunot). Ce chroniqueur ne cite pas les noms de ces étranges pensionnaires ; mais, en ajoutant « qu'il n'a pas peur qu'on rencontre le sien parmi eux, » il semble faire entrevoir que d'autres membres du Parlement ligueur pouvaient figurer sur cette liste. De ce fait ne serait-on pas autorisé à conclure eque le parti qui, dans cette Compagnie, obéissait au roi d'Espagne, aspirant pour sa fille à la couronne de France, y était en plus grand nombre que celui qui demandait un Prince catholique français, depuis que par la mort de Henri III la Ligue s'était ainsi partagée? De leur côté en livrant, comme ils le firent plus tard, le Hâvre aux Anglais, les protestants perdirent le droit de reprocher à la Ligue, ainsi qu'ils affectaient de le faire, d'être devenue le parti de l'étranger.

lement. Le peuple lui-même, si jaloux de ses priviléges municipaux, et que cette défiance semblait accuser, était venu en aide à la Compagnie par des remontrances pleines de force et qu'on accusa celle-ci d'avoir provoquées. Ainsi la sagesse commençait à pénétrer dans les conseils et à s'en rendre maîtresse. Toutefois, ces résistances ne tardèrent pas à céder elles-mêmes à d'autres entreprises. Le vicomte de Tavannes, à défaut de ce consentement, avait fait entrer de force des troupes dans la ville; et, comme il fallait les entretenir, il menaça d'envoyer des soldats dans chaque maison avec ordre de n'en pas sortir qu'on ne leur eût payé la taxe exigée. Les désordres amenés par de pareils expédients eussent été incalculables; le Parlement, épouvanté, offrit d'établir des cotes nouvelles sur chacun de ses membres, et cet exemple, suivi bientôt par plusieurs habitants, les préserva de ces dangers.

Tant de maux à la fois firent ce que la raison seule eût été impuissante à accomplir. Le Parlement, composé d'hommes graves quoique égarés, pouvait seule sauver la cité d'une ruine ainsi devenue imminente. Il entreprit cette œuvre vers la fin de mai 1595, quand déjà toutes les villes voisines, à commencer par Lyon, « *avaient fait le saut ou branlaient dans leur résolution de défense.* » Une délibération solennelle s'ouvrit sur cette question dans les Chambres assemblées au sein d'un calme digne des plus beaux jours. Mais la Chambre de ville, plus rapprochée du peuple et qui se ressentait davantage de ses égarements, repoussa ces propositions d'accommodement avec colère. Elle qualifia les opinions du

Parlement d'*arrêt mal digéré*, osa se dire plus ancienne que cette Compagnie, rejeta sur tous ses membres et sur leur postérité *née ou à naître* le danger qui en résulterait pour les habitants, sommant chacun d'eux de prendre les armes, à défaut de quoi elle y pourvoirait.

Jamais mépris envers une Cour souveraine n'avait été poussé aussi loin par un pouvoir subalterne. Le Parlement tint ferme et retrouva son énergie. Le président des Barres, comme deux siècles plus tard d'Espremenil, reçut dans les insultes de la multitude la récompense d'une popularité trompeuse. Esprit souple et habile, aussi ferme qu'il était brave, fameux ligueur et sans scrupule, il réunissait aux qualités du magistrat l'intrépidité du soldat; accord heureux qui frappait les imaginations par le merveilleux et ne contribua pas peu à étendre son crédit dans un temps où la force avait à trancher plus de questions que la justice (1). Moins

(1) Un exemple emprunté au Journal de Breunot donnera l'idée des mœurs guerrières de cette époque. Dans un cartel envoyé par Vaugrenant à Franchesse, commandant du Château, pour se battre corps à corps sous les murs de cette forteresse, on avait vu ce même président des Barres accourir avec son épée, suivi de l'avocat général Vellepesle, qui avait quitté brusquement l'audience avec son frère, avocat au Parlement; lesquels, armés de leurs corcelets, voulurent assister aussi à la lutte. Le combat n'eut pas lieu, par la crainte bien fondée d'un piége dans lequel on avait cherché à entraîner Franchesse. Chose peu rare alors, ce même Vaugrenant, devenu l'un des principaux chefs de la Ligue en Bourgogne, était auparavant président aux Requêtes du Palais et avait quitté sa charge pour suivre le parti du roi de Navarre. Connu au Parlement de Dijon sous le nom de Philippe Baillet, et petit-fils du Premier Président de ce nom, il avait commandé une compagnie de cinquante hommes d'armes au siége de Paris, et reçu de Henri-le-Grand le collier de son ordre. (Voir ce que nous en avons dit précédemment.)

emporté que Vellepesle, son plus fidèle ami; moins habile que lui dans l'art de parler aux hommes et de de s'en faire écouter, ils avaient pris part ensemble à toutes les agitations de la province, et l'on peut dire que les fautes commises par le Parlement resté à Dijon pendant la Ligue furent en grande partie leur ouvrage (1).

Mais les partis sont soupçonneux quand la fortune les abandonne, et des Barres en ressentit le premier l'ingratitude. Les tendances du Parlement à se rapprocher du roi de Navarre par la soumission furent considérées comme son œuvre. On lui reprocha d'avoir trompé les siens dans des conférences suspectes où il avait flatté tout le monde. Ces accusations étaient fondées, et des Barres s'en défendit mal. La mission dont il fut chargé plus tard par sa Compagnie près du Parlement de Semur mit le comble à ses soupçons et acheva de le perdre dans son parti, dont la haine le poursuivra jusqu'au tombeau. Le Parlement royaliste, de son côté, répondit avec dédain aux ouvertures dont des Barres avait été chargé pour y parvenir. Il renvoya la lettre qu'il avait écrite sans réponse, puisqu'on ne peut donner ce nom à la recommandation verbale de se soumettre qui lui fut apportée par la personne chargée d'une telle mission.

Les choses étaient dans cet état, lorsqu'après les événements qui se trouvent rappelés dans le Discours préliminaire de cet ouvrage, Dijon fut contraint d'ouvrir ses

---

(1) Consulter les *Mémoires de la Ligue*, où l'on parle d'eux « comme étant à la tête des mutins et boutefeux de la ville de Dijon, et vomissant un monde d'exécrations et de blasphèmes contre Sa Majesté et cet État, » — Tome VI, p. 292, édition in-4°.

portes au roi de Navarre. « En appliquant ses efforts à
la reddition de cette ville, le Parlement avait cédé à la
volonté du peuple écrasé de souffrances, plutôt qu'à son
libre arbitre. Ainsi les cœurs étaient soumis avant que
la capitulation fût conclue et que les Ligueurs les plus
compromis se fussent retirés au Château, refuge assuré
d'avance par le duc Mayenne à sa famille et à lui-même,
si les événements de la guerre venaient à le forcer d'abandonner les champs de bataille. Déjà le canon de cette
forteresse était dirigé contre les habitants, qui, de leur
côté, avaient dressé des barricades pour se défendre.
Biron s'était hâté d'informer de ces faits le Roi, qui
accourut de Troyes, précédant son armée pour marcher,
après Dijon rendu, contre le connétable de Castille qui
menaçait la frontière par la Franche-Comté. La coïncidence de ces événements, qui seront traités à part, et leur
importance se font déjà sentir et devinrent le nœud de
la situation. Toutefois, malgré les apparences de soumission, il s'en fallait de beaucoup alors que tout fût terminé
par la réduction d'une ville capitale dont l'exemple ne
serait suivi par d'autres qu'autant qu'elles ignoreraient
les secours que le roi d'Espagne envoyait à un parti
aux abois. Mais, comme il arrive à la suite de grandes
commotions, la majorité, formée de gens sages ou
détrompés, commença à faire la loi : puissance occulte
qui termine les luttes désespérées et que l'on a nommée
depuis l'*Opinion*. « La réduction de Dijon, dit l'Etoile
eut lieu au grand déplaisir de Mayenne, qui depuis ne
battit plus que d'une aile, non plus que la Ligue, qui
ressemblait proprement à une corneille déplumée. »

Henri IV, en entrant dans cette ville le 4 juin 1595, pardonna à ses magistrats leur révolte, mais sans la leur reprocher avec amertume ; pardon digne de son grand cœur dans un temps où un si petit nombre avait fait son devoir. Le Parlement, dans une commission dont l'avocat général Vellepesle s'était fait nommer membre à force de prières, et qui fut présidée par Brulart, prépara avec des délégués de la Chambre des Comptes et de la ville les articles de la capitulation, que le conseiller Breunot présenta au maréchal de Biron, à Champmaillot, et fit accepter presque en entier. Biron, qui précéda le Roi dans son entrée à Dijon à la tête de l'armée royale, embrassa ce négociateur heureux venu à sa rencontre. Presque aussitôt Vellepesle, qui venait de changer avec la fortune, se montrait un des plus résolus du jour, jusqu'à monter aux barricades formées par ceux de la Ligue au Coin-du-Miroir (1), et dont quelques gentilshommes triomphèrent sans beaucoup d'effort. Le Parlement lui-même sanctionna de nouveau l'exemple qu'il avait donné de son retour à la soumission, en rendant un arrêt qui demeura affiché jusque dans les carrefours. Par cet acte, il ordonnait *aux gens d'église de prier pour le Roi et de le nommer haut et clair Henri IV, roi de France, sous peine de punition exemplaire* : mesure superflue de sa part, car déjà la joie s'exprimait par toutes les bouches, comme elle était dans tous les cœurs.

---

(1) Maison forte alors à Dijon, appartenant aux Chartreux et dont le capitaine Pignalet s'était emparé, ainsi que de la tour de la porte d'Ouche, quelques heures avant l'entrée en ville du maréchal de Biron.

La ville ainsi sauvée, que deviendra la Compagnie et que plaira-t-il au Roi d'en ordonner ? Ce fut, après la capitulation accomplie, la principale affaire du moment ; car les articles, bien que convenus sur ce point avec le maréchal, laissaient par la ratification réservée au Prince la question entière. Henri IV n'était pas encore arrivé à Dijon que déjà le Parlement faisait sonder Biron sur des desseins dont on le supposa naturellement instruit ; et ce ne fut pas sans joie qu'il obtint de lui la permission d'envoyer au Roi, jusqu'à Saint-Seine, une députation que, pour sa sûreté, il offrit de faire accompagner par deux cents chevaux. Mais (chose étrange et qui faillit tout perdre !) la députation n'eut pas lieu par le fait du président de Montholon, qui craignit de tomber dans une embuscade et osa même en avouer le motif. Faute énorme, qui rejaillit sur la Compagnie entière dans un temps où elle devait tant se garder d'en commettre de nouvelles !

Heureusement Brulart, entraîné par les reproches de ses amis ou par son propre intérêt, venait de se montrer digne de son rang. Dès le 22 mai, à l'assemblée du Parlement dont nous avons parlé, il avait, par un retour inattendu, tenu un discours plein de force sur la nécessité de faire la paix. Dans cet acte curieux, qui eût dû s'accomplir deux ans plus tôt, on lisait entre autres choses : « Que le Roi étant encore dans la religion réformée, ils avaient fait un arrêt qui était juste et saint, portant défense de le reconnaître ; mais que, puisque Dieu lui avait touché le cœur et l'avait rappelé au giron de l'Église, il n'y avait plus moyen de lui dénier l'obéissance; que l'on savait bien que son absolution était traversée par les partisans espagnols, mais qu'ils étaient en définitive conseillers du Roi et non du duc de Mayenne, et qu'il fallait reconnaître Henri IV comme roi de France et de Navarre. » Après Brulart, le président de Montholon avait tenu le même langage; tandis que, par une tactique habile, d'autres membres, tels que le président des Barres et les conseillers Fyot aîné, Berbisey, Bernard et Millière puîné, tous du conseil de la Ligue, avaient essayé mais en vain de paralyser la motion en la réduisant à la proposition d'une simple adresse à Mayenne pour faire la paix.

Cette opinion, combattue par le Premier Président, ne prévalut pas. A l'exception des plus compromis, chacun voulait sortir d'une situation qui ne pouvait se prolonger sans péril. Dans le même moment était décidée, par une assemblée des Chambres, cette réunion si tumultueuse (1), d'un certain nombre d'officiers du Parlement, de ceux des Comptes et d'ecclésiastiques, lesquels, avec le concours de quatre habitants de chaque paroisse, devaient aviser au salut commun. Une telle résolution, en faisant un appel à la concorde, indiquait le seul remède à appliquer au milieu de tant de dangers. Mais le Parlement ne s'en tint pas à ces préliminaires. Il ordonna, par une mention faite au Registre, que le Roi serait reconnu désormais dans toutes les expéditions de justice après un délai de quinze jours, pendant lequel les événements devaient, ainsi qu'on l'a vu, précipiter une telle mesure.

(1) Voir le Discours préliminaire de cet ouvrage.

Déjà le bruit de cette décision se répand dans toute la ville. Les plus affectionnés sont avertis *sous main* qu'on va proclamer le Roi au Palais. Le peuple en foule accourt pour entendre la lecture du premier acte de courage qui sera sorti depuis six ans de la bouche d'une Compagnie souveraine humiliée. Les bons espèrent, les méchants commencent à se troubler; on parle de faire publier la résolution du Parlement dans tous les carrefours. Deux conseillers, Breunot et Berbisey, sont députés à Tavannes et Franchesse pour conjurer les dangers du Château et de la place de Talant, qui menacent de foudroyer les habitants en cas de leur retour à la soumission. Ces officiers se récrient contre ce qu'ils appellent une *trahison*. Francesse va jusqu'à dire « qu'il s'opposera de toutes ses forces à ce qu'il soit rien entrepris contre le service de son maître, *dût-il faire descendre la foudre sur la ville.* » Sur ces entrefaites, Biron arrive aux portes de Dijon à la tête de l'armée royale, et menace les habitants des mêmes malheurs, en répandant le bruit du triomphe qu'il a obtenu sur les ennemis du Roi, partout vaincus ou découragés.

De cette situation ne doit-on pas conclure que les paroles du Premier Président et la résolution conforme qui avait été prise par sa Compagnie étaient moins un regret du passé qu'un aveu tardif de leur impuissance? Car, si la conversion du roi de Navarre devenait la raison suprême de le reconnaître en qualité de Souverain, pourquoi le Parlement ne l'avait-il pas fait deux ans plus tôt, quand ce motif s'était manifesté par l'abjuration de Saint-Denis et que le Parlement de Semur avait reçu des lettres patentes qui ne laissaient plus de prétextes aux incertitudes (1)? Mais alors la fortune balançait les chances de la guerre, et la Ligue se berçait encore, ainsi que le Parlement, de ces espérances chimériques que les partis,

(1) Ces lettres disaient : « Nos amés et féaux, suivant la promesse
« que fesons à notre avénement à cette couronne par la mort du feu
« Roi notre très honoré sieur et frère, dernier décédé, que Dieu
« absolve, et la convocation faite des prélats et docteurs de notre dit
« Royaume, pour entendre à notre instruction par nous tant désirée
« et tant de fois interrompue par les factions de nos ennemis, enfin
« nous avons, Dieu merci, conféré avec lesdits prélats et docteurs
« assemblés en cette ville, à cet effet, des points sur lesquels nous
« désirions être éclaircis, et après la grâce qu'il a plu à Dieu nous
« faire et l'inspiration de son saint Esprit que nous avons cherché par
« tous nos vœux et de tout notre cœur pour notre salut, et satisfait
« par les preuves qu'iceux docteurs et prélats nous ont rendues par
« les écrits des apôtres et des saints pères et docteurs reçus en l'Eglise,
« reconnaissant l'Eglise catholique, apostolique et romaine être la
« vraie Eglise de Dieu, pleine de vérité et laquelle ne peut errer,
« nous l'avons embrassée et sommes résolu d'y vivre et mourir. Et
« pour donner commencement à ces bonnes œuvres et faire connaître
« que nos intentions n'ont jamais eu d'autre vœu que d'être instruit
« sans aucune opiniâtreté et être éclairci de la vérité de la vraie reli-
« gion pour la suivre, nous avons aujourd'hui ouï la messe et fait nos
« prières avec la sainte Eglise après les cérémonies nécessaires et
« accoutumées en telles choses, résolu d'y continuer le reste de nos
« jours qu'il plaira à Dieu nous donner dans ce monde, dont nous
« avons bien voulu vous avertir pour vous réjouir d'une si agréable
« nouvelle, et confondre par nos actions le bruit que nos ennemis en
« font courir jusqu'à cette heure, que quelque promesse que nous en
« ayons ci-devant faite, c'était seulement pour obliger nos bons
« sujets et les entretenir d'une vaine espérance sans aucune volonté
« de la mettre en exécution. De quoi nous désirons qu'il soit rendu
« grâces à Dieu par processions ou par prières publiques, afin qu'il
« plaise à sa divine bonté nous maintenir et conserver le reste de nos
« jours en si bonne, sainte et constante résolution. De Saint-Denis, le
« 26 juillet 1593. » Signé : « Henri ; » et plus bas : « Potier. »
Et la suscription : « A nos amés et féaux les gens tenant notre Parlement de Bourgogne. »
Deux mois avant, le Roi avait écrit à l'évêque de Chalon, Ponthus

même après leur défaite, n'abandonnent guère. Ces simples rapprochements suffiraient pour donner, sur la conduite du Corps et de son chef avant la capitulation de la ville, la mesure de leurs sentiments véritables dans un

de Thiard, prélat dévoué à sa cause et membre de son Conseil, cette lettre qui montre combien était sincère de sa part le désir de s'instruire sur des divisions religieuses qui troublaient si profondément le repos de l'Etat.

« Monsieur de Chalon, le regret que je porte des misères où ce
« Royaume est constitué par l'ambition d'aucuns qui, sous le faux
« prétexte de la religion, duquel ils se couvrent, ont enveloppé et
« tenu avec eux en cette guerre le peuple ignorant, leurs mauvaises
« intentions et le désir que j'ai de reconnaître envers mes bons sujets
« catholiques la fidélité et affection qu'ils m'ont témoignées et conti-
« nuées chacun à mon service, par tous les moyens qui peuvent dépendre
« de moi, m'ont fait résoudre, pour ne laisser aucun scrupule, s'il est
« possible, à cause de la diversité de ma religion en l'obéissance qu'ils
« me rendent, de recevoir instruction au plus tôt sur le différend
« dont procède le schisme qui est en l'Eglise, comme j'ai toujours fait
« connaître et déclaré que je ne la refuserais et n'eusse tant tardé d'y
« vaquer sans les empêchements notoires qui m'y ont été continuel-
« lement donnés. Et combien que l'état présent des affaires m'en
« pourrait encore justement dispenser, je n'ai voulu toutefois différer
« davantage d'y entendre, ayant à cette fin avisé d'appeler un nom-
« bre de prélats et docteurs catholiques, par les bons enseignements
« desquels je puisse, avec le repos et la satisfaction de ma conscience,
« être éclairé des difficultés qui me tiennent séparé en l'exercice de
« la religion. Et d'autant que je désire que ce soient personnes qui,
« avec la doctrine, soyent accompagnées de probité et preud'hommie,
« n'ayant principalement point d'autre zèle que l'honneur de Dieu,
« comme de ma part j'y apporterai toute sincérité, et qu'entre les
« prélats et autres personnes ecclésiastiques de mon Royaume, vous
« êtes l'un de ceux dont j'ai cette bonne opinion, à cette cause, je
« vous prie de vous rendre en cette ville près de moi dans le quin-
« zième de juillet, où je mande aussi à aucuns autres de votre pro-
« fession se trouver à même temps pour tous ensemble rendre à l'effet
« susdit les offices dépendant de votre devoir et vocation, vous assu-
« rant que vous me trouverez disposé et docile à tout ce que doit un
« Roi très chrétien qui n'a rien de plus vivement gravé dans le cœur
« que le zèle du service de Dieu et la manutention de la vraie reli-

moment où l'intérêt de tous commandait si fort d'en agir ainsi.

Déjà Brulart avait passé, comme on l'a vu, d'un parti à l'autre avec une ardeur qui, sous l'apparence du retour, n'était que la crainte des reproches qu'il avait encourus par sa conduite. Quelques jours plus tôt, et dans le conseil tenu au Logis-du-Roi, il avait parlé avec la même force, pendant que Vellepesle, l'un des commissaires du Parlement, prenait soin de stipuler sa propre sûreté, dans la rédaction du protocole, *pour ce qu'il aurait dit ou écrit auparavant.* Plus tard enfin, et quand Biron était aux portes de la ville, on avait vu le fils du Premier Président, à cheval et hors d'haleine, sortant à la rencontre du maréchal, ce dont l'empêcha Pignalet, capitaine des murailles de la ville, sorte de spadassin de cette époque, qui osa lui appliquer, pour le faire retirer, sa pertuisane sur la poitrine. Ainsi, chez ce magistrat le courage semblait être revenu avec le devoir, tandis que d'autres, plus timides, quoique moins compromis, tels que le président de Latrecey, de la Chambre des Comptes, et le conseiller Fyot aîné, du Parlement,

« gion. Je prie pour fin de la présente qu'il vous ait en sa sainte
« garde. Ecrit à Mantes le 18 mai 1593 » Signé : « HENRI; » et plus bas :
« POTIER. »

La suscription était : *A Monsieur l'évêque de Chalon-sur-Saône, conseiller en mon Conseil.* Les protestants, avertis de la résolution de cet évêque de se rendre à l'appel de son souverain, s'en irritèrent. De son côté le Légat Cajetan, secondé par des prélats trop engagés dans la Ligue, avait traversé les espérances du Roi après sa conversion accomplie, sous prétexte qu'il n'appartenait qu'au Pape de relever ce Prince des censures prononcées contre lui.

allaient se réfugier dans des lieux secrets, dont le second fut retiré à demi-mort peu de temps après.

Henri IV venait d'entrer à Dijon au milieu des acclamations du peuple (1). Arrivé dans son logis, le Parlement ne put obtenir d'être reçu en corps, suivant le privilége accordé depuis sa fondation à cette Compagnie par tous les Souverains qui étaient venus dans cette ville. Ce refus, calculé d'avance, était le prélude d'amertumes plus nombreuses qu'à défaut d'autres châtiments ce Prince avait réservées à des magistrats rebelles et auxquelles ils devaient s'attendre. Toutefois, après des pourparlers nombreux, le Parlement avait obtenu comme grâce qu'une députation composée seulement de cinq conseillers et d'un président à leur tête serait admise, mais par l'ordre du Roi, à l'exclusion du Premier Président. Cette députation, ainsi réduite pour humilier la Compagnie, essuya mille affronts. On la fit attendre plusieurs heures, pour la congédier ensuite avec des paroles pleines de fiel, par lesquelles les courtisans renchérirent sur les sentiments qu'ils supposaient au maître et que les magistrats eurent à dévorer. Engagées de la sorte, les choses prenaient un tel aspect, que, sans le combat de Fontaine-Française, qui mit le comble à la joie publique en terminant les troubles de la Ligue, les membres délégués n'eussent jamais pu parvenir au Roi.

(1) Sans escorte, entouré d'une foule nombreuse. Le même abandon se manifesta de sa part durant son séjour à Dijon. Ponthus de Thiard, évêque de Chalon, l'un des exilés volontaires à Flavigny, effrayé de tant de confiance, ne put s'empêcher d'en parler au Roi, qui lui répondit : *Mon père, vous n'avez pas trouvé sujet propre à mes oreilles.* (Breunot.)

Ce ne fut que le 16 juin, c'est-à-dire douze jours après l'arrivée de ce Prince à Dijon, qu'eut lieu dans la salle des gardes du Logis-du-Roi cette audience si attendue. Henri IV était entouré du chancelier de Chiverny, du maréchal de Biron, de l'évêque de Langres et de plusieurs autres personnages. La députation, en entrant, s'était mise à genoux et se releva par ordre du Roi, qui affecta de laisser dans cette posture les officiers de la ville, introduits au même moment, mais dont la révolte contre son autorité avait été la principale cause des prolongations de la Ligue en Bourgogne. Au *propos* tenu par Montholon (1), le moins compromis des *mortiers*, et par lequel, en rejetant sur *la tyrannie du Château* le retard qu'on avait mis à se prononcer, il implora la clémence du Prince et la ratification des articles, le Roi fit une réponse amère dans laquelle le mécontentement perçait à chaque phrase et fut poussé de sa part jusqu'à la raillerie : « Que, lorsque la Compagnie rentrerait dans l'obéissance, elle le trouverait bon Roi ; qu'il ne doutait pas de l'inclination des membres du Parlement pour son service, mais qu'il leur ôterait les *brides* qui les avaient empêchés de faire leur devoir » (faisant ainsi allusion aux empêchements par lesquels Montholon avait essayé

---

(1) Il était de la famille des Montholon, originaires d'Autun, et qui ont occupé durant des siècles des charges au Parlement et dans les bailliages de cette province, ainsi que des dignités dans l'Église. Deux d'entre eux reçurent les sceaux sous François Ier et Henri III, d'autres remplirent des fonctions élevées dans les Parlements de Paris, Rouen et Metz. Le général, célèbre de nos jours par sa fidélité au malheur, était de cette illustre famille, qui a emprunté son nom au village de Montholon, *Mons-Tholonus*, situé à une lieue d'Autun.

d'excuser la conduite de la Compagnie), Il prononça même plusieurs fois ces mots sur un ton très élevé : *Je vous débriderai, Messieurs ; je vous débriderai, soyez-en sûrs*. A quoi il ajouta « qu'il tiendrait néanmoins ce que le maréchal avait promis en son nom. » Et comme la députation avait insisté sur le rétablissement du Parlement, le Roi coupa court à ce discours en disant « qu'il entendait que ceux de Semur entrassent avant eux, en témoignage de leurs services, ayant suivi sa fortune; et que mettre, comme on ne craignait pas de le faire, la conduite du Parlement de Dijon en regard de celle du Parlement de Paris dans les circonstances où s'étaient trouvées ces deux Compagnies, ne pouvait être admis, ce dernier Corps ayant fait arrêt, *les Espagnols présents* (1); mais qu'à l'égard de celui de Dijon, il n'avait aidé qu'à ruiner sa cause. » Il reprocha ensuite à ce Parlement de l'avoir déclaré indigne du trône comme hérétique, en disant que c'était *un méchant arrêt et qu'il fallait le biffer*. Puis reprenant, au sujet des magistrats de Semur : « Je ne veux point, ajouta-t-il, qu'ils aient avantage sur vous ; mais aussi je veux qu'ils aient une marque qu'ils ont été bons serviteurs. » Sur quoi Montholon ayant essayé de répondre, le Roi coupa court en lui disant : « Eh bien? Monsieur, voulez-vous me faire ici un procès? » Cette apostrophe achevée, il lui tourna le dos (2).

(1) Rendu le 28 juin 1593, sur les conclusions d'Edouard Molé, procureur général, et « qui déclara nuls et de nul effet tous les traités faits ou à faire pour l'établissement de princes ou princesses étrangers, comme étant contraires à la loi salique et aux lois fondamentales du Royaume. »

(2) S'étant couché sur une paillasse, son chien à ses pieds ; le

Malgré ce que cette audience avait contenu de reproches, deux faits capitaux en étaient le résultat : les articles de la capitulation étaient ratifiés, et le Parlement ligueur maintenu dans ses anciennes fonctions. C'étaient là les points essentiels. La présence de Brulart en cette entrevue eût été le sujet de paroles irritantes. Henri, qui voulait pardonner au Parlement, avait pris, comme on l'a vu, la précaution de l'éloigner d'une députation à la tête de laquelle l'appelait son rang. Peu de jours à peine s'étaient écoulés, que ce magistrat venait implorer à genoux son pardon du Roi, qui parmi d'autres reproches lui adressa celui « d'avoir été le seul des premiers présidents du royaume qui lui eût fait de mauvais services. » En même temps des Barres, compromis davantage, sollicitait et obtenait sa grâce. Il en fut de même de Vellepesle, le seul des gens du Roi du Parlement resté parmi les ligueurs, et qui avait été remplacé pour cette cause dans ses fonctions d'avocat général au Parlement par J.-B. Richard, installé à Semur au mois de juin 1593 (1). Mais, par un bonheur inespéré, le hasard voulut que Biron se trouvât présent au moment de son audience du Roi. Le maréchal ne manqua pas de rappeler qu'il l'avait vu un des premiers attaquer les barricades élevées contre l'entrée du Roi ; sur quoi Henri IV, souriant, de s'écrier : « Encore vaut mieux

maréchal assis à côté du Roi sur une table. (Chronique de Breunot.)

(1) Voir le Registre des délibérations du Parlement tenu à Semur, le 31 juin de ladite année. Depuis, on ne retrouve plus son nom dans les actes de cette Compagnie rentrée à Dijon.

tard que jamais. » Le vicomte de Tavannes lui-même, qui de Talant venait de faire tirer à boulets sur ce Prince, obtint des lettres d'abolition qui seront le premier acte qu'enregistrera le Parlement réuni (1). Peu après, Franchesse, commandant du Château de Dijon, ainsi que les barons de Thenissey et de Vitteaux, non moins compromis pendant les troubles, obtinrent la même faveur du Roi (2), qui, sur la demande des Etats assemblés, révoqua cinq mois plus tard les confiscations prononcées contre les autres membres de la Ligue les plus engagés contre lui.

Un seul homme parmi les coupables, Etienne Bernard, avocat célèbre et ancien maire, dont le nom avait retenti aux Etats de Blois de 1588, où il avait figuré avec éclat comme député du tiers-état (3), faillit échapper au par-

---

(1) Voir Registre du 27 juin 1593, séance où les lettres furent présentées.

(2) Voir aux Registres les arrêts d'enregistrement des 12 et 18 juillet de la même année.

(3) Choisi comme orateur de cet ordre, il y parla avec tant d'éloquence des calamités du temps, que Henri III lui dit : « qu'il s'était exprimé en homme de bien et avait dit la vérité sans l'offenser. » Elu de nouveau député du même ordre aux Etats-Généraux de la Ligue en 1593, Etienne Bernard fut aussi employé aux conférences de Suresnes.

Comme avocat et homme d'Etat, Febvret a dit de lui : *Horum omnium præsidio sufficienter instructus, foro nostro claritatis inclytæ fulgore preluxit. Illius eruditio ac prudentia, digna semper visa homine ad republicas nato. Oratio ejus gravis fuit, verborum delectu ornata, aptaque constructione suaviter blandiens, mireque judicum aut sedandis aut permovendis mentibus efficax : fusa erat nec laciniosa exundans, non superfluens, liberior et amœna, sed suis legitimis terminis circumscripta ipsi vero orationi quasi lenocinabatur actio : nam dicentis severam quamdam cum alia majestate gravitatem, proceri et erecti corporis decora species, frontis, oris vultusque dignitas, tum gestus, motusque elocutioni congruens, mirum silentium, summamque tam graviter peroranti, admira-*

don royal qui venait de confondre dans l'oubli tant d'erreurs et tant de fautes. Fameux ligueur et conseil du duc de Mayenne, il était l'auteur d'un écrit célèbre intitulé : *Avis à la noblesse de Bourgogne*, touchant la résolution de ces mêmes Etats. Ce libelle avait eu en France un retentissement presque égal aux fameuses remontrances de Bégat contre les édits de pacification, et fut suivi, comme celles-ci l'avaient été, d'une réfutation violente, mais où cette fois la raison était du côté de ses adversaires. Chose étrange ! la main royale, qui venait d'abolir par le pardon des crimes bien autrement graves, hésita devant un pamphlet où les droits du Prince à la Couronne avaient été contestés avec un succès de vogue. L'ouvrage fut saisi en minute avec le reste des exemplaires, à Dijon chez le libraire des Planches, apporté chez le Roi (1) en plein conseil, et

---

tione conciliabant. Sane vix forum ullum illustrius adolescentibus exemplum quod imitarentur præbuit. (De claris fori Burgundiæ oratoribus, page 41.)

D'Etienne Bernard descend la famille Bernard de Sassenay de Bourgogne, encore existante. On a vu dans le Discours préliminaire de cet ouvrage la part que ce personnage prit durant les troubles civils au gouvernement de la ville de Dijon.

(1) Le Roi lui-même avait ordonné le procès d'Etienne Bernard, arrêté en plein Parlement, où il venait de se rendre comme envoyé près de ce Corps par le duc de Mayenne. Mais après avoir chargé Picardet, son procureur général, de lui en faire son rapport et avoir lu le livre, il fit défense qu'on passât outre. Le libraire interrogé avait déclaré qu'en l'imprimant il avait cédé aux ordres du procureur du Roi Tabourot et de l'avocat général Legouz de Vellepesle, sous la menace de ceux-ci qu'ils le feraient jeter hors la ville avec sa famille en cas de désobéissance de sa part. La Reine elle-même avait écrit contre Bernard au Roi, qui n'en teint pas grand compte, dit le journal de Breunot, lequel rapporte ces faits (26 octobre 1595).

jugé si condamnable qu'il passa tout d'une voix que « le moins qu'on pût faire était de laisser la vie à l'auteur après qu'il aurait été dégradé de ses fonctions et banni perpétuellement. » Heureusement il n'en arriva pas de la sorte, et la mission que ce Prince confia presque aussitôt à Etienne Bernard pour la réduction de Marseille (1), rentré bientôt par son concours dans l'obéissance, prouva une fois de plus combien le Roi était digne de commander après s'être rendu maître de ses ressentiments au sein d'une province qui avait été l'une des dernières à reconnaître ses droits.

Ce fut ainsi qu'en peu de temps, par la magnanimité comme aussi après quelques reproches mérités, le pardon fut accordé à tous sans exception, dans des termes qui témoignèrent assez que ce prince n'ignorait rien de ce qui s'était fait contre son service par ceux que sa fortune plutôt que le repentir amenait à ses pieds.

---

(1) Rentré en grâce, il fut nommé président de la Chambre de justice souveraine créée dans la même ville après sa délivrance, fonctions qu'il résigna pour rentrer à Dijon où, comme on le verra, plusieurs traverses suscitées contre lui allaient empoisonner sa vie. C'est donc prématurément que M. Henri Martin (*Histoire de France*) lui donne, durant la Ligue, le titre de président qu'il n'obtint du Roi qu'après la pacification de Marseille, due en partie à son courage, ayant bravement payé de sa personne lors de ce grand événement accompli en février 1596 (de Thou, *Histoire Universelle*). La Chambre souveraine créée à Marseille et qui fut composée de membres détachés du Parlement de Provence, ne le fut que comme une des conditions accomplies de la soumission de cette ville au Roi. Les lettres de Henri IV des 29 octobre et 14 décembre de la même année qui l'instituèrent font mention de cette cause. Cette Chambre fut supprimée en 1599. Rétablie en 1607, elle ne dura que neuf mois pour ne plus renaître, ayant répondu dans l'origine à des convenances politiques plutôt qu'à un besoin sérieux.

L'occasion pour Henri de se venger d'un Corps qui, après une révolte soutenue, l'avait déclaré indigne du trône, était favorable, comme celle de lui donner pour chef un des magistrats modèles qui avaient partagé ses adversités. La voix publique désignait Fremiot, chef de la fraction du Parlement retirée à Flavigny, et il fut question de lui conférer cette haute dignité. Mais aux premières ouvertures, il avait fait cette réponse si belle et exprimant des sentiments devenus si rares : *A Dieu ne plaise que je m'ingère jamais à la place d'un homme vivant !* Brulart demeura donc, et avec lui les deux fractions réunies du Parlement, jusqu'alors guerroyantes et acharnées entre elles par des luttes que la vaillance du Roi avait terminées. Toutefois la fidélité de Fremiot trouva dès ce moment sa récompense : il fut nommé conseiller d'Etat et vicomte mayeur de Dijon. Déjà il avait été pourvu auparavant de l'abbaye de Saint-Etienne (1), ainsi qu'un laïque pouvait l'être à cette époque, fonctions qu'il résigna bientôt en faveur d'André Fremiot, son fils, héritier de ses vertus et de son dévoûment. On lit dans une chronique du temps qu'il obtint par ses prières de Henri IV la grâce de ce même homme qui l'avait menacé de lui envoyer la tête de son fils, s'il ne passait du côté de la Ligue. Le prince lui répondit avec

---

(1) Par brevet du 22 décembre 1592, « avec pouvoir de la conserver et d'en percevoir les revenus jusqu'à ce qu'il eût obtenu les bulles pour lui-même ou toute autre personne qu'il voudrait y nommer. » (*Histoire de l'église de Saint-Etienne.*) Dans le même temps, le duc de Mayenne en avait disposé, de son chef, en faveur d'Antoine Richard, frère de son secrétaire de ce nom. La fortune des partis décida entre ces choix contraires.

émotion : « Vous voulez la vie de votre ennemi, je vous la donne ; j'oublie que je dois être juste pour pardonner avec vous. » Paroles magnanimes qui montrent l'autorité royale s'inclinant devant la vertu en s'avouant vaincue par elle.

Le rapprochement des deux Parlements fut l'œuvre de la politique du Roi non moins que de sa clémence. Repousser des hommes importants que les égarements du temps avaient entraînés, frapper un Corps entier qui, malgré ses fautes, avait encore de l'influence et du crédit, donner aux populations divisées l'exemple de ces inquiétudes nouvelles, quand il fallait calmer les esprits au milieu de ruines fumantes et de passions encore allumées, Henri IV ne le voulut pas, et cette victoire qu'il remporta sur lui-même ne fut pas la moins glorieuse.

La fraction royaliste du Parlement était rentrée de Semur à Dijon accompagnée de troupes nombreuses commandées par Cypierre, et au milieu des populations avides de contempler ces modèles de fidélité (1). Le

---

(1) Les membres de ce Parlement furent les présidents à mortier Fremiot et Bourgeois; les conseillers Tisserand, Briet, Millet, Valon, Ocquidem, Bossuet, de la Grange, Milletot, Quarré, Jules Bretagne, Robelin, Bouhier, Fyot, Blondeau, Saumaise, Chifflot, Folin et Fevret (ancien conseil des Etats), ces trois derniers reçus à Semur; le procureur général Picardet, Marc-Antoine Millotet, avocat général, et Gauthier, greffier civil; en tout vingt-trois personnes. Partis de Semur le 18 juin, accompagnés de plusieurs gentilshommes avec leurs troupes, ils arrivèrent à Dijon le lendemain après avoir couché à Sombernon. Moururent en exil : Pierre Odebert, au camp devant Paris, en 1590; Pierre Maillard, avocat général, à Flavigny, en 1591; Bénigne de la Verne, Claude Bourgeois, Hugon de la Reynie, en 1592; Isaac Bretagne, à Semur, en 1594; et Jean Cothenot, au siège de Beaune, en mars 1595. On voit figurer parmi les avocats qui avaient suivi ce

président Fremiot, leur plus digne interprète, trouva dans son caractère cette raison élevée qui régla sa conduite et contint, de la part des magistrats qui l'avaient suivi, des prétentions peut-être justes, mais impolitiques. Les deux Corps rentrèrent ainsi dans leurs fonctions l'un après l'autre. Le Parlement de Semur les reprit le 21 juin 1595. Il était arrivé l'avant-veille à Dijon, après que le maréchal de Biron et plusieurs officiers du Roi furent allés à sa rencontre à la tête des troupes, tambours battant et enseignes déployées, jusqu'aux Chartreux, d'où il entra en ville à cheval par la porte d'Ouche, accompagné d'une foule immense. (1) Celui de

---

Parlement, au nombre de plus de trente, les noms de Richard, Fyot, Espiard et Folin, et vingt procureurs.

Les magistrats qui étaient demeurés à Dijon jusqu'à la fin furent, au contraire, Denis Brulart, Premier Président; Pierre Jeannin, des Barres et Nicolas de Montholon, Présidents; le vicomte de Tavannes, Nagu de Varennes, chevaliers d'honneur; Claude Bretagne, doyen des conseillers; Jérôme Saumaise, Jean Fyot l'aîné, Robert Baillet, Louis Odebert, Guy Catherine, Jean Bouhier, Jean de Maillerois, Gabriel Breunot, Jean Fyot puîné, Jean Gagne, Perpétue Berbisey, Pierre Quarré, Pierre Bouhier, Jean de Xaintonge, Jean Morin, Joseph de Vezon, Claude Péto, Pierre Boursault, Bénigne de Cirey, Jacques Thomas, Michel Millière, conseillers; Legouz de Vellepesle, avocat général; en tout vingt-huit membres, auxquels il faut joindre les noms d'Etienne Bernard et de Guillaume Millière, nommés par le duc de Mayenne et reçus par la Compagnie en qualité de conseillers.

Du nombre de ces magistrats plusieurs étaient restés fidèles à leurs devoirs, et parmi eux Claude Bretagne, aîné des deux frères, qui n'avait pu les suivre pour cause de maladie; Quarré, Gagne et le second des Fyot, qui tentèrent, mais sans succès, de livrer la ville de Dijon au Roi, en l'année 1594, et furent emprisonnés au Château par les ordres du jeune duc de Mayenne, lequel commandait la Bourgogne en l'absence de son père. Ajoutons à ces noms celui du conseiller Breunot, qui traita si heureusement de la capitulation de Dijon avec Biron sur la fin de la Ligue.

(1) Le Roi l'avait reçu le lendemain de cette entrée dans une au-

Dijon, ou *pseudo-Parlement*, comme on le désigna par reproche de sa conduite (1), ne fut réintégré que le lendemain de ce jour, suivant la volonté du Roi, déjà rapportée, « qu'il entendait que ceux de Semur entrassent avant les autres. » Le chancelier de Chiverny, présent à cette cérémonie, reçut, le 22 juin 1595, le serment des membres du Parlement restés à Dijon pendant les troubles, puis réunit les deux Compagnies (2). Désormais confondues, il n'y eut plus entre

dience donnée en la galerie haute de son logis. Le président Fremiot porta la parole au nom du Corps; le Roi lui répondit. Malheureusement ces discours n'ont pas été retenus sur les Registres.

(1) Les membres du Parlement de Semur affectèrent aussi d'appeler ceux du Parlement ligueur *messieurs les débottés* ou *ligoconseillers*.

(2) Dans la grande salle dorée, en présence du duc d'Elbœuf, du maréchal de Brissac, du duc d'Escars, évêque de Langres, des *sieurs* de Sennecey, de Brion et d'une foule de seigneurs et de conseillers d'Etat. (Registre dudit jour.)

Les lettres patentes du Roi qui rétablirent à Dijon l'ancien Parlement, auparavant transféré à Flavigny, puis à Semur, sont du 9 juin 1595. Celles qui déléguèrent le chancelier de Chiverny pour procéder à ce rétablissement, du 20 du même mois; ainsi que d'autres qui levèrent l'interdiction contre les membres du Parlement restés à Dijon; toutes datées « du camp de cette ville. »

Dès le 2 juin 1595, le Parlement de Semur, apprenant la soumission de la capitale de la Bourgogne au Roi, avait lancé contre cette fraction de son Corps l'arrêt suivant rendu dans l'énivrement du triomphe : « La Cour duement informée que nonobstant l'interdit fait par le Roi de son Parlement de Dijon qui *souloit* être en la ville de Dijon et infinis arrêts sur ce donnés ez villes de Flavigny et Semur, où ledit Parlement a été bien et légitimement transféré et établi depuis les troubles; les présidents, conseillers et autres officiers qui sont, contre leur devoir, demeurés audit Dijon de leur autorité privée, s'ingèrent en l'exercice de leurs charges, depuis qu'il a plu à Dieu de réduire ladite ville en l'obéissance au Roi, entrent au Palais où ils font des jugements qu'ils appellent *arrêts*, tiennent des audiences et s'entremettent à faire la justice souveraine de Sa Majesté, comme s'ils n'avaient jamais su

elles d'autre différence de traitement que dans cette mesure commandée plutôt par des besoins d'argent que par la vengeance : les magistrats ligueurs, qui formaient le plus grand nombre, subirent une taxe de guerre pour laquelle Brulart fut à lui seul imposé à 4,000 écus, ce dont il eut un chagrin amer, et plus encore la première présidente sa femme, qui s'en plaignit hautement. La cause en fut que le président des Barres, plus compromis par sa conduite, mais qui n'était pas chef de la Compagnie rebelle, avait été dispensé de cette taxe par des raisons demeurées secrètes, mais qu'on put attribuer à son alliance avec le président Fremiot, dont il était le beau-frère, et qui la lui aurait épargnée par son crédit.

ladite interdiction, comme est notoire à tous : ouï sur ce le procureur général, ladite Cour duement assemblée en la ville de Semur a fait et fait expresses inhibitions et défenses aux présidents, conseillers, avocats généraux, officiers dudit Parlement, et tous autres d'entrer au Palais du Roi audit Dijon, s'entremettre en l'exercice de leurs charges et faire aucun acte de justice, que préalablement ils n'ayent obtenu en général ou en particulier lettres de rétablissement de Sa Majesté duement approuvées et vérifiées par ladite Cour, sous peine de *faux* et d'être procédé contre les contrevenants comme atteints de lèze-majesté, nullité des procédures et de tous dépens et intérêts des parties..... Ordonne que le présent arrêt sera promptement envoyé audit Dijon et signifié par Me Nicolas Pouffier, premier huissier de ladite Cour, auxdits officiers, affiché à la porte du Palais et publié par un trompette aux carrefours de la ville de Dijon et par tous les bailliages du ressort, à ce que personne n'en prétende cause d'ignorance. » (Registre du Parlement de Semur.)

Suit un autre arrêt du 9 du même mois, qui « casse et annule un prétendu arrêt du 29 mai rendu par le même Parlement de Dijon et sur la même cause, depuis la réduction de la ville par *personnes privées, juges interdits*, n'ayant pouvoir ni puissance de le faire. Ordonnant qu'il serait rayé et biffé...... Enjoignant de plus au concierge du Palais de tenir icelui clos et fermé et mettre les clefs entre les mains du procureur général jusqu'à ce que par le Roi ou ladite Cour soit ordonné..... » (Registre idem.)

SERMENT IMPOSÉ AU PARLEMENT LIGUEUR.

Le serment qui fut imposé aux membres de ce Parlement ressembla d'ailleurs à une amende honorable plutôt qu'à l'acte obligé d'une réception ordinaire. Soit calcul, ou repentir de leur part, aucun d'eux ne refusa de le prêter, malgré les termes humiliants dans lesquels il était conçu. Nous le trouvons transcrit avec le nom des signataires dans un des Registres de cette époque (1), et à la suite des actes nombreux biffés par ordre du Roi et sous les yeux du chancelier, qui avait présidé à cette expiation. On y lit : « Nous jurons et attestons devant Dieu, sur les saints Évangiles, que nous reconnaissons de cœur et d'affection pour notre Roi et Prince naturel et légitime Henri quatrième, roi de France et de Navarre, à présent régnant ; promettons à Sa Majesté sur nos vies et honneurs de lui garder la foi et loyauté, avec révérence et parfaite obéissance, et, pour la conservation de son Etat et couronne, et même de cette ville de Dijon, sous son autorité et commandement, d'exposer nos vies et biens pour son service et manutention de son Etat ; promettons en outre de n'avoir jamais communication, pratique ni intelligence avec ceux qui se sont élevés en armes contre sadite Majesté, et tous autres qui se pourraient lever ci-après, que nous déclarons ennemis de l'Etat et les nôtres particuliers ; renonçant à toutes ligues, serments et associations que nous pourrions ci-devant, à l'occasion de la malice des temps, avoir fait contre et au préjudice de cette déclaration ; reconnaissant *en toute humilité* avoir reçu à grâce spéciale la bonté et clémence

---

(1) Voir les édits et déclarations, tome XII. (Archives du Parlement, aujourd'hui du Palais de la Cour impériale.)

dont il a plu à Sa Majesté d'user envers nous, dont nous lui rendons grâces très humbles, suppliant le Créateur de toutes nos forces de nous le conserver longuement, de lui donner victoire sur ses ennemis ; pour témoignage de quoi nous sommes particulièrement soussignés. Fait à Dijon le 22 juin 1595. » Ainsi signé : « Brulart, des Barres, de Montholon, Présidents ; Saumaise, Fyot l'aîné, R. Baillet, L. Odebert, Breunot, de Malleroys, Berbisey, Boursault, Péto, Morin, de Vezon, Thomas, Xaintonge, Bouhier, Millière, Legouz-Vellepesle ; les greffiers : Joly, Griguette, Brenier et Renaudot ; et après, les huissiers : Regnault, Morel, Petit, Cheriot, Defrance, Bonnard, Briet, Prinsetet, Bailly, Marguery, Guisain et Coustain. »

Avant qu'ils prêtassent ce pénible serment, le procureur général Picardet avait dit aux membres du Parlement ligueur, condamnés à entendre ces paroles amères que leur conduite n'avait que trop justifiées : « Le Roi, qui nous réunit aujourd'hui, ne le fait pas si également qu'il n'y laisse encore quelque différence. Quant à nous, qui avons couru sa fortune, nous ne voulons pas tant de mal à ceux qui ont demeuré ici, que nous ne reconnaissions qu'il y avait des gens de bien, desquels, sinon les pieds et les mains, au moins les cœurs et les vœux nous suivaient. Soit que la débilité de leurs courages ou l'appréhension de la longueur de nos misères, ou l'assurance de la bonté du Roi, ou quelque autre sujet les ait retenus, nous les excusons. Mais comme nous voulons bien présupposer leur dévotion, il est raisonnable qu'ils confessent notre virilité. S'ils disent qu'il fallait quelqu'un pour garder la maison, que leur zèle, en apparence moins éclatant, ne laissait au dedans d'être plein de chaleur, que dès longtemps ils couvaient le désir qui a conçu, éclos et formé la réduction de cette ville, nous le voulons : *ut impleatur scriptura, masculum et fœminam creavit eos*. Ils ne peuvent nier que nous ne soyons leurs aînés en cette création, que nous n'ayons été les plus prompts, les plus vigoureux et les plus hardis. Nous serons donc les mâles. Eux, qui nous sont donnés pour aide, qui ont été tirés de notre côte, qui ont gardé le logis pendant que nous étions à la guerre, qui ont couvé, engendré, enfanté la reddition de cette ville, seront les femelles : *masculum et fœminam creavit eos*. Et, puisqu'il plut ainsi à notre Créateur, nous nous joindrons par un saint mariage, bien autre que celui du premier homme ; car en celui-là, d'une seule chose se firent deux différentes. En celui-ci, de deux bien contraires, ne s'en fera qu'une. Nous nous rallierons d'une bonne intelligence : *erunt duo in carne una*.... Et en cette assurance, nous requérons être mis sur le replis de ces lettres patentes, qu'elles ont été lues, publiées et registrées, moi procureur général du Roi ouï. »

Ainsi s'exprima dans un langage amer et plein de fierté le représentant du Prince, dans une cérémonie qui fut une expiation pour les uns, un triomphe pour les autres, pour tous un gage périlleux des sacrifices que chacun aurait à faire aux besoins de l'Etat. Parlant du Parlement rentré, il avait auparavant prononcé ces belles paroles que le temps n'a pas vieillies : « La Bourgogne peut véritablement dire cette Compagnie son bras, son épée et son bouclier. Ce n'est pas vanité ni flatterie : de leur Palais sont sortis plusieurs vaillants soldats, braves capitaines et sages gouverneurs de places... C'est chose trop connue que pour servir l'Etat, il ont libéralement changé la douceur de cette grande ville contre l'aigreur des déserts, le repos de leurs maisons contre les fatigues d'un ostracisme, l'usage de tous leurs biens contre toutes sortes de nécessités. Chacun sait qu'à la vue et au milieu des ennemis du Roi, en un pays abandonné, ils ont osé planter et élever le nom de sa Majesté en de faibles villages et l'y ont maintenu près de sept ans, sans autre secours que de Dieu, autre assistance que leur courage, et autre espoir que de la satisfaction et du contentement que s'acquièrent ceux qui courent au chemin de la vertu.

« De même fidélité se doivent parer désormais ceux qui étaient restés en cette ville, pour se rendre dignes d'une si noble société et mériter la grâce qu'ils reçoivent aujourd'hui de la clémence du Roi. S'ils veulent être favorablement reçus et réunis à notre corps, nous les prions de purger le vieux levain, de quitter les livrées de la Ligue, de renoncer à toutes affections étrangères. Cela étant franchement et de bon cœur, nous les chérirons, nous les embrasserons et obéirons de tant plus volontiers au commandement que sa Majesté nous en fait, qu'il nous apparaîtra que franchement et de bon cœur ils chériront et embrasseront son service. On lit en l'Ecriture sainte que Jacob, à son retour de Mésopotamie, quand il fut arrivé à la montagne de Béthel, où est la ville de Jérusalem, voulant faire un sacrifice solennel pour rendre grâces à Dieu des biens qu'il en avait reçus, assembla tous ceux de sa famille et leur dit : *Abjicite deos alienos, qui in medio vestri sunt, et mundamini, et mutate vestimenta vestra;* et, dit l'histoire que *dederunt ei omnes deos alienos quos habebant, et inaures quæ erant in auribus eorum*, lesquels Jacob enterra au pied d'un térébinthe, non comme il les avait reçus, mais qu'il fit fondre le tout ensemble et le jeta bien avant... afin que rien de cela ne fût jamais vu. Voilà, Monsieur (1), la même chose que vous faites. Voilà ce que vous venez de dire à ceux de cette Compagnie que le malheur des guerres, ou plutôt le leur propre, a retenus en cette ville. Ils sont maintenant, comme nous, enfants de votre famille. Vous êtes notre père commun et notre patriarche. Vous les recevez à ce solennel sacrifice que nous faisons pour remercier Dieu du soin qu'il lui a plu avoir de nous pendant notre long et périlleux voyage, de la grâce qu'il nous fait par les mains du Roi de nous remettre en nos maisons et en nos siéges. Vous leur avez dit particulièrement en ma présence ce que par le commandement du Roi je vais leur dire publiquement en la vôtre : Messieurs, rejetez les dieux étrangers qui sont parmi vous... Maintenant que le nom du Roi est rétabli sur son autel, bannissez-en les fausses divinités. Renoncez, comme vous l'avez présentement juré, à toutes vos unions, ligues et associations autres que celles du service de Sa Majesté. Donnez-nous vos pendants d'oreilles, c'est-à-dire cessez d'ouïr les discours calom-

---

(1) Le chancelier de Chiverny, qui présidait la solennité.

nieux ; oubliez les prédications séditieuses ; brûlez les livres imposteurs que vous avez si longuement soufferts....» Les membres du Parlement ligueur, à commencer par les plus compromis, eurent à dévorer cette raillerie masquée sous une forme de rapprochement qui ne trompa personne et ne fut au fond qu'une satisfaction de colère donnée aux vainqueurs, alors que le pardon étant accordé à un grand nombre, l'oubli du passé eût dû être recommandé à tous.

Parmi les premiers actes de ce Parlement réuni, on peut citer la vérification des lettres d'absolution que le Pape accorda au Roi après sa conversion, ainsi qu'un arrêt, rendu le 20 décembre 1595, qui ordonna « la destruction de toutes les délibérations, jugements, remontrances, réquisitions faites au Palais et aux juridictions du ressort, Chambres de ville et des Elus, depuis le mois de décembre 1588 jusqu'au jour du rétablissement du Palais, tant contre l'honneur et autorité des rois Henri III et Henri IV que contre l'Etat et couronne de France, au préjudice des lois fondamentales du royaume, ainsi que des extraits qui en auraient été délivrés. » Mais cette précaution politique n'aboutit pas au but que l'on avait voulu atteindre ; l'importance qui s'était attachée à la destruction de ces pièces en fit, par curiosité, conserver des copies, et c'est par un résultat si peu prévu que cette période de notre histoire se trouve aujourd'hui la mieux éclairée (1).

(1) La plupart de ces actes ont été depuis rassemblés. Voir le *Recueil de Varenne*, imprimé secrètement vers le milieu du XVIII° siècle, lors de la lutte du Parlement avec les Elus.

Ainsi finit, par une politique habile non moins que par les armes, la Ligue en cette province (1), après avoir laissé à Dijon la trace de malheurs sans nombre dont les nouveautés religieuses furent la première cause. Le Parlement conserva longtemps dans ses actes et dans sa discipline l'empreinte d'une lutte aussi prolongée. Les hommes demeurèrent unis sous un même sceptre; mais les cœurs ne le furent pas, divisés par des rivalités profondes que le pardon royal avait voulu éteindre et qu'il ne fit qu'entretenir. Ce Parlement, rassemblé dans un seul Corps, n'allait pas comprendre ce qu'il devait à un Prince qui, après avoir sacrifié ses ressentiments à la paix de l'Etat, avait droit à plus de confiance comme à moins d'ingratitude de la part de ceux qui avaient mérité ses éloges ou ses reproches. Les vainqueurs conservèrent leur orgueil, et les vaincus l'humiliation de la défaite. Le Roi seul avait tout oublié, et avec lui quelques hommes rares, comme Fremiot, qui échoua dans ses efforts pour rapprocher les esprits et les confondre dans un même amour pour le Roi le plus digne d'être aimé. Le temps seul, à défaut de la volonté, pouvait effacer ces dissentiments; en attendant ils feront place à de nouvelles fautes dont l'expérience, qui ne corrige pas les hommes, n'aura guère profité à cette Compagnie, comme

(1) « Où elle avait été (disent les Mémoires de la Ligue) *martelée, bâtie et avait pris naissance*, afin que s'accomplit la vieille prophétie de sainte Brigitte portant que les guerres de France pour la rebellion des faux français finiront par un choc ou bataille qui se donnera à la fontaine Charles, à l'issue de laquelle le victorieux entrera dans Dijon, qui est une fontaine retenant ce nom à une lieue de cette ville, sur le chemin de Beaune. » (Voir tome VI, page 304.) Ce qui arriva, sauf le lieu.

la suite nous l'apprendra dans les actes de sa part qu'on rencontre après cette époque, la plus désastreuse de ses annales.

Toutefois, la cessation de la guerre civile en Bourgogne n'avait pas été l'œuvre seule d'une politique habile, mais en même temps l'exécution heureuse d'une campagne tendant à forcer la Ligue dans ses derniers retranchements. Ces deux causes ne sauraient être séparées dans l'histoire, car voici, à côté des luttes intérieures dont nous avons parlé, ce qu'était alors la situation du parti royal vis-à-vis de l'étranger et combien le péril était pressant. Outre les places qui tenaient encore pour Mayenne en Bourgogne, la position d'une province frontière de la Franche-Comté qui appartenait à l'Espagne, pouvait faire que par des envois non interrompus de troupes, on éternisât une lutte prête à s'éteindre. Le connétable de Castille, Dom Ferdinand de Velasco, y avait été envoyé dans ce but de Milan, dont il était gouverneur, et d'où il s'était avancé vers la France par la Savoie. L'Etat du comté de Bourgogne, alors envahi par des partis lorrains, pouvait masquer ces desseins. Mayenne, ce qu'on ignorait encore, accompagnait l'armée espagnole, suivi d'une poignée de français les plus dévoués à sa cause. Effrayé des désastres de son parti, et malgré les prétentions rivales de l'Espagne aspirant, comme lui, pour sa maison régnante, à la couronne, il s'était vu forcé d'appeler le connétable à son aide, lorsque, par la capitulation de Beaune et d'Autun, il ne lui restait que la citadelle de Talant et le château de Dijon ; cette ville ainsi que Chalon étant sur le point de se rendre. Ainsi s'avançaient sous un drapeau commun deux partis contraires unis dans une coalition menaçante. Le moment était critique et l'arrivée de Henri IV de Paris, où il avait laissé le prince de Bourbon-Conti comme son lieutenant général, montrait assez que l'on touchait au moment suprême qui allait terminer la guerre ou la prolonger ; en même temps qu'il laissait sans fruit la soumission si importante de la capitale de la Bourgogne. Mais le Roi venait de pénétrer ces desseins que la prise survenue de la ville de Vesoul en Franche-Comté par un parti lorrain pouvait déguiser davantage (1). Tel avait été, dans la pacification inachevée de l'une des dernières provinces qui fût restée à la Ligue et l'anéantissement des troupes étrangères commandées par un capitaine habile qui venait la ranimer, le motif de sa brusque arrivée en Bourgogne, quand le péril semblait moins pressant qu'il ne l'était en réalité.

Henri IV était entré à Dijon le 4 juin 1595, précédé par huit cents chevaux qu'il avait envoyés à Biron sous le commandement du comte de Thorigny, lors-

(1) Nous avons sous les yeux une lettre de Henri IV datée de Bar-sur-Seine le 1er juin 1595 et adressée à Roussat, lieutenant général de Langres, dans laquelle on lit : « Mons Roussat, je vous envoie la réponse que je fais au sieur de Tremblecourt, pour l'assurer de mon acheminement aux plus grandes journées que je puis, pour être samedy à Dijon, où ayant pourvu à ce qui sera nécessaire pour assiéger le Château, je me délibère y laisser deux mille hommes de pied et quatre cents chevaux, pour, avec la réserve de mon armée, m'en aller droit où sera le connétable de Castille, en quelque lieu que je le puisse joindre. De sorte qu'il ne faut plus craindre qu'il puisse entreprendre aucune chose qu'il ne m'ait aussitôt sur les bras... S'il survient quelque chose, je vous prie de m'en avertir.....

Signé : Henry.   Et plus bas : Ruzé.

qu'il fut prévenu par des courriers que lui avait expédiés Chabot-Brion, marquis de Mirebeau, chargé d'observer le pays, qu'il avait été attaqué par un corps espagnol de trois cents cavaliers. Celui-ci faisait connaître en même temps que le connétable de Castille, après avoir traversé la Saône à Crécy, près Gray, venait de prendre position à Saint-Seine-sur-Vingeanne à la tête de douze mille hommes, dont deux mille de cavalerie, marchant sur Dijon avec le duc de Mayenne. Son but était de secourir le château de cette ville et la forteresse de Talant. A cette nouvelle, le Roi se décide, par une démonstration hardie, à surprendre la marche de l'ennemi, jusqu'à ce qu'il ait rassemblé toutes ses forces, quand déjà il venait de couper les communications de la ville avec le château, et du château avec la forteresse de Talant. L'espérance de trouver encore les troupes ennemies occupées au passage de la Saône, et de jeter le désordre parmi elles, fut aussi pour quelque chose dans sa résolution. Le lundi 5 juin il monte à cheval, avec un corps d'environ mille chevaux, les faisant éclairer par une avant-garde commandée par Biron en personne. Lui-même précédant ses troupes s'était mis en route avec une escorte de cent vingt chevaux, lorsqu'arrivé près du bourg de Fontaine-Française, il voit revenir à lui le maréchal chargé par quatre cents hommes de cavalerie espagnole soutenus par d'autres forces. On a dit avec raison que si ce choc n'eût pas eu lieu, le combat dont nous allons parler ne se fût pas engagé entre des troupes envoyées des deux parts à la découverte. Mais il était arrivé que Biron, venant de rencontrer le Roi à la tête de son détachement, avait offert d'aller en avant pour recueillir des nouvelles plus sûres, quand déjà un capitaine, nommé d'Aussonville, y avait été vainement envoyé dans ce but. D'Aussonville, qui précédait Biron, venait ainsi, en se repliant à propos, de détourner de lui l'orage, qui fondit sur le maréchal.

Déjà celui-ci avait fait face à l'ennemi et accepté bravement avec Chabot-Brion, qu'il avait ramené, une lutte aussi inégale qu'inattendue, lorsque l'apparition subite des troupes espagnoles, débusquant d'un bois, le força à la retraite jusque vers une hauteur qu'occupait le Roi. C'était là qu'il réunissait les premiers secours qu'il avait fait demander à la noblesse de la contrée. Par un bonheur inouï, les Espagnols crurent voir dans ce rassemblement l'avant-garde de l'armée royale restée en arrière dans la plaine de Fontaine-Française. Sans cette méprise heureuse, c'en eût été fait du Roi et de son impuissante cavalerie mêlée à quelques hommes mal aguerris, luttant en face d'une armée munie d'une artillerie nombreuse. Mais Henri IV n'a pas fait ces calculs; ainsi qu'aux jours de ses premières armes, quand il guerroyait avec une poignée de braves, frappé du seul danger qui menace Biron, il s'élance à cheval (1), tête nue, et, avec une simple cuirassine, vole au secours du maréchal, suivi de cent cavaliers que lui a amenés le comte de Tavannes, et tandis que le duc d'Elbeuf rallie les fuyards, il marche à la tête de moins de deux cents chevaux, car le gros

(1) A ceux qui lui conseillaient de s'enfuir sur un excellent cheval turc qu'on lui tenait prêt, il répondit « qu'il y avait plus de péril à la fuite qu'à la chasse. » — (MATHIEU, *Vie de Henri IV.*)

de sa cavalerie n'était pas arrivée de Dijon, contre mille cavaliers ennemis, culbute et met en fuite les escadrons les uns après les autres, taille en pièces ceux qui lui résistent, sauve Biron lui-même blessé gravement en se précipitant jusqu'au centre des Espagnols étonnés d'une si grande audace et qui ont reconnu dans la présence du Roi la cause de ces prodiges de valeur.

Des nombreux cavaliers qu'il a eu à combattre, Mayenne en tête avec quelques français commandés par Villars-Houdan, une bonne partie gît sur le champ de bataille (1), un grand nombre demeure prisonnier, le reste s'enfuit en désordre. Mais tout n'est pas fini, l'armée du connétable semble s'ébranler : Henri IV, qui s'en est aperçu, fait faire halte à sa troupe, à laquelle se réunissent toutes les autres. Son but est de recevoir de nouveau les ennemis s'ils se présentent ; mais ceux-ci le laissent regagner lentement le coteau d'où il est parti, car ils ont aperçu de loin d'autres gentilshommes venus avec leurs gens et de plus les cinq cents chevaux, reste de la cavalerie qui arrivait de Dijon, ce qui les confirme dans l'opinion qu'ils vont avoir une armée entière sur les bras. Cette méprise nouvelle, jointe à la présence du Roi que le connétable et Mayenne ont reconnu au plus fort de la mêlée, quand ils pensaient n'avoir affaire qu'à Biron, achève de les déconcerter, « le premier ne voulant

---

(1) Le Roi fit donner des soins aux français prisonniers et blessés qui avaient combattu avec Villars-Houdan, et offrit à celui-ci, l'un d'eux, une retraite sûre jusqu'à sa guérison. On ignore s'il accepta cette offre. De son côté le connétable de Castille ne suivit pas un si noble exemple envers des soldats du Roi prisonniers, dit Sully dans ses Mémoires.

pas croire, dit une chronique du temps, qu'un Roi de France fût venu là, sans avoir toutes ses forces à ses épaules. »

Ces choses accomplies en moins de deux heures, la retraite est résolue par le connétable, qui se met en marche pour repasser la Saône, suivi par un parti de cavalerie qu'Henri IV commande en personne et que l'ennemi ne songe pas à attaquer. Le Roi en regagnant le village de Lux y trouva en arrivant, quand tout était fini, au lieu de cette armée formidable qu'on lui avait supposée, le comte d'Auvergne, le baron de Vitry, le comte de Chiverny, le chevalier d'Oise, Charles d'Escars, Créqui de Rissey et d'autres seigneurs avec quelques compagnies d'armes, parmi lesquelles celle de Charles de Lorraine, duc d'Elbeuf, frère utérin de Mayenne, le seul de sa maison qui combattit sous le drapeau royal.

Ainsi finit cette journée dans laquelle chacun des deux partis crut s'être tiré d'un grand péril. Le Roi de France seul eut raison, lui qui y avait joué sa couronne et sa vie. Mais l'illusion du connétable ne dura pas longtemps. La retraite de l'armée ennemie, qui venait de s'accomplir si heureusement pour Henri IV, avait été amenée par la mésintelligence des deux hommes qui marchaient à sa tête. Mayenne fut accusé de trahison par les Espagnols, qui le soupçonnaient d'avoir connu d'avance la présence du Roi en Bourgogne, tandis qu'il accusait de son côté le connétable d'avoir manqué à ses promesses. Celui-ci regagna son camp retranché de Gray, où il avait des forces imposantes destinées à le rejoindre plus tard en France, quand le moment serait venu de frapper un coup décisif. Déjà il en avait rassemblé dans le même but un plus grand nombre en Lombardie. Que fût-il arrivé si, au lieu de perdre son temps au siége de Vesoul et de quelques bicoques de Franche-Comté, Velasco eût marché résolument sur Dijon avant l'arrivée du Roi dans cette ville et les débordements menaçants de la Saône, et prévenu ainsi la jonction de Henri IV avec Biron, ayant sur ses derrières des forces respectables?

Henri IV profita de ces dissentiments des deux adversaires pour attirer Mayenne à la soumission en lui faisant offrir, ce qu'il accepta, de se retirer à Chalon sans qu'il pût y être inquiété jusqu'à la paix. Celui-ci en se séparant de Velasco dissimula cette négociation en alléguant le projet de tenter quelque autre diversion pour dégager les châteaux de Dijon et de Talant qui tenaient encore (1); mais le connétable ne fut pas dupe de l'artifice, et cette séparation ne contribua pas peu à affaiblir une alliance que déjà la fortune du Roi avait refroidie. Henri IV, de son côté, ces deux places rendues, se mit à parcourir la Franche-Comté, où il avait fait passer 25,000 hommes sans pouvoir faire sortir Velasco de ses retranchements, emporta les villes de Rochefort, Pesmes, Arbois, mit la

---

(1) Depuis, le Château de Dijon ayant capitulé pour le cas où avant le 29 juin, il ne serait pas secouru par une armée, le Roi adressa le 17 dudit mois des lettres patentes au Parlement de Paris pour célébrer cet événement. Nous y lisons « qu'il y a et demeurera audit Château 70 milliers de poudre, 5 canons, 4 couleuvrines, 3 bastardes et plusieurs autres petites pièces d'artillerie et plus de 3,000 balles, avec lesquelles il espère bien rendre cette province en son obéissance. »
Ecrit au camp de Dijon le xvii° jour de juin 1595.
Signé: Henry.   Et plus bas : Ruzé.

plupart des autres à contribution, Salins seul excepté, marcha sur Besançon, obligée de lui offrir une forte rançon, et allait s'en emparer, lorsque, par l'intervention des Suisses, ses fidèles alliés, la paix fut conclue avec l'Espagne et la neutralité de la Frauche-Comté rétablie sous la garantie des cantons. La pacification de la France entière et de la Bourgogne principalement, moins des désordres, tristes restes des guerres civiles, fut la suite de ces événements. Dans cette province, en 1570, Henri IV avait fait ses premières armes à la bataille d'Arnay, où il combattit vaillamment contre la Ligue sous les ordres de Coligny. En 1595, le même prince allait lui livrer son dernier combat qui, par l'infériorité du nombre fut pour lui un combat de géant, où la fortune couronna la témérité, et qui eut le résultat d'une grande bataille. Tel fut le fait d'armes de Fontaine-Française, si considérable dans l'histoire de ces temps, comme dans celle que nous écrivons, et qui s'y rattache par tant d'enchaînements.

A ce récit, le plus sûr comme le plus fidèle, où nous avons démêlé l'erreur au milieu de documents confus ou apocryphes, joignons une autorité qui sera la garantie de toutes les autres, émanée d'une bouche auguste et qui ne trompa jamais.

Henri IV écrivait à sa sœur Catherine de Bourbon le 7 juin, surlendemain du combat : « Ma chère sœur, tant plus que je vais en avant, tant plus j'admire la grâce que Dieu me fit au combat de lundi dernier, où je pensais n'avoir défait que douze cents chevaux, mais il en faut compter deux mille. Le connétable de Castille y était en personne avec le duc de Mayenne, qui m'y virent et m'y connurent toujours fort bien, ce que je sais de leurs trompettes et prisonniers. Ils m'ont envoyé demander tout plein de leurs capitaines italiens et espagnols ; faut qu'ils soient des morts qu'on a enterrés, car je commandai le lendemain qu'ils le fussent. Beaucoup de mes jeunes gentilshommes me voyant partout avec eux, ont fait feu en cette rencontre et y ont montré de la valeur beaucoup et du courage, entre lesquels j'ai remarqué Grammont, Termes, Boissy, La Curée et le marquis de Mirebeau, qui fortuitement s'y trouvèrent sans autres armes que leurs hausse-cols et gaillardets, et y firent merveille. Aussi il y en eut et d'autres qui ne firent pas si bien et beaucoup qui firent très mal. Ceux qui ne s'y sont pas trouvés doivent avoir du regret, car j'y ai eu affaire de tous mes bons amis et vous ai vu bien près d'être mon héritière. Je suis à cette heure devant le château que les ennemis, après avoir joint leurs forces, font état de secourir encore une fois ; mais Dieu leur en a ôté un grand moyen et m'a donné un si grand pied sur eux qu'ils auront tous besoin de se défendre et non de m'assaillir, quand j'aurai passé vers eux comme je me délibère. Je me porte bien, Dieu merci, vous aimant comme moi-même. *Signé* : HENRY. »

(Cette lettre a été conservée par les soins de Dom Plancher, *Histoire de Bourgogne*, tome IV, preuves n° CCCXV.)

Depuis, d'autres lettres du même Roi sont venues récemment répandre sur le fait d'armes de Fontaine-

Française des lumières nouvelles. Nous les insérons ici comme devant, sur plusieurs points, rectifier les jugements de l'histoire.

Au connétable de Montmorency il disait : « Mon cousin, je vous écrivis par Marles, mon partement de Troyes et l'occasion d'icelui, vous priant de vous avancer à Mâcon. Depuis je me suis rendu en cette ville en quatre jours, où le lendemain que je fus arrivé, qui fut dimanche dernier, je fus averti que le connétable de Castille, accompagné du duc de Mayenne et renforcé de son frère, passait la rivière de Saône avec son armée pour venir secourir le château de cette ville, qui fut cause que je montai à cheval le jour d'après, suivi de mon cousin le maréchal de Biron et de sept ou huit cents chevaux, pour aller sur les lieux reconnaître son dessein et si je pouvais faire quelque effet ; dont est advenu que voulant prendre un même logis, sans avoir avis certain l'un de l'autre, nous nous sommes rencontrés plus tôt que nous n'espérions et de si près que mondit cousin le maréchal, qui menait la première troupe, a été contraint de charger ceux qui s'étaient avancés et moi de le soutenir. Mais notre désavantage a été que toutes mes troupes n'étaient encore arrivées et jointes à moi, car je n'avais que deux à trois cents chevaux, au lieu que les ennemis avaient toute leur cavalerie ensemble, qui faisait de mille à douze cents, dressés par escadrons avec leurs carabins devant et à leurs ailes, en ordre de combattre. Toutefois mondit cousin ne les marchanda pas, et les ayant chargés, voyant qu'ils le renversaient, pour être la partie trop mal faite, j'en voulus être et m'y mêlai si avant et heureusement, grâces à Dieu, avec ce qui me suivait, que nous les avons mis en route. Mais je vous assure que ce n'a pas été de la première charge, car nous en avons fait plusieurs, et si j'eusse eu avec moi le reste de mes forces, j'eusse sans doute défait toute leur cavalerie, et peut-être leurs gens de pied qui étaient en bataille derrière les autres, ayant à leur tête ledit connétable de Castille. Mais nos forces étant si inégales, je ne pus faire autre chose que de faire fuir ceux qui me voulaient combattre, après avoir taillé en pièces les autres, comme nous avons fait ; où je puis vous dire, mon cousin, que mondit cousin le maréchal de Biron et moi avons bien mené les mains ; il y a été blessé d'un coup de coutelas, à la seconde charge, car lui et moi n'avions rien que nos cuirasses, pour n'avoir eu loisir de nous armer davantage, tant nous fumes surpris et pressés. Toutefois mondit cousin ne laissa pas après de retourner à la charge encore par deux ou trois fois, comme je fis de mon côté. Enfin nous avons si bien fait que le champ et leurs morts nous sont demeurés jusques et au nombre de cent ou six vingts et autant de prisonniers de toute qualité, dont ledit connétable a pris tel effroi qu'il a aussitôt repassé la Saône et m'a-t-on rapporté que ce n'a été sans reprocher au duc de Mayenne qu'il l'avait abusé, parce qu'il ne lui avait dit ma venue en ce pays. Ledit duc a vu renverser et battre ses gens, accompagnés de quatre à cinq cents chevaux frais, outre les autres troupes qui les soutenaient, sans jamais s'ébranler autrement que pour se retirer.

« Ce combat s'est fait entre Fontaine et Saint-Seine sur la rivière de Vingeanne, et véritablement ledit connétable ne s'attendait pas de me rencontrer, mais seulement ledit maréchal de Biron, lequel maréchal il espérait chasser de la ville facilement à la faveur de leur château et du fort de Talant, que tient encore le vicomte de Tavannes assisté d'autres habitants de la ville qu'ils estiment leur être encore affectionnés, comme peut-être il leur fût succédé si je n'y fusse arrivé si à propos comme j'ai fait. Mon cousin, en vérité, Dieu nous y a assisté et favorisé extraordinairement. Et ayant bien le lendemain reconnu et vérifié leur retraite, je suis revenu aujourd'hui en cette ville pour donner ordre audit Château qui s'opiniâtre, où j'ai reçu votre lettre du XXVIII du mois passé, par laquelle j'ai vu l'avis qui vous a été donné très mal à propos et faussement sur ce qui s'est dit et s'est passé entre ma cousine de Rohan et Desportes; car c'est chose en laquelle je n'ai su que vous ayez été mêlé et vous assure que je vous en eusse averti le premier, s'il en eût été parlé; car je veux vivre dorénavant avec vous de façon, mon cousin, que les flatteurs et les méchants ne nous peuvent brouiller, comme ont voulu faire les auteurs dudit avis, qui doivent être remarqués de vous, comme ils sont tenus de moi, pour nos ennemis (1). C'est pourquoi je serai très aise vous avoir bien-

(1) Nous avons laissé subsister ces détails de la vie intime, d'ailleurs étrangers au combat de Fontaine-Française, comme expliquant la cause de l'arrivée du connétable à Dijon, où le Roi l'avait mandé et où il affecta de lui donner la main pendant la procession de la Sainte-Hostie, le 2 juillet 1595 (Voir Discours prélimin., note 1, p. 95), pour mieux confondre les ennemis de Montmorency qui avaient cherché à le perdre dans l'esprit de Henri IV, dont la bonté n'oubliait pas ses plus fidèles serviteurs, même au milieu des soins les plus agités de la guerre.

tôt auprès de moi; car, quand nous serons ensemble, nous ferons bien taire et châtier tels causeurs et donneurs d'avis. Soyez donc en repos d'esprit pour ce regard et quand vous serez arrivé à Mâcon, avertissez-m'en incontinent, afin que je vous fasse savoir où vous me pourrez trouver. Je vous prie amener avec vous le canon qui est à Lyon, s'il est du calibre de France, et la plus grande quantité de poudre et de balles que vous pourrez trouver, afin de nous en secourir et servir à la reprise de ce Château s'il s'opiniâtre à se défendre jusqu'à votre venue. Le vicomte de Tavannes, qui commande à Talant, fait bien contenance de vouloir traiter et ai envoyé parler à lui pour en sortir, si je le puis faire dignement et sûrement; mais Franchesse, qui commande au Château, ne s'est point encore laissé entendre. Ceci pourra bien durer encore quelques jours, et partant me garde d'aller à Lyon sitôt que je le désire, car la prise dudit Château et la délivrance et sûreté de cette ville m'importent tant que je ne puis laisser l'œuvre imparfaite... Ecrit à Dijon le VIIIe jour de juin 1595. *Signé* : HENRY. Et plus bas : de Neufville. »

B. imp. supp. fr. Ms. 1009-2. (D'après l'ancien cabinet de M. de Mandajors.)

Ledit jour, Henri IV écrit au même connétable :

« Mon compère, vous aurez encore ces trois lignes de ma propre main avec mon autre lettre pour vous prier de croire que notre combat a été plus forcé que prémédité; car encore que je fusse parti en espérance et intention de me battre, toutefois je ne m'attendais pas de le faire avec tant de désavantage. Mais il a fallu en prendre le hasard ou choisir une retraite qui eût été honteuse et peut-être plus périlleuse que notre combat et eût autant enflé l'orgueil de ces Castillans que leur fuite les a éloignés de leur dessein ; car nous fumes si surpris, que je n'eus pas seulement le loisir de prendre mes armes et ai combattu à la tête de la noblesse qui m'a suivie, avec une cuirasse, comme fit du commencement mon cousin le maréchal de Biron, qui a reçu un coup d'épée à la tête, dont j'espère qu'il sera bientôt guéri. C'est Dieu et la justice de notre cause qui ont combattu et vaincu pour nous; dont je vous prie le louer de votre côté comme j'ai fait du mien, car ce coup hasardeux véritablement a rechassé les ennemis en leur Comté avec tel effroi que je crois qu'ils ne rentreront pas en France si légèrement qu'ils ont fait, et les a fait tomber en tel mépris de nos gens, que j'espère qu'ils ne marchanderont jamais leurs gros escadrons quand ils les rencontreront, quelque faibles qu'ils soient. Je vous prie aussi, mon compère, venir le plus tôt que vous pourrez, car nous aurons dorénavant besoin de votre assistance. Mais ne croyez pas que vous ayez été mêlé en ce propos de ma cousine de Rohan : ceux qui vous ont donné l'avis l'ont fait malicieusement pour nous mettre en peine et en doute l'un de l'autre. Venez seulement et nous ferons cesser, quand nous serons ensemble, tous ces artifices-là. Je veux vivre avec vous de façon que nous les rendrons inutiles ; vous m'êtes trop affectionné et avez trop vécu pour faire compte de telles inventions, j'en suis très assuré. Venez donc et soyez assuré que je vous aime et suis trop bien assuré de vos intentions pour m'arrêter à de telles causeries....

Ce viii juin 1595, à Dijon.

Signé : HENRY.

Cop. Bibl. imp. Suppl. fr. Ms 1009-2. (D'après l'ancien cabinet de M. de Mandajors.)

Le lendemain il écrivait à Mornay du Plessis :

« Mons du Plessis, je vous envoie le discours de ce qui s'est passé depuis mon acheminement en mon armée jusqu'à lundi dernier, auquel j'ai voulu plutôt laisser quelque chose de ce qui m'était si justement acquis et en faire bonne part à ceux qui m'ont assisté, qu'à l'exemple de mes ennemis faire d'une mouche un éléphant; vous pouvant bien dire que l'assurance, le combat et la victoire sont plus grands et admirables en leur vérité, qu'ils ne sont croyables entre ceux mêmes qui les ont vus. Car moins de deux cents chevaux ont empêché, sans aucun ruisseau entre deux, une armée de dix mille hommes de pied et de deux mille chevaux d'entrer dans mon royaume; ont mis en route plus de deux mille chevaux à la tête de tout le reste de l'armée; et à la vue seule de cinq cents chevaux qui arrivèrent après le combat, toute ladite armée ensemble a quitté le champ de bataille, même les logis desquels elle était partie pour se rendre sur les bords de la rivière, et l'a fait repasser en grand désordre et avec beaucoup d'étonnement la rivière de Saône, me laissant tout ce qui est de deçà libre pour la commodité des vivres; et ceux qu'ils avaient déjà fait faire pour la leur me sont demeurés. Aussi est-ce bien à Dieu que j'en donne l'honneur et la louange, tant pour ce qui a été de sa main et en l'étonnement qu'il a donné à mes ennemis, qu'en ce qu'il lui a plu mettre, ce jour-là, en moi et au cœur de ceux qui m'ont accompagné en ce combat; dont, afin qu'il lui plaise me continuer sa bénédiction, je vous prie en faire processions générales et lui en rendre grâces publiques, ce pendant que je travaille à mon entreprise de ce Château pour laquelle je fais tous mes préparatifs, et espère que Dieu m'en donnera heureuse issue, encore qu'il soit bon et fort et muni de toutes choses, comme la retraite choisie par le duc de Mayenne pour lui et sa famille....,

Ecrit au camp de Dijon le ix° jour de juin 1595.

Signé : Henry.

(Mémoires de Philippe de Mornay.)

Enfin, quatre jours après, il écrivait à de Harambure :

« Harambure, pendez-vous de ne vous être point trouvé près de moi au combat que nous avons eu contre les ennemis, où nous avons fait rage, mais non pas tous ceux qui étaient avec moi. Je vous en dirai les particularités quand je vous verrai..... Venez me trouver au plutôt et vous hâtez, car j'ai besoin de vous. Adieu, *borgne* (1).

Ce xiii juin, à Dijon. *Signé* : Henry. — Orig., Arch. d'Indre-et-Loire.

Telles sont les lettres que nous avons cru devoir ras-

(1) Allusion à une blessure qui avait privé cet officier d'un œil.

sembler pour l'honneur du pays où s'accomplirent ces prodiges de bravoure, suivis de si grands effets. Toutes, ainsi qu'on peut en juger, respirent dans leur auteur le courage sans forfanterie, la vérité sans artifice et l'esprit le plus français qui fût jamais. Leur place était ici marquée et nous n'avions garde de négliger de semblables preuves qui sont l'histoire écrite d'avance sans y prétendre par le témoin le plus sûr et le mieux informé. Rien n'y manque chez Henri IV, ni l'éloge pour ceux qui avaient combattu à ses côtés dans une lutte qui ressemble plutôt à la témérité qu'à la gloire, ni le blâme envers d'autres que le courage avait abandonnés, sinon la fidélité; ni le souvenir pour des braves que la distance tenait éloignés de lui pour son service; ni la tendresse pour sa sœur Catherine de Bourbon, « qui a failli être son héritière; » ni la modestie du héros qui s'abaisse devant Dieu, dont le bras seul à tout fait, comme il le dit dans ses lettres du grand fait d'armes de Fontaine-Française accompli le 5 juin 1595, le dernier coup qui, après la reddition de Paris, aura été porté à la Ligue et en précipita la chute. Non que nous voulions prétendre que tout fut fini par là en France des troubles civils, mais de ce jour la scène se transforme et s'humanise peu à peu. Ce ne seront plus les armes qui décideront cette grande lutte des passions religieuses, mais la sagesse du vainqueur qui usera de la victoire en apaisant, à force de longanimité, des passions encore menaçantes; rendant, ainsi qu'on en jugera par ce qui va suivre, et à travers d'autres dangers, la paix à l'Etat.

CHAPITRE VII.

SOMMAIRE.

Etat de la Bourgogne après la Ligue. — Pillage et violences des gens de guerre. — Les pillards entrent en Franche-Comté. — Plaintes du Parlement de Dôle. —Celui de Dijon députe au Roi. — Henri IV ne peut y mettre fin. — Il se résout à acheter les places fortes à prix d'or. — Leur démolition est ordonnée; Talant et d'autres résistent aux ordres du Roi. — Le Parlement s'oppose à de nouvelles taxes. — L'opposition se réveille dans cette Compagnie. — Denis Brulart demeure à la tête du Parlement; suites de cette résolution. — Le Parlement méconnaît la capitulation de Dijon. — Des conseillers nommés par le Roi sont repoussés par cette Compagnie. — Elle refuse de reconnaître un lieutenant général nommé dans la province. — Le Parlement résiste à enregistrer l'édit de Nantes. — Henri IV envoie des délégués à Dijon. — Les Etats de la province font des remontrances au Roi. — Paroles de Henri IV touchant cet édit. — Le Parlement cède. — Opposition franc-comtoise ; mission du Parlement de Dôle. — La Bresse est réunie de nouveau au ressort du Parlement de Dijon. — Retraite par démission de Jeannin. —Arrestation de Biron.— Mesures ordonnées en Bourgogne contre ses partisans. — Le Roi députe Jeannin au Parlement de Dijon à ce sujet. — Nicolas Brulart succède à son père comme chef du Parlement.— Affaire des Jésuites dans cette province. — Transition historique. — Hélène Gillet sauvée du supplice, épisode judiciaire de 1628. — Exemples analogues. — Gaston, frère du Roi, entre en Bourgogne. — Fidélité du Parlement. — Mesures prises par Louis XIII contre les rebelles. — Le Parlement de Dijon est chargé des procédures au détriment de celui de Paris. — Ce Parlement proteste; son arrêt est cassé par le Grand Conseil. — Invasion de Gallas en Bourgogne. — Le Parlement refuse de s'imposer pour la défense commune. — Colère du prince de Condé à cette occasion. — Le Parlement est interdit. — Le Roi lui fait grâce. — Exil du Premier Président Legoux de la Berchère. — Procès du maréchal de Marillac. — Belle conduite de magistrats bourguignons. — Prétexte de l'accusation. — Votes individuels.

— Caractère politique de la sentence. — Ses suites dans cette province. — Entrave à l'exportation des grains; sédition arrivée à Chalon contre des commissaires du Parlement. — Création du Parlement de Metz. — Emigration bourguignonne, histoire des familles qui y prirent part. — Caractère de cette mission.

La période de l'histoire qui s'étend depuis la fin de la Ligue en Bourgogne, après le combat de Fontaine-Française, jusqu'à l'invasion de Gallas dans cette province à la tête des Impériaux, en 1636, ne présente qu'un petit nombre de faits importants pour l'histoire de son Parlement. La capitulation de Dijon, en anéantissant les espérances des ligueurs, laissait sans appui en Franche-Comté les bandes espagnoles que le parti vaincu avait appelées à son aide lorsqu'il était devenu le parti de l'étranger. Toutefois, des troupes indisciplinées conduites par des chefs impatients du frein n'avaient pas facilement renoncé à leurs habitudes de pillage, pratiquées, à défaut de solde, comme moyen de subsistance (1). Peu de mois après la soumission de la Bourgogne, le Parlement avait député à Paris plusieurs de ses membres pour se plaindre « des ravages, levées d'impôts,

---

(1) Le Registre du Parlement du 15 février 1596 donne la mesure de ces fléaux; on y lit : « La Cour, les Chambres assemblées, ayant vu plusieurs requêtes et plaintes des sujets de ce ressort sur les ravages et débordements des soldats, prise du bétail des laboureurs et autres, emprisonnements, exactions et violences, difficultés et empêchements qui surviennent à faire les significations des arrêts que lesdits sujets obtiennent pour leur liberté et restitution de leur dit bétail, a enjoint à tous les capitaines des villes, châteaux et places fortes de ce pays et à leurs lieutenants, de contenir leurs soldats dans leurs garnisons et empêcher qu'ils ne se débordent et entreprennent de faire chose contre les édits et arrêts, battre, outrager, rançonner ou emprisonner lesdits sujets, prendre leur bétail, sous couleur de cotes ou autrement, à peine d'être responsables..... »

ruine du peuple, emprisonnements, violences, meurtres, cruautés, etc., » que se permettaient ces bandes armées dans les villes et dans les campagnes (1). Le procureur général Picardet, l'un de ces délégués, ne put obtenir de Biron, alors en Cour, que des demi-mesures qui, en mécontentant les hommes de guerre, ne firent que les enhardir davantage. Un long temps s'écoula sans qu'on pût faire cesser des désordres devenus pires que la guerre civile. Ce maréchal revint à Dijon au mois d'avril 1598, quand, dans toute la province, ces scènes de désolation se renouvelaient encore. Un placard ayant pour titre : *La pauvre Bourgogne par les Gascons*, sous la figure d'une femme un fouet à la main, avait été affiché à la porte du Palais, et répondait, sous une allusion perfide, au sentiment commun, bien qu'il fût l'œuvre supposé d'un ancien ligueur. Le Parlement en fit en vain rechercher l'auteur. Déjà, dès le mois de février précédent, un premier placard avait été affiché au même endroit ; on y lisait : « *Supplie humblement la pauvre Bourgogne la mettre en liberté et ferez justice. Signé Bourgogne.* » Le conseiller-syndic Bossuet avait dénoncé ce fait à sa Compagnie. Des recherches minutieuses ordonnées n'aboutirent pas, et l'autre placard, plus insolent, était venu pendant les informations renchérir sur celui-ci, dont, par une vaine menace, le Parlement avait rendu les maire et échevins responsables.

Les violences des gens de guerre auxquels ces écrits faisaient une allusion méritée ne s'en étaient pas tenues

(1) Registres de novembre et décembre 1595, janvier 1596 et suivants, qui sont remplis de ces détails.

à la Bourgogne. De cette province elles se répandirent en Franche-Comté dont les pillards et les bandes armées avaient violé la frontière. Les Etats assemblés à Dôle venaient d'en porter des plaintes amères. On peut voir au Registre du 13 mars 1598 que l'avocat Grivel fut chargé d'une mission dans ce but près du Parlement de Dijon, où étant entré, il exposa « que ces Etats avaient plusieurs fois averti le Parlement de Dôle des foules, ravages, voleries et oppressions que les gens de guerre de cette province faisaient au comté de Bourgogne...; » citant à l'appui des faits odieux dont les habitants avaient eu à souffrir. A quoi le Premier Président avait répondu « que la Cour supportait à regret tant de désordres...; mais que les malheurs des guerres civiles avaient causé ce mal ; que si, en leur pays, ils en recevaient de l'incommodité, celui-ci n'en avait pas moins, dont la Cour avertirait M. le maréchal, lequel mettrait ordre pour faire cesser les courses en Franche-Comté... » Tout porte à croire que cette démarche d'un pays voisin avec lequel le maintien de la neutralité se trouvait compromis avait déterminé le voyage, dont nous avons parlé, de Biron en Bourgogne, qui eut lieu un mois après. Mais les mesures, si on osa en employer pour mettre un frein aux excès d'une soldatesque devenue maîtresse partout, n'aboutirent à rien, car on retrouve trois mois après dans les mêmes Registres le nom du conseiller Matherot envoyé par le Parlement de Dôle à celui de Dijon, obligé d'entendre et de subir les mêmes reproches (1).

(1) Voir le Registre du 25 juin 1598, où cette Compagnie, dans son

Toutefois, les grands pouvoirs de la Bourgogne ne s'étaient pas endormis sur un état de choses qui, avec la ruine du pays, déconsidérait la France à l'étranger. Envoyé une seconde fois en députation à Paris par le Parlement, le procureur général Picardet était allé jusqu'au Roi. Dans la séance du 19 février 1598, un mois avant la mission de Grivel au nom des Etats de Dôle, où nous laisserons encore parler les actes, il rendit compte de son voyage en ces termes : « qu'il avait remontré à Sa Majesté le contenu des mémoires et remontrances de sa Compagnie et fait entendre la ruine de ce pays, les désordres, ravages, foules et oppressions que ses pauvres sujets recevaient chaque jour par les capitaines, gens de guerre et soldats des garnisons qui y étaient établis. A quoi le Roi avait témoigné beaucoup de regrets et déplaisir de la ruine de ses pauvres sujets, particulièrement de ceux de cette province; qu'avec l'aide de Dieu, il y pourvoirait; qu'il n'épargnerait ni sa peine, ni son travail et sa propre vie pour mettre entièrement à repos le reste de son royaume; que, s'il plaisait à Dieu lui en faire la grâce, il s'essayerait par tous les moyens de soulager ses sujets; que pour maintenant il n'en savait point d'y pourvoir et remédier, et que s'il en savait un, qu'il eût à le lui faire entendre. » Picardet répondit à Henri IV « qu'il y en avait deux, l'un de retrancher les garnisons, comme avant les troubles, et l'autre qu'il lui plût dire que leur entretenement se prendrait sur les

impuissance de donner satisfaction à ces plaintes, « conseilla au Parlement de Dôle de députer lui-même au Roi de France, auxquels députés celui de Bourgogne fournirait lettres et mémoires à l'appui. »

provinces voisines, vu que la Bourgogne était limitrophe du royaume et leur servait de rempart...» De chacun de ces moyens, dont le premier eût laissé le champ libre aux factions, et l'autre mécontenté d'autres provinces déjà ruinées, le Roi s'appropria le principe en le modérant. Il promit la réduction des garnisons à moitié, et que leur entretien serait pris sur les fonds de la guerre de Bresse. Mais l'impuissance même où l'on fut d'essayer de ces choses, montra de plus fort qu'il fallait tout attendre du temps et peu des hommes après des règnes si agités et quand les passions à peine contenues fermentaient encore.

Ainsi, sous un prince aussi brave qu'habile, l'autorité royale, mal affermie, n'osait porter remède à des désordres qui, pendant plusieurs années encore, firent de ce pays un théâtre de désolation ou d'alarmes (1). La Bourgogne, hérissée de forteresses, nourrissait alors presque autant d'hommes de guerre qu'elle comptait d'habitants. A côté des soldats du Roi, il y avait encore ceux de la Ligue, les pires de tous. Une seule d'entre les places qu'ils occupaient encore, Seurre, depuis surnommée Bellegarde, parvint durant trois ans à tenir en échec l'armée royale commandée par Biron (2). L'italien Rossy, connu sous le nom du capitaine la Fortune, était à la tête de sa garnison

---

(1) Registres de novembre et décembre 1595, janvier 1596 et suivant, qui sont remplis de ces détails.

(2) Les conseillers Millière et Bossuet, délégués du Parlement, assistèrent à la remise qui en fut faite au Roi en août 1598. (Voir le Registre du 5 dudit mois, où ils rendent compte à leur Compagnie de ce qu'au mépris de la capitulation le chef qui y commandait avait volé et pillé les habitants.)

et obtint, pour se rendre à Henri IV, la somme alors considérable de 46,000 écus, après qu'il avait osé en demander jusqu'à 150,000, « par l'honneur, dit-il, qui lui était accordé de traiter avec un si grand prince (1). » A son exemple, Duprat, baron de Vitteaux, oubliant la grâce qu'il tenait du Roi, en exigea 12,000 pour la remise du château-fort de Noyers (2), et il en fut de même de plusieurs autres chefs, en apparence soumis, mais que les réclamations de leurs troupes forcèrent de manquer à leur parole. Franchesse, en se faisant remettre une somme importante pour prix de la capitulation du château de Dijon, avait ouvert la voie à des exigences qui devinrent sans bornes et mirent Biron dans l'alternative d'y souscrire ou de recommencer la guerre. En cela ce maréchal suivit la politique de son maître, qui, après avoir triomphé de la Ligue par les armes, ne put l'étouffer qu'à force d'argent qu'il n'avait pas, et qu'il se procura par tous les moyens.

Il faut attribuer à ces prétentions des garnisons répandues partout la résolution que prit Henri IV de faire démolir toutes les places fortes de la Bourgogne. Il avait dit aux Elus de cette province venus à Paris pour réclamer le maintien des fortifications de Talant, qui capitula

---

(1) Registre du Parlement du 20 avril 1598. Le 22 dudit mois des lettres d'abolition en faveur du même furent publiées à la Grand'-Chambre. (Voir id. Registre de cette date.)

(2) Ce fut pour cette cause que les lettres d'abolition qu'il avait obtenues n'étaient pas encore enregistrées le 4 mars 1599 et que le Parlement l'obligea, avant de faire droit à cette demande, de remettre cette place en l'obéissance du Roi, comme de faire raser les nouvelles fortifications de Vitteaux. (Registre du Parlement dudit jour.)

moyennant 10,000 écus : *Je veux, Messieurs, que ces murailles tombent sur vos têtes si vous n'y pourvoyez* ; ce dont le baron de Lux, qui avait entendu ces paroles du Roi, rendit compte (1). La ville de Dijon, de son côté, contribua pour 1,100 livres à cette démolition. Toutefois, les actes qui s'étaient passés avant l'exécution de ces ordres, montrent avec quelles peines ils avaient été accomplis, et de quelle urgence était une telle mesure.

Dès le mois de janvier 1609, Henri IV venait de nommer en Bourgogne de la Fondrière, prévôt général des maréchaux, avec mission de faire démanteler Talant, Vergy, Vitteaux et autres forteresses contenues en ses lettres patentes, présentées au Parlement par son envoyé. On y lit « qu'il ne voulait plus souffrir ces places, et notamment Talant au milieu de la province, le chargeant de faire procéder immédiatement à leurs démolitions, nonobstant tous empêchements, raisons et considérations... » Le même commissaire du Roi demandait à l'autorité de la Compagnie de faire justice des prétextes que le vicomte de Tavannes, qui avait tant à se faire pardonner, alléguait contre ces mesures de sécurité pour couvrir sa désobéissance. Cet officier ne craignait pas d'invoquer l'ancienneté de cette ville, qui avait séance aux Etats... « demandant quinze jours pour surseoir ; priant Messieurs d'avoir pitié des pauvres habitants dudit Talant en leur donnant le loisir d'aller faire leurs très

---

(1) Voir le Registre du Parlement du 4 février 1609, et le Registre municipal de la même année.

humbles remontrances à Sa Majesté, où il s'acheminerait avec eux...; que si cette demande n'était pas exaucée, il portait sa tête qu'il exécuterait le commandement du Roi et commencerait lui-même à ôter la première pierre pour la ruine et démolition de la forteresse... » Vaines promesses ; le Parlement fut sourd à ses prières et ordonna « que les lettres et commissions seraient promptement remises entre les mains de la Fondrière, pour faire ce qui était de la volonté de Sa Majesté (1). » Toutefois la réponse que nous avons fait connaître du Roi aux Elus, et l'intervalle qui s'était écoulé entre ces actes montrent qu'un sursis avait été accordé par le délégué du Roi aux habitants du lieu agissant ici au rebours de ceux de Dijon, qui réclamaient à grands cris la démolition de leur château, mais qui ne l'obtinrent pas. Tout espoir de changement dans les ordres de Henri IV étant ainsi perdu, le Parlement interposa de nouveau son autorité en ordonnant, le 4 février de la même année, à Tavannes et aux soldats qui gardaient Talant et Vergy d'évacuer ces places, sous peine d'être déclarés rebelles; ce qu'ils firent, non sans murmures, bien qu'ils en dussent recevoir le prix.

Des taxes énormes, fruit de la résolution qui fut prise de racheter les places lorsque tant de sang avait été déjà répandu, devaient frapper cette province durant de longues années et devinrent la cause de luttes nouvelles entre la Royauté et le Parlement. Ces habitudes d'un Corps qui ranimait, par sa résistance à de nouveaux sub-

---

(1) Registre du 16 janvier 1609

sides, sa popularité si compromise dans les derniers troubles, étaient revenues à cette Compagnie avec le pouvoir. Elle semblait avoir oublié que la paix de la province avait été la condition de ces sacrifices. Dans des remontrances adressées, peu de mois après son pardon, au Roi touchant ces taxes, elle disait, par l'organe de Denis Brulart, avec plus d'ostentation que d'à-propos « que le Parlement était composé de personnes qui étaient juges souverains et nécessaires pour le bien et l'utilité publics; que c'était comme une barrière entre la Royauté et le peuple pour défendre ce dernier des impositions et charges extraordinaires (1). » La multitude, moins clairvoyante, ne vit dans ces paroles que de la sympathie pour ses misères, et dans la Royauté qu'une puissance ennemie, toujours prête à dévorer sa substance et dont elle devait se défier. L'intérêt d'Etat qui commandait ces sacrifices ne fut pas même consulté et resta sans écho dans un débat qui dura longtemps, en préparant par le ressentiment contre le Prince les troubles de la Fronde en Bourgogne.

Ces résistances ne s'en tinrent pas là. Moins d'une année après, les Parlements adressèrent au Roi des remontrances violentes au sujet de nouveaux offices créés pour subvenir aux besoins publics. Lors de l'invasion des Espagnols en Picardie, où la prise d'Amiens appelait toute la France en armes, Henri IV fut obligé de forcer l'opposition de ces Compagnies, sous peine de voir le royaume devenir, faute d'argent, la proie de l'étranger.

(1) Registre du Parlement du 27 janvier 1596.

Dans une audience qu'il donna à de Harlay, Premier Président du Parlement de Paris, qu'il avait mandé, il lui adressa pour tous ce terrible reproche « qu'aucun Parlement en France ne comprit jamais les nécessités du salut de l'Etat. » La résistance de ces Corps en face d'un ennemi vainqueur et arrogant s'était en effet prolongée durant un mois lorsque le Roi prononçait ces paroles sévères et que le canon de l'ennemi retentissait à quelques journées de marche de la capitale. « Alors la détresse des finances fut telle, dit l'Etoile, qui rapporte ces faits, qu'il fallut, en attendant l'enregistrement forcé des édits, faire des emprunts près de ces hommes affectionnés au bien public, qui n'eussent jamais revu leur argent, si Henri IV ne fût rentré vainqueur à Paris; » à quoi ce chroniqueur ajoute que « Rosny, duc de Sully, avait été, comme toujours, l'âme de ces ressources. »

En Bourgogne, d'autres fautes de conduite de la part d'un pouvoir appelé à rapprocher les esprits ne firent que les aigrir davantage. Après les luttes acharnées des membres du Parlement divisé pendant la Ligue en deux partis, le besoin du repos aurait dû faire ce que la prudence se montrait impuissante à réaliser; le vieil esprit parlementaire ressuscité opéra ce prodige. A peine leur réunion est-elle accomplie par les soins du chancelier, que l'attitude du Corps reprend sa marche accoutumée. Il semble sortir d'un sommeil prolongé pendant lequel il a oublié ses fautes en réparant ses forces abattues. Si l'on compare les premiers actes de cette Compagnie avec ceux des temps antérieurs aux guerres de la Ligue, on y trouve les mêmes habitudes mêlées aux mêmes tendances, l'esprit d'empiétement non moins inquiet, l'amour des priviléges non moins immodéré, les susceptibilités contre l'autorité du Prince toujours ardentes et excessives. Les Registres, fidèles images de ces habitudes rajeunies, semblent avoir été rédigés dans un temps ordinaire plutôt que le lendemain d'un long désastre qui a failli tout engloutir. Le contraire se fera remarquer après les troubles de la Fronde, suivis d'une politique différente de la part du Souverain, qui ne laissera plus de prise aux usurpations en s'emparant à son tour des prérogatives de Corps que le temps avait consacrées.

Le maintien à la tête du Parlement d'un chef décrié par ses fautes, avait ranimé ses torts au lieu d'y apporter remède. Suspect au Roi, dont il avait obtenu le pardon, en haine aux magistrats restés fidèles, peu sympathique à ceux du même Corps demeurés à Dijon, qui l'accusaient d'avoir abandonné leur cause au temps des revers, Denis Brulart n'avait pas compris que sa Compagnie, survivant à ces déchirements, avait besoin pour chef d'un homme nouveau et sans reproche. Chose inouïe! il passa quinze années encore à la tête d'un Corps où tous ses actes devinrent autant de contradictions de conduite, et où il n'avait laissé à personne le droit de le plaindre ou de l'excuser.

Parmi les actes du Parlement nouveau qui s'accomplirent sous sa présidence après la Ligue, on doit citer en premier ordre son refus d'admettre dans son sein deux de ses membres nommés par le duc de Mayenne au temps de sa toute-puissance. Ces membres étaient les conseillers Guillaume Millière et Etienne Bernard (1). Leur rentrée dans cette Compagnie avait été l'une des conditions de la capitulation de la ville et ne pouvait être contestée sans mauvaise foi de la part d'un Corps dont la moitié n'avait dû son rétablissement qu'à ce titre. Chose étrange! le Parlement refusa de les recevoir. Le Roi le somma, mais en vain, de *lui laisser tenir sa parole* (2). Le président Fremiot lui-même, au nom de ce Prince qui l'en avait chargé près de sa Compagnie, échoua dans cette mission de paix, après que sa voix avait été étouffée par les murmures des Chambres assemblées. Pourvus de nouveau l'un et l'autre de deux offices créés pour faire tomber le prétexte de ces résistances, le Parlement n'en persista pas moins dans sa rebellion (3). Ce fut à cause de ce refus si étrange qu'Etienne Bernard fut nommé par Henri IV lieutenant général du bailliage de Chalon, où il fit briller un des plus grands mérites de ce temps et un de ceux que la haine persécuta davantage. Ainsi des vanités de corps, mêlées à d'odieuses rancunes, avaient en si peu d'années fait oublier à ce Parlement toutes ses promesses.

Déjà ces résistances s'étaient manifestées sous une

---

(1) Elus les 9 septembre 1591 et 11 juillet 1593 par Mayenne, reçus et installés les 15 janvier 1592 et 29 juillet 1594, sous l'autorité du même.

(2) Voir le Registre du Parlement du 25 juin 1597.

(3) Voir le Registre du même Corps. La réception devenait d'autant plus difficile que l'usage adopté de tout temps par cette Compagnie était qu'aucun acte de ce genre ne pût se faire qu'il ne passât des *deux tiers* des membres présents. (Voir le journal de Breunot, et celui de Malteste durant la Fronde.) Ce qui, en donnant trop de place aux passions politiques, n'en ôta guère à la faveur, qui est une autre passion elle-même.

forme non moins insultante envers l'autorité royale. Henri IV, voulant récompenser la conduite pleine de fidélité de Pierre de la Mare, procureur du Roi au bailliage de Beaune, et de Philibert Venot, *vierg* d'Autun, venait de créer en leur faveur deux offices de conseillers. Les lettres en avaient été expédiées au mois de juin 1595, à Dijon, après l'entrée du Roi dans cette ville. Elles mentionnaient que ces charges leur étaient accordées en récompense de la part qu'ils avaient prise à la réduction des villes de Beaune, Autun et Dijon. Le Parlement inexorable avait refusé de les recevoir, sans craindre d'engager avec le Souverain une lutte qui dura un an, et dans laquelle, malgré plusieurs lettres de jussion, les deux nouveaux titulaires ne purent se faire installer, « la Cour ayant déclaré qu'elle ne devait procéder à l'entérinement de leurs titres (1). » Ainsi, dès le lendemain du pardon obtenu par elle, cette Compagnie s'était montrée aussi ingrate qu'indomptable.

La cause de ce dernier refus était dans la répugnance

---

(1) Registre du Parlement du 5 juillet 1596. On va juger par des actes successifs avec quelle violence la lutte était engagée. Dès le 20 décembre 1595, porte le Registre de cette date, c'est-à-dire six mois avant celui que nous citons, « le Premier Président avait exposé à la Cour que tous les jours on l'importunait pour faire délibérer sur l'édit de création de six conseillers en cette Compagnie et que même le jour d'hier le maréchal de Biron fut en son logis lui en parler et partant qu'il fût délivré de telles *molesties*, » ce qui ne changea en rien la résolution prise. Le 21 juin suivant, le même maréchal, venant prendre congé de la Compagnie, lui renouvelait la même prière en ajoutant « que si la Cour voulait procéder à la réception de ceux accordés par le traité du duc de Mayenne, il était plus raisonnable de pourvoir à la réception des fidèles serviteurs de Sa Majesté et qui lui avaient ouvert les portes des villes, que de ceux accordés audit duc de

manifestée à toutes les époques par le Parlement contre la création de nouveaux offices qui dépréciaient les charges existantes en en diminuant la valeur. Les circonstances dans lesquelles celles-ci avaient été fondées ne purent faire fléchir un Corps plus empressé à renouer la chaîne de ses traditions qu'à s'acquitter envers un Roi auquel il devait tout, jusqu'à sa nouvelle vie. Un incident analogue arrivé dans une conjoncture où cet intérêt de finance n'existait plus pour lui, prouvera que l'amour de ses priviléges était resté en toute chose le principal mobile de sa conduite. Il y saisit en même temps l'occasion, et il le fit maladroitement, de répondre aux reproches que ces résistances de sa part venaient de lui attirer et où il allait se montrer de nouveau, sous prétexte de la servir, l'adversaire de la royauté. Henri IV avait nommé par des lettres patentes le baron de Sennecey son lieutenant général dans la province. Le Parlement, par un abus sans nom, refusa d'enregistrer ces lettres malgré les jussions réitérées du Roi, cette fois soutenues par le maréchal de Biron. En vain ce gouverneur était

Mayenne, et qu'il n'y aurait apparence d'admettre ceux-là en cette Compagnie et rejeter ceux de Sa Majesté. » (Registres desdits jours.)

Dans celui du 25 juin 1597, déjà cité, nous trouvons les mêmes refus, cette fois poussés jusqu'à l'offense. M. le président Frémiot, porte l'acte, a dit : « que le Roi lui avait parlé, étant en Cour, de l'édit de M. de Mayenne, qu'il voulait que les officiers créés par lui fussent reçus, qu'il l'ordonnait et le commandait à son Parlement, que c'était une capitulation... qu'il voulait que sa parole fût suivie d'effet... et que pour faciliter cette réception il avait consenti à réduire à deux seulement les six nominations qu'il avait faites lui-même....; » mais le Parlement, loin d'accepter cet accommodement, insista pour que ces deux nominations fussent encore réduites à une. (Registre dudit jour.)

venu aux Chambres assemblées déclarer qu'à défaut de la Compagnie, il mettrait le nouveau titulaire en possession et recevrait lui-même son serment; ces menaces n'avaient abouti qu'à un arrêt de partage prononcé le 18 janvier 1596, et qui équivalait à un refus. Le motif avoué d'une telle conduite était que le comte de Tavannes, l'un des chefs du parti royal en Bourgogne pendant la Ligue et opposant à cette vérification, avait été investi de ce titre bien auparavant. La prérogative royale ne pouvait être plus complétement méconnue dans cette intervention, de toutes la plus étrangère aux prérogatives du Parlement; comme s'il n'appartenait pas au Roi de changer ses commandants militaires, quels que fussent leurs titres! Cette Compagnie tint ferme pendant plusieurs mois, et on ne sait ce qui serait arrivé de cette affaire, si Tavannes, auquel on venait de faire d'autres promesses, n'eût écrit *qu'il était satisfait*, et que Biron lui-même ne se fût incliné jusqu'à dire que *le sieur de Saulx étant récompensé d'ailleurs, toute opposition devenait sans objet*. L'enregistrement fut donc prononcé le même jour, à cette condition, par un arrêt qui existe encore (1), et qui sera le dernier exemple que nous voulons citer de la politique jalouse qui inaugura la rentrée en fonctions des deux Parlements réunis.

Un événement d'un ordre plus important devait occuper peu d'années après les esprits en Bourgogne et rappeler, malgré la différence des temps, les résistances de Bégat aux édits de pacification de L'Hospital. L'édit de

(1) Registre du Parlement du 22 mars 1596.

Nantes, donné par Henri IV au mois d'avril 1598, par lequel il avait accordé aux protestants le libre exercice de leur religion et leur entrée dans toutes les charges de judicature et de finance, allait rencontrer dans son Parlement un refus de publication puisé dans ses plus anciennes traditions. A la différence des édits de Charles IX et de Henri III, qui ne furent que provisoires et des sortes de trèves accordées aux hommes et aux circonstances, cet édit devait être *perpétuel et irrévocable,* comme un pacte que la politique d'Etat commandait entre deux cultes ennemis l'un de l'autre. Le Roi avait attendu, pour le faire présenter en Bourgogne, que toutes les autres Cours du Royaume l'eussent déjà fait publier; mais un tel calcul faillit être trompé, car voici ce qui arriva :

Il y avait plus d'un an que cette grande mesure avait été ordonnée dans le royaume, lorsque Viard de Volay, président du Grand Conseil, envoyé par le Roi, entrait aux Chambres assemblées du Parlement. Parmi les causes qui avaient fait rendre cet édit, le délégué du Roi disait avec une grande raison « que son but était de remédier au renouvellement des troubles, qu'il n'était que le renouvellement de ceux antérieurs; que l'on avait été plus de dix-huit mois à le préparer avant qu'il n'eût été conclu et résolu, ce qui avait été fait avec une maturité et exacte disquisition de toutes choses qui se pouvaient désirer; que Sa Majesté l'avait fait passer pour bonnes considérations et même à l'instante poursuite de plusieurs catholiques expulsés et dépossédés depuis longues années, ez villes tenues par ceux de la religion, de leurs biens et honneurs ; que ceux de ladite religion ne permettraient jamais que l'exercice de la religion catholique fût remis en aucune desdites villes par eux occupées, que le susdit édit ne fût vérifié en ses Parlements ; que le Parlement de Paris avait été plus de six mois à en délibérer. » A quoi il ajoutait « qu'il avait ordre de Sa Majesté de faire entendre au Parlement sa volonté, qui était que, toutes affaires cessantes, il eût à procéder à sa vérification, sans user de longueurs, restrictions ou modifications (1). » Le Premier Président, au nom de sa Compagnie, avait répondu « que tous seraient disposés à effectuer le commandement de Sa Majesté en tant que le service de Dieu et la conscience le pourraient permettre, » paroles qui en disaient assez et annonçaient une lutte ou des lenteurs équivalentes à un refus. Mais ce dernier dessein allait l'emporter comme le plus sûr à une époque de transition où les partis désarmés s'observaient encore.

La Cour avait prévu ces difficultés. Pour y pourvoir, le délégué du Prince avait reçu ordre de ne pas quitter Dijon avant que cet enregistrement eût été prononcé. Le Parlement ne l'ignorait pas, et néanmoins il affectait de ne donner aucune suite à une affaire aussi importante. Pressé de faire obéir au Roi, Volay revint jusqu'à deux fois au Palais (2) où il apprit enfin que les Etats assem-

(1) Reg. du Parlement du 4 juin 1599 et les documents contemporains.

(2) Voir les Registres du 28 juin et 1er juillet de la même année. Dans le même esprit et dans le même but, le Roi avait dit auparavant aux députés du Parlement de Paris réunis au Louvre et dans ce langage qui n'appartenait qu'à lui : « N'avons-nous pas assez souf-

blés avaient résolu d'adresser de très humbles remontrances pour le succès desquelles le Parlement soutint ne pouvoir refuser un sursis. La présence d'un solliciteur général des causes du Roi, nommé Bernier, envoyé à ces mêmes Etats dans le but d'empêcher ces remontrances, ainsi que Volay l'avait été à une autre Compagnie pour presser l'enregistrement de l'édit, avait excité des résistances nouvelles de cette dernière, venant comme autrefois, mais avec moins d'éclat, en aide au Corps dont elle partageait les vues. Déjà, et le 14 juin, comme pour accréditer la cause de ces retards, une députation de ces mêmes Etats était venue en grande pompe au Palais, où, par la voix de l'abbé de Cîteaux, elle avait demandé communication de l'édit, afin d'y faire des remontrances au Roi « sur les inconvénients qui pourraient arriver et le préjudice qu'il apporterait au repos et à la tranquillité du pays. » Mais cette politique de lenteurs ne détourna

---

fert? Nous avons acquis de la gloire dans la guerre et nous pouvons en acquérir encore; mais à présent l'Etat a besoin de la paix, et comme Dieu s'est servi de moi pour vous la donner, je vous exhorte à la conserver. De quelles cruautés, de quelles horreurs notre patrie n'a-t-elle pas été le théâtre? Le souvenir en fait encore frémir..... Vous n'avez plus affaire aux autres ennemis de l'Etat, je ne vous exhorte qu'à conserver l'union entre vos compatriotes et vos concitoyens. Serait-il possible que la guerre se rallumât entre mes sujets?.... Les guerres civiles causées par les disputes de la religion ne servent qu'à les échauffer; l'union des cœurs est le moyen de concilier les esprits. La guerre ne termine pas ces sortes de différends, il n'appartient qu'à la paix de les finir. Le succès des armes ne décide rien..... n'écoutons donc point les bruits accrédités par des factieux obstinés, par des prédicateurs fanatiques, par des femmes extravagantes..... La nouvelle loi que je vous propose d'enregistrer a été faite par mon prédécesseur, qui l'appelait son édit. Elle est aussi en partie mon ouvrage et j'en partage la gloire..... » (De Thou.)

pas la Royauté de sa résolution d'en finir sur une mesure digne d'une grande pensée.

En effet, et quelques mois après, le procureur général communiquait aux Chambres assemblées les lettres du Roi, par lesquelles on leur demandait raison « des longueurs qui y étaient opposées à la poursuite que faisait le sieur de Volay pour la vérification du même édit, ainsi que de l'arrêt qui avait été rendu, par lequel on en avait ordonné la communication aux trois Ordres de la province. » Pendant que le Parlement délibérait sur cet incident nouveau, le même magistrat, qui avait été mandé à Paris dans l'intervalle, venait, le 1er décembre 1599, faire part à la Compagnie des ordres que le Roi lui avait donnés ainsi que des lettres de jussion expédiées pour elle à Volay, et qui étaient aussi expresses que menaçantes.

Déjà, durant ces retards, les Etats avaient rédigé ces remontrances si souvent alléguées en leur nom de la part d'un Corps rival, mais uni à eux comme il l'avait été pendant les troubles religieux par une politique traditionnelle. Présentées à Henri IV à Paris par l'abbé de Cîteaux et d'autres députés, elles n'aboutirent, comme on pouvait le prévoir, qu'à un refus plus formel (1). En vain le président Fremiot, l'homme le mieux en crédit à cette époque, avait été envoyé à Paris par le Parlement pour les appuyer. Il rapporta à cette Compagnie qu'en prenant congé du chancelier, celui-ci lui avait donné charge de dire « que le Roi trouvait fort

---

(1) Registre du 2 décembre 1599.

étrange les longueurs et difficultés que l'on mettait à la vérification de l'édit concernant l'exercice de la religion prétendue réformée ; que tous les autres Parlements de France *y avaient passé*, et néanmoins que celui de Dijon ne s'en était pas encore acquitté, qu'il n'avait pas plus de raisons de s'y opposer que les autres ; qu'ils étaient tous sujets du même Roi et devaient obéir. Ajoutant aussi « que *sa dite Majesté avait fait cet édit à regret*, mais que le bien-être et repos de son royaume l'y avaient contraint, et que cette Compagnie eût à procéder à sa vérification, toutes affaires cessantes (1). »

Le Parlement se trouvait ainsi placé à bout de voies, et, à moins d'un enregistrement forcé, il fallait se soumettre de bonne grâce. Le procureur général vint au Palais le 10 janvier 1600, sommer encore une fois la Compagnie de tenir la promesse qu'elle avait faite de délibérer sur cette affaire. Les Chambres furent assemblées le 12 du même mois ; et, après une discussion qui se prolongea pendant deux jours et une nuit, l'enregistrement de l'édit fut prononcé avec des réserves auxquelles le seul fait de sa publication ôtait toute importance. La Compagnie avait espéré, comme récompense de sa soumission, que pour la formation de la Chambre dite de l'édit ou *mi-partie*, le Roi en choisirait les membres, sans avoir recours à des créations d'offices, parmi les présidents et conseillers en exercice, ainsi qu'elle l'avait obtenu de Henri III lors de l'édit de 1577 accordé aux protestants. Des remontrances furent présentées dans ce but au

(1) Registre du Parlement du 18 décembre 1599.

Prince par une députation composée des conseillers Bourgeois, Milletot et Robelin, mais elles n'eurent pas plus de succès que les premières faites pour une cause plus sérieuse par les Etats et le Parlement.

Ainsi semblait clos le long débat qui avait réveillé dans cette Compagnie des passions à peine assoupies, lorsqu'un incident qu'on pouvait prévoir vint presque aussitôt troubler la paix que le Roi croyait assurée. Le 11 février 1600, le conseiller Brun, député par le comte de Champlitte, gouverneur du comté de Bourgogne, et par le Parlement de Dôle, se présentait aux Chambres assemblées de celui de Dijon, auxquelles il déclarait « que, par l'article 8 de l'édit rendu à Nantes, il avait été expressément ordonné qu'au dedans des villes, bourgs ou villages appartenant aux seigneurs hauts justiciers catholiques, esquels ils avaient leurs maisons, ceux de la religion nouvelle ne pourraient faire aucun exercice si ce n'était par la permission et congé desdits seigneurs hauts justiciers, et non autrement. Or, qu'afin que sur ce point l'intention des comte et comtesse de Bourgogne fût connue à tous, leur procureur général audit Parlement de Dôle déclarait par sa voix qu'étant princes catholiques, ils n'entendaient donner aucune permission et congé de faire l'exercice de ladite religion en la ville de Charolles et autres villes, bourgs et villages du comté du Charollais (1); partant, suppliait le pro-

(1) Ce comté appartenait alors en domaine utile à l'Espagne, dont le souverain, descendant de Marie de Bourgogne, l'avait reçu des héritiers de cette princesse. Charles VIII le restitua à ceux-ci en 1493, par le traité de Senlis, à la charge de foi et hommage envers le roi

cureur général de Sa Majesté très chrétienne et Messieurs de ce Parlement ne permettre aucun exercice de ladite religion prétendue réformée audit comte de Charollais, et souffrir en cet endroit que leurs Princes souverains jouissent du même privilége qu'a été pour ce regard à tous seigneurs hauts justiciers de France, et en faire expédier un acte au bas de la déclaration dudit procureur général qu'il avait prononcée par écrit. »

Ces oppositions, signifiées près d'un mois après l'enregistrement prononcé avec tant de répugnance par le Parlement de Dijon, semblaient avoir été concertées avec ce Corps, s'il ne les avait pas suscitées lui-même. C'était l'écho répété des protestations franc-comtoises contre l'édit de mars 1563, et qui, cette fois, ne se produisait qu'après coup, dans des conjonctures bien différentes. Ce Parlement décida « qu'il serait donné avis à Sa Majesté des oppositions touchant l'exercice du culte réformé dans le Charollais et qu'à cet effet il en serait écrit à Messieurs de la Compagnie qui étaient en Cour (1). » Ceux-ci s'acquittèrent de ce message qui ne devait aboutir qu'à un nouveau refus, le chancelier ayant répondu, par la formule d'usage, que *le Roi aviserait*.

Malgré cet acte de dépit, qui tendait à faire prévaloir

---

de France. Voir la *correspondance de Brulart*, lettres CCII, tom. 1, p. 241, et la note qui l'accompagne, où nous expliquons la filiation de ce fief important ayant fait retour à la France en 1761, après avoir appartenu à la maison de Condé, dont le grand prince de ce nom l'avait fait saisir en 1684 sur le roi d'Espagne, en acquittement des dettes de ce souverain, contractées envers lui durant la Fronde.

(1) Registre du Parlement du 11 février 1600.

l'autorité du vassal sur celle du suzerain dans un pays d'enclave, la satisfaction de Henri IV en apprenant la nouvelle de la publication de l'édit par son Parlement de Dijon, fut grande. Il la manifesta à plusieurs reprises à ses députés et chargea ses propres délégués, Volay et de Villernoul, de l'exprimer à ce Corps en son nom. Par là s'était terminée, sans autre incident, la même lutte qui, trente-sept ans plus tôt, quand les esprits n'étaient pas encore préparés, avait mis la Bourgogne à deux doigts de sa ruine. La Chambre de l'édit ou Chambre *mi-partie*, qui garantissait par un nombre égal de magistrats des deux religions l'accomplissement des promesses royales, fut donc, comme le Roi l'avait entendu, constituée en Bourgogne. Quatorze ans plus tard, Henri IV mort et la régence arrivée à sa fin, le même Parlement enregistra sans mot dire la déclaration du roi Louis XIII et de la reine-mère contenant la confirmation des mêmes édits lus à l'audience de la Grand'Chambre, le 27 octobre 1614, ouï le procureur général Picardet, le même qui avait soutenu sur ce sujet la lutte violente qui avait causé dans cette compagnie une si grande agitation.

Presqu'à la même époque, la Bresse, après une première réunion accomplie sous François Iᵉʳ et qui avait été bientôt abandonnée, venait d'être définitivement incorporée au ressort de cette Compagnie (1) par les soins du président Jeannin et du maréchal de Biron. Ces deux hommes triomphèrent, à force de persévérance,

---

(1) Sauf la réunion, faite en 1661, de la Chambre de Bresse au Parlement de Metz, mais qui fut rapportée.

des efforts qu'avaient faits pour se l'attribuer le Parlement de Grenoble et la ville de Lyon, qui suppliait le Roi d'y établir un Parlement et de comprendre la Bresse dans son ressort (1). Celui de Bourgogne vit étendre ainsi son autorité souveraine et consigna sur ses Registres le tribut de sa reconnaissance.

Ce service de la part de Jeannin fut le dernier qu'il rendit à sa Compagnie pendant qu'il y remplit les fonctions de président à mortier. Des écrivains mal informés ont cru devoir placer son nom parmi ceux des Premiers Présidents du Parlement de Dijon; c'est une erreur (2) qui doit être rectifiée, et que la démission qu'il donna de sa charge en 1602, jointe à la transmission directe qui eut lieu, comme on va le voir, de l'office de Denis Brulart entre les mains de son fils Nicolas Brulart, achèvera d'établir. On sait qu'appelé par le Roi à le servir à l'intérieur, à l'étranger et jusque dans les finances de l'Etat alors si embarrassées, il avait renoncé, dès le 3 juin de cette année, dans l'assemblée du Parlement, à ses fonctions de magistrature qui avaient répandu sur cette Compagnie un si grand éclat. Le Registre de ce jour porte en effet : « M. Jeannin, second président, a dit qu'ayant eu commandement du Roi de

---

(1) Registres du 30 janvier 1601 et suivants, et non pas, comme le dit méchamment Linguet dans ses *Annales*, « après que le Roi eut mis entre les deux Parlements la réunion aux enchères. »

(2) A moins qu'on n'ait voulu, mal à propos, confondre avec une collation de dignité résultant du choix royal les 60,000 livres de retenue que Louis XIII autorisa Jeannin à toucher de Nicolas Brulart, appelé à remplacer son père. (Voir les *Mélanges politiques* de Jeannin, où il parle de cette faveur.)

venir trouver M. le duc de Biron, il est venu pour son devoir saluer la Compagnie et la supplier de l'excuser si depuis quelques années en Cour, il n'a été en icelle pour y faire ce qu'il devait, où il eût bien désiré de continuer s'il lui eût été permis; mais qu'il a plu à Sa Majesté se servir de lui; a estimé qu'il ne devait plus tenir son office de président, qu'il a résigné à M. Brulart, maître des requêtes de l'hôtel, lequel y apportera l'intégrité, comme étant homme qui est de cette Compagnie et recommandé par le mérite de Messieurs auxquels il appartient; les priait tous d'avoir pour agréable sa démission, qu'il faisait en sa faveur. Au surplus, a supplié, encore qu'il sorte de l'exercice de son office, de lui assurer son rang et sa place en cette Compagnie, les priant que si, pendant qu'il y a été, il a offensé quelques-uns d'entre eux, de lui pardonner, et s'est offert à toute occasion de servir le Parlement. A quoi le Premier Président a répondu que la Cour porterait regret d'être privée de sa compagnie, qu'elle le remerciait de tous les bons offices qu'il lui avait faits, le priait d'y continuer et l'assurait qu'elle lui réserverait fort volontiers toutes ses prérogatives et priviléges qui lui sont dus par le rang qu'il tient. » Suit, après ce *propos*, la délibération, ainsi conçue : « La Cour, les Chambres assemblées, a ordonné et ordonne que messire Pierre Jeannin, conseiller du Roi en ses Conseils d'Etat et privé, aura rang et séance en ce Parlement et jouira des mêmes priviléges et prérogatives que les autres présidents et conseillers ayant fait le service pendant le temps de vingt ans. Tels furent les adieux que prononça, au sein d'un

Corps auquel depuis longtemps n'appartenait plus guère que par les souvenirs l'homme qui représenta le mieux dans ce temps la science des lois unie à la politique des affaires. Son mérite en cela ne fit que changer de théâtre.

Depuis la démission qu'il fit de sa charge, on retrouve ce personnage à Dijon au mois de juin 1602, où il fut envoyé par le Roi près du Parlement après l'arrestation de Biron, afin de lui en faire connaître les motifs. Ce qu'il accomplit dans les termes que nous allons rappeler, à cause de l'intérêt qui s'y rattache et du retentissement qu'une telle mesure devait avoir en Bourgogne où, par le crédit du maréchal, une révolte était à craindre : « que ce n'était pas l'intention du Roi de s'assurer de la personne de Biron quand il arriva à la Cour, qu'il lui avait dit, après être arrivé, qu'il s'était bien oublié et qu'il avait commis une lourde faute, qu'il lui donnait vingt-quatre heures pour se reconnaître, qu'il ne l'avait pas voulu faire, ayant toujours dit être innocent; ce que voyant il l'avait fait arrêter par l'avis des princes et seigneurs près de lui pour lui faire faire son procès; qu'il voulait que les pairs, qui se peuvaient trouver lors, assistassent au jugement et arrêt de son Parlement de Paris (1);

---

(1) Le maréchal avait été arrêté à Fontainebleau le 15 juin 1602, ainsi que le comte d'Auvergne, avec lequel il fut conduit prisonnier à Paris, par eau et sous une nombreuse escorte. Déjà cette nouvelle apportée à Dijon, le 22 du même mois par un courrier, avait ému toute la Bourgogne, où il entretenait des menées, et excité l'ardeur des garnisons, commandées par des officiers qui lui étaient dévoués. Dès le 24 mai précédent, Biron avait quitté cette ville, mandé à la Cour par Henri IV, et sur l'assurance que lui donna son

que dès le soir le Roi avait donné ordre pour la réduction des châteaux de son commandement et dépêché en conséquence en Bourgogne le maréchal de Lavardin avec dix canons et autres dix venant de Lyon, avec autres forces et dix mille Suisses, et qu'en cas où les châteaux ne se voudraient mettre à leur devoir, ne voulait Sa Majesté aucune capitulation, ce dont il ne fallait aucunement parler, et lui avait ouï dire qu'il aimerait mieux avoir tiré deux cent mille coups de canon que de capituler, ce dont il ne fallait aucunement parler, mais de simple et une obéissance. » Jeannin ajouta « que le Roi avait reçu des lettres des sieurs de Lux, de Favoles et du Montel; que si la Cour le trouvait bon, il irait leur parler pour avoir d'eux une dernière résolution, devant samedi en faire une dépêche au Roi... Mais dès le lendemain les châteaux de Dijon, Semur et Beaune étaient soumis et l'arrivée des troupes contremandée. Le baron de Lux, fort compromis, avait passé en Franche-Comté, le maréchal de Lavardin n'ayant voulu le recevoir, dans la crainte qu'un exempt des gardes de sa suite ne fût porteur d'un ordre secret du Roi pour le faire prendre (1). » Tels furent

secrétaire La Fin, qui le trahit, qu'il n'avait rien à redouter de ce voyage. On sait que le crime de Biron fut de s'être ligué avec la Savoie et l'Espagne, sous la promesse qu'on lui avait faite de la souveraineté des deux Bourgognes, le comté de Charollais compris, avec la main d'une princesse de Savoie. Ce complot était aussi favorisé par quelques cours du Nord, dans le but d'amoindrir la France en créant, par un pacte de famille, un état important à ses frontières, ainsi refoulées jusqu'au cœur du royaume.

(1) Nous avons dit, d'après Jeannin, que Biron ne fut jugé et mis à mort que pour avoir refusé de confesser son crime de trahison au Roi, qui lui avait offert son pardon à ce prix, pardon qu'il lui avait

DENIS BRULART EST REMPLACÉ PAR SON FILS.

les derniers services que le temps nous a conservés du président en Bourgogne, durant et depuis la Ligue, où ils furent si utiles à l'Etat comme à cette province (1).

Denis Brulart, sous la présidence duquel s'accomplirent ces différents actes, était demeuré, jusqu'à la mort du roi Henri IV, à la tête du Parlement de Dijon. Ce que ce Prince ne lui eût jamais accordé de son vivant, il l'obtint, un mois après sa mort, de Louis XIII, son successeur, par la transmission de sa dignité entre les mains de son fils, qui l'y remplaça durant dix sept ans dans des temps moins agités (2). Le président Fremiot, dont elle devait être la récompense, subit sans amertume un tel oubli de

---

accordé déjà un an avant à Lyon, pour ses intelligences avouées avec l'étranger. Ce qui se passa au moment de l'arrestation du maréchal au sujet du baron de Lux, lieutenant-général à Dijon et compromis au plus haut point dans le même complot, prouvera de plus combien la parole du Roi d'un nouveau pardon était sincère et que l'orgueil du maréchal fut seul la cause de sa perte. Cet officier, son ami et son confident le plus intime, mandé à la Cour par ordre du Roi, n'avait, après sa fuite en Franche-Comté, consenti à obéir que sur une promesse écrite de Sully que Henri IV lui pardonnerait s'il était sincère. De Lux avoua son crime, en accusant lâchement une foule de seigneurs et fut pardonné, ainsi que tous ceux que ses aveux compromettaient. Cet officier, ancien ligueur, si dévoué, comme on l'a vu précédemment, au duc de Mayenne, fut l'âme de toutes les intrigues que Biron ourdit en Bourgogne où le Roi, dit Sully dans ses *Mémoires*, avait fait surveiller ce maréchal pendant le long séjour qu'il y fit dans ce but, sous prétexte de ses affaires domestiques.

(1) Chronique de Claude Malteste, qui rapporte ces faits.

(2) Il ne se présenta pas même à sa Compagnie, suivant l'usage de tous les magistrats qui en prenaient congé par démission. M. Legoux, cinquième président, fut chargé « d'exprimer ses regrets de ce qu'une indisposition l'empêchait de remplir ce devoir, et supplia en son nom le Parlement d'agréer à sa place la personne de son fils, nommé par le Roi ensuite de la démission pure et simple qu'il avait donnée. » (Registre du Parlement du 3 décembre 1610.) Denis Brulart mourut le

ses services et mourut peu de mois après (1), en laissant à la province la gloire d'un grand nom mêlé à l'ingratitude du fils d'un prince pour les droits duquel il avait exposé sa vie et sa fortune. Ainsi la félonie, plutôt que la fidélité, avait obtenu jusque dans cette transmission de pure collation royale une faveur dont, au début d'un nouveau règne, des intrigues de Cour furent la cause.

Nicolas Brulart, nouveau chef du Parlement, duquel naîtra par descendance l'illustre Premier Président du même nom, « fit reluire dans ses charges, a dit Palliot avec plus d'emphase que de vérité, la gloire de ses ancêtres qui avait paru si glorieusement sur divers trônes de la justice. » Ce qu'il y a de plus vrai que cet éloge, c'est qu'il vécut à une époque différente, où les fautes de son père durent lui servir d'enseignement par les souvenirs malheureux que sa mémoire avait laissés dans la province. Le rétablissement des jésuites, supprimés par

17 juin 1611. (Registre du même Corps du 20 de ce mois.) Depuis la Saint-Martin 1609, il avait cessé de paraître au Palais, et y fut remplacé jusqu'à sa démission par le président Frémiot, le plus ancien des mortiers.

(1) Le 21 janvier 1611 (Voir le Registre du Parlement du 24 du même mois, où on lit que le Premier Président Brulart exprima le regret de la Compagnie pour la perte d'*un si grand personnage, rempli de si rares vertus, capacité et douceur ; que ses belles, sages et prudentes actions devaient servir d'exemple à messieurs de la Compagnie.*)

Un des hommes qui avaient le plus marqué dans le parti contraire durant la Ligue, mais qui s'était rallié franchement à Henri IV après la fin des troubles, Legouz de Vellepesle, avocat général, mourut trois ans et demi après Brulart. On lit au Registre du 1er juillet 1614, que sur la demande faite par sa famille au Parlement d'assister à ses obsèques aux Jacobins, où il fut inhumé, le Premier Président dit « que la Cour portait à regret le décès du sieur Legouz par ses vertus, probité et grande suffisance, et que toute la Compagnie honorerait son corps à ses obsèques. »

Henri IV après son avénement au trône, mais bientôt rappelés par l'édit de Rouen, s'était accompli en Bourgogne, le 13 novembre 1603, après que par arrêt du Parlement ils eurent prêté serment de fidélité au Roi. Ici l'opinion était venue en aide. Déjà auparavant, une requête présentée dans ce but par six cents habitants de Dijon, avait été repoussée par les efforts de cette Compagnie (1). On jugera par la délibération suivante, prise seize ans après, si ses sentiments avaient varié à leur égard, et des luttes prolongées qu'une telle mesure avait déjà provoquées entre elle et la Royauté. « Du 23 avril 1619, sur la requête d'Etienne Burgat, échevin de Chalon, a été ordonné que les maire, échevins, et procureur syndic de ladite ville de Chalon mettront au greffe de la Cour les lettres qu'ils prétendent avoir obtenues de S. M. pour l'établissement d'un collége de Pères jésuites audit Chalon, et cependant a été faite défense de procéder à l'exécution d'icelles à peine de 3,000 livres d'amende en leur propre et privé nom, et d'être procédé contre eux ainsi qu'il appartiendra (2). » Des actes analogues se manifestèrent de la part de la même Compagnie lors de l'établissement de l'Institut au collége d'Autun, fondé presque dans le même temps par les soins du président Jeannin, et malgré des résistances qui présagèrent pour l'avenir de plus grands orages.

Depuis cette époque, le procès du maréchal de Marillac, auquel le Parlement de Dijon prendra une si grande part,

---

(1) Chronique de Claude Malteste.
(2) Voir audit Registre.

l'émigration parlementaire appelée à fonder à Metz la nouvelle Cour de justice instituée par Louis XIII, l'invasion de la Bourgogne par les impériaux commandés par Gallas, et d'autres événements importants que nous ferons connaître, eurent lieu sous la première présidence des Legoux de la Berchère, dont le second aura à répondre des fautes de sa Compagnie, et qui lui attireront une éclatante disgrâce.

Un épisode judiciaire fort dramatique et qui arriva à Dijon en 1625, pendant la présidence de Nicolas Brulart, mérite de trouver ici sa place comme étude des mœurs publiques à cette époque du XVIIe siècle. Une jeune fille, victime de la séduction, venait d'être condamnée à mort par le bailliage de Bourg, pour avoir caché sa grossesse et fait mourir son enfant. Sa famille était noble, son père châtelain du lieu, sa mère petite-fille de l'illustre président Fabre (1), et elle avait le nom d'Hélène Gillet. Voici, en la réduisant à ce qu'elle mérite de confiance, ce que fut cette lugubre histoire, dont le fond est attesté par les actes municipaux du temps auxquels nous voulons en emprunter les détails, au lieu du roman dont la fiction s'est plu à l'agrandir (2).

Hélène Gillet avait appelé au Parlement de la sentence portée contre elle. Seule de toute sa famille, sa mère n'avait pas voulu l'abandonner. Elle résolut de l'accompagner à Dijon, où toutes deux arrivèrent vers le mois de mai 1625, non sans avoir recueilli dans ce voyage des

(1) Voir, à la Bibliothèque impériale, aux manuscrits du Puy, tome XCIII.
(2) Charles Nodier, *Revue de Paris*, 1832, page 18.

marques d'intérêt que le jeune âge de la fille et le dévouement de la mère semblaient inspirer. Ajoutons la connaissance devenue publique des circonstances qui avaient précédé la faute d'Hélène Gillet, lesquelles joignirent à l'intérêt pour la victime l'indignation contre le séducteur, homme haï dans la contrée, qui l'avait ainsi trompée.

Des faits étranges qui se seraient passés à cette occasion, et dont il n'existe d'ailleurs d'autres traces que celles d'une tradition constante, représentent la mère de la jeune fille allant implorer, dès son arrivée à Dijon, les prières des religieuses Bernardines de cette ville, dont l'une (1) aurait, par une révélation du ciel, obtenu la promesse qu'Hélène Gillet ne mourrait pas du dernier supplice. Légende dijonnaise qui existait encore ici avant la fin du dernier siècle, qui a vu disparaître le couvent où le témoignage écrit en avait été conservé.

Quelle que soit la vérité de cet épisode, voici ce qui arriva, et nous puisons ici dans des actes publics (2) la garantie de ce qu'on va lire. Le 12 mai de la même année, la sentence de Bourg était confirmée par arrêt rendu par la Grand'Chambre. Cette sentence devait être exécutée le même jour, suivant l'usage observé dans tous les Parlements. Conduite au lieu du supplice à travers une multitude nombreuse, et arrivée sur l'échafaud, la jeune fille tend à peine la tête au glaive qui doit la frapper, que le bourreau lui en porte plusieurs coups mal assurés qui, sans causer sa mort, occasionnent des

---

(1) Sœur Françoise du Saint-Esprit.
(2) Voir, aux Archives de la Chambre de ville, les Registres du temps.

blessures nombreuses, dont le sang qui en rejaillit au loin vient augmenter l'horreur. A la vue de son impuissance et troublé par les cris qui se font entendre de toutes parts, cet homme essaie d'étrangler avec une corde la malheureuse exposée à ce nouveau genre de supplice. Pendant ce temps, sa femme, qui l'assiste dans son ministère, tente elle-même de couper la gorge à Hélène Gillet avec des ciseaux, et ajoute une blessure profonde à celles dont elle est déjà couverte. Vains et inutiles efforts ! l'indignation, excitée par cette lutte prolongée où la mort semble se disputer sa proie, redouble ; les cris *Sauve qui peut !* retentissent de tous côtés ; la place est dépavée, les pierres volent sur l'échafaud d'où les exécuteurs n'ont que le temps de se précipiter, mais pour être à l'instant lapidés par une populace furieuse qui traîne leurs corps sur la claie, au bruit de malédictions proférées contre le Parlement. Pendant ce temps, Hélène Gillet est transportée mourante dans le logis d'un chirurgien voisin du lieu de l'exécution (1) ; des soins lui sont prodigués, et l'on parvient à la rappeler à la vie. Ces mots : *Je savais bien que Dieu m'assisterait,* sont les premiers échappés de sa bouche et semblent confirmer la prédiction dont elle aurait été le sujet et que nous avons rapportée.

La malheureuse fille était vivante, mais n'était pas sauvée. Un arrêt de mort pesait sur sa tête, rendu par un Corps jaloux de ses pouvoirs et qui ne reculait pas devant la sédition. Le Parlement la fit garder à vue

---

(1) Il se nommait Jacquin.

et ordonna d'informer contre les auteurs des meurtres. Mais le moyen de n'être pas touché d'une si grande infortune jointe à tant de bonheur (si l'on peut donner ce nom aux circonstances singulières qui avaient sauvé Hélène Gillet d'une mort honteuse)? Ses malheurs, sa jeunesse, sa beauté et le hasard providentiel qui l'avait préservée, lui vinrent en aide en ce moment suprême, et sa grâce, demandée, ne se fit pas attendre. C'était le temps où la Cour était encore dans la joie à l'occasion du mariage tant souhaité du Roi de la Grande-Bretagne avec la princesse Henriette-Marie, sœur du Roi de France (1). Tout concourut ainsi à assurer à la condamnée la miséricorde souveraine. Hélène Gillet parut à l'audience de la Grand'Chambre et conquit tous les suffrages par son attitude repentante. Le célèbre avocat Charles Févret, âgé alors de 43 ans, qui avait rédigé la requête en grâce, déposa pour cette fille aux pieds de la Cour, dans une harangue qui nous est restée, le tribut de sa reconnaissance et de ses douleurs (2). Cette pièce, pleine d'emphase, est écrite avec effort là où il suffisait de laisser parler le cœur. C'est le dernier reflet d'un style rempli de citations et d'antithèses, dont un homme de cette valeur ne se montrait pas encore exempt, mais qu'il contribua à corriger en donnant plus tard dans ses œuvres le signal de ces réformes, dont l'illustre Brulart, qui le suivit de près dans la vie, allait devenir ici le modèle. Que devint Hélène Gillet, si heu-

(1) Célébré le 11 mai 1625.
(2) Voir tome I, page 36, des *Variétés historiques et littéraires* de Fournier; Paris, 1855.

reusement échappée à la mort? On lit dans un ouvrage écrit sur la fin du même siècle (1) qu'à la suite de tant d'épreuves, elle se retira du monde en entrant dans un couvent de la Bresse, où après avoir vécu dans la pénitence pendant de longues années, elle mourut entourée de regrets.

Le souvenir de cet épisode d'une jeune fille sauvée si extraordinairement du supplice, se retrouve dans des faits analogues empruntés aux actes du même Parlement. Nous en citerons quelques-uns comme rapprochement des mœurs de ce temps avec les mœurs adoucies de nos jours. On lit au Registre du 11 mai 1648, qu'une autre fille nommée Françoise Curet, du village d'Arconcey, en Bourgogne, convaincue du même crime qu'Hélène Gillet et condamnée à mort par le juge du lieu, fut graciée par le Roi, après que l'on eut essayé vainement de la pendre; le gibet, l'exécuteur et elle étant tombés à la fois, aux applaudissements de la foule, qui ne permit pas qu'on renouvelât l'essai du supplice. La servante d'un sieur Pingeon devait être exécutée, le 4 janvier 1689, devant la maison de son maître, pour larcin domestique, lorsque des soldats du régiment des gardes, de passage à Dijon, coupèrent la corde pour la sauver du gibet, auquel elle était déjà suspendue, et la rappelèrent à la vie, qu'elle conserva, grâce à l'interdiction qui vint frapper à cette époque le Parlement. Dans le même mois, un homme du Chalonnais, condamné pour homi-

---

(1) *Vie de Madame de Courcelles de Pourlans*, par Bourée, oratorien, p. 264; Lyon, 1699.

cide, fut aussi dépendu à demi mort; mais, moins heureux que les précédents, il mourut le lendemain des suites de l'exécution. Enfin, peu d'années après, un laquais de M. de Massol, condamné pour larcin domestique par le même Parlement, n'avait pu être pendu que le lendemain du jour fixé pour son supplice, d'autres laquais, en grand nombre, ayant emporté la potence, au conspect de l'autorité chargée d'assurer le cours de la justice.

Après ces exemples sauvages tirés de la justice du temps, reprenons les actes politiques. La révolte dite de *Lanturelu,* arrivée à Dijon en 1630, au sujet des droits de gabelle, et dont nous avons parlé dans le Discours préliminaire de cet ouvrage, avait appelé sur cette ville les sévérités de Louis XIII. Quelques mois après, malgré les punitions dont elle avait été frappée à cette occasion, la ville entière refusa d'ouvrir ses portes au duc d'Orléans. On l'avait vu entrer dans cette province à la suite de ces nombreuses prises d'armes,qui occupèrent la vie de ce prince rebelle, et où, cette fois, il essaya de se rapprocher de la Lorraine. Nicolas Brulart, Premier Président du Parlement, chargé par Louis XIII de commander à la place du gouverneur (1) traître à ses devoirs, avait apporté dans cette conjoncture une énergie de caractère qu'il avait reçue en héritage de sa mère et qu'il devait transmettre à son dernier fils, où elle s'alliera à des qualités plus étonnantes. On sait l'insuccès de cette tentative, qui appartient plutôt à l'histoire municipale,

(1) Roger, duc de Bellegarde.

et les témoignages de reconnaissance que le Roi manifesta au Parlement pour la fidélité qu'il venait de montrer à sa cause.

Louis XIII n'avait pas oublié une conduite aussi courageuse. On doit attribuer à ce souvenir la confiance qu'il allait témoigner au premier Corps de justice de la Bourgogne dans un nouveau voyage qu'il fit à Dijon une année après la révolte des vignerons que nous venons de rappeler. Le passage de Gaston d'Orléans, son frère, par cette province frontière, avait excité vivement ses inquiétudes, bientôt dissipées par l'énergie des populations et de ceux qui leur devaient l'exemple. Le même Prince venait, partant de Compiègne, d'annoncer le but de ce voyage par une proclamation adressée à tous les Parlements. Arrivé dans la capitale du Duché, il y dressa la déclaration suivante, qui montre sa volonté d'en finir avec des rebelles par le concours d'un Parlement qui lui avait donné des gages si éclatants de fidélité. Le lieu où cette pièce fut signée, et le Corps auquel elle est adressée pour faire justice de la révolte, montrent assez le peu de confiance que le Roi avait alors dans son Parlement de Paris, déshérité cette fois de sa primauté et qui avait si bien mérité de l'être par la participation de plusieurs de ses membres aux menées de Gaston.

Après avoir exposé les griefs «que la conduite de son frère avait suscités contre lui malgré les bienfaits en honneur et en argent dont il l'avait comblé ainsi que ses créatures, ce qui ne l'avait pas empêché de sortir sans sa permission, du Royaume,» le Roi se plaint « de ce que, cédant à de pernicieux conseils, il s'est retiré de la Cour, a assemblé des gens de guerre, enrôlé des recrues dans les provinces voisines, et correspondu avec des puissances étrangères peu affectionnées à la grandeur de l'Etat; que le comte de Moret, les ducs d'Elbeuf, de Bellegarde et de Roannez, le président Le Coigneux, de Puy-Laurent, Monsignot, maître ordinaire en la Chambre des Comptes, et de Chanteloube ont été les principaux auteurs de tels conseils et sont sortis avec son frère du Royaume, contre le commandement qui avait été donné au duc de Bellegarde de ne point donner passage à son dit frère dans sa province de Bourgogne sur l'avis que lui-même avait envoyé...; pourquoi, de l'avis des princes, ducs, pairs et officiers du Royaume, il déclarait tenir pour atteints et convaincus du crime de lèze-majesté les personnes susdites et toutes autres qui auraient trempé dans de si pernicieux desseins et donné à cette fin de si pernicieux conseils; voulant qu'il fût procédé à l'encontre d'eux comme criminels de lèze-majesté et perturbateurs du repos public, selon la rigueur des ordonnances, et, à la diligence du procureur général, que leurs fiefs et autres biens meubles et immeubles fussent confisqués...; voulant de plus qu'il fût couru sur tous ceux qui seraient levés et tiendraient campagne sans commission de sa part, et qu'il fût procédé contre eux selon la rigueur des ordonnances; si donnant en mandement à sa Cour du Parlement de Dijon que ces présentes fît lire, publier et registrer, et le contenu en icelles exécuter de point en point selon leur forme et teneur, et à son procureur général de faire toutes poursuites et diligences requises et nécessaires pour la conviction et punition des coupables, fauteurs et adhérents, etc. Donné à Dijon le trentième jour de mars mil six cent trente-un. *Signé* : Louis, et contresigné : Philipeaux. »

Dès le lendemain du jour où elle fut rendue, cette déclaration était portée au Parlement de Dijon, où elle était publiée et enregistrée par la Grand'Chambre « avec ordre d'informer par commissaires que la Cour désignerait, contre ceux qui avaient désobéi aux défenses de Sa Majesté et qui seraient sortis du royaume sans sa permission ; pour quoi il serait octroyé monitoire au procureur général. » Comme pour rendre sa déception plus amère, le Roi voulut que la même déclaration fût enregistrée au Parlement de Paris, auquel elle fut adressée par ses ordres. A un acte si incontestable de la prérogative royale cette Compagnie sembla d'abord obéir, car c'était une maxime reçue au Palais, que les Cours de Parlement ne pouvaient connaître que des affaires qui étaient de partie à partie, et non des affaires d'Etat, dont les Rois s'étaient réservé la connaissance, si ce n'était par commission expresse. Mais elle ne tarda pas à se raviser ; et, sans respect pour la règle, elle rendit, le 25 avril, un arrêt portant qu'il serait délibéré sur les actes contenus en cette déclaration. Retour prévu de l'amour-propre de Corps, blessé de ce que, par la seule volonté du Prince, les poursuites de la rebellion avaient été déléguées à d'autres. Le Roi, furieux, fit casser cet arrêt par le Grand Conseil après que le Corps entier eut été mandé au Louvre pour rendre compte de sa conduite (1).

(1) On peut lire dans la collection du *Mercure français*, tome XVII, la copie de toutes les pièces de cette affaire. On y voit figurer les lettres

SUITE DE CETTE AFFAIRE. 317

En partant de Dijon, Louis XIII avait, par crainte des nouvelles intrigues du duc de Bellegarde, fait changer les garnisons de Seurre et des villes d'Auxonne et de Saint-Jean-de-Losne, et envoyé un lieutenant des gardes dans le château de Dijon et trois cents chevaux sur la frontière ; de Hauterive, maréchal de camp, devait commander ces forces. Des nouvelles de son frère Gaston qu'il n'attendait guère vinrent aussi le surprendre le 3 avril à Baigneux, bourg du duché. Un gentilhomme nommé de Briançon envoyé par *Monsieur* lui avait remis une lettre pleine d'injures et de calomnies. Louis XIII fit immédiatement arrêter ce messager hardi qui fut par ses ordres conduit au château de Dijon.

Mais déjà les événements venaient de favoriser les résolutions de la Cour. Le Parlement de Dijon instruisit ce grand procès, dont Condé, père de l'illustre prince de ce nom, nommé gouverneur, était venu de sa personne au Palais accélérer la marche. Vainement le duc d'Orléans avait adressé des lettres au Parlement de Dijon pour l'empêcher de faire son devoir ; cette Compagnie n'en tint compte. Il eût été curieux de retrouver les procédures dans lesquelles des noms comme ceux que nous venons de faire connaître figurèrent au premier rang. Bellegarde et d'Elbeuf, contumaces, ce dernier, de la maison de Lorraine, furent condamnés à mort par arrêt rendu par la Grand'Chambre, ainsi que

---

de Gaston au Roi son frère, que le Parlement de Paris fut accusé d'avoir fabriquées, et s'être fait adresser ensuite à lui-même pour provoquer ses résistances par des usurpations de pouvoirs incessants, et de plus favorisées par un faux.

Ducoudray-Montpensier, Pierre Laurent et Lamotte-Gouton ; tandis que des personnages plus élevés que ceux-ci, tels que Saint-Romain, gentilhomme du Languedoc, le président Le Coigneux (1), Montigot et d'autres étaient punis des galères perpétuelles, peine par laquelle on ne craignit pas de les assimiler à de simples malfaiteurs. Toutefois ces arrêts ne s'exécutèrent pas, grâce à la résistance que la Bourgogne opposa de nouveau aux invasions d'un prince rebelle et qui rendait les sévérités inutiles. Dans ces actes implacables dont Richelieu ne manqua point d'accuser l'insuffisance, le Parlement avait prouvé sa fidélité au Roi menacé par son propre frère, et cette fidélité ne se démentit pas pendant une si longue période de guerres de famille qui avaient rallié tous les mécontents contre la Cour.

Après ces troubles, préludes de ceux de la Fronde, la même province allait devenir le théâtre de l'invasion de Gallas et du duc de Lorraine ainsi que des calamités qui en furent la suite. On peut dire qu'elles firent presque oublier les désastres sanglants de la Ligue (2). Mais autant cette époque avait été héroïque pour la Bourgogne, autant le Parlement avait mérité de reproches par cet esprit d'indépendance qui lui fit méconnaître jusqu'à ses premiers devoirs. A l'exemple du Parlement de Paris, il s'était imposé une somme de dix mille livres pour entretenir durant deux mois un corps de troupes, en s'engageant, de plus, à faire travailler de ses deniers aux for-

---

(1) Président au Parlement de Paris.
(2) Voir le Discours préliminaire de cet ouvrage.

tifications. Bientôt, soit qu'il désapprouvât des mesures de défense où son initiative n'avait pas été consultée, ou que peut-être la ville eût invoqué des préséances hors de saison; quand déjà Dijon venait de raser ses faubourgs, que Mirebeau était pris, le château d'Arc forcé, les villages environnants saccagés et fumants encore, on l'avait vu refuser jusqu'à la fin, malgré les ordres du Roi signifiés et menaçants, de prendre part aux préparatifs de la défense commune, et rapporter les offres qu'il avait faites pour y concourir.

De tels refus de sa part, dont on pourrait douter s'ils n'étaient attestés par les Registres de l'époque, ne furent pas les seuls. On lit dans les mêmes actes qu'il alla jusqu'à refuser de loger les gens de guerre que le salut de la province avait fait appeler de toutes parts, et qui devaient séjourner à peine dans la ville par le besoin plus pressant que l'on avait d'eux au dehors. Une fois entré dans ces résistances, il les poussa jusqu'au bout par amour-propre ou par colère. Sur l'ordre exprès de sa Compagnie, on avait vu le conseiller de Gand, l'un des syndics, se laisser saisir jusque dans ses meubles plutôt que de se soumettre à ces charges publiques, que les conjonctures avaient rendues indispensables. Un autre conseiller nommé Bretagne avait fait casser par le Parlement, après que la cause avait été plaidée à la Grand' Chambre, une ordonnance du maire, qui le contraignait à recevoir chez lui un simple officier du Roi. Or, le nom de cet officier était Turenne, devenu depuis le fameux capitaine de ce nom, et qui fut ainsi expulsé par arrêt du domicile de l'un de *Messieurs,* par respect pour des priviléges que cette Compagnie avait osé invoquer en présence du plus grand danger qui eût jamais menacé la ville (1).

A côté de la honte qui en rejaillit sur le Parlement, il paya cher ces témérités, si l'on peut donner ce nom à de pareils écarts ; Dijon fut sauvé sans son concours, par la seule énergie du gouverneur et des habitants. Mais Condé ne pardonna jamais des résistances qui eussent amené ici les plus grands malheurs sans son courage et ses exemples. Dans une allocution prononcée devant la Chambre de ville, il tonna contre les officiers d'un Corps qu'il accusa, en face de toute la province, de l'avoir abandonné (2). La peine suivit bientôt ces reproches. Le Parlement fut interdit et expulsé violemment du lieu de ses séances, le 2 avril 1637, par le gouverneur lui-même, accompagné des gens du Roi venus pour demander l'enregistrement de plusieurs édits. Ces édits furent rejetés par ce Corps bien qu'ils dussent subvenir aux besoins d'argent occasionnés par une guerre où la province avait

---

(1) Voir, pour ces différents actes, les Registres du Parlement et ceux de la ville.

(2) Registre municipal du 28 décembre 1636. Les expressions dont il se servit méritent d'être rapportées. Le Prince, en remerciant cette Chambre de son concours, en nommait les membres *ses bons amis*, et se plaignait à eux de « ces privilégiés qui, bien qu'ils ne fussent, dit-il, hors du Palais que de simples citoyens sujets aux charges communes, refusaient néanmoins d'obéir aux officiers municipaux ; semblables qu'ils étaient à ces éponges sèches qui, après avoir tiré dans la paix toute la substance de la province, n'en voulaient pas, dans la mauvaise saison et par le refus de contribuer aux fortifications, rendre un quart d'écu dans la bourse du Roi quand il y avait un éminent péril. » On verra par les événements de la Fronde en Bourgogne, que le grand Condé son fils ne tarda pas à changer de langage quand un intérêt différent lui commanda d'agir autrement.

EXIL DU PREMIER PRÉSIDENT DE LA BERCHÈRE. 321

défendu son territoire contre des armées nombreuses. Un tel refus n'arrêta pas Condé, qui prononça à lui seul la publication demandée, en présence de Machault, maître des requêtes et intendant, et après que l'avocat général Xaintonge eut conclu par son ordre à cet acte, qui fut suivi d'exils prononcés contre les membres les plus compromis (1). Jamais châtiment n'avait été mieux infligé. Mais cette interdiction, qui suspendait le cours de la justice, allait être bientôt convertie en une simple translation du Parlement dans une autre ville. Mesure qui ne tarda pas elle-même à être suivie de la réintégration du Corps à Dijon, où ses refus d'enregistrer les nouveaux subsides ne manquèrent pas de lui faire pardonner par un peuple aveugle, le plus grand reproche qu'il aura jamais encouru et qu'un intérêt cupide vint faire oublier.

Tous ces faits s'étaient succédé en peu de temps; mais il fallait, pour en perpétuer le blâme, une réparation plus éclatante. Dans l'impossibilité de sévir trop longtemps contre le Parlement entier, le Premier Président de La Berchère, auquel on ne pouvait imputer dans les fautes de cette Compagnie qu'une sorte d'impuissance, demeura seul pour les expier. Suspendu de ses fonctions par le retrait de la commission qu'il avait obtenue du Roi, il reçut des lettres d'exil et vécut longtemps dans la retraite, où il trouva le secret de se faire plaindre à force de grandeur et de résignation. Pendant la suspension dont il fut atteint, le Roi mit à la tête du Corps un nom

(1) Manuscrit d'un bourgeois de Dijon, de 1630 à 1639.

qui lui avait appartenu déjà à un autre titre (1) ; le premier président Bretagne, du Parlement de Metz, exerça ces fonctions par *interim* jusqu'au jour où Louis XIV réintégra La Berchère dans sa charge, qu'il résigna bientôt pour aller présider le Parlement de Grenoble. Ce fut là qu'il devait relever son caractère du reproche de faiblesse que la Cour lui avait adressé, mais qui, pour être démenti, demandait un autre théâtre que la ville où il était né (2).

Il faut placer à la suite de ces événements, bien qu'antérieurs de quelque temps, le procès fait par commission au maréchal de Marillac en 1630, et dont le Parlement de Dijon, malgré la part qu'il y prit, n'eut pas à subir la responsabilité. La cause véritable de cette affaire, déguisée sous une accusation de *péculat* et qui eut un si grand retentissement, fut le rôle que cet homme de guerre avait joué avec le garde des sceaux, son frère, pendant une maladie de Louis XIII, en éloignant de la personne de ce Prince le ministre qui avait su l'assujettir. La situation de Dijon, la ville parlementaire la plus

(1) Voir ce que nous en avons dit précédemment.
(2) Voir au Registre les lettres patentes, datées de Paris du 31 juillet 1644, contenant le rétablissement de La Berchère dans sa charge, et celles du 20 août suivant, qui nommèrent à sa place et sur sa démission le président Bouchu. Ces lettres furent lues et enregistrées le même jour 26 septembre 1644. Elle prouvent que La Berchère ne fut, en réalité, réinstallé dans son ancienne dignité, que pour permettre qu'il en disposât par une renonciation volontaire, afin d'effacer jusqu'aux traces de sa disgrâce. Fut-ce par orgueil malséant qu'il en ressentit, qu'il avait fait inscrire, ainsi que le dit Courtépée, sur la façade de son château de Boncourt-le-Bois, cette légende ambitieuse : *Cecidi ut altius resurgerem?* (Voir, au nom de ce village, *Description historique du duché de Bourgogne*.)

rapprochée alors du théâtre des actes imputés à ce maréchal avant la réunion des Trois-Évêchés à la France, et quand le Parlement de Metz n'existait pas encore, avait fait choisir les commissaires dans celui de Bourgogne. Quelques intrigues y faisaient espérer de la part de ses membres des complaisances qui ne devaient pas se réaliser chez le plus grand nombre d'entre eux, restés fidèles à leur devoir.

On vient de dire la cause d'un tel procès. A défaut de preuve des griefs auxquels il eût été difficile de donner le nom de complot, Richelieu, qui voulait perdre Marillac, avait fait informer touchant les contributions que ce maréchal avait levées en Champagne pendant qu'il y commandait les armées. Ses recherches portèrent principalement sur l'emploi des sommes destinées à la construction de la citadelle de Verdun, dont il était alors gouverneur. Arrêté par Schomberg au camp de Flagizzo, suivant les ordres de la Cour, au milieu d'une armée nombreuse et le lendemain même du jour où il venait de recevoir des félicitations du Roi pour ses opérations militaires dans le Piémont, on l'avait vu, chargé de gloire et d'années, traverser la Bourgogne en criminel, escorté par un régiment et trois compagnies de chevau-légers français (1) qui le conduisaient à Verdun. Cette ville, après Dijon désignée d'abord, était celle où la Commission devait se réunir, et le prétexte de ce changement avait été une maladie contagieuse dont la capitale de la Bourgogne aurait été en ce moment atteinte. Nous avons

(1) Voir aux Archives de la ville les Registres du temps.

sous les yeux les originaux des lettres patentes adressées par la Cour aux magistrats bourguignons qui furent choisis par Richelieu sous la signature du Roi et le contre-seing de Philippeaux. Tous, membres à différents titres de ce Parlement et quoique désignés à l'avance avec plusieurs conseillers d'Etat et maîtres des requêtes de l'hôtel, cette province les vit avec orgueil conserver leur indépendance au sein d'une juridiction avilie, car voici ce qui arriva au début des procédures arbitraires dont ce procès devait fournir un si terrible exemple.

La Chambre, composée des noms que nous ferons bientôt connaître, et avec eux celui de l'avocat général Xaintonge, chargé de la poursuite, interrogea le maréchal, lui confronta les accusateurs et sanctionna le choix qu'il avait fait d'un conseil (1). Bien plus, elle rendit un arrêt qui l'autorisa à faire entendre des témoins ; faculté conforme aux usages pratiqués alors en Bourgogne dans le ressort du Parlement, bien que contraire aux ordonnances du royaume, qui ne se prêtaient pas à ces facilités. Telle fut, en peu de mots, la première phase de cette affaire, qui ne devait pas durer moins de deux ans.

Les maîtres des requêtes qui faisaient partie de la Commission avaient en vain combattu contre la sentence qui venait d'autoriser ces preuves sans les restreindre. Au fond, c'était peut-être éterniser les procédures que de consacrer un tel principe dont il était facile d'abuser, et tout porte à croire que la majorité, qui voulait sauver le maréchal, n'eut pas d'autre but en temporisant de la

---

(1) Garnier, avocat célèbre du Barreau de Paris.

sorte. Mais le cardinal ne s'y méprit pas et fit casser par le Conseil ce jugement qui venait de tromper son attente. La Commission qui l'avait rendu fut dissoute, et, comme si ce n'eût pas été assez pour lui d'avoir violé une première fois les formes de la justice, il organisa une nouvelle Commision de laquelle furent exclus ceux qui, dans les premiers actes du procès, n'avaient écouté que la voix de leur conscience.

Déjà plus de cent témoins avaient été entendus lorsque ce changement fut ainsi ordonné. A la place du président des Barres, le garde des sceaux Châteauneuf, comme auparavant Marillac, frère du maréchal, dans le procès de Chalais, présida cette nouvelle Commission. Elle fut composée de vingt-quatre membres, parmi lesquels figuraient des ennemis personnels de l'accusé, dont la condamnation ne passa que d'une voix (1), malgré ce nouveau triage et les nombreuses obsessions de Richelieu, qui n'avait pas craint d'aller visiter tous les juges avant le jugement, si l'on peut donner ce nom à un acte aussi révoltant.

Le parti violent qu'avait pris le Parlement de Paris dès le début du procès, en annulant toutes les procédures comme faites au détriment de son autorité, venait ajouter ce nouveau danger à la situation du maréchal, auparavant si compromise par la haine de ses ennemis. Déjà, en présence des deux Commissions, il avait, dans un langage aussi noble qu'énergique, réclamé son renvoi devant les Chambres assemblées de ce Parlement, pri-

---

(1) Par la majorité légale requise en pareille matière.

vilége que lui garantissait sa double qualité de maréchal de France et de gentilhomme. Cette demande de sa part avait été rejetée dès le commencement des poursuites, et avec elle, en dernier lieu, la faculté qu'il avait réclamée de se justifier par des enquêtes contre l'accusation de *péculat*, la seule qui eût été relevée et qui devait causer sa perte. Le président Bouchu, nommé quelques années plus tard Premier Président du Parlement de Bourgogne, devint surtout de sa part l'objet d'une récusation pleine d'aigreur. Il prétendit qu'il n'avait été nommé commissaire que parce que Bouthilier, son parent, avait répondu de lui au cardinal; mais cette récusation ne fut point accueillie, la Commission la déclara injurieuse et il en fut de même de toutes les autres. On remarqua parmi elles celle du conseiller Bretagne, nommé depuis le jugement premier président du Parlement de Metz lors de sa création, lequel avait, suivant le maréchal, juré d'avance sa perte, et qui n'en demeura pas moins, avec le maître des requêtes Moricq (1), soupçonné du même fait, l'un des rapporteurs du procès. Tous ces hommes étaient dévoués à la politique du premier ministre et en reçurent la récompense dans de hautes dignités. Les procédures ainsi organisées et menées à fin, Marillac fut condamné à mort au village de Ruel, le 8 mai 1632, et la sentence exécutée en place de Grève, lieu que le Roi avait désigné lui-même.

L'histoire, à l'exception d'un seul auteur d'ailleurs

---

(1) Juys de Moricq devint plus tard intendant de Champagne, villes et pays de Metz, Toul et Verdun.

PRÉTEXTE DE L'ACCUSATION. 327

suspect, Bayle, a prononcé, comme les contemporains, sur la mort d'un général qui avait servi pendant quarante ans son Prince dans de nombreux combats. Son seul crime était d'avoir déplu au cardinal dans quelques intrigues de Cour qui ne furent jamais bien éclaircies. Quelques détails sur le procès, puisés dans nos propres archives, feront connaître davantage ce qu'il faut penser de ces accusations à la suite desquelles Marillac fut frappé par le jugement le plus inique qui eût été rendu dans ces temps de violence.

Quelques concussions commises dans l'armée, pendant son commandement des troupes du Roi en Champagne, de la part des gens de guerre accoutumés alors à vivre de rapines, étaient, comme on l'a dit, l'unique prétexte des vengeances de Richelieu. Dans des notes manuscrites qui ont été laissées par les conseillers Fremiot, Jaquot, Berbis et Arviset, juges du procès, il n'est question que de fournitures et dépenses dont l'exagération supposée forme l'unique fondement. Marillac, s'il avait toléré ces exactions, avait suivi l'exemple de ses devanciers, mais sans en profiter lui-même, puisqu'il venait d'en faire emploi pour le service du Roi et qu'il était demeuré pauvre. C'était tout ce qu'il eût fallu pour le faire acquitter par une juridiction ordinaire. Non seulement il ne fut pas absous, mais, chose plus monstrueuse encore, la Commission le condamna à mort sans droit, en lui appliquant, pour le seul crime qu'on eût osé relever contre lui, l'ordonnance de François I*er*, qui prononçait en fait de *péculat* la *confiscation du corps*, ce qu'elle interpréta par la perte de la vie. Or, que signifiaient ces mots, sinon, ainsi que quelques magistrats courageux l'avaient fait voir, la privation de la liberté appliquée à de simples officiers de finances, parmi lesquels les gens de guerrre ne furent jamais compris? Raison puissante, à laquelle le maréchal, dans un mémoire publié en son nom, en ajoutait d'autres non moins solides tant sur le fond du droit que sur les actes qui servaient de base à l'accusation inventée pour le faire mourir (1).

(1) On peut consulter, sur ces faits peu éclaircis, le mémoire qu'il présenta à la Chambre établie à Ruel pour en décliner la juridiction, ainsi qu'un autre plus remarquable qui les explique. Cette dernière pièce, qui, par le style, semble avoir été écrite un demi-siècle plus tard, fut, suivant toute apparence, l'œuvre de l'avocat Garnier, l'un de ses conseils que nous avons déjà nommé, et dans laquelle il soutint que la dignité de maréchal, accordée depuis des actes imputés à crime, par le Roi à un gentilhomme, était un obstacle à ce qu'on pût, même coupable, rechercher sa première vie. « Les Romains, disait-il, qui étaient très sages, ne permettaient pas qu'un officier pût être accusé, pendant son administration, des actes qu'il avait commis auparavant, parce que ce leur eût été un reproche d'avoir élu une personne qui en était indigne. Et nos Rois, ajoutait-il, effacent bien les crimes par d'autres moyens que par les magistratures : en regardant ils pardonnent, l'attouchement de leur robe fait cesser la peine des lois ; et, chose étrange ! l'honneur de leur table non seulement défend un coupable contre la justice qui veut le punir, mais efface l'excommunication prononcée contre lui par le juge ecclésiastique, qui le rend à la compagnie des fidèles dès l'instant qu'il sait que le Roi l'a admis en la sienne. Que sera-ce donc si d'un homme qui aurait failli, il a fait un maréchal de France? Cette promotion seule ne tiendra-t-elle pas lieu d'une puissante justification de tous les délits qui ont précédé la grâce du Roi? Pourra-t-on avec justice punir un maréchal de France pour des fautes dont cette dignité est toute pure et dont il a été lavé comme par un baptême, lorsque le Roi lui a mis entre les mains un bâton couvert de fleurs de lis?..... Non, qu'il ne soit pas dit que l'on ait couronné un homme pour le vendre, que le Roi l'ait honoré pour le perdre, et que ce signe, qui donne l'autorité de commander des armées pour la défense d'un Etat ou pour en étendre les bornes ou la domination, devienne sans fruit dans une prison où le soleil n'entre jamais.... »

Tout s'était donc réuni pour faire de ce jugement la plus atroce des vengeances : l'ordre des justices régulières anéanti et remplacé par une Commission arbitraire; des juges triés jusqu'à deux fois; une accusation sans franchise suivie d'une condamnation sans base et lorsque la défense était devenue impossible par la soustraction des pièces qui eussent pu sauver la victime. Ajoutez les promesses et les menaces que ne craignit pas d'accumuler jusqu'au jugement le cardinal, l'homme le plus redouté de cette époque. Telles furent les véritables causes d'une sentence qui fut une des hontes de ce temps, et où la politique trouva, malgré l'arbitraire de ses choix, des actes de courage auxquels elle ne s'était pas attendue.

On lit dans l'une des notes manuscrites auxquelles nous empruntons ces détails, et qu'il faut attribuer au conseiller Berbis, les noms des treize membres qui, dans le sein de la Commission, opinèrent pour la mort du maréchal. Ce furent, dans l'ordre suivant : MM. Bretagne, conseiller au Parlement de Bourgogne, et Moricq, maître des requêtes, rapporteurs; Paris, Prévost et d'Argenson, maîtres des requêtes; Catheriné, de Gand, de Brenugat et Jaquot, conseillers, Bouchu, président au même Parlement; le Bret et Bullion, conseillers d'Etat, et Chateauneuf, garde des sceaux, qui avaient connu du procès malgré des causes de récusation auxquelles on n'avait point eu égard. Opinèrent au contraire pour lui conserver la vie, tout en prononçant contre le maréchal la peine du bannissement ou de la prison, au choix du Roi, ou seulement même de simples amendes : Villemontré, Nesmond et Barillon, maîtres des requêtes;

Berbis, Lenet, Mongey, Fremiot, Fyot, Bernardon et Macheco, conseillers au Parlement de Dijon.

Déjà avaient été exclus de la seconde Commission, pour le courage qu'ils avaient montré dans la première, le président des Barres et les conseillers Arviset, Milletot, le Compasseur, Berbisey et un autre Macheco, dont les noms ainsi suspects à Richelieu doivent trouver ici la mention d'honneur qui est due à leur mémoire. Du Châtelet, maître des requêtes, ennemi déclaré du maréchal, et qui avait publié contre lui un libelle infâme ayant pour épigraphe : *Suspendatur ante turbas*, devait être aussi l'un des juges ; mais, plus rigide envers lui-même que cette Commission, qui refusa de l'exclure pour cette cause (1), il s'était retiré du procès, ce qui lui avait attiré une éclatante disgrâce.

Le procès de Marillac n'eut de commun avec ceux de Cinq-Mars et Chalais, condamnés pour des conspirations véritables, que l'illégalité dans les formes du jugement. Au fond, cet homme de guerre n'était coupable, comme tant d'autres, que du désir de voir tomber la grande puissance de Richelieu. L'histoire dira qu'il n'avait rien fait, même dans la triste journée *des Dupes*, où il fut compromis, pour l'abattre lui-même. Mais c'était trop déjà pour sa sûreté que son nom s'y fût trouvé mêlé. Les lettres du Roi, que nous avons sous les yeux, qui trans-

---

(1) Ce pamphlet, intitulé *Prose aux dupes*, fut composé par du Châtelet en se rendant de Montbard à Langres, où il allait pour faire arrêter le duc de Bellegarde. Marillac l'apostropha violemment à ce sujet devant toute la Commission. (Voir, à la Bibliothèque de la ville de Dijon, les notes manuscrites déjà citées et où existe cette pièce entière.)

férèrent la Commission à Verdun, où l'armée commandée par Marillac avait froissé les populations et vécu parfois à discrétion, cachaient, sous la crainte exagérée des maladies qui existaient alors à Dijon, l'espoir que le jugement serait d'autant plus sévère qu'il devait être rendu au sein de populations aigries par des pertes récentes et multipliées. Les haines publiques furent donc ainsi déchaînées en aide d'un jugement tout préparé et sur lequel la puissance du cardinal avait compté à l'avance. La translation nouvelle de la Commission à Ruel, dans sa propre maison, mit le comble à ces précautions de tout genre, qu'aucune raison plausible ne justifiera jamais devant l'histoire, par l'assassinat juridique qui en fut la conséquence comme elles en avaient été le motif.

La fin du maréchal fut digne de sa vie ; il mourut en héros chrétien, après avoir été conduit à l'échafaud les mains liées comme un malfaiteur. Plus de quarante mille personnes, a dit le père Griffet, se disputèrent les restes de son sang, sur le bruit qui se répandit qu'il était mort en saint. Cet acte, s'il est vrai, fut aussi le cri de la conscience publique indignée de son supplice. Mais Richelieu ne s'en tint pas à cette vengeance et poursuivit sa victime jusque dans sa mémoire. De peur qu'elle fût jamais réhabilitée, il fit rendre par le Conseil un arrêt qui ordonna la destruction des procédures : à quoi obtempéra le Parlement de Dijon, qui en était dépositaire, et en donna décharge au greffier Gillotte, dont le nom se trouve mentionné dans cet acte, le seul authentique qui soit ici resté de ce monstrueux procès. Nous avons sous les yeux les lettres originales datées de Bruxelles, le 2 mars 1632 (1), quatre jours avant le jugement, par lesquelles Gaston, frère du Roi, écrivit au garde des sceaux Châteauneuf, ainsi qu'à Bullion, Le Bret, de Moricq, Barillon et Bretagne, juges commis, pour les conjurer de sauver le maréchal, dont ce prince affirmait l'innocence. Dès la veille, la reine-mère avait écrit de cette ville aux mêmes commissaires une lettre (2) par laquelle elle exaltait la conduite de ceux qui avaient refusé de tremper dans cette affaire et qu'elle appelait justement *des gens de bien*. Mais ces démarches imprudentes de la part de personnages exilés pour des conspirations véritables contre l'Etat, loin de sauver Marillac, ajoutèrent encore aux dangers qui menaçaient sa vie et empêchèrent le Roi de lui faire grâce après qu'il eut été condamné à mourir.

En résumé, le supplice de cet homme de guerre excita au dernier degré contre Richelieu l'animadversion publique, en suscitant contre son autorité des entreprises nouvelles. La mort de Montmorency, condamné six mois après par un arrêt en forme et pour une révolte avérée, émut toute la nation autant que celle de Marillac l'avait indignée. C'était en si peu de temps le second maréchal de France dont la tête tombait pour l'ambition d'un homme, quand l'intérêt de celui-ci n'était pas encore confondu avec l'intérêt de la monarchie. A défaut du sentiment national ainsi comprimé, la terreur fut, pour

(1) Voir aux manuscrits de la Bibliothèque municipale de Dijon.
(2) Ibidem.

le ministre qui les avait voulues, le résultat de ces exécutions sanglantes. Le but politique qu'il s'était proposé était atteint; mais le Parlement de Dijon, choisi comme instrument des vengeances du cardinal dans ces deux Commissions de Verdun et de Ruel, dont la dernière avait fait mourir Marillac, ne répondit pas à ce qu'on avait attendu de lui, puisque sur *dix-neuf* de ses membres qui prirent part dans les deux Commissions aux actes du procès, *treize* avaient combattu pour que l'on conservât la vie du maréchal. Ajoutez encore que, dès l'origine des poursuites, d'autres membres avaient, comme le dit la reine-mère dans la lettre par elle écrite avant la condamnation, repoussé le choix qu'on avait fait de leurs personnes ; choix qu'ils considéraient comme une injure et dont des magistrats tels que ce Parlement en comptait alors dans son sein ne purent que s'indigner, en laissant ainsi à l'histoire de ces temps d'arbitraire un grand exemple de courage à imiter.

On lit dans les Registres de cette époque que, lors de l'une des expéditions à main armée que Gaston fit en Bourgogne dans ses révoltes contre la Cour, il donna l'ordre de détruire la maison de campagne du conseiller Bretagne pour le punir de la part qu'il avait prise comme rapporteur et comme juge à la condamnation du maréchal. Peut-être pourrait-on conclure de là que l'appréhension de plus grandes représailles contre ce magistrat et d'autres membres non moins compromis, ne fut pas étrangère à la vigoureuse résistance qu'opposa ce Parlement aux tentatives de ce prince, si les lettres patentes que délivra Louis XIII à cette Compagnie ne prouvaient qu'elle avait obéi, dans cette conjoncture, à d'autres sentiments.

Nous rappellerons ici pour mémoire un événement antérieur de quelques années, lequel, par le conflit qu'il suscita entre les principaux pouvoirs de la province, fut un des premiers exemples des luttes de ce genre dont la France du XVIIe siècle allait être agitée. Le Parlement de Dijon avait, en 1628, défendu dans un temps de disette de faire sortir les blés de la Bourgogne. Un marchand de Lyon que cette défense atteint obtient du marquis d'Uxelles, gouverneur de Chalon, de faire descendre par la Saône à Lyon les blés qu'il a achetés. Le Parlement, averti d'une entreprise qui tend à ruiner son autorité, rend arrêt contre le gouverneur. Un huissier, homme de résolution, est chargé de lui signifier cet acte et ne craint pas de le faire en pleine rue où il l'a rencontré. Le gouverneur, offensé, fait arrêter l'huissier, qui est conduit à la citadelle. Le Parlement prend feu à cette nouvelle, et envoie deux de ses membres, les conseillers des Barres et Millière, ainsi que l'avocat général de Xaintonge, pour demander l'élargissement du prisonnier. Mais les commissaires échouent dans leur mission pacifique. Le gouverneur a répondu que cet homme lui a fait injure et qu'il espère de la justice du Roi qu'il en fera raison dans son Conseil. De leur côté, les commissaires s'adressent au Parlement par un courrier. A cette nouvelle, le marquis d'Uxelles les fait sommer de sortir de la ville avec défense de faire aucune information. Ceux-ci, à leur tour, requièrent les magistrats municipaux de prêter main-forte pour l'exécution de leur mission. Mais le Conseil de la ville s'y refuse dans la crainte, dit-il, de se commettre avec le gouverneur. Encouragé par cette réponse, cet officier propose alors comme expédient que l'huissier sera rendu, à condition que les commissaires sortiront de la ville, sinon et que dans le cas où ils viendraient à continuer leurs violences, et que les habitants prendraient les armes pour les favoriser, il repousserait la force par la force. Cette déclaration est signée de sa main. Effrayés d'une telle menace, les commissaires se réfugient à l'évêché. D'Uxelles fait pointer le canon de ce côté; puis, passant de l'emportement à la raison, il cède à des conseils plus sages et le calme se rétablit. Quelle fut la suite de cette affaire, dans laquelle l'autorité du Parlement avait été évidemment usurpée par un chef militaire sans mission, on l'ignore, depuis ces temps éloignés où le mépris pour les actes de la justice se ressentait encore des passions à peines éteintes de la Ligue.

Il faut placer ici un événement contemporain accompli dans une province voisine de la Bourgogne, et qui, par les actes qui s'y rattachent, appartient encore à cette histoire : nous voulons parler de la création, faite après la conquête des Trois-Evêchés, du Parlement de Metz (Edit du Roi, du 15 janvier 1633), et à la composition duquel furent appelés à concourir des hommes choisis, empruntés à celui de Dijon ou à son ressort. On doit ici, pour l'honneur des familles, en signaler les noms puisés dans les plus authentiques documents biographiques et dans nos propres archives (1).

(1) Ce furent par ordre alphabétique : Bizouard (Marie-Lazare), seigneur de Montille, La Cosme et Dorand, avocat au Parlement de

Antoine Bretagne, malgré sa conduite dans le procès Marillac, dont la première présidence du nouveau Parlement sembla la récompense, était l'homme le plus éminent de la colonie de magistrature bourguignonne que la volonté du cardinal avait appelée pour sa formation. Il avait, suivant l'expression d'un contemporain, *blan-*

Dijon; né à Diancey, dans l'Autunois, reçu conseiller en celui de Metz le 14 juillet 1702, et avant lui deux secrétaires du Roi du même nom, nommés au même Corps en 1679 et 1692. — Blondeau, seigneur de Norges, conseiller au Parlement de Dijon, l'un des commissaires chargés de l'établissement de celui de Metz, et devenu président à mortier dans la même Compagnie le 31 août 1633. — Bossuet (Bénigne), père de l'évêque de Meaux, conseiller au Parlement de Dijon, reçu au même titre dans celui de Metz le 14 septembre 1638. — Bouchu de Lessart (Claude), fils d'un Premier Président du Parlement de Dijon, reçu conseiller en celui de Metz le 26 avril 1640, et après lui ses deux fils successivement. — Bretagne (Antoine), fils de Claude Bretagne, conseiller au Parlement de Dijon, grand-oncle de l'évêque de Meaux, reçu premier président de celui de Metz au moment de sa création (1633), chargé depuis, par commission, de la première présidence du Parlement de Bourgogne en l'absence et suspension de Pierre Legouz; inhumé à Dijon, où il mourut, le 14 janvier 1639. — Bretagne (Claude), son fils, conseiller au Parlement de Dijon, qui succéda à son père dans la première présidence de celui de Metz, reçu en cette qualité le 22 mars 1641. — Brunet (François), seigneur de Montferraut, près Beaune, reçu conseiller au Parlement de Metz le 15 février 1674. — Catin de Vernault (Jean), avocat au Parlement de Bourgogne, reçu conseiller en celui de Metz le 1er juillet 1634. — Chartraire (Antoine), ancien lieutenant général au présidial de Semur et trésorier général des Etats de Bourgogne, reçu conseiller aux requêtes du palais du Parlement de Metz le 27 novembre 1698. — Chasot (Isaac), né à Dijon le 11 janvier 1626, d'une famille originaire de Nolay (Côte-d'Or); fils de Joseph Chasot, substitut du procureur général au Parlement de Bourgogne; reçu conseiller en celui de Metz le 29 mars 1651, où il fut appelé par Claude Bretagne, premier président, son cousin germain; devenu président à mortier au même siège le 13 avril 1676; il avait épousé la sœur de l'évêque de Meaux, Marie-Thérèse Bossuet. — Après lui Bénigne Chasot, son fils, magistrat de premier ordre, devenu président, puis Premier Président du même

chi *sur les fleurs de lis et vieilli dans l'écarlate*. Ce fut à son nom comme à sa parenté intime avec la famille Bossuet, célèbre par des services héréditaires dans la robe, qu'il faut attribuer l'émigration de cette même famille, qui comptait déjà le futur évêque de Meaux parmi ses membres. Bretagne, par l'ascendant de son

Parlement; neveu et filleul de l'illustre évêque de Meaux, dont il porta le prénom; — et Louis-Bénigne Chasot, cité plus loin. — Cochet (Charles) seigneur d'Avoisotte en Bourgogne, reçu conseiller secrétaire du Roi au Parlement de Metz, père de Cochet de Saint-Vallier, auteur du *Traité de l'Indult*. — Drouas de Boussey (Claude), né en 1713, dans l'Autunois, 90e évêque de Toul, reçu conseiller d'honneur au même Corps le 28 août 1755. — Espiard de Clamerey, né à Saulieu le 13 novembre 1666, fils d'Espiard de La Cour et de Clamerey, conseiller au Parlement de Bourgogne, et reçu en la même qualité au Parlement de Metz le 24 juillet 1693. — Févret de Saint-Mesmin (Charles), fils de l'auteur du *Traité de l'Abus*, né à Dijon le 11 février 1652, reçu conseiller au Parlement de Metz le 3 juillet 1680. — Fyot de La Marche (Nicolas-Bernard), reçu conseiller au même Corps le 22 novembre 1662. — Legoux de La Berchère, fils de Pierre Legoux, Premier Président au Parlement de Dijon, reçu conseiller en celui de Metz le 5 septembre 1601. — Parigot de Santenay, reçu conseiller au même Corps, le 17 avril 1758. — Simony (Claude de), sieur de Rouelles, 4e du nom, né à Dijon, fils de Claude de Simony et de Marie Mochet; neveu, par sa mère, de Bénigne Bossuet, père du célèbre évêque de Meaux, dont il fut ainsi le cousin germain (*); ancien intendant de la Guienne, auparavant chargé des affaires du Roi à Paris, Dijon, Bordeaux, Agen, Toulouse; décoré de l'ordre de Saint-Michel; devenu conseiller, puis président à mortier au même Parlement le 14 novembre 1679; marié à Jeanne Depringles, d'une famille originaire de Langres, où il se retira vers ses derniers jours. — Thésut (Jean de), d'une ancienne famille du Charolais, reçu conseiller à Metz le 28 septembre 1681. — Thiard, comte de Bissy (Claude), chevalier des ordres du Roi, gouverneur de Lorraine, reçu conseiller d'honneur au même Corps vers la fin du XVIIe siècle. (Voir, sur ces différents noms, nos propres Archives et les ouvrages de MM. Michel, Floquet et du cardinal de Beausset.)

(*) Lire, dans les *Études sur la vie de Bossuet*, par M. Floquet, tome III, page 539, une lettre par laquelle l'évêque de Meaux recommande à la protection du prince de Condé le même président de Simony, son parent, dont il vante le mérite.

mérite, l'attira à lui tout entière, et, avec elle, cet esprit des traditions parlementaires qui en était inséparable et fit la force du nouveau Corps.

Durant une période de plus d'un siècle, qui fut celle de grandes luttes religieuses, on peut dire que par ses influences de famille le génie de l'aigle de Meaux domina ce Parlement, soit qu'il s'agit de combattre le protestantisme envahissant, ou les libertés menacées de l'Eglise gallicane. Le patriotisme trouva aussi dans son nom un solide appui par les efforts que fit sa famille entière pour pacifier par des commissions du Roi le pays messin.

Des onze Premiers Présidents qui furent appelés depuis à gouverner cette Compagnie pendant un siècle et demi de sa durée, six d'entre eux : deux Bretagne, un de Sayve, un Chasot et deux Montholon, sont des noms qui appartiennent à notre ancienne province par le sang et par les origines. Bénigne Chasot, le septième d'entre eux, était neveu du célèbre Bossuet, et avait été élevé à son école. Il apporta dans l'exercice de sa charge les qualités brillantes jointes à cette force d'âme dont il avait trouvé parmi les siens un si grand modèle. On doit aussi à Louis-Bénigne Chasot, fils de ce magistrat et devenu lui-même président à mortier dans la même Compagnie (1), l'honneur d'avoir recueilli, après la mort de l'évêque de Meaux, son grand-oncle, les manuscrits qui ont servi depuis à la publication de ses œuvres. De

(1) Nommé Premier Président en 1751, il n'en exerça pas la charge, étant mort quelques jours après l'enregistrement de ses lettres. (M. Michel.)

tels noms se multiplièrent dans la suite et répandirent leur éclat sur le nouveau Parlement jusqu'à sa chute. On peut dire avec orgueil que la Bourgogne avait produit ces célébrités, qui continuèrent à s'y succéder par la transmission des charges pendant toute la durée de ce Corps.

Le dépôt, entre des mains françaises d'origine, des fonctions créées pour constituer le Parlement de Metz en 1633, fut l'œuvre de la politique du Cardinal, qui fit pénétrer ainsi les coutumes monarchiques dans un pays républicain par les habitudes, et qui avait fait partie jusqu'alors de la grande confédération germanique. Il fallait rompre, à l'aide d'hommes nouveaux, jusqu'à ces souvenirs du passé qui résistent longtemps à toutes les fusions de nationalité. L'incorporation de ce pays par les mœurs, comme elle l'avait été par les frontières, devint le prix de cette politique qui fit des Trois-Évêchés une province véritablement française et un des principaux boulevards de la France, pour la défense de laquelle elle a depuis versé son sang. L'honneur d'avoir coopéré à une telle alliance par l'émigration alors si étonnante de ces nombreuses familles et des plus considérées qui fussent en Bourgogne, restera pour le Parlement de Dijon un de ses plus beaux titres.

CHAPITRE VIII.

SOMMAIRE.

Influence des luttes religieuses sur les mœurs en Bourgogne. — Exemple puisé dans les annales de cette province. — Le président Giroux; chronique judiciaire du XVIIe siècle. — Origine des familles citées dans ce procès. — Haine de Giroux contre Baillet. — Disparition de Baillet et de son valet de chambre. — Informations préliminaires. — Audace de Giroux, il demande des juges au Parlement. — La rumeur publique éclate. — Monitoires publiés; menaces de meurtre et d'empoisonnement contre les témoins. — Le clergé hésite à recevoir les révélations. — Ajournement contre Giroux; son arrestation. — Organisation du Parlement en cour de justice; difficultés sérieuses de cette mesure. — Giroux fabrique une fausse évocation au Parlement de Pau. — Découverte des cadavres. — Inculpation contre Giroux père. — Recherches faites à Langres; artifices de Giroux. — Entrée constatée de Baillet chez Giroux. — Giroux est interrogé en présence des cadavres. — Quatre de ses domestiques sont appliqués à la question. — Le prince de Condé; nouvel intérêt du crime. — Guet-apens antérieurs. — La dame Baillet reçoit la confidence du meurtre. — Où était cette femme pendant l'assassinat. — Ce qu'elle fit le lendemain de l'événement. — Attentats antérieurs de sa part contre la vie de son mari. — Ce qu'étaient devenus les corps depuis les meurtres. — Impudence des complices après l'événement. — Comment les assassinats furent commis. — Giroux est condamné à mort. — Arrêt contre lui et des complices. — Sentiment sur cet arrêt. — Supplice de Giroux. — Ce qu'il faut penser de sa fin. — La procédure continue; poursuites contre la veuve Baillet. — Pourquoi elles avaient été ajournées. — Sa condamnation par contumace. — Le Grand-Conseil évoque ce procès au Parlement de Paris. — Monitoire publié à cette occasion. — Ce que devint cette affaire. — Procès de complices. — La Valeur, révélations curieuses. — Devilliers est condamné à la roue. — Faits rétrospectifs : Saint-Denis, sa scélératesse et sa fin. — L'empoisonneur Raudot. — Derniers moments de Saint-Denis. — Précautions de Giroux pour dissimuler son genre de mort. — Confessions de la veuve de Saint-Denis devant le Parlement. — Morts mystérieuses; disparition des preuves. — Condamnation de Raudot et autres. — Giroux père est acquitté. — Considérations sur cet arrêt. — Inimitiés entre Giroux fils et Chasans. —Procès de Rennes. — Crimes qui en formaient la base. — Hilaire Moreau ou la calomnie confondue. — Autres trames de Giroux contre Chasans. — Condamnation d'Hilaire Moreau et de ses complices. — Mort de Chasans: son caractère et ses vertus. — Giroux pendant sa détention; conspirations et perfidies. — Considérations générales sur ce procès.

Après le récit que nous venons de faire des excès commis par les partis en Bourgogne pendant la Ligue et de la désolation causée depuis cette époque par les gens de guerre, les mœurs privées avaient subi dans cette province une atteinte qui s'y fit longtemps sentir et sembla y faire renaître les crimes du moyen-âge. Des attentats isolés mais nombreux avaient épouvanté les villes et les campagnes, abandonnées, faute de police, au droit du plus fort. Les archives de la Tournelle témoignent de ce qu'il fallut d'énergie pour combattre des désordres qui avaient passé des luttes politiques dans les caractères et perverti jusqu'à l'opinion. Quelques exemples venus des grands apprirent aussi au peuple qu'on pouvait tout entreprendre. Ainsi se vérifiait de nouveau cet axiome des anciens philosophes, « que la corruption descend et ne remonte pas. » Les meurtres et les empoisonnements devinrent les moyens communs par lesquels chacun songea à satisfaire sa vengeance ou sa cupidité, et se substituèrent au fléau des guerres civiles qu'ils firent presque oublier. La religion, qui pouvait protéger la société ainsi menacée, avait perdu son empire. Mêlée à la politique dont on l'avait fait l'instrument, l'ignorance lui attribua des fautes dont elle était pure, mais qui lui ôtèrent son autorité. Après plus d'un siècle de déchirements, le peuple avait fini par douter d'une puissance partagée entre l'erreur et le fanatisme et qu'il accusa à tort de tous ses maux. Le temps seul et la réflexion devaient réparer tant de ruines ; les luttes imprudentes renouvelées entre les Parlements et le Sacerdoce, sur des questions de prérogative, vinrent retarder ce moment si désiré.

La démoralisation en profita pour étendre son empire. Un procès criminel jugé par le Parlement de Dijon, vers le milieu du XVII° siècle, fera connaître ce qu'était devenue la société ainsi corrompue au sein de la capitale de l'ancienne Bourgogne. Tout sera représenté dans le récit que nous allons en faire, depuis les hommes du plus haut rang jusqu'à ceux qu'on nommait alors la *basse classe* ou le peuple. Le fait mérite d'être conservé comme réponse aux apologistes des temps passés comparés aux mœurs adoucies de nos jours. Seulement il ne faut rien exagérer, et nous dirons aussi dans quelles limites on doit envisager un tel tableau, en se gardant de juger tout un Corps et toute une époque à son point de vue. Ainsi l'exigent le calme dans les jugements et la dignité de l'histoire que nous écrivons, où rien ne saurait être envenimé et ne saurait être tu de ce qui peut déplaire, comme de ce qui doit flatter : *nam quis nescit primam esse historiæ legem, ne quid falsi dicere audeat, deinde ne quid veri non audeat* (1) ? L'his-

---

(1) « Car qui ignore que le premier devoir de celui qui raconte est de ne rien oser dire de faux et de ne pas craindre de dire ce qui est vrai ? » (Cicéron, *De oratore*, § XV.)

toire de la justice criminelle en France, le plus sûr reflet des mœurs, y trouvera un grand exemple à observer par l'enseignement qui en découle et montrera, une fois de plus, que les crimes les plus atroces ne reculent pas devant une législation cruelle elle-même.

Vers le milieu du XVII° siècle, et à cette époque qui succédait aux guerres de religion et à leurs désastres, vivaient à Dijon, au milieu de ces existences patriciennes qui avaient usurpé toutes les influences, deux hommes unis par le sang comme par les fonctions : Philippe Baillet, président à la Chambre des Comptes, mari d'une femme dont le rôle ne formera pas l'épisode le moins dramatique de ce procès, fils de Jacques Baillet et de Jeanne Burgat; et Pierre Giroux, président à mortier au Parlement, d'une famille nouvelle dans la magistrature souveraine, mais qui y occupait un rang élevé par ses alliances et sa fortune.

Les Baillet, venus de Chalon, suivant l'historien Perry (1), et dont le nom figurait depuis longtemps dans les annales de ce Parlement, y comptaient un Premier Président, des présidents à mortier, un avocat-général célèbre et des conseillers en grand nombre. Le fameux Baillet, dit Vaugrenant, dont nous avons parlé et qui quitta la robe pendant la Ligue, où il devint un des principaux lieutenants du roi de Navarre en Bourgogne, était de cette famille. On la voit se maintenir dans la même Compagnie jusqu'au commencement du XVIII° siècle, où son nom disparaît des Registres et peu

(1) *Histoire de la cité de Chalon-sur-Saône*, 1659.

après de la Bourgogne à défaut d'héritiers ou descendants mâles.

Les Giroux, d'une origine plus modeste, sortaient en dernier lieu de Chalon. Tout porte à croire qu'ils étaient venus s'y établir d'un hameau du Mâconnais qui porte encore aujourd'hui leur nom et qu'ils auraient fondé (1). Gendre du Premier Président Legoux de la Berchère et beau-frère du Premier Président du même nom en exercice, parent ou allié de cinq présidents à mortier et de quarante conseillers en charge à la fois, Philippe Giroux, dont nous allons parler, avait succédé dans celle de président à Benoît Giroux, son père, démissionnaire en 1633; auparavant reçu conseiller par la résignation de Denis Brulart promu à la charge de président. Alliances imposantes qui expliquent dès à présent le grand crédit qu'il conserva dans le Par-

---

(1) *Les Giroux*, commune de Charnay, dont ce hameau forme l'annexe. Le plus ancien membre qui soit resté connu de cette famille fut Robert Giroux, notaire et procureur aux cours royales de Chalon. Il épousa Barbe Fasset de la Basse de Saulnière, d'une extraction noble, dont naquit, le 11 janvier 1569, Benoît Giroux, marié en premières noces à Jeanne Oudot et en secondes à Madeleine Baillet. De cette union sont issus : 1° Philippe Giroux, marié à Marie Legoux de La Berchère ; 2° Barbe Giroux, qui épousa le président Sayve, du Parlement de Dijon; 3° une autre fille mariée à Etienne Bouhier, conseiller au même Parlement. Le titre de *marquis* donné dans les actes de ce temps à Benoît Giroux, l'un d'eux, ainsi que celui de seigneur d'Aicle, Vessey, Corcassey et Marigny, ne contrarie pas ces origines, quand on sait que la roture pouvait les acheter alors. Les efforts que fit depuis cette famille pour se rattacher à celle des *Giran* d'Angleterre, dont elle se serait assimilé le nom, ne furent qu'un exemple de plus des vanités du même genre qui se produisirent dans les Parlements comme ailleurs à toutes les époques.

lement et les difficultés capitales qui devaient y entraver en sa faveur le cours de la justice.

Tels furent, comme victime et comme assassin, les deux noms principaux du drame sanglant qu'on va lire et dont la cause prit naissance dans les désordres d'une passion violente où l'infamie vint surpasser tout ce que la faiblesse humaine pouvait faire excuser d'égarements. Marie ***, femme du président Baillet, avait allumé cet amour fatal, et Giroux ne recula, pour le satisfaire, ni devant le crime, ni devant la honte qui devait en rejaillir sur la pourpre souveraine et sur sa famille. Chose étrange et qui ne sera pas la moins surprenante de cette histoire : après avoir obtenu les faveurs d'une femme infidèle qui ne sembla pas reculer plus tard devant le meurtre, il songea sérieusement à s'unir à elle par le mariage, bien qu'il fût marié lui-même et que la dame Baillet, épouse d'un homme jeune encore, ne pût penser à devenir veuve.

Ainsi reposaient dans une passion partagée les intimités des personnes, lorsque la combinaison la plus atroce vint trancher, par un double crime, des difficultés capitales qui eussent arrêté un assassin vulgaire. Car voici ce qui arriva, et nous commençons par la disparition du président Baillet au sein d'une ville pleine de son nom, le récit des événements qui vinrent épouvanter cette province et porter la désolation dans deux familles si élevées en dignités.

On était au 6 septembre 1638, époque de l'année où le plus grand nombre des membres du Parlement se trouvaient dans leurs terres. Sur les huit heures du soir, et à la suite de démêlés très graves, Baillet se croyant réconcilié avec Giroux sur les assurances d'amitié qu'il en avait reçues la veille (1), était allé dans sa maison cimenter un rapprochement que le caractère haineux de son ennemi ne devait pas lui faire espérer. Quelques armes trouvées depuis sur les cadavres prouvent que sa confiance dans cette visite était loin d'être entière, et qu'il avait pris des précautions pour sa sûreté. Des intérêts communs entre leurs familles et sur lesquels il fallait se concerter étaient aussi, si l'on en croit un Mémoire publié dans le procès, le motif allégué de ce rendez-vous. C'était la veille d'un long voyage que Giroux allait entreprendre et dont une poursuite criminelle, intentée contre lui devant le Parlement de Rennes, était le motif. Baillet, tout empressé d'accomplir une démarche que sa loyauté consentait à faire à son tour, mais qui couvrait un piège de la part de Giroux, venait de l'annoncer à plusieurs de ses amis. Cette circonstance révélée fut la première lumière qui fit soupçonner le crime et mit plus tard la justice sur la trace des assassins.

L'entrevue ainsi convenue avait eu lieu, comme on l'a dit, dans la demeure de Giroux. Baillet, accompagné d'un seul valet, y entrait à la nuit close. Une femme nommée Odinelle leur en ouvrit la porte, qui devait se refermer sur eux pour jamais (2); agent obscur, duquel

(1) On lit dans les enquêtes qu'il avait raconté, le soir même du jour où l'assassinat allait être commis, « que Giroux lui était venu dire adieu et lui avait donné tant de témoignages de son affection, qu'il ne pouvait rien davantage. » (Dépositions de Prudence Callot et autres.)

(2) Voir aux enquêtes les dépositions de la dame Monniot, de sa fille, femme du maître aux Comptes Joly, et de Nicolle Silvestre.

le rôle important dans cette affaire ne fut jamais bien éclairci, non plus que quelques circonstances du crime dont l'incertitude n'ôtera rien d'ailleurs à son effrayante clarté.

Le lendemain, dès le matin et avant que rien ne transpirât des événements, Giroux était en effet parti précipitamment pour Rennes, malgré la maladie d'un de ses enfants qui était en danger de mort. Un tel voyage fait à petites journées le plaçait à une grande distance des personnes vis-à-vis desquelles il aurait eu à soutenir un rôle embarrassant. L'affaire qui motivait ce départ était une accusation de *dix-huit crimes capitaux* imputés par Chasans à Giroux, accusation non suivie d'effet, et dont ce dernier ne dénia pas avoir conçu un grand ressentiment quand il accusera Chasans à son tour (1). Nous dirons bientôt ce qui se passa dans cette soirée mystérieuse où Baillet et son valet de chambre trouvèrent la mort, au lieu de cet oubli des haines que le premier s'y était promis, et dont il espérait recevoir la confirmation.

Les auteurs des meurtres ne furent pas d'abord soupçonnés, malgré la disparition prolongée des victimes, disparition sur la cause de laquelle on avait cherché à égarer l'opinion. La parenté si étroite des deux familles, jointe à la crainte inspirée par Giroux, semblait en imposer aux plus hardis. Saumaise de Chasans seul,

---

(1) Voir le procès-verbal du 8 juin 1640, contenant les réponses de Giroux touchant les accusations portées par lui contre Chasans, où il confessa avoir voulu se venger de celui-ci à défaut, par la justice, de l'avoir suffisamment puni au sujet du procès de Rennes, ainsi qu'on l'expliquera plus tard.

ennemi déclaré de cet homme, mais suspect à cause de son inimitié, pouvait hasarder un rôle aussi périlleux en forçant par cet exemple les parents de la principale victime à se prononcer. L'on verra qu'il n'avait pas différé de s'adresser à eux ; toutefois la crainte et d'autres causes qui seront expliquées bientôt étaient venues retarder leur intervention.

On lit en effet qu'après une information timide faite d'office par le conseiller Lantin (1), les poursuites sérieuses ne commencèrent que le 5 mars 1640, c'est-à-dire dix-huit mois après les crimes, sur la plainte de la dame mère du président Baillet, à laquelle se joignit sa propre veuve dont le silence eût accusé la conduite. Le Parlement, malgré sa répugnance à dévoiler des mystères dont le secret semblait être enfermé dans son sein, nomma deux commissaires (2). Ceux-ci devaient agir sous l'autorité de quatorze conseillers choisis dans les trois Chambres, mesure inusitée et qui supposait des coupables dans des rangs où la justice n'était pas dans l'habitude d'en atteindre. L'arrêt est du 5 mars susdit et nous apprend que, par une précaution de plus, on voulut que chacun de ces conseillers prêtât serment sur les Evangiles de ne parler à personne de tout ce qui serait fait durant l'instruction. Cette garantie, que nécessitaient le rang et l'influence des parties, n'empêcha pas les suggestions contre lesquelles cette Compagnie

---

(1) Entreprise le le 24 mars 1639.
(2) MM. Millière et Jaquot ; ce dernier avait été récusé par Giroux pour des causes que le Parlement n'accueillit pas. (Arrêt du 9 mars 1640.)

avait espéré se prémunir. A l'exemple des premières informations, les premiers actes des commissaires demeurèrent sans effet. Mais déjà des réponses évasives faites au conseiller Jaquot, l'un d'eux, par une servante encore au service de Giroux, qu'il avait rencontrée dans une maison, avaient frappé l'attention de ce magistrat, qui en rendit compte au Parlement. Cette circonstance, due au seul hasard, devint un trait de lumière. Presque aussitôt un arrêt ordonna que, pour la soustraire aux menaces de son maître, cette fille serait déposée à la conciergerie du Palais, où elle garderait prison jusqu'à nouvel ordre. Dès ce moment et par les premières réponses obtenues de sa bouche, l'affaire, comme le dit le commissaire aux Chambres assemblées, prit des proportions inattendues.

Cet acte de vigueur était suivi, trois jours après, d'une mesure non moins importante. Un des greffiers reçut mission de se transporter à Langres pour s'informer du lieu où Eléonore Cordier, l'une des domestiques de Giroux, avait fait déposer un coffre dans lequel le Parlement soupçonna que pouvaient être les vêtements de la principale victime. On verra dans la suite de ce procès que cette prévision était fondée, quand le temps sera venu de faire connaître des détails qui appartiennent à l'ordre des preuves nouvelles réservées à la justice.

Giroux n'ignorait pas ces choses et ne pouvait rester silencieux en présence de mesures qui étaient autant d'accusations directes contre sa personne. Le 9 du même mois, c'est-à-dire quatre jours après les poursuites commencées, il se rend au Palais. Là, en présence de sa Compagnie, il se plaint des propos auxquels il est en butte touchant la mort de son parent et du valet de chambre Neugot, dit Baudot, dont la disparition était seule alors constatée, demandant avec hauteur qu'on le juge et que son dénonciateur se fasse connaître. Cette interpellation atteignait un des plus intimes amis de Baillet, le conseiller de Chasans, présent à l'Assemblée. Interdit de tant de hardiesse, celui-ci désavoue timidement la part qu'il a pu prendre aux premières poursuites, soit qu'il n'ait pas le courage de l'avouer, soit que le temps ne fût pas venu pour lui de se déclarer quand le corps du délit n'était pas encore avéré par les découvertes qui devaient être faites plus tard des cadavres des victimes (1).

Cette audace de Giroux, quel que fût son rang, avait de quoi confondre, mais ne trompa personne; car déjà des bruits sourds fondés sur ses inimitiés capitales avec Baillet, joints à la connaissance du caractère le plus méchant qui fût jamais, avaient fait secrètement prononcer son nom comme étant celui du principal assassin. Des propos imprudents, (2) échappés à cet homme

(1) Voir aux Registres le procès-verbal de la séance dudit jour 9 mars 1640, dans laquelle Giroux et Chasans furent entendus derrière le bureau. Les gens du Roi eux-mêmes, consultés ensuite, semblèrent confirmer le désaveu de ce dernier ou n'osèrent le démentir.

(2) Voir parmi d'autres preuves les dépositions des filles du receveur général de Bourgogne Petit, qui avaient entendu dire à Giroux, en parlant de Baillet : *Mon Dieu, ne saurait-on me défaire de cet homme? vivra-t-il toujours* (n° 103 des enquêtes)? A d'autres, il n'avait pas craint d'ajouter qu'*on ferait un grand plaisir à la dame Baillet en faisant mourir son mari* (voir la déposition d'Anne Blondeau, n° 122.

dans les mouvements de sa passion pour la dame Baillet, et par lesquels il avait exprimé le souhait de se voir débarrassé du mari de cette femme, revenaient à tous les souvenirs comme autant de soupçons. Ces rumeurs, suscitées à défaut de preuves par la seule puissance des faits, au sein d'une ville où les influences de famille devaient en imposer aux moins timides, avaient trouvé accès jusqu'au sein du Parlement chez quelques magistrats courageux qui n'avaient pas craint de s'en expliquer. De Dijon elles s'étaient répandues jusqu'à Paris, où Condé, gouverneur de la province (1), frappé des mêmes soupçons, venait de faire fermer publiquement sa porte à Giroux (2) dans l'audience que celui-ci avait osé lui faire demander à son retour de ce voyage en Bretagne, entrepris, comme on l'a dit, le lendemain du crime.

Il ne fallait pas moins d'un anathème lancé de si haut et de la part d'un prince aussi enclin à la bonté, pour accélérer les enquêtes et contraindre la justice à faire son devoir. Quelques jours étaient à peine écoulés que, sur l'ordre du Parlement et par arrêt du 21 mars 1640, on publiait dans toutes les paroisses un monitoire, sorte de mandement canonique qui faisait de

---

ibid.); *et que, si Baillet mourait, il n'aurait jamais d'autre femme que celle dudit Baillet* (déclaration de Claude Blanot, n° 125, ibid.). Voir enfin celle de Marie Villier (n° 109 des mêmes enquêtes), qui avait entendu le même Giroux tenant des propos non moins menaçants.

(1) Henri de Bourbon, père du grand Condé, lequel lui succéda plus tard dans le gouvernement du duché de Bourgogne.

(2) Voir aux enquêtes la déposition de Philippe Laguille accusé depuis lui-même, et qui avait accompagné Giroux dans cette étrange visite (n° 173, ibid.).

la non-révélation, pour un fait aussi capital, un cas d'excommunication (1). A l'exception des cas d'hérésie, cette Compagnie avait usé rarement d'un pareil secours, que lui permettaient les ordonnances et qui, par l'appel fait à la conscience publique, était réservé pour les plus grands forfaits.

Ici, des actes étranges venaient justifier cette précaution. Dès les premières informations commencées, plusieurs témoins entendus étaient venus se plaindre aux commissaires de la Cour des menaces de meurtre et d'empoisonnement dont ils avaient été l'objet. Le 31 mars 1640, ces menaces en étaient venues à tel point, que ceux d'entre ces témoins étrangers à la ville n'avaient pu y trouver des vivres et un asile, tant était grande la terreur qu'inspiraient à tous le principal accusé et ce nombre d'hommes à toute main dont il s'était fait un cortége. Un nouveau monitoire lancé pour cette cause, pendant que Giroux était encore libre, n'aboutit à aucune découverte sur l'auteur de ces violences et ne les fit pas cesser (2). Le clergé lui-même

---

(1) Renouvelé par addition suivant arrêt du 31 du même mois, ce monitoire fut signé par le chanoine Fleutelot, official de Langres. Le même arrêt portait en outre qu'il serait *fulminé* dans toutes les paroisses de Chalon. Déjà l'arrêt du 21 mars avait étendu la mesure à cette dernière ville et à Beaune, où des actes intéressant ce grand procès s'étaient passés.

(2) On lit dans une délibération du 26 avril 1640 : « Le susdit jour, sur ce qui a été encore dit par MM. Millière et Jaquot qu'aucuns témoins venus s'étaient plaints que l'on menaçait de les tuer et empoisonner et ne savaient où se retirer; personne ne les voulant recevoir, lesdits témoins demandaient à être mis sous la protection du Roi et de la Cour; ce à quoi lesdits commissaires sont chargés de pourvoir. » (Voir aux Registres.)

semblait partager ces craintes. Le Parlement alla jusqu'à en soupçonner les membres d'avoir anéanti les révélations et prit des mesures pour s'en assurer. Le curé de Saint-Nicolas de Dijon devint le sujet d'une poursuite que sa conduite sembla justifier. Tous les autres curés ou vicaires des paroisses, dans l'appréhension qu'ils n'eussent cédé au même sentiment, avaient été mandés tour à tour devant les commissaires, pour y déclarer par serment qu'aucune révélation n'avait été dissimulée par eux à la suite de ces monitoires (1). Précautions en apparence injurieuses, mais qui furent ici commandées par la situation la plus difficile que la justice eût jamais rencontrée dans sa mission.

Jusqu'alors Giroux était demeuré libre. Le 11 mai de la même année, il était frappé seulement d'un ajournement pour répondre en personne devant les commissaires sur les charges existantes contre lui, avec injonction de garder les arrêts dans sa demeure, *sous peine de conviction*. Il se soumit à cet ordre et ne songea pas à s'éloigner du théâtre de ses crimes, où, pour en assurer l'impunité, il allait, comme déjà il avait entrepris de le faire, en commettre de nouveaux non moins atroces et en grand nombre. Mais déjà les charges s'étaient aggravées à son insu, et, le 11 juillet suivant, le Parlement lançait enfin contre lui un décret de prise de corps pour *absence*, *meurtre* ou *perte* du président Baillet et de

---

(1) Voir la délibération du 9 juillet 1640, par laquelle le Parlement chargea les mêmes commissaires de faire entendre aux curés et vicaires des paroisses l'importance de leur serment, avec menace de poursuites s'ils venaient à y manquer.

Neugot, son valet de chambre; car alors les cadavres n'avaient pas encore été découverts, comme ils allaient l'être dans la suite. Giroux fut arrêté dans son hôtel et déposé en la conciergerie du Palais. Là, il demeura jusqu'au mois de novembre suivant, époque à laquelle un arrêt du Conseil du Roi, qui avait été saisi de ce procès, ordonna qu'il serait transféré au château de Dijon, « afin, y fut-il dit, d'y être procédé à son égard avec plus de sûreté et suivant la rigueur des lois. »

Cet acte, qui nous est resté, est du 30 octobre 1640. On y voit à quel homme la justice avait affaire, ainsi que les mesures que sa violence avait nécessitées, et que jusqu'alors les ordonnances n'avaient pas prévue de la part d'un prisonnier réduit en apparence à l'impuissance de nuire. Des outrages envers les commissaires du Parlement chargés de l'interroger, des voies de fait envers les témoins qu'il alla jusqu'à tenter d'étrangler pendant les confrontations, et des blessures pratiquées par lui sur sa personne pour les imputer aux magistrats eux-mêmes, afin de motiver les récusations qu'il avait préparées contre eux, résultaient d'actes juridiques, qui ne seront pas les témoignages de perversité les plus étonnants de sa part (1).

Déjà, et avant ces précautions prescrites, le Parle-

---

(1) Voir un procès-verbal du 18 octobre 1640, dont copie fut envoyée à Paris au chancelier, et qui contient le récit de ces violences; et un autre du 14 janvier 1641, où on lit que « Giroux accuse les commissaires de mauvais traitements à son égard, d'être des hommes de sang et passionnés contre lui pour lui arracher la vie, dont il se moque, dit-il, et qu'il abandonne à la volonté de ses persécuteurs, pourvu que son honneur ne soit point entamé. »

ment avait refusé à Giroux la permission de communiquer avec son fils et son avocat, même en présence du concierge, pour y traiter de ses affaires (1). De telles mesures, inhumaines en tout autre cas, furent commandées pour la manifestation des preuves qu'on va voir se dérouler peu à peu et que l'instruction la plus secrète pouvait seule procurer en présence d'un aussi redoutable adversaire.

Cette accusation sans exemple, qui avait mis la ville en rumeur et dans laquelle la justice déploya ses plus formidables appareils, malgré les noms et la faveur, avait jeté dans ce Parlement une inévitable confusion à cause des nombreuses parentés de la victime et de celui qu'on signalait comme son assassin. Ajoutez les récusations personnelles que durent s'imposer des magistrats contre lesquels, pour arriver à ce but, Giroux n'avait pas craint de déverser des accusations indignes. Ainsi s'explique l'arrêt du Conseil du 12 novembre 1642, qui, sans décliner la juridiction du Parlement, vint en assurer l'exercice en le mettant à même de prononcer. Dès le mois d'avril 1641, le Roi avait fait demander par son chancelier la communication des procédures (2). Toutefois, les égards pour un Corps qui n'avait pas démérité de la confiance du Souverain ne furent qu'une raison secondaire dans le maintien d'une juridiction ici commandé par un grand intérêt public. L'arrêt de Rennes, où Giroux avait obtenu presque sans

---

(1) Voir le procès-verbal du 18 juillet 1640.
(2) Id. la délibération du 29 dudit mois.

informations et par des forclusions nées des distances un triomphe sur Saumaise de Chasans, était un scandale public dont il fallait prévenir le retour. D'autre part, le caractère connu de l'auteur du crime, joint aux témoignages des enquêtes, venait de soulever l'opinion dans toute la province et ne laissait plus de prise à la faveur. Par le même acte du Conseil, le Roi nomma pour présider les magistrats non récusables de la Compagnie, alors composée de soixante-treize juges, de Lamothe, président à mortier au Parlement de Metz (1), en lui adjoignant de Mangot d'Orgères, maître des Requêtes de l'hôtel et intendant de Bourgogne, et de Bruc, conseiller au même Parlement de Metz (2). Ceux-ci prirent séance avec les treize magistrats que des raisons jugées légitimes n'empêchèrent pas de connaître du procès (3). Xaintonge, avocat général et le plus ancien, demeura chargé de la poursuite au nom du Roi, à défaut du procureur général, parent très proche de la dame Baillet, l'une des parties civiles du procès en attendant le rôle si différent qui lui était réservé. Ainsi fut constitué, non sans efforts, ce tribunal redoutable composé

---

(1) De Lamothe de Montbérard (Jean-Prosper), chevalier, d'une ancienne famille de robe, chargé auparavant par le Roi de rechercher les titres de souveraineté de France sur la Lorraine et le Barrois; reçu au Parlement de Metz comme président à mortier le 16 juillet 1640. (M. Michel.)

(2) François de Bruc, sieur de la Guerche, devenu doyen du Parlement de Metz, dont il avait été nommé conseiller à la création. (Idem.)

(3) Les commissaires aux Requêtes du Palais, sorte de juridiction séparée du Parlement, avaient reçu du Roi, par dérogation à la règle, l'ordre de siéger dans cette affaire.

de seize juges et dont les arrêts, suivant les lois du temps, devaient être exécutés sur l'heure.

Avant cette grande mesure, Giroux n'avait pas perdu l'espoir de faire renvoyer de nouveau à une juridiction lointaine, pour la faire avorter, cette accusation portée contre lui. Peu confiant dans une telle entreprise, il n'avait pas craint de faire fabriquer de fausses lettres patentes du Roi qui attribuaient par évocation au Parlement de Pau, le plus éloigné de tous, la connaissance de l'affaire, avec défense à celui de Dijon de passer outre à l'instruction (1). Ainsi comptait-il gagner du temps et jeter le désordre dans les enquêtes. La vérité est qu'elles en furent interrompues durant trois mois, au bout desquels la fraude fut découverte. Presque dans le même moment, il faisait présenter au conseiller Fremiot, chargé de certains actes du procès, des requêtes signées du nom supposé de Giroux, afin de le poursuivre plus tard comme ayant informé sur de fausses pièces. Enfin, il avait simulé un vol de vaisselle d'argent imputé par lui à quelques-uns de ses valets et sur lesquels il avait fait entendre des témoins corrompus, afin d'écarter leurs révélations par ce reproche. Tels furent les moyens perfides employés par cet accusé dès l'origine du procès;

(1) Cette pièce avait été écrite par les ordres et sous les yeux de Giroux, par un avocat de Savoie de passage à Dijon et un procureur au Parlement nommé Gacon. Tout y était supposé, jusqu'à la signification qui en avait été faite à Chasans au nom d'un sergent royal bien connu, mais que Giroux avait eu le soin de faire éloigner depuis, de peur qu'il ne vînt à le démentir. Des menaces contre les juges et une assignation donnée à Chasans lui-même, à la requête de Giroux, devant le Parlement, furent la suite de ces faux, dont le premier était un acte supposé du souverain dans l'exercice de sa prérogative.

moyens qui venaient si bien justifier les mesures qui avaient été prises à son égard et qu'il faillit plus d'une fois confondre.

En présence de ces dangers, l'organisation complète du Parlement et peut-être les hommes nouveaux qui y avaient été introduits communiquèrent aux témoins de l'assurance, aux commissaires une énergie nouvelle, et bientôt des preuves inespérées vinrent transformer en certitude des soupçons déjà manifestés de toutes parts. Le 8 avril, après que plusieurs domestiques de Giroux avaient été interrogés, les commissaires délégués (1) se transportèrent, accompagnés de Benoît Giroux, père de l'accusé principal, dans l'hôtel de la dame du Vigny, marraine de celui-ci. Là et suivant les aveux obtenus à l'aide de la torture (2), on découvrit, dans un cabinet désigné d'avance, un saloir (3) fermé à clef, dans lequel étaient deux sacs de toile, une grande quantité d'ossements, des pièces d'habits à demi pourris et à usage d'homme, des bottes, un éperon et des souliers. Du rapport des chirurgiens chargés de la visite des ossements, il résulta qu'ils composaient ensemble deux corps

---

(1) Millière et Jaquot. Le premier fut, par l'effet des accusations portées par Giroux contre lui, remplacé à divers intervalles par les conseillers Maillard et Fremiot. Nous possédons toutes les notes du conseiller Millière, un des rapporteurs du procès, sur cette grande affaire, ainsi que des autographes de Chasans, Giroux, Raudot, etc., et d'autres pièces capitales qui s'y rapportent.

(2) Elle fut administrée dans cet état de la cause suivant la maxime d'Ulpien, passée dans la jurisprudence française : *Si reus sit suspectus, et aliis argumentis ita probationis admovetur quæstio, ut sola confessio servorum deesse videatur.* (Sur la loi I, § 1, ff., *De quæstionibus.*)

(3) Sorte de balonge ovale cerclée.

humains presque entiers. Dans le témoignage reçu d'un tailleur d'habits (1), ce dernier déclara reconnaître les vêtements pour les avoir façonnés pour le président Baillet. Déjà il avait, avant tout examen, fait connaître que, si ces habits étaient en réalité les mêmes, il devait s'y trouver une carte à jouer portant la figure d'un roi de pique, carte qu'il avait employée pour rendre le collet du pourpoint plus ferme, et qui fut à l'instant trouvée dans la doublure en présence de tous les assistants (2). A cette preuve irrécusable ajoutez la reconnaissance que fit une femme (3) du drap qu'elle avait vendu à Baillet un mois avant les meurtres et en présence du même tailleur qui avait révélé ce fait; le témoignage du cordonnier (4), qui reconnut les bottes et les souliers pour les avoir fabriqués pour le président et pour son valet; et enfin l'aveu fait par Giroux père, signalé déjà par la dame du Vigny comme l'auteur du dépôt, qu'il avait trouvé les cadavres dans le jardin de son fils durant sa captivité, et qu'il les avait cachés de peur que leur découverte ne vînt à les compromettre tous deux, et l'on aura l'ensemble des principales preuves qui, par la reconnaissance des corps des victimes, répandirent sur cette affaire de si soudaines clartés.

Tous les actes constatant ces découvertes, ainsi que

---

(1) Nommé Deloigny.
(2) Les vêtements de Neugot ne purent être soumis à la même épreuve, ayant été brûlés, ainsi qu'on l'apprit plus tard, aussitôt après l'assassinat commis sur sa personne.
(3) Nicole Cayet, femme Canablin.
(4) Nommé Ribourg.

les cadavres eux-mêmes, furent déposés au greffe du Parlement. Nous allons voir l'usage qui en fut fait, quand déjà il ne manquait aux convictions que ce témoignage des choses, *corpus delicti*, sans lequel, suivant une règle toujours rigoureusement observée au Palais, les déclarations les plus directes pouvaient être écartées de la cause (1).

Un nom nouveau dans la procédure venait de sortir de cette incident inattendu : c'était celui de Giroux père, dépositaire de la clef du coffre, et qui fut obligé de la représenter. Bien que son intérêt dût être différent de celui qui avait présidé au meurtre, le Parlement ordonna qu'il serait interrogé et gardé à vue, ainsi que Pyrot, son cocher, compromis par les mêmes soupçons. Quant à la dame du Vigny, aucune poursuite ne pouvait l'atteindre et ne l'atteignit. Il fut constaté en effet, dès l'origine de la découverte, qu'elle avait tout ignoré de ce qui se rapportait à ce dépôt confié à sa bonne foi. Une lettre écrite par Giroux père, et dont celui-ci reconnut l'écriture, était venue confirmer cette preuve. On y lisait ces mots, qui devinrent pour cette femme une planche de salut : « Je vous ai confié, Madame, un

---

(1) La doctrine du président Favre, liv. IX, tit. 10, confirmée par celle de Julius Clarus : *In assassinatus crimine singularia hæc sunt, ut ex indiciis probari possit propter difficultatem probationis, licet in cœteris criminibus regulariter requiruntur probationes luce meridiana clariores; item et quamvis non constet de corpore mortuo, possit tamen reus ex sola sua confessione condemnari, si etiam in tormentis confiteatur*, éprouvait même à cette époque des contradictions, bien qu'on y tînt comme maxime « que pour l'assassinat notamment le corps du délit ressuscite aux yeux du juge par des choses aussi certaines que le corps de ce délit lui-même. »

dépôt de très grande importance, je vous conjure de ne déclarer cet important secret à personne ; et, s'il arrivait que Dieu disposât de mes jours avant de vous revoir, alors vous prendriez soin vous-même de le mettre aux mains de celui de mes gens que vous jugeriez capable de plus de fidélité et de prudence. »

Cet écrit, que la dame du Vigny avait si heureusement exigé pour sa sureté, lui avait été remis par Giroux père au début des poursuites, quand il se rendait à Paris, dans le but de solliciter l'appui du prince de Condé en faveur de son fils ; appui qui, pour le dire en passant, lui avait été refusé dans les termes les plus humiliants, et jusqu'à le menacer de le faire chasser de la capitale s'il persistait à y séjourner.

Déjà, bien avant la découverte des corps, l'imputation faite à Eléonore Cordier d'avoir envoyé à Langres une caisse contenant les dépouilles du président Baillet, pour la vérification desquelles un des greffiers du Parlement s'était transporté dans cette ville, avait été trouvée exacte, grâce à cette importante mesure. On apprit qu'au mois de décembre 1639, un messager nommé Jayet avait apporté de Dijon un coffre adressé par cette fille à la dame Humblot, femme du bailli des lieux, son ancienne maîtresse, avec une lettre de sa part. Dans ce coffre, fermé à clef, se trouvaient une épée, une baïonnette et un chapeau ; objets mystérieux qui pouvaient répandre sur le procès de nouvelles lumières. Huit jours après cet envoi, la même fille avait dépêché à Langres Nétard, ci-devant valet de Giroux père, pour recommander à la dame Humblot de les déposer dans un autre endroit. De ces objets signalés depuis, on ne sait par quelle voie, mais qui venaient d'être remis par cette dame à Nétard, envoyé de nouveau pour les retirer, l'épée seule avait été reconnue pour celle qui avait été adressée dans l'origine à Langres. Mais cette reconaissance devint inutile, car il fut avéré qu'avant cet envoi la Cordier s'était défaite de la véritable épée en lui en substituant une autre plus courte, sur la menace de Giroux qui avait appris qu'elle possédait ce témoignage du crime.

A l'égard de la baïonnette et du chapeau, pièces non moins compromettantes si on venait à les découvrir entre ses mains, ils avaient été aussi changés par elle, mais seulement depuis leur renvoi à Dijon. Une circonstance capitale puisée dans le souvenir d'un témoin avait dû concourir à cette précaution et en augmentait l'importance. Au lieu du chapeau à forme basse, tel que celui que Baillet portait habituellement, et que le bailli Humblot avait vu déchiré par une estafilade *qui lui avait paru semblable à celle occasionnée par la pointe d'une épée,* se trouvait un chapeau de forme ordinaire. Or, on apprit que Giroux l'avait emprunté, sous un vain prétexte, d'un conseiller au Parlement qui s'était fait connaître dans les enquêtes en se montrant fort irrité de l'usage qu'on en avait fait. Instruit que la Cordier possédait encore ces dépouilles des victimes et qu'on pouvait en faire la preuve, le même Giroux avait exigé d'elle, pour dérouter les recherches, qu'elles fussent remplacées par d'autres d'une forme différente, mais du même genre. Pressé par de nombreux témoignages, cet homme que jusqu'alors rien n'avait pu confondre s'était vu contraint d'avouer ces substitutions devant les commissaires du Parlement (1). Vainement essaya-t-il de faire retomber sur cette fille, qui avait été présente dans sa maison pendant la nuit des meurtres, la responsabilité d'un dépôt qui n'était pas moins accablant contre lui-même, et que les précautions qu'il venait de prescrire aggravaient encore. Survint une dernière preuve qui compléta les autres : on apprit qu'à la place des objets ainsi transformés, les véritables, provenant des victimes, avaient été vus auparavant entre les mains d'Eléonore Cordier par un autre valet de Giroux, Lucia dit Champagne, son amant, qui venait d'en faire l'aveu. Celle-ci, en révélant à cet homme tous les mystères des meurtres, lui avait montré l'épée, le chapeau et la baïonnette dans un coffre et comme provenant de la dépouille de Baillet et de son valet Neugot. De plus, et bien avant que le bailli Humblot ne le fît lui-même, Champagne avait remarqué que le chapeau était percé d'un coup d'épée (2). Tout s'accordait ainsi, les personnes et les choses, dans ce simple épisode des enquêtes que le hasard avait amené, et où la vérité venait d'éclater plus fort.

(1) « Dès le principe, avait osé dire Giroux, il ne les avait niées que pour empêcher que les commissaires ne changeassent le chapeau représenté au lieu de celui de Baillet, qu'ils* eussent pu mettre à la place. » (Voir dans ses confrontations avec les témoins cette insultante réponse.)

(2) Cet homme, entré au service de Giroux le 7 septembre au matin avant son départ pour Rennes, l'avait quitté inopinément, assiégé de craintes sur ce qu'il avait appris du crime pendant le voyage. Le Parlement le fît nourrir et garder à vue pour le préserver, durant les confrontations, des vengeances de son ancien maître. (Voir aux enquêtes.)

Joignez à ces nouvelles découvertes que l'entrée de Baillet et de son valet de chambre dans la maison où ils avaient reçu la mort se trouvait déjà constatée par une procédure minutieuse. On apprit que le soir du même jour, Baillet, accompagné du sieur Petit, receveur général des finances en Bourgogne, était allé au jeu de l'Arc, puis chez un témoin nommé Bassan, où il avait refusé une invitation à souper. Le motif de ce refus était, comme il le dit lui-même, qu'il devait se trouver chez Giroux sur les huit heures. Un autre témoin non moins précis du nom de Brancio l'avait vu en effet se dirigeant à cette heure au rendez-vous donné, après qu'il lui avait annoncé de nouveau qu'il allait faire ses adieux à son parent, visite pour laquelle il s'était montré fort empressé. Enfin, et pour ne rien omettre des détails dans une circonstance aussi importante au procès, des personnes en plus grand nombre l'avaient aperçu, « par un ciel étoilé et à la clarté des feux de chenevotes allumés dans la rue à cette époque de l'année, » passant vers la même heure, suivi de son valet, dans la rue de Notre-Dame, puis vers la croix de la Charbonnerie, devant les maisons de Marcilly et Folin d'abord, et jusqu'en face de l'hôtel Giroux, où on les avait vus frapper et entrer ensemble, le maître précédant le valet de quelques pas. La femme Odinelle, concierge, comprise depuis dans les poursuites, venait d'avouer leur en avoir ouvert la porte. Dépositions capitales résultant, suivant l'énergique expression des enquêtes, d'une preuve *géométrique* faite *à pas comptés*, mais auxquelles la reconnaissance ultérieure, confirmée depuis par Giroux père, de la présence des cadavres dans le jardin de cet hôtel, d'où il les avait fait enlever, ôtait en partie leur importance. Restait celle néanmoins du jour et de l'heure ainsi précisés du crime, et que, dans l'état du procès, on avait un grand intérêt à constater, à cause des complices déjà soupçonnés de ces meurtres, et que cette preuve acquise fit bientôt connaître. A la tête de ceux-ci était Saint-Denis, principal valet de Giroux, dont la fin tragique, jointe aux révélations qui furent faites dans la suite par sa veuve, fournira l'épisode le plus tragique de cette histoire. Fut-ce à cause de ces rapprochements, qui mirent Giroux en présence de ses complices, ou par l'embarras qu'il en éprouva pour justifier lui-même l'emploi de son temps à cette heure, qu'on le vit nier jusqu'à la fin la visite de Baillet dans sa maison pendant la soirée où les meurtres furent accomplis (1) ? On peut admettre ces deux motifs.

A côté de semblables preuves puisées dans l'étude des informations, la chronique ajouta d'autres détails que nous avons dû rejeter d'un travail sérieux. Le Parlement

---

(1) La persistance que Giroux apporta dans ce désaveu alla jusqu'à lui faire dire « qu'il consentait à être déclaré l'auteur du crime si la preuve de cette visite était acquise contre lui. » Sa prétention d'avoir reçu dans son hôtel un grand nombre de personnes de qualité et de tout sexe, venues pour lui faire leurs adieux dans la soirée du même jour, ne fut soutenue, malgré ses efforts, par aucun témoignage et confirma ainsi les inductions contraires. (Voir aux enquêtes.) Les *alibi* qu'il allégua depuis, et notamment celui résultant d'une sortie qu'il aurait faite de la ville ledit jour et à sept heures, ne lui réussirent pas davantage, les portes de Dijon se trouvant fermées à sept heures du soir, à cause de la guerre allumée alors entre la France et l'Espagne. (Voir les Registres municipaux du temps.)

lui-même avait donné l'exemple de cette réserve en séparant, dès le commencement des poursuites, la vérité des fictions par lesquelles l'intérêt et la passion voulurent l'obscurcir. Mais un acte d'instruction lui restait à accomplir, dont la justice pouvait attendre encore de nouvelles clartés. Giroux, si confiant qu'il se fût montré dans ses ressources d'intimidation, n'avait pas laissé d'être troublé par la découverte des corps dans la maison de la dame du Vigny, où ils avaient été apportés de son propre hôtel. Interrogé sur ce fait par les commissaires du Parlement, il leur avait répondu insolemment, en faisant allusion aux lieux où avaient été d'abord déposés les cadavres, « qu'une cave et des latrines ne servaient pas de sépulture à ses parents, et que l'ordonnance ne disait pas qu'on pût faire le procès à un président à mortier par emblème ou hiéroglyphe (1). » A la vue de cette arrogance, le Parlement essaya de le confondre par un expédient aussi nouveau qu'émouvant, mais qui ne devait pas ébranler l'homme le moins accessible aux remords et dont l'audace semblait croître avec la démonstration de ses crimes. Les ossements des victimes furent apportés à la Grand'Chambre pour lui être présentés. Cette confrontation, dont on avait espéré trop de succès, eut lieu le 2 mai 1643, en présence du Parlement réuni. Giroux fut amené du Château, accompagné de gardes et suivi d'un grand concours de peuple. Cette sortie inattendue d'une prison dans laquelle il était depuis si longtemps détenu, pour

(1) Procès-verbal du 10 août 1640.

être conduit pour la première fois devant ses juges, fut pour lui le signal de sa fin dernière, et voici de quelle manière il affecta de s'y préparer. Après avoir fait ses adieux à tout le monde, il osa, ainsi qu'il en avait pratiqué l'usage pendant sa longue captivité, communier après avoir prêté serment jusqu'à deux fois sur la sainte hostie qu'il était innocent du meurtre de Baillet et de son valet de chambre. Serment bien étrange dans l'état connu du procès, mais qui n'était, comme on en jugera plus tard, que la continuation d'un plan de conduite odieux, où, par le sacrilége, il voulait faire servir la religion à ses desseins.

Ainsi arrivé au Palais le jour qu'on vient de dire, on vit cet accusé tombé du faîte de la magistrature souveraine entrer en long manteau et en soutane noire (1) au milieu de cette grande salle des audiences publiques témoin de son ancien éclat, et qui est devenue pour lui un lieu d'infamie. Assis sur une escabelle plus haute que la sellette ordinaire, il est placé à quelques pas des restes des victimes rassemblés en forme de squelettes, et dont il ne peut détourner les regards. Ce spectacle ne lui inspire aucun trouble. Vis-à-vis de lui sont assis les membres de sa Compagnie, réduite à seize juges, et dont ses parents ont été exclus. L'arrogance dont il a donné tant de marques pendant l'instruction de son procès semble avoir fait place chez lui à un autre plan de conduite. La présence des hommes nouveaux qui complètent le

(1) Le Parlement lui avait laissé le choix « de venir en manteau court, ou avec la soutane, le manteau long et le chapeau, mais non avec la robe et le bonnet. » (Voir la délibération du 30 avril 1643.)

Parlement le préoccupe sans l'abattre. Calme et silencieux, il attend du chef que le Roi a donné à cette Cour que le moment soit venu pour lui de parler ou de se plaindre. La Compagnie semble en proie à une grande émotion, car cette accusation, sans l'atteindre elle-même, va frapper jusque dans son sein un homme élevé aux plus hauts rangs, et dont le sang se mêle à celui de ses plus illustres membres. Pendant cette séance, qui se prolongera jusqu'à la nuit, les portes du Palais sont fermées et les clés déposées sur le bureau du greffier, en même temps qu'une garde nombreuse, commandée par Comeau, lieutenant du Château, assure l'ordre au dehors contre la multitude qui assiége le Palais.

Ce fut dans cette situation que le président de Lamothe fit subir à Giroux un interrogatoire où la fermeté s'allia aux égards dus à une grande misère. Celui-ci ne manqua dans ses réponses ni d'assurance, ni de cet à-propos qui ne l'abandonna pas dans les conjonctures les plus critiques de son procès. On verra, par cette pièce que nous analysons à vue de l'acte, la nomenclature anticipée d'autres crimes qui étaient encore à l'état de soupçons et dont nous expliquerons plus tard l'intérêt et les caractères différents. Ces crimes, par la terreur attachée au nom d'un seul homme, ne devaient être démontrés eux-mêmes qu'après son supplice ; ce qui explique pourquoi le Parlement ne l'en déclara pas convaincu dans la sentence portée contre lui.

« Connaissez-vous, lui dit le président de Lamothe, ces ossements ? — Non, monsieur, répondit Giroux. — Ce sont ceux, répliqua le magistrat, du président Baillet, votre cousin, et de son valet de chambre Neugot, que vous avez assassinés. Pouvez-vous le nier après tant de preuves concluantes au procès, et n'est-ce pas vous qui avez empoisonné votre femme, dans le dessein d'épouser la dame Baillet après la mort de son mari ? N'est-il pas vrai encore que vous avez empoisonné jusqu'à douze personnes qui avaient été complices avec vous de ces meurtres et empoisonnements, et n'avez-vous pas chargé méchamment et injurieusement M. Saumaise de Chasans, conseiller au Parlement, de viol sur la personne d'Hilaire Moreau, dans l'intention de le perdre ? »

Sur quoi Giroux, debout et découvert, rassemblant toute son énergie, commença à se plaindre « du malheur auquel il était réduit et qui attirait sur sa tête innocente tous les crimes dont on peut noircir le plus scélérat des hommes ; que la fortune irritée l'avait précipité à leurs pieds d'une place où il avait autrefois siégé ; que, quelqu'humiliante que fût aujourd'hui sa situation, elle avait quelque chose d'heureux pour lui, puisqu'elle lui fournissait l'occasion de rendre par nécessité à leurs vertus les soumissions qu'il leur avait autrefois rendues par inclination, et que la pâleur qu'ils remarquaient sur son visage venait plutôt du respect et de l'ennui que de la crainte d'être convaincu ; qu'il n'ignorait pas que ses persécuteurs avaient des procès-verbaux tout faits pour anatomiser son corps ; que sa langue défendait inutilement sa vie et non pas son honneur ; que jamais son malheur ne serait justement reproché à son père ni à son fils ; qu'il était véritable (faisant allusion à une dénonciation calomnieuse dirigée par lui contre Saumaise de Chasans, sa partie) qu'il avait usé de mauvaises voies, tels que faux, subornations, déguisements, violences, pour prouver le crime dont celui-ci n'était pas coupable, et qu'il confessait que son procédé à le poursuivre était inutile et contre les lois ; qu'il savait qu'il devait mourir, mais que, pour ce qui était du meurtre de Baillet, qu'il regrettait fort et plaignait douloureusement, il ne l'avait fait, ni fait faire, ni vu faire directement ou indirectement; que, pour les empoisonnements, ils étaient faux et supposés ; que, pour des complices, il n'en avait pas ; que les gênes ni les tourments ne lui en arracheraient jamais aucune confession, et qu'il leur avait apporté un esprit qui ne se laisserait point ébranler. »

Le président de Lamothe lui objecta qu'on allait faire paraître ses domestiques, qui diraient tant de choses qu'il serait obligé de les avouer. Giroux, loin d'en paraître ému, sollicita lui-même cette épreuve, dont malgré son état d'impuissance, son ascendant sur eux allait triompher. La confrontation eut lieu en effet et sembla affaiblir les preuves consignées dans les enquêtes. Chose étrange! cette même Eléonore Cordier, présente en l'hôtel de Giroux au moment de l'assassinat, qui, depuis, avait fait disparaître si soigneusement les effets de Baillet, et dont déjà les paroles imprudentes avaient expliqué tant de mystères, ne voulut plus rien dire au milieu des tourments qu'on lui fit endurer par la question des *escarpins*, qui la priva pour la vie de l'usage des pieds. Trois jours après, quatre autres de ses complices étaient appliqués à la même question, employée par arrêt du conseil du Roi (1) pour la première fois dans ce procès, au lieu de celle du *moine du camp*, jusqu'alors en usage à la Tournelle ainsi que dans la plupart des bailliages du ressort du Parlement. Ce furent Suzanne Odinelle, Borel dit Devilliers, Mathieu Claudon et Philippe Laquille, tous si compromis dans les meurtres. Ceux-ci, à l'exemple d'Eléonore Cordier, soit par l'effet de la terreur inspirée par Giroux, mis en leur présence, soit par un courage surhumain digne d'une meilleure cause, gardèrent la même réserve au milieu de cris lamentables qui furent entendus jusqu'au dehors du Palais (2).

Tel fut, en ce qui concernait le principal auteur des crimes, le dernier acte de cette longue procédure poursuivie à l'aide des moyens cruels dont les ordonnances autorisaient l'emploi. Giroux lui-même s'était attendu à une semblable épreuve, et il l'avait dit à la concierge du Château chargée de lui donner des soins pendant sa captivité. Mais le Parlement ne jugea pas à propos de l'or-

(1) Du 12 novembre 1642, enregistré, ainsi que les lettres patentes à la suite, le 3 janvier 1643, par le Parlement de Dijon. (Voir aux Registres.)

(2) On lit au Registre du 4 mai de la même année que les conseillers Millière, Jaquot, Joly et Moisson furent députés pour assister à la question d'Eléonore Cordier; Millière, Jaquot, Valon puîné et Rigoley à celle de Devilliers; Millière, Jaquot, Maillard et Pérard à celle de Claudon; et Millière, Jaquot, Maillard et Joly à celle de Laquille, « pendant lesquelles, porte cet acte, ceux-ci pourraient confronter tous témoins et Giroux lui-même, et faire d'office tout ce qu'ils jugeraient à propos pour tirer la vérité du crime et le parachèvement de l'instruction. » Outre l'instruction, qui continuait dans ce moment suprême, le devoir des magistrats était encore de décider du temps où les tourments pouvaient continuer sans danger de mort pour le patient; sur quoi un homme de l'art toujours présent était consulté.

donner, par respect pour la pourpre dont cet homme aujourd'hui si bas avait été revêtu. Le même motif fera qu'il commuera plus tard à son égard les supplices du feu ou de la roue, dont son rang n'aurait pas dû le préserver.

Ce fut dans ces circonstances que, la vérité se faisant jour, on rendit l'arrêt qui condamna Giroux, et avec lui plusieurs autres, après des enquêtes, lesquelles avaient duré quatre ans, au milieu des péripéties les plus différentes. Nous avons dit qu'un amour effréné avait poussé un magistrat élevé aux plus hautes dignités du Parlement à des crimes inouïs. Mais cette passion, pour être la principale, ne fut pas le seul mobile du meurtre de Baillet ; la vengeance, sans l'avoir inspiré, y avait eu sa part. Un trait odieux, puisé dans la vie de Giroux, et dont nous devons la découverte au hasard (1), prouvera ce dont il était capable en perfidie, comme il le devint plus tard en résolutions sanglantes. Attaché par ambition à la fortune de Henri de Condé, gouverneur de la province, cet homme, par son caractère hypocrite, avait su plaire à ce prince qui l'avait admis dans sa faveur intime. C'était par son entremise qu'il avait obtenu la main de la demoiselle de La Berchère, sœur du Premier Président de ce nom, après des refus qui s'étaient prolongés cinq ans et dont les causes sont demeurées secrètes. Tant de

(1) Nous la trouvons dans les écrits mêmes publiés pour détourner les soupçons de la veuve Baillet, en transformant l'intérêt du crime. Le nom auguste qui se trouva mêlé dans cet épisode du procès explique, d'ailleurs, pourquoi les enquêtes n'en firent point mention. Les commissaires du Parlement reçurent l'ordre de le passer sous silence, et s'y conformèrent scrupuleusement.

bienfaits à la fois ne l'arrêtèrent pas, et, la méchanceté venant à l'emporter sur la reconnaissance, il n'avait pas craint, ainsi qu'on en acquit la preuve, d'insulter, par des placards anonymes affichés dans toute la ville, à la renommée militaire de ce prince. L'expédition française qui avait échoué devant Dole pendant la campagne de 1636 fut l'occasion d'un tel outrage. Condé, qui avait supporté avec calme ce revers de la fortune, ne put envisager de sang-froid un acte par lequel, jusqu'au sein de la capitale de son gouvernement, on avait osé attaquer son honneur et sa bravoure. Des bruits parvenus de toutes parts avaient signalé Giroux comme l'auteur de ces pamphlets, dont l'impression, exécutée avec des caractères inégaux, pouvait faire reconnaître l'auteur; et ce fut ce qui arriva. Prévenu sous main que Giroux en avait possédé de semblables, le prince voulut s'en convaincre lui-même et manda le président Baillet, qui les aurait vus chez ce dernier, pour obtenir de sa bouche la confirmation d'un fait aussi grave. Soit trouble, soit déférence de sa part, celui-ci n'avait pas craint d'en faire l'aveu. Cette preuve acquise devait suffire pour régler la conduite de Condé envers l'homme qui l'avait ainsi outragé. Malheureusement il ne s'en tint pas là et voulut mettre les deux parents en présence. Cette imprudence perdit Baillet, dont Giroux, irrité, ne craignit pas de menacer la vie sous les yeux du prince lui-même, qui reconnut trop tard la faute qu'il avait commise, faute qui demeura dans ses souvenirs comme un éternel reproche. Chassé de sa présence avec défense de s'y présenter jamais, cet homme ne pouvait oublier l'indiscrétion qui avait causé sa disgrâce, et ne l'oublia pas. La guerre, et une guerre acharnée de la part de Giroux, s'alluma dès ce jour entre les deux parents, et nous ignorerions encore les causes de la haine violente qui vint ici se confondre avec un intérêt différent, sans l'épisode que nous venons de faire connaître, et dont l'ingratitude la plus honteuse fut la source.

Toutefois, disons-le dès à présent, bien que des souvenirs de vengeance s'y trouvassent mêlés, la passion extrême de Giroux pour la dame Baillet fut l'intérêt dominant qui présida au meurtre de son mari. Il n'en faudrait pour preuve que le rôle odieux joué par cette femme dans le drame lugubre qui compose l'histoire de ce procès. Son nom, comme celui d'un génie malfaisant, semble partout en avoir inspiré la pensée et vient s'associer aux plus hardies comme aux plus sinistres entreprises. Déjà la volonté d'en finir avec Baillet par un crime n'était pas nouvelle de la part de Giroux et remontait à plus de trois ans. Parmi plusieurs tentatives d'assassinat inventées par ce dernier et qui manquèrent leur but, il n'en fut guère où la passion qu'il affichait pour sa cousine n'eût été invoquée par les meurtriers comme l'intérêt qui les faisait agir et qu'on ne leur avait pas dissimulé. Les enquêtes en révèlent, parmi d'autres, deux exemples qui précédèrent de peu d'années les attentats du mois de septembre 1638. L'argent avait été répandu à pleines mains pour parvenir à ce dessein, et des promesses étaient venues confirmer des engagements que la crainte pouvait faire échouer.

Nous citerons ces épisodes du procès qui feront voir si la dame Baillet, sans compter sa complicité avec Giroux dans l'assassinat de son mari et qui sera démontrée plus tard, était demeurée étrangère à ces premières entreprises. Le plus heureux hasard semblait avoir préservé les jours de Baillet, et montra que les crimes les mieux concertés ne réussissent pas toujours. Une première fois où trois hommes avaient été apostés dans les bois du Val-Suzon pour lui donner la mort sur la route qu'il devait suivre, l'un d'eux, habitant du village de Lux, qui se trouvait sur son passage, n'avait pas eu le courage de le faire, ainsi qu'il s'y était engagé, moyennant vingt-deux pistoles à lui données par Saint-Denis, chef du complot. *Lâcheté insigne*, comme l'appela depuis ce valet, et qui le mit dans une grande fureur, *ayant attendu déjà*, dit-il, *Baillet tant de fois sans pouvoir parvenir à l'assassiner, ce qui lui eût assuré sa fortune, à cause d'une grande dame à laquelle son maître faisait l'amour.* Peu de temps après cette tentative, une autre du même genre avait été préparée par les soins du même Saint-Denis, pendant que Baillet revenait de sa terre de Cressey-sur-Tille à Dijon. Ici et par une circonstance qui en dit plus que tous les témoignages, l'un des assassins avait bourré son arquebuse avec une lettre d'amour écrite par Giroux à sa cousine, comme pour exprimer par cet énergique symbole la passion à laquelle la victime allait être immolée. Mais, au moment du crime, la résolution avait manqué à tous d'exécuter l'ordre qu'ils avaient reçu; parce qu'il fallait comprendre dans le meurtre un jeune laquais du président qui ne le quittait jamais (1). Baillet n'avait dû pour la seconde fois son salut qu'à cet heureux hasard.

Deux lettres écrites par Saint-Denis, et qui sont demeurées pièces du procès, faisaient foi du rôle actif que ce valet de Giroux avait joué dans ces guet-apens et des précautions qu'il avait prescrites pour en assurer le succès. Par la première il écrivait à Bourrotte, le même auquel le courage avait manqué pour assassiner Baillet dans sa rencontre au Val-Suzon : « Je vous ai fait ces mots pour vous avertir que l'homme en question est à Cressey; il retournera demain à Dijon; je vous prie, incontinent la présente reçue, de pourvoir à ce que vous savez, et ce que faisant vous obligerez à jamais votre très humble. Signé : Saint-Denis. » Et à un autre de ses agents, dans la dernière rencontre que nous avons fait connaître : « Mon cher ami, celui que vous savez est à Cressey ; je vous prie de vous trouver au passage que je vous ai marqué sur le chemin ; tuez maître, laquais et chevaux, afin que l'on n'en ait plus de mémoire. » Cette lettre, produite dans les enquêtes, était scellée de noir, du sceau même de Giroux, et écrite de la main de son plus intime confident. Or dans ces actes d'un seul homme recrutant ainsi au grand jour des assassins pour complices, leur donnant des ordres écrits, stimulant leur courage au nom de celui dont ils vont servir les desseins par le crime; leur reprochant leurs défaillances qu'il appelle *des lâchetés*, et leur laissant voir la main de celui

(1) Cet ordre fut adressé à un paysan nommé Prudent Roussotte. Le fait se passait en 1637, un an avant l'assassinat de Baillet. (Voir aux enquêtes.)

qui les fait agir comme pour leur assurer la fortune et l'impunité, n'y a-t-il pas une étude toute faite de ce que pensait alors le peuple de la puissance des grands jusque dans les attentats les plus monstrueux, et de ce que ceux-ci osaient entreprendre à leur tour? Tel fut le rôle subalterne de Saint-Denis dans cette horrible histoire. Nous verrons plus tard, par sa participation au meurtre de Baillet, la récompense qui lui était réservée pour tant de zèle soutenu de tant d'audace.

Ce meurtre commis par Giroux dans son propre hôtel, le 6 septembre 1638, ne l'avait été qu'après ces tentatives avortées, et comme l'un de ces moyens extrêmes que l'égarement commande à défaut de la prudence à celui qui se croit placé au-dessus des lois. Le procès fait aussi connaître qu'un procureur nommé Gacon, affidé de Giroux, avait refusé de l'exécuter moyennant une somme d'argent. Tout porte à croire qu'une fois la résolution prise de l'accomplir chez ce dernier, le dessein en fut communiqué à la dame Baillet, dans un rendez-vous du soir que lui donna Giroux aux jardins de l'abbaye de Saint-Etienne, la veille même de l'événement. Un propos tenu par celle-ci à son amant : *Ne le faites pas*, ou *ne le faillez pas* (1), avait été entendu dans cette entrevue par des témoins dignes de foi (2). Ces paroles, prises dans leur acception la moins défavorable, suffiraient, à défaut d'une participation au meurtre mieux démontrée contre elle, pour flétrir la mémoire

---

(1) Vieux mot qui pouvait signifier *ne le manque pas*.
(2) Olympe Massol, femme de Marcilly, et Guillemette Massol, sa sœur, femme du conseiller Bernard. (Voir aux enquêtes.)

d'une femme à laquelle on osait confier ainsi un pareil secret. Malheureusement le rôle de la dame Baillet dans ce procès ne saurait être ainsi restreint ou interprété. Giroux, en confessant plus tard leur commune présence dans ce lieu, le même jour, à cette heure, essaya d'attribuer le sens de ces mots au voyage qu'il devait faire le lendemain en Bretagne et dont la dame Baillet aurait essayé de le détourner à raison d'une maladie dont son fils, enfant en bas âge, était atteint (1). Mais cette équivoque va tomber devant des faits qu'il nous reste à faire connaître et qui imprimeront à ce rendez-vous le caractère qui lui appartient.

Cette femme était dans la maison de la dame du Vigny, rue de Notre-Dame, au moment où son mari passait par cette rue, sur les huit heures du soir, allant au rendez-vous fatal, suivi de Neugot, son valet de chambre. Une dame de compagnie, présente dans la même maison, la demoiselle Belot, avait conversé avec lui par la fenêtre du rez-de-chaussée et s'était hâtée de rapporter ce colloque à la dame Baillet. Celle-ci avait feint de s'en étonner, jusqu'à soutenir avec humeur que ce n'était point son mari et qu'elle s'était trompée. En vain le même témoin avait objecté que Baillet venait de lui annoncer qu'il allait faire ses adieux au président Giroux, son cousin, à cause d'un voyage que celui-ci devait entreprendre le lendemain. Une telle réponse était péremp-

(1) Depuis il renonça à ce moyen. On lit dans un *factum* important qui fut publié au procès : « Henri Giroux fils n'était plus en danger le 7 septembre 1638 ; il était entièrement guéri et assuré par les médecins. »

toire, et cependant la dame Baillet refusa de s'y rendre (1). Or, à quoi bon cette persistance à nier un fait aussi patent si elle n'avait été instruite dès la veille par Giroux de ce qui allait s'accomplir à cette heure? La conduite de cette femme, qui, longtemps après le meurtre, osera demander encore aux Requêtes du Palais la continuation de la communauté avec son mari, dont elle soutiendra l'existence, ne donnera-t-elle pas la mesure d'un tel démenti et de l'intérêt qui l'avait commandé dès cet instant? Ajoutons cette dernière preuve, qui semble tenir plutôt du roman que de l'histoire, et qui, malgré la distance des temps, s'est conservée jusqu'à nous par la seule tradition. On avait vu à minuit du même jour Giroux entrer dans cette maison où la dame Baillet semblait l'avoir attendu (2), et où en s'approchant d'elle il avait prononcé à mi-voix ces mots dont la découverte du crime vint plus tard expliquer le terrible sens : *C'en est fait, belle Chloris* (3). Paroles imprudentes, mais dans l'ordre des passions humaines; comme s'il eût tardé à cet homme d'apprendre à sa complice à quelle extrémité l'amour l'avait

---

(1) Giroux lui-même dénia avec une obstination semblable qu'on eût pu voir Baillet à cette heure passant devant ces maisons. (Voir au *factum* déjà cité.

(2) On apprit, par des témoignages nombreux, que dès les dix heures du même soir les gens de la dame Baillet étaient venus la chercher, et qu'elle les avait congédiés sous prétexte qu'il n'était pas assez tard et qu'on la reconduirait chez elle; ce qui fut fait comme elle l'avait dit. (Voir les n°s 105 et 169 des enquêtes.)

(3) On trouve cet épisode rappelé dans une requête de Saumaise de Chasans, ainsi que dans l'enquête faite par *addition*, longtemps après l'exécution de Giroux, le 1er septembre 1655. (Voir ci-après.)

porté pour lui plaire. Tels furent les premiers mystères, dévoilés par les enquêtes, d'un crime accompli dans cette nuit fatale, au milieu d'une ville ensevelie dans le sommeil.

Le lendemain, Giroux s'acheminait de grand matin pour ce voyage de Bretagne dont nous avons parlé, et se faisait accompagner par la dame Baillet jusqu'à Plombières. On les y avait surpris s'entretenant ensemble durant une heure, pendant que le sang du mari de cette femme fumait encore. Le même Giroux avait excité les rumeurs en confirmant ces soupçons par sa conduite. A son retour de voyage et dans une assemblée de parents où la fuite lui avait été conseillée comme un acte de prudence, on l'avait entendu s'écrier avec douleur : *Si je m'absente, que deviendra-t-elle?* N'était-ce pas reconnaître le besoin qu'une autre pouvait avoir de son appui, quand le devoir d'épouse et son intérêt allaient lui commander des soins si différents? Ajoutons à ces manifestations les rendez-vous nocturnes donnés entre eux, les lettres d'amour écrites et transmises jour par jour, conduite qui avait été si patente avant le crime et se répétait depuis avec une ardeur nouvelle et mieux observée. Tout semblait ainsi, de la part de personnes si intéressées à faire oublier le passé, braver l'opinion et défier la justice dans ses plus hauts rangs.

Déjà la femme de Giroux, née Legoux de La Berchère, avait succombé, de la manière que nous ferons connaître, par une fin tragique qui avait précédé celle de Baillet de plusieurs mois. Il ne manquait donc à son époux, devenu libre, que de sceller tant de forfaits par le mariage, le but insensé pour lequel ils avaient été accomplis.

Tels furent les faits capitaux que les enquêtes révélaient contre la dame Baillet, et dont l'attention du Parlement ne put manquer d'être frappée. On pouvait y ajouter la preuve déjà avérée contre elle d'avoir essayé auparavant d'empoisonner son mari dans un breuvage. Une servante de sa maison qui en avait été témoin en venait de faire la déclaration avant de mourir (1). Toutefois, et malgré des témoignages aussi accablants, la veuve Baillet ne fut pas même interrogée, quand les prisons et le Château regorgeaient des serviteurs de Giroux, agents obscurs et corrompus dont plusieurs ne furent élargis qu'après avoir été appliqués à la question. Le décret d'ajournement contre elle, acte de faiblesse, ne devait être lui-même rendu par le Parlement que lorsque, l'intervention des tiers dans le procès et le cri public venant en aide, il ne serait plus permis à cette Compagnie de garder le silence.

Nous avons dit l'assassinat; mais la manière dont il avait été commis ne fut connue, ainsi que beaucoup d'autres actes qui s'y rapportent, que bien après le supplice de Giroux. Nous ajournons après cette époque les détails qui constituèrent contre les complices autant d'accusations particulières. Il en sera de même de celle portée par Giroux contre Saumaise de Chasans, partie *instigante* dans la cause, accusation dont le récit ne

---

(1) Voir la déposition de Lemarlay, mari de cette femme, auquel celle-ci avait révélé ce secret.

saurait, sans troubler l'ordre des faits, trouver place en ce moment.

Quant aux corps des victimes, objet de tant de recherches inutiles, on apprit qu'ils avaient été jetés d'abord dans des fosses d'aisances de l'hôtel (1). Ils y restèrent enfouis pendant plus de quatre mois, et furent transportés de là dans une cave de ce même hôtel, d'où on les retira pour les conduire chez la dame du Vigny, où ils furent retrouvés de la manière que nous avons racontée. Ce déplacement si fréquent des cadavres, quand il eût été si facile de les anéantir, demeurera dans ce procès comme une preuve nouvelle de l'aveuglement qui accompagne les plus grands crimes et en révèle les auteurs. On peut dire de ceux-ci, avec Chasans, dans une requête qu'il présenta contre Giroux au Parlement après les enquêtes : *In laqueo quem absconderunt comprehensus est pes eorum.* « Leur pied a été pris dans le piége qu'ils avaient secrètement tendu. » (Ps. IV.)

Peut-être aussi serait-il permis de conclure, suivant quelques indices des enquêtes, que cette conservation des corps avait été arrêtée par Giroux dans le but de les faire transférer, avec quelques lambeaux des vêtements de Baillet qui en eussent prouvé l'identité, dans une terre du baron de Marey, ennemi déclaré de ce dernier.

(1) Etablies sur le torrent dit de *Suzon* et murées, après le dépôt fait par un maçon auquel on fit boire ensuite du vin empoisonné et qui ne dut son salut qu'à un contre-poison qu'il s'administra lui-même. Cet homme, qui avait été contraint de faire ce travail dans l'obscurité, avait reculé d'horreur en sentant des pieds dans ces fosses sans profondeur; mais Giroux le força à l'achever par des menaces de mort. (Voir aux enquêtes, n° 173.)

Comment expliquer, sans cela, qu'ils n'eussent pas été consumés par le feu, ainsi que ceux du valet de chambre Neugot le furent et avec tant de précipitation (1)? Son but, en agissant autrement, aurait donc été, en se sauvant lui-même, d'accréditer l'accusation, déjà répandue par Giroux, que Marey avait été l'auteur des meurtres. Le temps seul ne lui aurait pas permis de réaliser cet infernal dessein. Il expliquerait de plus l'intérêt qu'eut la dame Baillet à réclamer, comme elle le fit plus tard, la clef des armoires où avaient été déposés, dans la demeure de Giroux et pendant son voyage en Bretagne, des effets ayant appartenu à la principale victime (2).

Ces crimes, quoique environnés de mystère, s'étaient révélés dès l'origine dans les intimités de la maison. Les valets s'en étaient entretenus avec des tiers dans des confidences qui ressemblaient à des aveux. L'un d'eux osa porter pendant plusieurs jours à son chapeau un cordon ayant appartenu à Baillet. Un autre étalait des pistolets provenant, suivant lui, de la même dépouille. Celui-ci se plaignait que ses services eussent été mal récompensés; celui-là qu'on eût forcé sa participation par des menaces, tant était grande alors la confiance de tous dans la puissance du maître qu'ils avaient servi et qui en avait fait les instruments de ses forfaits.

Le fils de Giroux lui-même, enfant en bas âge, n'ignorait pas ces choses; on l'avait entendu s'écrier, quelques jours après l'assassinat, parlant à un laquais qui

---

(1) Voir la note 2 de la page 359.
(2) Voir aux enquêtes la déposition de la veuve Saint-Denis.

refusait de lui obéir et en le menaçant d'un couteau, « qu'il le traiterait ainsi que son père l'avait fait au président Baillet, leur parent. » Les monitoires à peine publiés dans les paroisses de la ville avaient fait connaître ces imprudences, qui montrent jusqu'à quel point tous ces hommes comptaient sur l'impunité qu'on leur avait promise.

Quant aux circonstances précises qui accompagnèrent les meurtres, avec quelles armes ils furent commis et dans quelle partie de l'hôtel, les preuves n'en furent jamais bien éclaircies au procès. On peut conclure, à vue des pièces, que Baillet fut tué dans la chambre de Giroux, où l'on voyait encore, quelques jours après, des taches de sang sur lesquelles on avait répandu des cendres. A l'égard de Neugot, séparé de Baillet dès leur entrée dans la maison, et qui, aux premiers gémissements entendus de sa part, s'était écrié : *Mon Dieu, on assassine mon maître!* on crut d'abord qu'il avait été étranglé dans une cave à l'aide d'un nœud coulant tenu tout prêt par les meurtriers apostés à cet effet. Le bruit courut encore, et ce fut une fille au service de Giroux à cette époque (1) qui l'accrédita par ses propos, que Baillet, étant entré dans le cabinet de Giroux, avait été invité par lui à faire une partie de cartes; à quoi étant occupé, Saint-Denis serait venu le surprendre par derrière et l'aurait étranglé ainsi que son valet l'aurait été lui-même. Mais indépendamment des traces de sang dont il est fait si souvent mention dans les enquêtes, il

(1) La fille Philiberte, un des témoins. (Voir le n° 173 des enquêtes.)

est peu probable que les assassins se fussent fiés à un mode d'agression aussi périlleux, par la résistance que pouvait offrir un homme fort et de grande taille comme l'était le président, qui, au lieu de cela, assailli inopinément à coups d'épée, n'eut pas le temps de se reconnaître avant de mourir. Les révélations si précieuses de la Valeur, témoin des meurtres, montreront d'ailleurs que les choses se passèrent de la sorte et que Neugot mourut après son maître et de la même manière.

Ces deux crimes, exécutés à peu d'intervalle et dans la même maison sur deux hommes jeunes et robustes, doivent faire admettre encore qu'un plus grand nombre d'assassins que celui que les enquêtes semblèrent réduire d'abord à trois : Giroux, Saint-Denis et Devilliers, avaient été apostés pour les accomplir. La raison dit qu'ils n'eussent pu l'entreprendre sans danger, que les deux victimes eussent été attaquées ensemble ou séparément. On se rappelle, en effet, par les découvertes faites depuis à Langres par les soins du Parlement, que Baillet était porteur d'une épée, dans la soirée du 6 septembre, lorsqu'il se présenta chez Giroux, et que Neugot, son valet, était armé d'une baïonnette. Circonstances importantes qui, jointes à la précaution prise par le premier de s'être fait accompagner, prouveraient, comme nous l'avons dit en commençant, la défiance qu'inspirait à Baillet cette entrevue avec un ennemi de la veille. Le Parlement s'était effrayé dès l'origine d'une accusation dont la portée devenait ainsi sans bornes. Il n'approfondit pas ces choses, ou ferma les yeux sur elles par des motifs qu'on lira vers la fin de ce récit, et qui tinrent à la parenté d'un des commissaires (1) avec quelques-uns des plus compromis. Mais la marche des événements, supérieure à ces répugnances, allait bientôt les dominer en forçant la justice à faire son devoir sans acception de personne ou de rang.

L'arrêt rendu contre Giroux, le 8 mai 1643, après un dernier interrogatoire subi par lui devant les juges assemblés, prononça non seulement sur l'assassinat de Baillet et de son valet de chambre, mais encore sur toutes les poursuites accessoires qui ressortissaient de cette volumineuse procédure et dont le Parlement se trouva saisi par des incidents successifs. Ces crimes nouveaux dont nous parlerons plus tard consistaient dans la dénonciation de rapt et viol portée par Giroux contre Saumaise de Chasans, des entreprises contre la sûreté du Château, pendant qu'il y était détenu, par ses intelligences avec les ennemis de l'Etat; tentatives d'assassinat sur la personne d'un prisonnier de guerre enfermé avec lui; injures atroces contre les commissaires instructeurs, l'avocat général Xaintonge et l'autorité du Parlement, faux, corruptions, etc. Nous donnons dans son entier cette pièce capitale, dont la minute a été conservée jusqu'à nos jours, et qui demeurera le témoignage le plus solennel de ce que nous avons dit et de ce qui restera à faire connaître de ce grand procès.

(1) Le conseiller Jaquot.

Arrêt donné, les Chambres assemblées, contre le président Giroux fils et autres complices, le 8 mai 1643.

« Vu par la Cour, les Chambres assemblées, les procès criminels joints par arrêt du 20 avril 1641, faits par les commissaires d'icelle, à la requête du Procureur Général du Roi, l'un commencé à l'instigation de demoiselle Jeanne Burgat, veuve de Jacques Baillet, conseiller en ladite Cour, et demoiselle Marie ***, veuve de Pierre Baillet, conseiller du Roi et président en la Chambre des Comptes à Dijon, et depuis continué et parachevé, à la poursuite de la dame Burgat seule contre messire Philippe Giroux, président en la Cour, prisonnier au château de Dijon, accusé de meurtres et d'assassinats commis en sa maison, la nuit du 6 septembre 1638, aux personnes dudit Messire Pierre Baillet, son cousin germain, et de Philippe Neugot dit Baudot, serviteur domestique dudit Baillet; de vénéfices et empoisonnements, d'entreprises sur le château de Dijon par intelligence avec les ennemis de l'Etat; d'avoir provoqué en duel à coups de couteau le nommé Jacques Simon, dit Le Gaucher, sieur du Magny, prisonnier de guerre audit Château; d'attentat à la personne dudit Simon pour l'assassiner à coups de ciseaux trempés dans des oignons; de supposition d'avoir été battu et excité par les commissaires procédant à l'instruction dudit procès; et d'injures atroces contre l'honneur desdits commissaires, et de messire Pierre de Xaintonge, avocat général de Sa

Majesté, et même contre l'autorité de ladite Cour et de ses arrêts ;

« Claude Aubriot, dit la Valeur, fugitif, natif d'Aprey, proche Langres, serviteur domestique dudit Giroux, aussi accusé desdits meurtres et assassinats ;

« Eléonore Cordier, native de ladite ville de Langres, servante domestique dudit Giroux, accusée d'avoir participé auxdits meurtres et assassinats et brûlé la casaque dudit Neugot ; recelé le chapeau dudit feu Baillet, trouvé en la maison dudit Giroux après ledit assassinat, une épée et un poignard en forme de baïonnette aussi trouvés en ladite maison, et depuis changé ladite épée et envoyé une autre avec lesdits chapeau et baïonnette dans ladite ville de Langres ; et encore accusée de faux témoignages, subornations de témoins, d'impudicité et de vie scandaleuse dans les prisons, et d'avoir supposé que l'enfant dont elle était accouchée auxdites prisons provenait des œuvres du geôlier ;

« Mathieu Clodon, laquais dudit Giroux ; Bernard Dostun, dit Bostan, son jardinier ; Denise Gentilhomme, femme dudit Bostan ; et François Poyrot, cocher dudit Giroux ; aussi accusés d'avoir participé auxdits assassinats, et encore de faux témoignages ; Pierre Borel, dit Devilliers ; Jeanne Harondeaux, sa femme ; et Philippe Laquille, laquais dudit Giroux au temps desdits assassinats ; accusés d'avoir participé à iceux ;

« Françoise Pailley, veuve du sieur Denis Cartaut, dit Saint-Denis, accusée d'avoir participé auxdits assassinats et dissimulé l'empoisonnement dudit Cartaut, son mari, prétendu fait par ledit Giroux ;

« Suzanne Odinelle, femme de Jean Didier, sergent royal, accusée d'avoir introduit lesdits défunts Baillet et Neugot en la maison dudit Giroux le soir dudit jour 6 septembre 1638, pour faciliter lesdits assassinats, et encore accusée de faux témoignages ;

« Claude Froux, du village de Lux, accusé d'avoir participé à un prétendu complot d'assassinat dudit Baillet ; l'avoir attendu, en 1637, avec armes à feu, sur le grand chemin, et d'avoir par avance reçu de l'argent dudit Cartaut, lors domestique dudit Giroux, pour commettre avec d'autres ledit assassinat ;

« M° Benoît Giroux, président en ladite Cour, père dudit messire Philippe Giroux, accusé d'avoir recelé et déposé les corps morts desdits défunts Baillet et Neugot, avec quelques lambeaux de leurs habillements ; favorisé l'évasion dudit Aubriot dit la Valeur ; suborné le nommé Decuse, condamné aux galères et attaché à la chaîne, et tiré de lui une fausse déclaration contre l'honneur des commissaires ;

« Symphorien Nétard, valet de chambre dudit Giroux père, accusé d'avoir participé auxdits assassinats, retiré de ladite ville de Langres lesdits chapeau, épée et baïonnette, et rapporté le tout audit Giroux fils ;

« Jean Didier, fils de ladite Odinelle, aussi accusé d'avoir participé à ladite entreprise sur ledit Château, et même sondé la profondeur de l'un des fossés d'icelui, et encore accusé de faux témoignages ;

« M. Claude Marchand, prêtre, vicaire en l'église de Saint-Nicolas de Dijon, accusé d'avoir supprimé des révolations à lui portées en suite du monitoire publié sur le fait desdits assassinats ;

« M. Lazare Raudot, médecin, accusé d'impiété, de composition de poisons avec ledit Giroux fils, et encore d'avoir participé aux empoisonnements prétendus faits par icelui Giroux, commis sacrilége avec une religieuse, lui avoir donné des remèdes abortifs, de meurtre, de suffocation d'un enfant né dudit sacrilége, et encore de fabrication et exposition de fausse monnaie ;

« Et Hugues Reposeur, dit Lacroix, chirurgien, accusé d'avoir aidé ledit Raudot dans la composition d'autres poisons envoyés dans la ville de Dijon ;

« L'autre partie dudit procès, faite à l'instigation et poursuite de M. Pierre Saumaise de Chasans, conseiller en ladite Cour, et de Marc-Antoine Saumaise, son fils, contre ledit Giroux fils, accusé d'avoir, par plusieurs faussetés et subornations, supposé audit de Chasans père un crime de rapt et violement à la personne d'Hilaire Camusot, dite Moreau, demeurant à Bligny-sous-Beaune, et, pour la preuve d'icelui, fait et fabriqué de faux billets et révélations envoyés aux curés des églises de Notre-Dame et de Saint-Nicolas de ladite ville de Beaune sous des noms supposés ; fait porter lesdits billets par Clodon, son laquais, habillé en vigneron, et depuis fait comparoir ledit Clodon par-devant les commissaires, déguisé et ayant changé par teinture la couleur naturelle de ses cheveux, pour empêcher la connaissance de sa personne et la confrontation des témoins ; fait et fabriqué un faux mémoire de déposition sous un nom supposé ; fait un voyage en ladite ville de Beaune pour rencontrer ladite

Hilaire Moreau, retournant des prisons dudit lieu sous la conduite d'un huissier ; être entré à quatre heures du matin en l'hôtellerie Saint-Laurent de la ville de Nuits, où ladite Moreau avait passé la nuit, et, déguisé en habit de moine, prenant la qualité de prêtre, avoir sollicité et induit ladite Moreau à la déposition à se plaindre du prétendu rapt et violement, et imputé audit Saumaise lesdits passage de Nuits, déguisement de moine et subornation de ladite Moreau ; d'avoir supposé à Claude Lucia dit Champagne, son valet de chambre, et à Honoré Maire, son palefrenier, témoins audit procès, un larcin domestique d'un plat d'argent et de cinq bagues d'or pour se préparer des reproches contre eux ; suborné aux confrontations ses domestiques et autres personnes et les avoir fait déposer faux tant en l'information, faite à sa requête, au sujet du prétendu violement, qu'en une autre information, aussi faite à sa requête, sur ledit prétendu larcin domestique ; et écrire et signer un faux exploit, sous le nom d'un sergent royal, portant signification audit Saumaise, ainsi que de fausses lettres d'évocation et renvoi dudit procès au Parlement de Pau ; fait délivrer audit Saumaise copie desdites fausses lettres d'évocation sous la couverture d'un paquet et missive, et supposé lesdits actes et faussetés audit Saumaise père ; d'avoir signé plusieurs requêtes audit procès de signatures différentes de celles qu'il fait ordinairement, pour les désavouer, le cas échéant ; et encore d'avoir corrompu, par argent, les nommés Mathieu Bailly et Roch Provins, pour supposer audit Saumaise fils un assassinat de la personne dudit

Giroux d'un coup de pistolet, et ensuite fait mourir par poison ledit Bailly ;

« Ledit Clodon aussi accusé d'avoir porté, en habits de vigneron, auxdits curés lesdits faux billets de révélation sous des noms supposés, et comparu par-devant lesdits commissaires en autres habits et ayant teint ses cheveux pour empêcher auxdits curés la reconnaissance de sa personne à la confrontation ; encore accusé de faux témoignages et d'avoir supposé que M. Claude de Saumaise, prêtre de l'Oratoire, frère dudit Saumaise, conseiller, subornait les prisonnières de ladite conciergerie ;

« Ladite Hilaire Moreau accusée d'avoir consenti et contribué à la supposition de rapt et violement à sa personne, et, pour y parvenir, pris prétexte audit Saumaise, conseiller, de lui porter en son logis des papiers blancs ployés en forme de missive, et supposé audit Saumaise d'être enceinte de ses œuvres ;

« Françoise Cornouelle, veuve de Claude Bardin, apothicaire audit Beaune, d'avoir aussi suborné ladite Moreau et autres personnes par la supposition dudit rapt, et encore accusée de faux témoignages et d'avoir conduit et fait conduire plusieurs témoins pour déposer du prétendu crime de rapt par-devant M. Pierre Ravinet, notaire royal audit Beaune, qu'elle disait être commissaire de ladite Cour ;

« Ledit Ravinet de s'être faussement attribué la qualité de commissaire en icelle, et d'avoir reçu les dépositions desdits témoins ;

« Claude Bardin, fils de ladite Cornouelle, aussi apothicaire à Beaune ;

« Catherine Rodier, demeurant à Villars-sous-Vergy ; et Michelle Guéniot, femme de Claude Patriarche ; accusés d'avoir participé à ladite supposition de rapt ;

« Marc-Antoine Delatour, fugitif, fils naturel de Marc-Antoine Delatour, sieur dudit Villars-sous-Vergy, aussi accusé de ladite supposition de rapt et de faux témoignages ;

« Jean Prieur, dit Gaillard, pâtissier audit Beaune, accusé de ladite supposition de rapt, et aussi de faux témoignages, comme d'avoir favorisé la subornation de ladite à Nuits ;

« Maître Jacques Delabarre, avocat, et Hector Micault, notaire royal audit Nuits, accusés d'avoir aidé à ladite supposition faite audit Saumaise, conseiller, dudit Parlement en cette ville ;

« Antoine Thevenin, praticien, demeurant à Demigny, aussi accusé d'avoir participé à ladite supposition, et encore de faux témoignages ;

« Louis Barat, huissier à la Table de marbre, accusé d'avoir prévariqué en sa charge, conduisant ladite Moreau et favorisant ladite subornation d'icelle, et encore accusé de faux témoignages ;

« François Delaunay, sergent royal audit Dijon, accusé de contravention aux arrêts de ladite Cour et d'avoir, au mépris d'iceux, signifié avec irrévérence à un des commissaires et à leur insu une cédule d'évocation à requête dudit Giroux fils, le 10 décembre 1639, sans avoir l'original d'icelle, et faussement rapporté par son exploit l'heure de la signification ;

« M° Louis Gacon, procureur à ladite Cour, et Bénigne Malfin, clerc au greffe d'icelle, accusés d'avoir participé à la suppression des lettres d'évocation ;

« François Forgeot, serviteur domestique dudit défunt Baillet, fugitif, accusé de faux témoignages ; »

Rapport desdits commissaires et conclusions du Procureur général du Roi, ouïs :

« *La Cour, les Chambres assemblées,* a déclaré et déclare ledit Giroux fils dûment atteint et convaincu d'avoir cruellement et proditoirement assassiné et tué ledit maître Pierre Baillet, président à la Chambre des Comptes, son cousin germain, et Philibert Neugot dit Baudot, domestique dudit Baillet ; — d'avoir attenté à la personne de Jacques-Simon, sieur du Magny, pour l'assassiner ; — supposé des violences et des excès à sa personne, aux commissaires de ladite Cour procédant à l'instruction du procès ; — improféré plusieurs injures atroces contre leur honneur et contre le respect et l'autorité de ladite Cour et de ses arrêts ; — d'avoir, par noms, faussetés, subornations, déguisement de noms et de personnes, supposé à M. Pierre Saumaise, sieur de Chasans, conseiller à la Cour, un crime de rapt et de violement à la personne d'Hilaire Camusot dite Moreau, et un larcin domestique à Claude Lucia dit Champagne, et à Honoré Maire, témoins audit procès, pour se préparer des reproches contre eux ; — corrompu par argent les nommés Mathieu Bailly et Roch Provins, pour supposer à Marc-Antoine Saumaise fils un assassinat à sa personne ; — fait écrire un faux exploit sous le nom d'un sergent, portant signification audit Saumaise père de prétendues lettres d'évocation ;

« Pour réparation desquels crimes et autres cas des procédures, a privé ledit Giroux de tous honneurs, charges et dignités ; ordonne que les habits de Président lui seront levés et ôtés par les huissiers de la Cour, en présence du substitut du Procureur général, ses provisions et arrêt de réception audit Etat tirés des registres ; l'a condamné à être, par l'exécuteur de la haute justice, conduit en pourpoint au-devant de la principale porte et entrée du Palais, et là, nu-tête, à genoux sur le perron, tenant à la main une torche ardente du poids de quatre livres, faire amende honorable, demander pardon desdits crimes à Dieu, au Roi et à la justice, et audit Saumaise père ; dire et déclarer que méchamment et calomnieusement il lui a supposé ledit rapt ; ce fait, mené au champ du Morimont de cette ville de Dijon, et y avoir, par ledit exécuteur, la tête tranchée ; le condamne en outre en dix mille livres d'amende envers le Roi, quatre mille livres d'aumône envers les pauvres de Notre-Dame et du Saint-Esprit de ladite ville ; trois cents livres à chacun des couvents des religieux Cordeliers, Jacobins, Carmes, Minimes, Capucins, Bernardines de Dijon et Feuillants de saint Bernard de Fontaine, pour faire prier Dieu, pour les âmes desdits défunts Baillet et Neugot ; vingt mille livres d'intérêts à la dame Burgat ; pareille somme à Marie ***, veuve de Pierre Baillet (1) ; autres vingt mille livres audit M. Pierre Sau-

---

(1) Bien qu'elle ne fût plus partie dans le procès, cette qualité lui ayant été retirée dès le 3 février précédent.
On lit dans le registre secret des délibérations du Parlement que

maise, quatre mille livres audit Marc-Antoine Saumaise; desquelles deux sommes iceux Saumaise seront payés par préférence à toutes autres adjudications, après néanmoins les frais des procédures, deniers consignés et autres, nécessaires pour l'instruction et jugement desdits procès; à Jeanne Neugot, femme de Jean Grumier, vigneron à Gevrey, sœur dudit feu Neugot, six cents livres aussi d'intérêts; et en tous les frais et dépens des procédures; le surplus de ses biens acquis et confisqués à qui il appartiendra. Ordonne que les *factum* dudit Giroux, saisis de l'autorité de la Cour, seront lacérés, et les propos injurieux contenus en ses requêtes et autres actes dudit procès, contre l'honneur dudit Saumaise père et de sesdits enfants, biffés et rayés en présence desdits commissaires, et les ossements desdits Baillet et Neugot portés en l'église Notre-Dame pour y être inhumés;

« A aussi déclaré et déclare ledit Aubriot, dit La Valeur, dûment atteint et convaincu desdits meurtres et assassinats, et pour réparation l'a condamné à avoir, par l'exécuteur de la haute justice, au champ du Morimont, les bras, jambes, cuisses et reins brisés et rompus, son corps mis sur la roue, la face contre le ciel pour y

---

cette adjudication de dommages n'avait été prononcée en faveur de la femme Baillet que *sans préjudice des charges*. Ces mots importants auraient disparu de l'arrêt de condamnation au moyen du changement d'un feuillet et par la connivence d'un clerc corrompu à cet effet. La fraude ne fut démontrée que lors des poursuites commencées contre cette femme. (Voir les mémoires des parties, ainsi que le monitoire publié ci-après dans le procès fait plus tard à la veuve Baillet, dans lesquelles il est fait mention de ce faux.)

demeurer jusqu'à la mort, et en onze cents livres d'amende envers Sa Majesté, le surplus de ses biens acquis et confisqué à qui il appartiendra ; et, pour son absence, l'exécution en sera faite en figure ;

« A pareillement déclaré ledit Marc-Antoine Delatour et François Forgeot dûment atteints et convaincus de faux témoignages en faveur dudit Giroux, et pour réparation les a condamnés et condamne à être, par ledit exécuteur, pendus et étranglés audit Champ du Morimont ; ledit Delatour en mille livres d'amende, et ledit Forgeot en trois cents livres d'amende, envers Sadite Majesté ; le surplus de leurs biens acquis et confisqués à qui il appartiendra, et, pour leur absence, l'exécution sera faite aussi en figure ;

« Et, au regard des autres accusés audit procès, sera procédé contre eux et fait droit au surplus ainsi qu'il appartiendra, la taxation desdits dépens adjugés à ladite Cour réservée.

« Fait à Dijon, en Parlement, lesdites Chambres assemblées, le huit mai seize cent quarante-trois. — Signé : *De Lamothe*, président ; *Millière* et *Jaquot*, rapporteurs. »

Seize juges seulement avaient pris part à cet arrêt (1),

---

(1) Ce furent : MM. de Lamothe, président à Metz ; de Mangot, intendant ; Odebert, président aux Requêtes du Palais ; Boisselier ; Rozerot, Millière et Jaquot, rapporteurs ; de Bruc, conseiller à Metz ; Fremiot, Valon puîné, Maillard, Joly, Moisson, Mongey, Rigoley et Pérard, conseillers. (Extrait du Registre secret de Jean Guyton, commis au greffe.)

Les épices de ce procès, taxées jusqu'au 16 mai 1643 seulement, furent de 5,000 écus, valant alors 3 livres 18 sols chacun, et dont la

parmi lesquels plusieurs opinèrent, en raison des faits dont Giroux était convaincu, pour qu'il mourût sur la roue ou par le feu. Nous avons dit que sa naissance ne devait pas le soustraire à ces supplices, par le nombre et l'atrocité de ses crimes, qui l'assimilaient aux plus grands scélérats. Toutefois, un reste de pitié pour un homme frappé au faîte d'une Cour souveraine par ceux qui avaient été ses inférieurs en dignité, la famille entière du Premier Président associée à cet opprobre par une alliance funeste, et peut-être encore le respect pour cette pourpre, menacée jusqu'au sein de la Compagnie d'une solidarité injuste, firent que Giroux fut condamné à mourir de la mort réservée par les lois de l'Etat aux criminels des ordres privilégiés.

On a vu par l'arrêt que nous avons transcrit que le Parlement, bien qu'il fût saisi du procès entier, ne prononça pas à la fois sur le sort de tous les accusés. La jurisprudence la mieux établie dès cette époque du XVII° siècle voulait cependant que ceux inculpés de crimes connexes fussent soumis à un même débat; mais

---

répartition fut faite ainsi le même jour, suivant une délibération que nous avons sous les yeux : « A MM. Odebert, Boisselier, Rozerot, Fremiot, Valon puîné, Rigoley et Pérard, chacun 100 écus pour leurs peines extraordinaires;

« A MM. Millière et Jaquot, commissaires, 800 écus chacun;

« A M. de Xaintonge, avocat général, 400 écus;

« Au greffier Donet, 800 liards;

« Au clerc Boyleau, employé des greffes, 600 liards;

« A Pelletier, clerc, 300 liards;

« A quatre huissiers, 30;

« Aux clercs du greffe, pour leurs expéditions, 45 liards. »

A quoi il faut ajouter les épices du procès, en très grand nombre, qui se réfèrent la seconde période de cette affaire.

une raison suprême, puisée dans la situation, avait dû faire fléchir cette règle ou en modifier la rigueur. En hâtant le supplice du principal coupable, ce Corps avait espéré deux choses : la première, obtenir de lui au moment suprême des aveux décisifs, et qui permissent d'atteindre plus sûrement ses complices; et la seconde, faire cesser, par l'épouvante de sa mort, tant de faux témoignages enfantés dans cette cause par la terreur que Giroux avait su inspirer. Mais aucun de ces calculs ne devait se réaliser. Nous allons voir avec quelle ressource d'esprit cet homme inébranlable sut déjouer des desseins qu'il ne manqua pas de pénétrer en appelant jusqu'au dernier moment, sous un masque trompeur, la religion à son aide. Quant aux témoins, glacés d'effroi durant sa vie et surveillés après sa mort par des hommes compromis et excités par ses vengeances, ils ne prêtèrent à la justice qu'un concours sans valeur dont elle put se passer en trouvant cette vérité dans des aveux plus sûrs et moins attendus. Ainsi n'avons-nous eu garde de parler de leurs témoignages avant le temps (1).

L'arrêt rendu par le Parlement le 8 mai 1643 devait

(1) Cette marche observée dans les poursuites et qui coupa le procès en deux parties devait, sous peine d'une faute grave, séparer de la même manière l'ordre du récit, qui n'est que le reflet des découvertes et de leurs suites, c'est-à-dire la liaison logique de tous les incidents au fur et à mesure qu'ils se produisent et que la lumière se fait. Agir autrement, c'est-à-dire faire connaître avant le supplice de Giroux des événements qui ne se révélèrent qu'après sa mort, et dont des poursuites nouvelles furent la cause, eût été, par la confusion qui s'en serait suivie dans l'esprit du lecteur, une erreur qu'une longue expérience des débats criminels ne nous eût pas fait pardonner.

être exécuté le même jour, suivant l'usage alors observé par les cours souveraines. La nuit qui précéda cette date, Giroux, instruit par des avis secrets de sa famille, s'attendait à mourir. Il se leva de grand matin et écrivit trois lettres : l'une au prince de Condé, la seconde à son père, et la troisième au président Sayve, son beau-frère. Ces précautions achevées, il fit ses adieux à chacun, et demanda pardon à ceux qu'il avait offensés. Amené dès le midi du Château par le lieutenant Comeau, suivi d'une garde de deux cents hommes, à la grande salle du Palais, il y subit un dernier interrogatoire devant le Parlement; de là fut conduit à la conciergerie, où se trouvait l'un des greffiers. Cet officier lui signifia, en présence du procureur Deschamps (1), substitut du Procureur général, la sentence de mort portée contre lui. Il en entendit la lecture à genoux dans la chapelle, vêtu d'une soutane et d'un long manteau, sans autre surprise de sa part que celle qu'il ne déguisa pas de n'être point appliqué à la question et puni d'une mort plus cruelle, à laquelle « il s'était, dit-il, depuis longtemps préparé (2). »

Cette lecture achevée, les huissiers lui demandèrent, suivant l'ordre qu'ils en avaient reçu, sa robe d'écar-

---

(1) Voir au chapitre III de cet ouvrage l'explication touchant la possession de ces charges dans les mêmes mains.

(2) Les criminalistes savent que la loi *Omnes judices*, au Code, *De decurionibus*, celle dernière ff. *eodem*, et la loi *Decuriones, De quæst.*, par lesquelles les chevaliers, barons et autres personnes privilégiées n'étaient point assujettis à la question, ne furent pas observées en France à cette époque, suivant la doctrine de Cujas, 20, obs. 29, et celle *De Rebuff. in præmio constit.*, *Gloss.* 5, n° 115, consacrée par la

late, son manteau, son mortier et son bonnet quarré (1). Il répondit qu'il ignorait ce qu'on en avait fait depuis sa longue captivité. En voyant le bourreau s'approcher pour se saisir de sa personne, il fut troublé d'effroi, et prononça ces paroles appropriées à sa misère : *O fortuna hominum ! quantum in rebus inane !* puis récita quelques prières pendant qu'on lui liait les mains. A défaut de ses insignes d'honneur, on l'affubla d'une robe ordinaire, qui lui fut arrachée ensuite dans la chambre des huissiers, conformément à l'ordre qui en avait été donné. Conduit devant la grande porte du Palais, les bras et les mains attachés, pour y faire l'amende honorable, ce fut là qu'il fit éclater la plus grande douleur, « la mort lui étant moins sensible, dit-il, que cet acte humiliant. » Au milieu de sanglots étouffés, on l'entendit s'écrier à plusieurs reprises, en présence de la foule assemblée : « Ah ! ma main, faut-il que tu te soumettes à porter cette torche ! O mon père, mon fils, mes parents, mes amis ! que ne souffrirez-vous pas de cet affront qui va rejaillir sur vous tous ! » Puis, revenant à lui : « Il faut obéir, » ajouta-t-il, et fit une satisfaction plus complète que celle que le greffier avait dite, ce dont il fut dressé procès-verbal. Durant ce temps le Parlement était

jurisprudence des arrêts. Par identité de raison, il y a lieu d'admettre qu'il en fut de même des supplices capitaux réservés pour les crimes *noirs*, comme on qualifiait alors les plus atroces, et dont les auteurs, quel que fût leur rang, furent soumis au droit commun. Les votes connus du Parlement dans le procès Giroux prouvent que la législation romaine était ainsi appliquée en Bourgogne, et que la faveur seule y fit déroger dans ce cas.

(1) Voir la délibération du 7 mai 1643, qui prescrivit ces mesures et d'autres analogues.

demeuré en permanence, afin de pourvoir à tout ce qui pourrait survenir d'incidents en ce moment suprême.

C'était de ce lieu que le condamné devait être conduit à la mort. Partout des précautions extraordinaires avaient été prises pour assurer l'ordre au milieu d'une multitude dont les rues étaient remplies. A cinq heures et demie du soir, et le même jour où la sentence avait été prononcée, Giroux, à pied, tête nue et en habit court, se mit en marche au milieu de deux pères Minimes et accompagné du curé de Notre-Dame, sa paroisse, pendant qu'un glas funèbre se faisait entendre, suivant l'usage, dans toutes les paroisses. En avant du cortége on voyait le syndic de la Compagnie bourgeoise d'escorte, le substitut du Procureur général et les huissiers à cheval ; le condamné adressant çà et là ses adieux aux gens qu'il reconnaissait dans la foule, et que la curiosité plutôt que la pitié avait attirés sur son passage.

Arrivé dans la chapelle du Morimont, il posa sur l'autel le crucifix qu'il avait entre les mains, se prosterna, dit sa prière, après quoi il fit promettre aux religieux qui l'accompagnaient de conduire son corps à Marigny, pour qu'il y fût inhumé sans pompe. Puis, se relevant avec résolution, il sortit, monta sur l'échafaud et se mit à genoux pendant qu'on chantait les litanies, suivant l'usage pratiqué aux exécutions capitales, prières auxquelles il répondit lui-même avec l'assistance. Cet acte achevé, le substitut Deschamps s'approchant, lui dit « qu'il avait ordre de savoir de sa bouche s'il n'avait pas tué le président Baillet, si la dame Baillet n'avait pas été sa complice, et quels étaient ceux qui l'avaient aidé. »

A ces questions, il répondit « qu'il avait dit ce qu'il savait, persista dans le désaveu de ses crimes, et chargea cet officier, pour tout service, de dire à M. Bossuet père, dont il croyait avoir à se plaindre, qu'il mourait son serviteur : » pardon qu'il avait déjà manifesté pour ceux qu'il supposait avoir été ses ennemis. Cela fait, il se confessa de nouveau, présenta sa tête à l'exécuteur, qui la lui coupa en cinq coups mal assurés, pendant que le curé Chaudot (1) lui tenait le crucifix appuyé sur le cœur, suivant la promesse qu'il en avait exigée avant de mourir.

Ce spectacle de sang, cette lutte de la maladresse avec la mort, firent sur les assistants une impression profonde ; le peuple ayant, par un de ces retours qui lui sont communs, passé de la fureur à la pitié envers un homme tombé des plus hauts rangs au dernier degré d'opprobre. L'exécution achevée, le corps de Giroux fut enseveli dans la chapelle par les soins de deux pieuses filles, les sœurs Cazotte, après qu'elles furent allées en chercher la tête jusque sous l'échafaud, où elles la trouvèrent dégouttante de sang et de boue. Une heure après, ces restes mortels étaient transportés, d'après le dernier vœu du supplicié, dans cette terre de Marigny (2) dont il avait été le seigneur, et où sa mémoire allait être à jamais maudite, comme elle le fut dans toute la province, de laquelle on vit disparaître plus tard son nom et sa famille (3).

(1) Mort en 1684, laissant à Dijon une mémoire vénérée. (Voir aux archives de l'église Notre-Dame.)
(2) Dans le Charollais, non loin du Mont-Saint-Vincent.
(3) Henri Giroux, fils du supplicié, mourut à Chalon-sur-Saône vers l'année 1681, sans enfants. Dans un acte authentique dont nous avons

Moins de trois mois après ce supplice accompli, et le 29 juillet 1643, le Parlement rendait un arrêt qui, « sur la requête présentée par Saumaise de Chasans, partie au procès, lui permettait de faire procéder aux criées à la vente de l'office de président dudit Giroux, et de la terre de Vessey, au marché public de la ville de Dijon, après affiche à la porte de l'église principale du lieu. » On peut voir dans les archives du Palais que cette charge

la minute sous les yeux, on lit qu'il y est qualifié de marquis de Vessey, aide-de-camp des armées du Roi, et que ses héritiers furent, du côté maternel : 1° Louise-Charlotte Legoux de La Berchère, épouse de M. Leroy, marquis de Goupillières, conseiller au Parlement de Paris ; 2° Anne Legoux de La Berchère, veuve d'Emmanuel de Pelleur, marquis de Bonoy ; 3° Joachim, abbé d'Estaing ; 4° Urbain de La Berchère, intendant de Montauban ; 5° Charles Legoux de La Berchère, archevêque d'Alby ; 6° François, comte d'Estaing. Et du côté paternel : 1° Benoît Bouhier, conseiller au Parlement de Dijon, doyen de la Sainte-Chapelle ; 2° Jean Bouhier, conseiller au même Parlement ; 3° Benoît de Thésut ; 4° Jean Baillet, conseiller au Parlement ; 5° Jean de Thésut, idem ; 6° Barbe de Lacroix de Cheuvières, épouse du marquis de Buoux ; 7° Madeleine Bouhier, veuve de Bénigne Legouz, conseiller au Parlement. (Pièce communiquée par M. le baron de Juigné.)

Cette série d'héritiers, appelés à recueillir dans les deux lignes une succession *ab intestat* et qui fut réglée sous l'arbitrage du Premier Président Brulart, montre que Henri Giroux fut le dernier de son nom et que même en collatérale il n'existait déjà plus personne qui le portât.

Outre les biens que celui-ci avait recueillis de son aïeul Benoît Giroux, auquel, par l'effet du prédécès de Philippe son père, il avait succédé directement, on lit aux Registres de la Chambre des Comptes de Bourgogne, qu'il obtint du roi Louis XIII, le 10 mai 1643, le don de tous les biens et office confisqués, à la charge de satisfaire aux condamnations prononcées par l'arrêt. Ce brevet lui fut accordé, ainsi que son texte le porte, sur la recommandation du prince de Condé, et fut confirmé par des lettres patentes de Louis XIV, du mois de février suivant. Le Registre qui en relate la teneur porte qu'elles furent enregistrées au Parlement de Dijon le 24 avril 1644. (Voir aux archives du Palais, folio 241 des édits et déclarations.)

devint, le 6 décembre 1643, le patrimoine de Claude Fremiot, qui la remplit durant trente ans, et la purifia par l'éclat de son nom et de ses vertus.

Ainsi venait de finir, le vendredi 8 mai de la même année, par la mort du principal coupable, le drame judiciaire qui pendant près de cinq années avait épouvanté cette province, et dans lequel on ne sait qui l'emporta du crime lui-même ou des horreurs dont il fut l'occasion. La veuve du président Baillet, dont la beauté avait allumé chez Giroux la passion qui devint cause de sa ruine, demeura cachée durant tout le procès comme pendant l'exécution dont nous venons de parler, dans la crainte des révélations qui pouvaient la perdre. Ce refus du condamné de compromettre par des aveux une femme qu'il avait aimée ne mérita pas l'intérêt public qui sembla s'y rattacher. Car comment Giroux eût-il pu accuser la dame Baillet d'avoir été sa complice, sans avouer le crime dont il était chargé lui-même et qu'il repoussa dans tous les actes du procès ? La persistance qu'il mit à le nier jusqu'à la fin, au Château où il était détenu, par un serment prêté sur la sainte Hostie, dans la conciergerie, malgré les sollicitations du père Larme, l'un de ses confesseurs, et jusqu'au pied de l'échafaud, sur la demande du délégué du Parlement, prouve ce qu'il faut penser d'une telle réserve, ainsi que des actes de dévotion qui accompagnèrent sa mort et dont il est triste de reconnaître que la dissimulation fut la cause. L'accusation de rapt et de viol, qu'il maintint d'ailleurs contre Saumaise de Chasans en ce moment suprême, après l'aveu contraire qu'il avait fait devant le Parlement des accusations perfides par lesquelles il avait essayé de le perdre (1), donnerait à elle seule la preuve d'une hypocrisie aussi longtemps soutenue. La suite du procès et d'autres circonstances que nous ferons connaître viendront confirmer ce jugement, qui restera celui de l'histoire, comme il fut en Bourgogne celui des contemporains.

Rassurée par le silence de cet homme, la veuve Baillet ne devait point en profiter longtemps, et le jour n'était pas loin où elle allait avoir à répondre de sa conduite. A défaut de poursuites de la part des gens du Roi, la dame Baillet, mère de la victime, avait été obligée d'apporter sa propre plainte en demandant justice contre sa belle-fille. Nous avons sous les yeux un long mémoire publié par cette dame, document fort obscur, mais qui prouve que, malgré la satisfaction donnée par la condamnation du principal accusé, les plaies étaient encore saignantes et l'indignation loin d'être calmée. Saumaise de Chasans, champion toujours prêt à faire triompher la justice, venait d'intervenir lui-même dans cette affaire en s'y faisant recevoir *partie instigante*, par un arrêt du

(1) Malgré une reconnaissance aussi formelle de sa part, consignée dans l'interrogatoire subi devant cette Compagnie le 2 mai 1643, sa réponse au substitut Deschamps, chargé de l'accompagner à la mort, fut : *Quant à l'accusation contre Chasans, dit que jusqu'à présent il l'avait toujours tenue pour véritable, et, plût à Dieu qu'il fût menteur, qu'il l'a crue et la croit encore vraie. Et persista dans cette déclaration jusqu'à deux fois avant de mourir.* (Extrait de l'acte intitulé : « Procès-verbal des réponses aux interrogatoires faits à Giroux fils lors de la prononciation de son arrêt, tant en la chapelle de la conciergerie du Palais qu'en la chapelle du Morimont, le 8 mai 1643. — Signé : Deschamps et Donet. »)

14 août 1645. On lit dans les actes du procès que la veuve Baillet avait eu l'audace de lui demander pour cette cause jusqu'à 50,000 livres de dommages-intérêts, avec obligation de lui faire, à genoux, amende honorable à l'une des audiences du Parlement, tant elle comptait encore sur l'appui de son nom et de son crédit (1).

Cette femme, parente d'un des commissaires, et que la justice ne poursuivit qu'à regret (2), appartenait à l'une de ces familles patriciennes dont nous avons parlé dans le cours de cet ouvrage et qui, des rangs du barreau, s'était élevée aux plus hautes dignités du Parlement. Le premier qui s'était fait un nom parmi ses membres avait été un avocat célèbre au XVI° siècle et dont une chronique du temps rapporte la mort comme un de ces deuils publics qui ne s'effacent pas dans la mémoire des cités. Depuis ce temps reculé on retrouve les services de cette maison mêlés aux actes les plus célèbres du Corps, dont ils devaient augmenter l'éclat. Dix-neuf noms y figurent dès le commencement du même siècle dans différentes charges, et la plupart parmi les plus importantes. A ces considérations de crédit, ajoutez encore les influences

---

(1) Arrêt du 11 août 1644.
(2) Le Registre, tenu par ordre du Parlement, des actes de ces nouvelles procédures, dit en effet : « Et sera remarqué que *plusieurs fois* M. l'avocat général de Xaintonge avait requis que ladite dame veuve Baillet fût assignée par-devant MM. les commissaires, pour répondre sur certains faits résultant du procès; à quoi aurait été dit *qu'il y serait pourvu en jugeant le procès.* » (Délibération du 13 avril 1643.) Le décret de prise de corps ne fut en effet lancé contre cette femme que le 18 janvier 1646, après les révélations de La Valeur, et *parce qu'on apprit*, ainsi que son texte le porte, *qu'elle était sortie de la province sans se justifier.*

d'une famille non moins illustre, celle des Legoux de La Berchère, deux Premiers Présidents du même nom, beau-père et beau-frère de Giroux, le premier mort (1), et qui bien qu'elle eût à venger des crimes commis dans son propre foyer, devait aspirer au repos après un procès qui, pendant tant d'années l'avait abreuvée de douleur.

Par là se comprendront les répugnances de la Compagnie à recommencer un débat qui ne pouvait qu'entretenir la haine publique déchaînée contre elle par des propos odieux auxquels cette affaire avait servi de prétexte. Ainsi s'expliqueraient, non moins que par la faveur, ces hésitations nombreuses qui, après la fuite ménagée de la dame Baillet, et un arrêt précédent qui l'avait *chassée* du procès comme *fausse partie* (2) et *colludant avec Giroux pour anéantir les preuves*, la firent, sur l'instance réitérée des *parties instigantes*, condamner à mort par contumace, le 2 avril 1646 (3). Ce dernier acte, malgré

(1) Pierre Legoux de La Berchère, Premier Président, en remplacement de Jean-Baptiste Legoux, son père.
(2) Du 3 février 1643. Après qu'elle avait voulu, en se réunissant aux autres, déconcerter les poursuites.
(3) Voici le texte de cet arrêt, copié sur la minute : « La Cour a déclaré et déclare Marie ***, femme de Robert de Maisonnet (*), dûment atteinte et convaincue d'avoir participé à l'assassinat de Pierre Baillet, son mari ; et pour réparation l'a condamnée et condamne à avoir, par l'exécuteur de la haute justice, la tête tranchée au champ du Morimont de la ville de Dijon ; en 300 livres d'amende envers le Roi, 2,000 livres d'amende qui seront distribués, savoir : aux pauvres de l'hôpital de ladite ville, 1,200 livres, et 100 livres à chacun des couvents des religieux Jacobins, Cordeliers, Carmes, Capucins, Minimes, Bernardines de la même ville et Feuillants de saint Bernard de Fontaine, pour prier pour l'âme dudit feu Baillet ; 600 livres d'intérêts à

(*) Déjà mariée en secondes noces, ainsi qu'on l'expliquera plus tard.

l'infamie qui s'y rattachait, ressembla plutôt à un remède extrême qu'à une œuvre libre de la justice. Le besoin qu'éprouvait le Parlement de mettre un terme à des procédures qui troublaient la paix des familles et entretenaient l'agitation était manifeste et fut aussi la raison qui fit rendre cette sentence par des juges dont quelques-uns n'étaient plus les mêmes que ceux qui avaient concouru à l'arrêt prononcé contre Giroux (1).

Toutefois, la veuve de Baillet n'accepta pas un expédient qui lui laissait par la fuite la vie et la liberté. Six ans après que sa condamnation avait été prononcée et dix ans après que le principal coupable était mort sur l'échafaud, les influences de famille se ranimèrent. On entreprit, à force d'intrigues et de machinations, de faire annuler ces procédures. Le Grand-Conseil du Roi évoqua l'affaire par un arrêt rendu le 16 mai 1653, qui *restituait* cette femme contre sa contumace et la renvoyait devant le Parlement de Paris. Par un autre arrêt du 23 juillet 1655, ou plus de deux ans après, cette Cour commit le lieutenant général du bailliage de Dijon pour informer *par*

---

la dame Burgat, et aux dépens des procédures. L'a en outre déclarée déchue des adjudications faites à son profit par ledit arrêt du 8 mai 1643 et des préciputs et conventions matrimoniales portés dans son contrat de mariage avec ledit Baillet, et le surplus des biens de ladite... acquis et confisqués à qui il appartiendra. Pour son absence, l'exécution sera faite en figure. »

« Signé : Fremiot, président ; Jaquot et Maillard, rapporteurs. »

(1) Le président Fremiot qui prononça cet arrêt fut le même qui avait succédé à la charge de Giroux. Il présida en outre le Parlement dans tous les procès qui furent suivis contre les complices, après le départ de Dijon du président de Lamothe, qui eut lieu le 22 mai 1643.

addition sur les faits à elle imputés, et qu'on retrouve cotés au nombre de trente-quatre dans une requête fort curieuse rédigée par Chasans, et qui est restée avec d'autres pièces de ce procès (1).

Par ce renvoi demandé devant une juridiction éloignée, la veuve Baillet venait d'imiter l'exemple de Giroux que l'évocation, obtenue par lui au Parlement de Rennes, du procès intenté par Chasans avait si bien servi. A Paris, mieux encore, outre les difficultés nées des distances, elle avait compté, pour décourager la partie civile et le Parlement, sur la seule énormité des écritures, dont l'expédition exigeait plus de deux années. Ce calcul, qui tendait à réduire l'accusation contre cette femme à quelques preuves dans un drame sanglant dont elle avait été l'âme, allait réussir. On voit dans les mémoires publiés dans le temps que le même Parlement rendit, le 27 août 1655, un arrêt par lequel « Saumaise de Chasans fut averti de se restreindre aux dix-huit dépositions de témoins affidés et aux déclarations des six complices ainsi qu'aux lettres écrites de la main de ladite dame, soutenues de plusieurs pièces publiques et de convictions invincibles. » Il ordonna de plus au greffier du Parlement de Dijon d'en délivrer les copies ; mais il arriva que, par un concert pratiqué d'avance, cet officier public refusa d'obéir, sous le prétexte qu'il ne pouvait *diviser la procédure, ni choisir ainsi arbitrairement les charges*. Cette connivence de sa part venant en aide, il y eut nécessité de faire expédier, au nombre de 2,000 feuilles de minutes,

---

(1) Appointée le 15 septembre 1655. Signé : Comeau.

les pièces de tout le procès; ce qui équivalait à un déni de justice et laissa le champ libre aux intrigues. C'était là le but qu'on avait espéré atteindre.

Déjà, et bien avant ces nouvelles poursuites, la veuve Baillet avait épousé en secondes noces Robert de Maisonnet, seigneur du Coudrey, qui n'avait pas craint de demander sa main. Cachée à Barain (1), lieu de la résidence de son nouvel époux, elle y avait été recherchée, mais sans succès. Cette femme, qui venait d'obtenir l'évocation de son procès, ne pouvait désobéir plus longtemps; elle se constitua prisonnière à Paris, à la Conciergerie du Palais, et subit devant le commissaire du Parlement les interrogatoires d'usage, dans lesquels elle ne parvint à détruire aucune des charges invoquées contre elle. Malgré l'intérêt capital qu'avait Chasans à ce que cette accusée demeurât dans les prisons, il consentit, non sans répugnance, à sa mise en liberté jusqu'au jugement. Le Parlement de Paris, lui-même, l'avait contraint à cette concession, dont la longueur des procédures fut le prétexte qu'on osa alléguer. Mais l'abus que fit de sa liberté la veuve Baillet montra bientôt combien elle était indigne d'une pareille faveur. Ses voyages et ses menées recommencèrent avec une ardeur dont la justice semblait s'être rendue complice ou dont elle ne fit rien pour arrêter le cours. Un expédient sur lequel cette femme avait compté pour anéantir les preuves faillit même lui coûter la vie, tant l'artifice était grossier. Dans l'impuissance de se justifier par les voies ordinaires,

(1) Aujourd'hui hameau de la commune d'Avosnes, dans la partie de l'Auxois (Côte-d'Or).

elle avait fait venir à Paris, sous un nom d'emprunt, Éléonore Cordier, condamnée pour sa complicité dans le meurtre de Baillet au bannissement perpétuel ; et celle-ci, par un concert pratiqué d'avance, avait protesté de son innocence. Mais le Parlement de Paris découvrit la fraude et ordonna que la Cordier, qui avait rompu son ban, serait tenue de sortir du royaume sous peine de la *hart*.

Nous transcrivons ici le monitoire fort curieux qui fut publié dans les églises de Dijon dans le cours de ce nouveau procès, et qui, malgré le temps qui s'était écoulé depuis le crime, fit connaître alors le grand intérêt qu'avait eu la dame Baillet de se faire traduire devant une juridiction éloignée. Cette pièce importante concernant d'autres détails que les limites du récit ne comportaient pas, démontrera de plus le soin que nous avons pris de rien avancer qui ne puisse être justifié, et combien l'accusation était grave.

« *Officialis Lingonensis, etc., omnibus et singulis parochis parochiarum ubi opus fuerit præsentes publicari, aut eorum vicariis, salutem* (1). De la part de Mre Pierre de Saumaise de Chasans, conseiller du Roi en ses Conseil et Parlement de Bourgogne, tous fidèles et bons catholiques enfants de la sainte Église ennemie du mensonge directement opposé à Dieu, qui est la vérité et la lumière, sont très humblement suppliés, en vertu des présentes lettres monitoriales accordées par Monsieur l'Official de l'évêché de Langres, en suite de l'arrêt de nos seigneurs

---

(1) « L'official de Langres, etc., à tous et à chacun des paroissiens « des paroisses où il sera besoin de publier les présentes, ou à leurs « vicaires, salut. »

du Parlement de Paris du 13 juillet de cette année 1655, qui les a jugées nécessaires suivant les saints canons et ordonnances royaux, de vouloir déposer la vérité tout entière, sans aucune rétention mentale, par-devant Monsieur le Juge royal commis par ledit arrêt, sur le sujet des présentes lettres monitoriales conçues sous peine d'excommunication, afin de tirer d'oppression ledit sieur de Chasans, partie contrainte et forcée depuis dix-huit années pour la défense de son honneur, de ses biens, de sa vie et de ses enfants, contre plusieurs accusés et complices des mêmes crimes, assassinats nocturnes, meurtres, empoisonnements, suppressions et corruptions des actes judiciels pour faire périr ledit sieur de Chasans par défaut de preuves, après l'avoir engagé, forcé et violenté d'être partie de la même femme, qui lui a fait en même temps supprimer les principales preuves qui étaient acquises contre elle par lesdits actes, et puis l'a évoqué par des collusions que Dieu voit, huit ans après sa condamnation à mort par contumace, afin d'ôter aux bons juges la connaissance de la corruption desdits actes qu'ils savaient être remplis desdites preuves :

« Particulièrement des confessions du principal accusé devant tous les juges, que ladite femme aurait donné dix pistoles à l'un des meurtriers de son mari, ce qui a été corrompu depuis par un clerc intimidé et surpris n'en voyant pas alors la conséquence, et qui en est mort de regret, après avoir connu qu'il avait ôté cette grande preuve audit sieur de Chasans ; et puis qu'on l'avait forcé et violenté d'être partie de cette femme, ainsi que ledit clerc l'a confessé et déclaré secrètement à sa mort ; ne pouvant, sans perdre sa maison, en faire une déclaration judicielle, s'étant contenté d'en donner l'avis par le moyen duquel ledit sieur de Chasans a reconnu cette fausseté; outre qu'il avait été retenu par d'autres actes que les intérêts donnés à cette femme lui étaient donnés *sans préjudice des charges*. Ce qui a été pareillement corrompu, dont l'avis fut aussi donné audit sieur de Chasans; mais la mort dudit clerc dans le milieu de ses jours fut peu de jours après suivie par une vengeance toute divine de la mort toute pareille de deux hommes qui l'avaient surpris et contraint de faire lesdites faussetés.

« Desquelles dix pistoles quelques témoins non signants ayant déposé, leurs dépositions ont été changées par un autre feuillet non signé d'aucuns juges ni greffiers à la fin desdites dépositions. C'est pourquoi lesdits témoins et ceux qui savent les susdites corruptions desdits actes et desdites confessions du principal accusé et de ses autres complices, sont invités et priés, au nom du Dieu de vérité, de la déclarer tout entière.

« Comme encore ceux qui sauront le complot et la conspiration de perdre ledit sieur de Chasans par les rétractations d'une servante complice, vingt-quatre jours après sa condamnation à un bannissement perpétuel, qu'ils aient à le déclarer à notre mère sainte Église et au Juge royal à ce commis; ladite rétractation fabriquée et achetée encore qu'inutile, parce que ladite complice ne pouvait plus être rappelée en jugement, étant d'autant plus méchante contre Dieu et le Saint-Esprit pour abolir ses miracles;

« Que ladite complice, le lendemain des meurtres,

porta elle-même à la sœur du principal complice, après son départ, ses habits et ses mules de chambre tout ensanglantés, et qu'en même temps un sien autre complice retourna chez lui aussi ensanglanté et cacha les linges ainsi souillés.

« Comme encore ceux qui savent l'empoisonnement du mari de cette femme avant son assassinat et autres empoisonnements de plusieurs complices et témoins, ou ont ouï dire les circonstances à ceux qui les savaient et les avaient apprises, qu'ils aient à les déclarer, en vertu du présent monitoire.

« Et aussi ceux qui savent ou ont appris des autres que ladite femme fut visiter secrètement le principal meurtrier de son mari, lequel meurtrier mourait empoisonné et duquel elle craignait les déclarations en mourant, telles qu'il les avait faites, peu de temps avant cette visite, à sa femme affligée, lui disant que Dieu punirait le principal accusé et cette femme de leur mauvaise vie et du meurtre de son mari ; c'est pourquoi elle fut au chevet de son lit lui parler d'argent pour sa femme et ses enfants.

« Pareillement ceux qui sauront ou l'auront ouï dire à d'autres que ladite femme fut cachée en la chambre d'un religieux tout le jour de la condamnation et exécution dudit principal accusé, qu'elle diffame maintenant après l'avoir si misérablement perdu par ses séductions, et la perte duquel est déplorable pour les bonnes qualités qu'il avait avant qu'elle l'eût corrompu, elle en craignait aussi ses déclarations à sa mort, ce qu'elle fit empêcher par des voies que Dieu sait et qui ont donné sujet et audace à cette femme de prendre à partie ledit sieur de Chasans, sur la confiance de la suppression de cette preuve et des précédentes ainsi abolies contre la sûreté publique, pour sauver les méchants à la ruine des bons.

« Etant aussi véritable que le bruit dudit parricide s'étant élevé dès le lendemain, elle fit supposer par un homme (que Dieu veuille qu'il parle) et persuader au principal complice de se sauver avec elle en Italie; qu'il fît le plus d'argent qu'il pourrait et qu'elle contribuerait pour dix mille écus en or et en pierreries.

« Et parce que le dessein du meurtre de son mari était l'espérance qu'elle avait d'épouser ledit principal complice, aussitôt qu'elle vit ce dessein découvert, elle envoya à révélation et fit déposer une sienne confidente que ledit principal accusé savait bien que ladite femme avait eu la v......, afin de couvrir par cette supposition le dessein de leur mariage; duquel dessein dudit meurtre s'en sont suivis plusieurs empoisonnements.

« Et d'autant que ledit meurtre et le dessein d'icelui fut incontinent découvert, elle envoya après ledit principal complice ledit principal meurtrier pour le faire évader et l'emmener avec lui en son voyage, pour lequel il était parti dès le lendemain des meurtres. Toutes lesquelles convictions sont publiques dans la connaissance de plusieurs gens d'honneur qui sont suppliés de les révéler. Et que le principal meurtrier, incontinent après les meurtres, fut dire à la femme dudit occis : *Oh! Chloris, c'en est fait!*

« Comme aussi que ladite femme était présente au logis dudit accusé pendant son susdit voyage à un autre bout du royaume, lorsque les corps des occis furent retirés des privés; ce qui est si véritable que le père dudit principal complice présent, connaissant que ce qui se faisait ne serait jamais secret et que c'était par les ordres de cette femme, il dit ces paroles : « que ladite femme « voulait perdre son fils de bien et d'honneur. »

« Que, pendant le voyage dudit principal accusé, cette femme lui écrivait et recevait de ses lettres par un de leurs complices, ainsi qu'il se voit par cinquante et une missives desdits complices miraculeusement trouvées par la justice; que tous lesdits complices s'écrivaient sur le sujet desdits meurtres et du bruit qui s'en élevait.

« Pendant lesquels bruits, au retour dudit principal accusé, elle l'a souvent admis en son logis la nuit, secrètement, par sa porte derrière, travesti, avec un valet aussi travesti, et quelquefois avec un autre valet moins affidé qu'il fesait demeurer auprès d'un puits caché au coin d'une rue, et toutes ces visites nocturnes ayant eu lieu depuis lesdits meurtres et depuis même les monitoires publiés sur ce sujet.

« Quant à leurs visites secrètes pendant la vie du mari, une sienne servante les surprit enfermés dans un cabinet, dont elle lui fit connaître le péril.

« Toutes lesquelles preuves étant déjà la plupart acquises au procès par les confessions des complices et par les dépositions des bons témoins n'ayant pas voulu renoncer à Dieu par le respect des hommes, elles ont néanmoins besoin d'être aidées et fortifiées par les révélations de ceux qui ne voudront pas damner leurs âmes pour faire périr ledit sieur de Chasans, partie forcée et violentée par ladite femme et ceux de sa conspiration qui lui ont supprimé et suppriment ses preuves. De sorte qu'étant joint à M. le Procureur général, la partie publique, et à la mère dudit défunt occis, il se trouve seul engagé en ce procès par la retraite de ladite mère en une maison des champs hors de toute communication, lequel délaissement a réduit ledit sieur de Chasans à une très grande oppression qui lui coûte plus de soixante mille livres pour la légitime défense de ses biens, de son honneur et de sa vie.

« C'est pourquoi tous les gens de bien ayant la crainte de Dieu par-dessus celle des hommes sont suppliés de révéler à son Église, avec toutes les circonstances et dépendances, ce qu'ils savent ou ont ouï dire sur lesdits faits non encore publiés ou mal exposés ci-devant touchant ledit meurtre, comme aussi tous gens d'église sont suppliés d'ouvrir la liberté des consciences, puisqu'ils reconnaissent que la réticence et suppression de la vérité a fait durer un procès dix-huit ans, qui pouvait cesser en un jour, et a donné l'audace à cette femme fugitive et à deux de ses complices de revenir dix ans après leurs condamnations et après avoir supprimé les principales preuves, que Dieu veut être rétablies pour la libération dudit sieur de Chasans, partie forcée et violentée en ce procès par cette femme et ses complices, desquels il s'agit.

« *Quocirca nostræ provisionis remedio a nobis super hoc humiliter implorato, vobis et cuilibet vestrum præcipiendo mandamus, quatenus ex parte et auctoritate nostra, diligenter, peremptorie et canonice moneatis in generali ad patrona ecclesiarum vestrarum, intra missarum solemnia, omnes et singulos aliquid de premissis scientes, et non revelantes, quos nos harum serie monemus, ut infra sex dies*

CE QUE DEVINT CETTE AFFAIRE.

a die monitionis vestræ sibi per vos loco nostri faciendæ de prædictis ad apertam revelationem apud vos deveniant cum effectu; alioquin ipsos sic monitos, omnesque et singulos, dictis tamen sex diebus et monitione canonica prius elapsis, excommunicationem incursuros publice nuncietis, etc. *Datum Divione, sub sigillo Officialatus, anno millesimo sexcentesimo quinquagesimo quinto, die mensis*, etc. (De mandato dicti domini Officialis.) (1). »

On peut juger par cette pièce publiée dans toutes les églises de la ville, en présence d'une foule nombreuse, de l'émotion qui en fut le résultat et de la témérité de la veuve Baillet, qui osait, en présence des charges qui y sont déduites, affronter, aux risques de sa vie, la justice souveraine. Mais Dijon n'était plus déjà le théâtre des manœuvres dont elle devait faire usage pour anéantir l'acte du Parlement qui avait prononcé sa condamnation par contumace. La même condescendance qui avait attiré à Paris la connaissance du procès devait en protéger les suites,

---

(1) « C'est pourquoi, le secours de notre provision nous ayant été
« humblement demandé, nous recommandons et ordonnons à vous
« et à chacun de vous, en tant qu'il appartient à notre rang et à notre
« autorité, de faire exactement, péremptoirement et canoniquement
« cet avertissement général, au prône de vos églises, pendant la célé-
« bration de la messe : que tous et chacun de ceux qui, ayant en leur
« connaissance quelqu'un des faits rappelés ci-dessus, gardent néan-
« moins le silence, sont informés de notre part qu'ils ont à se pré-
« senter par-devant vous, avec les preuves, dans les six jours qui sui-
« vront la publication du moniteur faite par vous en notre place;
« qu'autrement, ceux ou chacun de ceux qui auront méprisé cet
« avertissement et auront laissé écouler les six jours depuis la publi-
« cation canonique de notre moniteur, encourront l'excommunica-
« tion. Donné à Dijon, sous le seing de l'Officialité, le..... 1655. » (Du
mandement dudit Official.)

et fit que des lettres de *rémission* (1) obtenues en faveur de la veuve Baillet par une famille puissante mirent un terme à cette procédure, la plus compliquée d'entraves qu'on eût encore vue au Palais. Outre les incidents dont nous avons parlé, les commissaires avaient annoncé que leur seul rapport demandait un travail de plusieurs années. Cette déclaration de leur part fut un aveu d'impuissance, si elle ne servit pas de prétexte à la faveur qu'on vient de signaler, ajoutée à d'autres dont la veuve Baillet avait déjà été l'objet. Quoi qu'il en soit de ces hypothèses, le Parlement de Paris entérina ces lettres sans protester contre leur teneur, et on doit supposer ici qu'il le fit sans regret à cette époque si peu éloignée de la Fronde, où les Cours souveraines avaient besoin de tout leur prestige.

Que devinrent les autres accusés sur lesquels l'arrêt qui condamnait Giroux à mort avait sursis de statuer? C'est ce que, pour l'intelligence du récit, nous allons faire connaître, à commencer par les principaux d'entre eux, bien que jugés en dernier lieu. Le premier et l'un des plus compromis fut Briot, dit La Valeur, que Giroux avait, après les meurtres, séquestré sous un faux nom dans sa maison forte de Marigny, puis envoyé en Provence chez le comte de Venasque, son ami, pour y demeurer sous sa garde. Nous avons vu que ce valet avait été condamné par contumace au supplice de la roue, par le même jugement qui avait condamné son maître à une mort plus douce. Arrêté depuis par les soins de Chasans,

---

(1) Qui relevaient des poursuites sans effacer le crime.

il eut le bonheur de se faire renvoyer *jusqu'à rappel*, en apportant sur l'assassinat de Baillet et de son valet de chambre de nouvelles révélations dont il sut profiter pour sa défense. Cet accusé, si compromis dans les premières procédures, avait pris la fuite dès le lendemain des meurtres, et cette fuite n'avait pas manqué de l'en faire soupçonner. Le soin pris par Giroux de l'éloigner du théâtre où ils avaient été accomplis prêtait à ces soupçons une force nouvelle, puisée dans sa seule présence en la maison de ce dernier pendant la soirée du 6 septembre 1638. L'arrêt qui le condamna depuis à la roue par contumace ajoutait à ces charges le préjugé que ces décisions obtenaient, même en ce cas, de la justice des Parlements. Telle était sa position périlleuse, lorsqu'on parvint, à force de peine, à découvrir sa retraite. Toutefois, le temps qui s'était écoulé depuis l'accomplissement des crimes, ses malheurs attestés par les persécutions de Giroux, les dangers qu'il avait courus et des détails sortis de sa bouche, qui soulevèrent pour la première fois le voile de ce drame du 6 septembre jusque-là resté impénétrable, changèrent toutes les impressions et firent, sans le justifier entièrement, pencher les esprits en sa faveur.

Des confessions tirées de cet homme le 6 janvier 1646 en présence de tout le Parlement résulta, en attendant de nouvelles lumières, la connaissance presque complète des circonstances qui avaient accompagné les deux meurtres et qui étaient demeurées jusqu'alors ignorées ou travesties.

Écoutons-le s'expliquer dans cet interrogatoire si émouvant et que le hasard a fait tomber entre nos mains (1) :

« A déclaré qu'environ six mois avant la mort de Baillet, Saint-Denis le tira à l'écart et lui proposa de l'aider à assassiner, dans un guet-apens, un ennemi de M. Giroux, son maître, qu'il ne nomma pas d'abord, et voulut même lui remettre à cet effet un poignard tout préparé qu'il refusa de recevoir, bien que Saint-Denis eût ajouté que, s'il voulait consentir à ce meurtre et l'aider à l'exécuter, leur fortune serait faite à tous deux;

« Qu'au commencement du mois d'août 1638, à la suite d'une conversation secrète que le même Saint-Denis venait d'avoir en sa présence avec Giroux, ledit Saint-Denis vint à lui et lui renouvela les mêmes instances, ajoutant que M. Giroux et la dame Baillet l'en priaient, laquelle dame devait être sa maîtresse dans une année; ce à quoi il se refusa de nouveau;

« Que quelque temps après, étant couché dans une chambre voisine, il entendit une conversation entre le même sieur Giroux, Saint-Denis et Devilliers, et que Giroux disait à Devilliers : *Mort de Dieu! il faut avoir ce maraud, ce coquin; il faut qu'il en meure et que vous ne le manquiez pas; que Saint-Denis aille au Bas-du-Bourg* (2) *savoir s'il passera, et qu'il vienne nous avertir où il sera, et alors nous prendrons nos manteaux, nos épées et nos barbes, et nous en irons;*

« Que, quelques jours après, il avait vu à différentes

---

(1) Cet acte, que nous possédons, est une copie écrite en entier de la main du conseiller Millière, un des rapporteurs du procès.
(2) Nom d'un quartier de la ville de Dijon.

fois M. Giroux et Saint-Denis sortir sans être suivis de personne, étant armés de leurs épées et portant de fausses barbes; qu'il avait parfaitement compris par tout ce que dessus que c'était le président Baillet qu'on voulait assassiner, et qu'il en était si bien convaincu, que peu de temps après, ledit président étant venu au domicile de son maître avec le maître aux Comptes, M. Pouffier, il avait tiré à l'écart M. Baillet et l'avait averti qu'on en voulait à sa vie et qu'il se gardât bien de jamais sortir le soir sans être accompagné, ce dont celui-ci l'avait remercié fort en pressant sa tête contre la sienne; qu'il ne savait si Bouvot de Lisle était du complot, bien qu'il faisait toutes les affaires de la maison Giroux, dans laquelle il était habituellement;

« Qu'au retour de Giroux de son voyage de Rennes et le soir même de ce retour, à la fin de février 1639, il avait accompagné son maître (étant l'un et l'autre déguisés) dans la maison de la dame Baillet, d'où celui-ci était revenu seul pendant la nuit;

« Qu'ayant demandé à Saint-Denis, avant la mort de M. Baillet, si la femme de ce dernier était consentante du complot, ledit sieur Saint-Denis, hochant la tête, lui avait répondu: *Parbleu! elle a donné dix pistoles à Devilliers;* ce qu'il avait réitéré à plusieurs fois;

« Que le soir même de l'assassinat, Saint-Denis vint au logis avertir tous les domestiques que son maître ne souperait pas à la maison et qu'on n'eût pas à s'inquiéter de ce retard;

« Qu'ensuite de l'ordre que Saint-Denis lui avait donné ainsi qu'aux autres domestiques de souper, ils se mirent à table, et pendant qu'ils soupaient ils entendirent heurter à la porte; que le laquais de Grenoble (1) y alla seul, et étant revenu leur dit que Saint-Denis et Devilliers le renvoyaient pour achever de souper, avec commandement à tous de ne pas sortir de la cuisine;

« Qu'ayant entendu heurter encore à la porte, le même laquais y étant allé, il leur rapporta que Devilliers lui avait dit que c'était le valet du baron de Coupe qui était venu savoir à quelle heure le sieur Giroux partirait le lendemain; ce qui obligea ledit répondant de sortir de la cuisine, et qu'étant dans la cour vit de la chandelle allumée dans la chambre de son maître et encore en une salle qui est de l'autre part de l'allée, en laquelle salle on n'avait pas coutume de tenir de la lumière; que cela lui donna la curiosité d'y aller, et qu'étant à la porte il vit deux chandelles sur la table, et que Philippe Laquille qui le suivait y entra le premier et lui après; que voulant prendre la chandelle, il virent un homme couché sur deux placets, ayant deux épées entre ses jambes, duquel s'étant approché et lui ayant demandé qui il était il répondit qu'il était valet du sieur Baillet, lequel il attendait, et que celui-ci, sieur Baillet, était dans la chambre du sieur Giroux; et que voulant conduire ledit valet en la cuisine pour faire plus ample connaissance, Devilliers arriva alors, lequel se fâchant dit au répondant et à Laquille : *Mort de Dieu de coquin! qui vous ferait si hardi de vouloir emporter les chandelles de la salle? Retournez à la cuisine, b... que vous êtes, et n'en sortez pas; mais dites en même*

(1) Laquille.

temps au valet de M. Baillet que son maître l'attend dans la chambre de M. Giroux, où il a à lui parler...;

« Qu'étant sorti peu après de la cuisine, il entendit du bruit dans la chambre dudit sieur Giroux, et que, s'étant approché de la fenêtre, il avait entendu la voix d'un homme qui se plaignait en criant comme une personne qui avait la gorge pressée et frappait des pieds contre les ais de la porte; ce qui l'engagea à ouvrir ladite porte de la salle qui entre en ladite chambre, appréhendant qu'on ne fît quelques torts à son maître; et qu'ayant heurté, ledit sieur Giroux vint lui-même à la porte, et, sans l'ouvrir, jurant le nom de Dieu, s'écria : *Coquin! retourne-t-en;* qu'alors il retourna encore à la fenêtre, de laquelle il entendit que le sieur Giroux, Devilliers et Saint-Denis parlaient de ce qu'ils feraient de lui répondant; que les uns disaient : *Il le faut tuer;* les autres : *Non, il le faut employer à nous aider à porter les corps et nettoyer;* ajoutant : *Oh! nous l'aurons toujours bien;* qu'alors la peur le saisit, et, comme il avait la clef du jardin, il y alla; où étant, il fut suivi du sieur Giroux, lequel l'appela et ne voulut lui répondre, bien que l'ayant appelé une seconde fois...; que sur ce, Giroux se mit à jurer et à blasphémer contre lui répondant, puis lui parla plus doucement et promit qu'il ne lui ferait aucun mal, à la charge qu'il ne parlerait point de ce qui s'était fait, lui promettant quatre cents livres et de lui faire épouser la fille du receveur de Marigny, et que par ce moyen il serait heureux toute sa vie; que de plus, lui ayant touché en main et fait de grands serments qu'il ne lui ferait aucun mal, ledit répondant ouvrit alors la porte du jardin, et lui dit : *Je m'en vais vous trouver...*, et alla dans la chambre du sieur Giroux, en laquelle entrant il fut effrayé de voir deux corps morts, les visages couverts de casaques, l'un botté et éperonné, et tous deux baignant dans le sang qui ruisselait par toute la chambre, même sous le lit, et vit le sieur Giroux tout ensanglanté, pâle et effrayé, tenant un stylet en main ; Devilliers lui-même pâle et ensanglanté, une épée nue aussi toute teinte de sang, laquelle il essuya d'un linge ; et Saint-Denis sous la cheminée, devant le feu ; sur quoi le sieur Giroux, le stylet en main, prit le répondant au collet, disant : *Mort Dieu! si je ne t'avais donné ma parole, je te poignarderais ;* ce qui l'obligea de se retirer en arrière, tenant le sieur Giroux par une des basques de son pourpoint et se retirant ; que la porte du garde-robe s'étant trouvée ouverte, ils tombèrent tous deux et en même temps se relevèrent, et que le répondant, qui avait pris son pistolet de poche, le rendit à Giroux, auquel il dit que s'il l'eût touché il l'aurait tué ;

« Qu'alors ledit sieur Giroux lui montrant lesdits deux corps, lui dit : *Ces deux b..., ces deux marauds, l'un a voulu empoisonner ma femme, l'autre voulut dernièrement battre Saint-Denis et Devilliers à la fête de Plombières ; mais ils lui ont bien montré ce qu'ils savaient faire. Il faut que tu aides à sortir ces corps d'ici et les enlever en la cave ou en la grotte, et que toi et les autres les emportiez ;* à quoi il répondit qu'il ne pouvait ni ne voulait toucher lesdits corps, aimant mieux qu'on le tuât ; que, sur ce, Giroux lui dit : *Il faut donc que tu portes la chandelle ;* à quoi il consentit ;

« Que ledit sieur Giroux commanda auparavant à Saint-Denis de voir s'il n'y avait point de lumière du côté de la maison de M. de Gand, de crainte qu'on ne reconnût ce qui se faisait en sa maison ; et que, Saint-Denis ayant rapporté qu'il n'y avait point de chandelles, lesdits sieurs Giroux, Devilliers et Saint-Denis résolurent d'enterrer les corps dans une des caves du côté de la maison Delaunay ; et comme Saint-Denis fit entendre au sieur Giroux qu'il n'y avait pas assez de terre pour faire le creux assez profond, ils résolurent de porter les corps aux petits privés, du côté du jardin, et en même temps le corps dudit sieur Baillet fut mis dans la casaque de son valet et porté aux privés par lesdits sieurs Giroux, Saint-Denis et Devilliers, lui répondant portant la chandelle ; et que, comme ils furent aux privés, et le corps du sieur Baillet ne pouvant passer par le trou de l'anneau, ils levèrent la haie et jetèrent le corps ; après quoi ils retournèrent quérir le valet, qui y fut aussi jeté ; tous deux la tête devant, vêtus, et le sieur Baillet botté et éperonné.

« Dit qu'en portant le corps du sieur Baillet, le chapeau de ce dernier étant tombé dans la cour, le répondant le jeta avec le pied sur la galerie, et ledit sieur Giroux commanda de jeter aux privés les manteaux, casaques et épées...;

« Qu'il avait nettoyé la chambre où les corps venaient d'être assassinés et essuyé le sang, et que ce fut une des choses qu'il promit au sieur Giroux pour sauver sa vie ; que le sieur Giroux lui donna des serviettes et autres linges..., après quoi il les jeta aux privés ; ce qu'il fit jusqu'à ce qu'il ne parût plus de sang nulle part, ayant pris la précaution de répandre partout des cendres, ce qui dura jusqu'à l'aube du jour; après quoi le sieur Giroux se mit au lit, dont les rideaux étaient encore tout froissés et humides;

« Que, profitant alors de l'absence de son maître et ne sachant pas au vrai quelles étaient les personnes qui étaient assassinées, il descendit dans les privés et reconnut que c'étaient M. Baillet et son valet ; sur quoi s'étant mis à genoux proche les corps, il récita quatre *Pater* pour leurs âmes, puis fouilla dans les poches, ayant dessein, s'il y avait de l'argent, de le prendre et de l'employer pour faire prier Dieu pour eux;

« Qu'il n'a vu Bouvot ni le soir ni la nuit au logis du sieur Giroux;

« Qu'ayant le lendemain accompagné Giroux dans son voyage avec Devilliers, celui-ci lui avait dit à Rennes, et à la suite d'un mécontentement qu'il avait dudit sieur Giroux : *Le méchant homme! Dieu le punira : il mourra misérablement dans six ans; il veut nous perdre. Lorsque je te menais sur les remparts, il m'avait commandé de te jeter dans les fossés; qu'il n'aurait jamais cru que Saint-Denis fût autant hardi; que c'étaient eux qui avaient tué ensemble M. Baillet; que le sieur Giroux, en voulant prendre congé de celui-ci, l'avait pris du bras gauche par la tête, puis l'avait poignardé de l'autre avec Saint-Denis, qui s'était aussi jeté sur lui; que M. Baillet ayant été ainsi tué, il était venu dans la salle, où il avait trouvé lui répondant,* ainsi qu'il l'a dit plus haut;

« *Que, le valet étant entré, Saint-Denis lui avait porté*

un coup d'épée au ventre, lequel étant blessé, et *Giroux* avec lui, *Devilliers* s'en étant approché, il s'était tourné vers eux et les avait renversés en criant ; qu'en ce moment Saint-Denis, qui tenait un couteau de table, s'était jeté sur ledit valet et lui avait coupé la gorge. Enfin, dit que ces révélations de Devilliers lui avaient été confirmées par Giroux, lequel avait ajouté même que l'épée de laquelle Saint-Denis avait percé le valet avait failli le tuer du même coup, et que Saint-Denis avait confirmé ce témoignage ;

« Qu'il avait vu souvent Saint-Denis dans le cabinet en haut piler quelque chose dans un mortier, sans savoir ce que c'était ; que Raudot fournissait audit Saint-Denis ce qu'il cassait, ce qu'il a vu faire souvent à ce dernier, qui détournait sa tête pendant son travail ;

« Que le jour où Saint-Denis fut confessé, il l'appela et lui dit : *La Valeur, j'ai charge de M. Giroux de te tuer ou de te jeter au bief de Suzon, ou de t'empoisonner. Il nous faut tous mourir, prends garde à toi ; souvent je t'ai mené au moulin de Suzon* (1), *j'avais un poignard pour te tuer et te jeter sous la roue du moulin, je ne l'ai pas fait ; quitte son service et appelle ma femme pour me donner une clef, je m'en vais mourir, je te crie merci* ; que, la femme dudit Saint-Denis étant arrivée, elle lui avait donné la clef du cabinet et qu'il avait envoyé le répondant prendre une grande boîte couverte d'une serviette, dans laquelle il y avait le mortier en question, des creusets qu'il fut jeter aux privés par l'ordre d'icelui, et

---

(1) Derrière l'hôtel Giroux, où Baillet et son valet de chambre furent assassinés, depuis remplacé par l'hôtel Bouhier de Lantenay, devenu de nos jours celui de la Préfecture de la Côte-d'Or.

ajoute qu'il y avait encore des bouteilles dans ladite boîte. »

On peut juger par ces révélations combien pouvait être dangereux pour Giroux un pareil témoin, si on peut lui donner ce nom, dans le cas où il viendrait à parler, et quel intérêt il eut à l'éloigner du théâtre des crimes aussitôt après qu'ils furent accomplis. La vérité avait percé dans les détails ainsi sortis de sa bouche et qui furent confirmés par de nouvelles preuves. Seulement La Valeur avait dissimulé les noms d'autres complices que la justice eût pu atteindre et que leur crédit protégeait encore. Peut-être avait-il aussi amoindri l'assistance qu'il s'était vu contraint de prêter à son maître dans ces scènes sanglantes, et que son intérêt lui commandait de taire? Le Parlement fit la part de cette situation en démêlant la vérité des réticences qui pouvaient l'affaiblir. Instruit par cette voie nouvelle, et sans le secours de la torture, de tant de circonstances ignorées, il espéra de plus, en le renvoyant *jusqu'à rappel*, obtenir davantage d'un homme qui se serait cru ainsi justifié. Mais cet expédient ne réussit pas, et La Valeur surveillé ne tarda pas à être arrêté de nouveau, sans qu'il pût être prononcé contre lui aucune peine.

Cet épisode si inattendu du procès avait ranimé le zèle de la justice. De cette époque datèrent en effet toutes les nouvelles poursuites, à commencer par celles dirigées contre la veuve Baillet, restées dans l'oubli. Devilliers, aveugle instrument des crimes de son maître, déjà accablé par des charges nombreuses et de plus compromis par les révélations de La Valeur, fut condamné à être roué vif, supplice qu'il subit le 23 mars 1646, après avoir été appliqué à la question. Cette exécution cruelle d'un homme sans nom et sans appui sera la seule de ce genre ordonnée par le Parlement dans une affaire où tant d'autres l'avaient méritée bien davantage, mais que la faveur en dispensa.

Quant à Saint-Denis, scélérat à gages et à toutes mains, s'il n'expia pas ses crimes de la même manière, la justice de Dieu lui réservait un autre châtiment. Tour à tour empoisonneur et assassin, la dame Baillet l'avait fait surveiller, après la mort de son mari, avec un empressement qui dut faire croire à la crainte qu'il pût la compromettre. Demeuré à Dijon après le départ de Giroux pour Rennes, cette femme ne s'en tint pas là, et l'envoya, sans plus tarder, porter une lettre à ce dernier, en lui recommandant secrètement de le garder près de sa personne. On voit dans les enquêtes qu'il le rejoignit à Avallon, mais qu'il s'esquiva presque aussitôt après, par l'appréhension, qu'il avoua depuis avoir conçue, que *Giroux ne se débarrassât de lui par le poison.*

Voici cette lettre, restée l'une des principales pièces du procès, et qui avait été écrite par le conseiller Catin, ami dévoué de Giroux : *Madame Baillet et moi vous envoyons Saint-Denis, le plus affidé de vos serviteurs, pour l'emmener avec vous à Rennes; ne nous le renvoyez pas, envoyez-nous un autre homme pour nous dire de vos nouvelles. M. de Chasans est arrivé de Paris, nous vous en donnons connaissance par Saint-Denis* (1). Fidèle à un tel

(1) Catin fut interrogé sur cette lettre le 14 octobre 1639 et s'en reconnut l'auteur, en en niant seulement les motifs.

message, Giroux, qui comptait déjà quatorze domestiques à sa suite, avait essayé vainement de retenir près de lui un homme dont les indiscrétions pouvaient être si dangereuses pour sa sûreté. Revenu depuis en Bourgogne et dès les premiers monitoires publiés sur cette affaire, on apprit qu'il l'avait empoisonné à Chalon dans un breuvage, pendant un voyage entrepris à ce dessein. Ce nouveau crime avait été commis en proposant à son valet, afin de mieux tromper sa confiance, la santé de la dame Baillet, ce que celui-ci avait acceptée. Toutefois, Saint-Denis n'était pas mort sur l'heure; ramené à Dijon, il avait, pendant une maladie qui avait duré plusieurs jours, confessé à sa femme, au milieu d'horribles souffrances, sa participation aux crimes que nous avons rapportés et dans le récit desquels le nom de Giroux avait été souvent maudit.

Déjà le même valet avait, d'après les ordres de ce dernier, tenté d'empoisonner Éléonore Cordier, si bien instruite des événements du 6 septembre. Cette fille, plus heureuse que tant d'autres, ne s'était soustraite à la mort qu'en s'entourant de mille précautions commandées par ces tentatives sans cesse renouvelées. On voit par les actes du procès qu'elle en fit la déclaration dans des termes qui montraient avec quel acharnement on en voulait à sa vie.

Saint-Denis venait de succomber bien avant son maître; mais la connaissance des circonstances qui avaient accompagné sa fin ne fut acquise que par les révélations de sa veuve reçues par le Parlement le 16 avril 1643, moins d'un mois avant la condamnation du principal accusé. Elles furent aussi confirmées par des actes postérieurs à cet événement et dont nous ne pouvions les séparer sans confusion. Le rôle de ce valet dans une si longue série de crimes, son audace à toute épreuve, les ressources d'un esprit fertile en expédients, les moyens atroces qu'il ne craignait pas d'employer pour servir à prix d'or chez Giroux les passions qui le tourmentaient, depuis l'amour jusqu'à la haine et depuis la vengeance jusqu'à l'ambition de succéder à ses proches par des morts violentes, exigeaient le récit à part de ce qu'il fit en scélératesse et de ce dont il fut capable.

Partout où un crime est imputé au maître, on rencontre Saint-Denis à sa suite et comme le satellite obligé des plus sinistres résolutions. Nous avons dit que Giroux avait, dans le dessein d'épouser la dame Baillet, sa cousine, résolu de se défaire, par le poison, de sa propre femme, fille et sœur des deux Premiers Présidents de La Berchère. Ni le rang d'une personne aussi élevée, ni l'autorité de sa famille et de son nom ne l'avaient retenu dans un dessein aussi longtemps médité. La procédure apprend, en effet, que, profitant d'une maladie dont elle était atteinte, il avait fait venir d'un lieu de la province éloigné, et sous prétexte de la guérir, un médecin nommé Raudot, empoisonneur soldé par lui et qu'il avait installé dans son hôtel.

Ce médecin avait, suivant un mensonge concerté d'avance, promis la guérison de la dame Giroux, à la condition qu'elle s'abandonnerait à sa seule conduite. Giroux, de son côté, devait écarter les plus proches parents de la victime sous prétexte qu'ils pouvaient troubler son repos. Mais ces soins hypocrites ne devaient pas se prolonger longtemps. Le mal avait fait des progrès rapides, et à des vomissements violents s'était jointe une pâleur livide qui assignait à cette maladie un caractère qui n'était plus un secret pour personne. Ce fut ainsi qu'au milieu des soupçons de la famille la mort mit fin à une agonie qui dura plusieurs jours. Pendant ce temps, la dame de La Berchère, mère de la victime, n'avait pu qu'à l'aide des plus grands efforts arriver jusqu'à sa fille. Tremblante et éperdue, on la trouva gisante et presque sans vie aux pieds de son lit, après les derniers adieux qu'elle en avait reçus et dont elle emporta le secret jusqu'au tombeau. Le médecin Sineau, celui de la dame Giroux, congédié par ordre de Giroux qu'il pouvait compromettre par ses déclarations, venait de succomber lui-même à une mort subite. Cette fin foudroyante comprima, en glaçant d'effroi tous les cœurs, la rumeur publique prête à éclater.

Saint-Denis avait été, dans la mort de la dame Giroux, l'agent de malédiction qui venait de présider à ce nouveau forfait, le plus atroce parce qu'il fut le plus lâche. Toujours présent au foyer, c'était lui qui, depuis l'arrivée de Raudot, avait introduit chaque jour, même en l'absence de Giroux, ce médecin dans le cabinet de son maître, où ils passaient ensemble des heures entières, sous prétexte d'y faire des études d'ostéologie. Leur occupation véritable, constatée depuis par les enquêtes, était de composer des poisons secrets qui ne laissaient point de traces et dont ils venaient de faire l'expérience sur un animal. Déjà des scènes domestiques avaient transpiré qui répandaient sur l'attentat d'effrayantes lumières. Dans une de ces querelles, dont il n'était pas avare, Giroux avait menacé sa femme de l'empoisonner elle et sa famille, et de se défaire ainsi, comme il le disait, *de toute la race*, à commencer par la dame de La Berchère (1). Cette dame, de l'illustre famille des Brulart (2), mère de la dame Giroux, avait la première failli succomber à l'une de ces tentatives, à la suite d'un breuvage que lui servit ce même Saint-Denis installé depuis quinze jours dans son hôtel avec son maître et qu'elle en avait chassé pour cette cause.

Ajoutez à ces crimes, dont nous supprimons les détails, les tentatives d'assassinat dirigées par ce même valet sur la personne de Baillet, et qui, comme on l'a dit, n'aboutirent pas, et l'on comprendra l'intérêt qu'avait eu Giroux à lui imposer, dès le début des poursuites, un éternel silence. Saint-Denis mourut le 21 mai 1639 (3), après avoir été gardé à vue dans sa longue agonie par son maître, de peur qu'il ne vînt le compromettre par des aveux. Cette crainte allait promptement se réaliser. En attendant, on l'avait entendu, au milieu des malédictions proférées contre l'auteur de ses souffrances, s'écrier en

(1) On lit dans la déposition de la fille Laplace qu'elle avait entendu Giroux dire à la dame son épouse, pendant qu'elle était en couches : *Mort de Dieu! j'empoisonnerai le Premier Président, la première présidente et toute la famille!* La dame Giroux jetait des cris lamentables. Ce fut sans doute à cause de ces menaces que le *sieur* de Santenay, beau-frère de Giroux, refusa de se rendre à un souper auquel celui-ci l'avait invité pour le lendemain. (Voir aux enquêtes.)

(2) Marguerite Brulart, fille de Denis Brulart, Premier Président du Parlement de Dijon pendant la Ligue.

(3) A Dijon, impasse des prisons du Palais de l'ancien Parlement.

pleurant : *Grâce, Madame, grâce!* paroles mystérieuses qui furent bientôt éclaircies par le soin qu'il prit, avant de mourir, de charger sa femme d'obtenir son pardon de la dame de La Berchère, dont les malheurs semblèrent être le seul remords qui eût pesé sur lui à ses derniers moments.

A peine Saint-Denis avait-il expiré que Giroux ne put contenir sa joie d'une mort qui le délivrait d'un homme dont l'indiscrétion ou la vengeance pouvait le perdre. Pour faire cesser les bruits d'empoisonnement par un acte éclatant, il voulut que des médecins choisis par lui fissent, de concert avec le médecin du prince de Condé, afin de donner plus d'autorité à leur rapport, l'autopsie du cadavre. Or, cette garantie n'était qu'un jeu, puisqu'au moyen d'une substance dont la procédure fait mention et qui ne devait pas laisser de traces, Giroux avait pu accomplir ce nouveau crime. Qu'arriva-t-il en présence de cette précaution et dans l'état si reculé de la science à cette époque? Chacun pouvait le prévoir après la démarche si hardie de l'homme qui avait osé provoquer cet examen : on ne découvrit aucune trace de poison, ou on ignora les moyens de le constater. Dirons-nous qu'on ne l'osa pas à la vue de ce fait, attesté par les enquêtes, « que le corps de Saint-Denis, tout noirci, était tellement enflé, qu'il fallut fendre sa chemise pour y substituer un linceul (1)? »

Un rapport dressé le 22 mai 1639 décida, en effet,

---

(1) Voir aux enquêtes la déposition Robert Boiteux, 44e témoin, qui avait été chargé de ce soin.

que la mort de Saint-Denis avait eu lieu à la suite d'une maladie ordinaire. Cet acte fut déposé avec éclat au Parlement, par Giroux lui-même, comme un témoignage de son innocence. Mais les révélations faites par la veuve Saint-Denis après un long silence vinrent confondre ces calculs en convertissant en certitude les soupçons d'un crime ajouté à tant d'autres déjà avérés au procès. Voici, dans un résumé textuel, les faits que déclara cette femme devant le Parlement le 16 juillet 1643, soit d'après ce qu'elle avait entendu dire à son mari pendant sa maladie, soit pour en avoir elle-même connaissance, révélations faites quand, après la mort de Giroux, elle crut pouvoir parler sans crainte.

« Dit : qu'à peine le monitoire publié qui prescrivait à chacun de révéler les faits qui pouvaient être à sa connaissance touchant l'assassinat de Baillet et de son valet de chambre, elle était allée trouver Giroux, auquel elle avait déclaré qu'elle se croyait obligée de dire ce qu'elle avait appris de son mari touchant cet événement, mais que Giroux l'avait dissuadée de ce dessein en déclarant qu'il prenait tout *sur le péril et la damnation de son âme* et que, si elle venait à révéler quelque chose, il trouverait, moyennant quelques pistoles, une foule de témoins pour la perdre ;

« Que, pendant la maladie dont il était mort, son mari l'avait envoyée au logis dudit Giroux lui déclarer que, voulant se confesser *de ce qu'il savait bien*, il eût à lui envoyer un prêtre ; sur quoi Giroux, qui était en ce moment couché, s'était élancé de son lit en s'écriant tout éploré : *Mon Dieu, je suis perdu!* Puis, qu'après de grandes recommandations à elle faites, il l'avait adressée au père Chanterin, religieux Jacobin ; mais que, n'ayant pas trouvé ce dernier, elle était revenue près de Giroux qui lui avait conseillé de prendre qui elle jugerait convenable, pourvu, ajouta-t-il, qu'elle ne parlât pas de la visite qu'elle venait de lui faire ;

« Que son mari lui avait dit à plusieurs reprises qu'il mourait pour avoir bu, à Chalon, à la santé de la dame Baillet, où était alors ladite dame en partie avec d'autres personnes ; que celle-ci était, ainsi que Giroux lui-même, la cause de la mort de Saint-Denis ; que c'était chose honteuse que leurs désordres, et que le sujet du meurtre de Baillet et de son mari avait été que Giroux voulait épouser sa veuve ;

« Que son mari lui avait encore déclaré pendant sa maladie que les corps des deux victimes avaient été enterrés dans la cave de l'hôtel joignant le logis de l'huissier Larnay, dans laquelle il y avait une porte neuve ;

« Que Giroux était venu voir le même Saint-Denis la veille de sa mort, et lui avait dit, croyant n'être point entendu : *Mon fils, n'as-tu rien dit ?* à quoi celui-ci avait répondu à mi-voix : Non, monsieur ;

« Que son mari l'avait encore, avant de mourir, chargée de demander pardon pour lui à Madame la première présidente de La Berchère, à cause que Giroux l'avait chargé d'empoisonner cette dame pour avoir son bien. »

Elle ajouta, sur l'interpellation des commissaires : « qu'il était vrai aussi que Saint-Denis lui avait raconté que le maître et le valet avaient été jetés dans des latrines incontinent après leur mort, le maître botté et éperonné, et vêtus de leurs habits; qu'ils y étaient demeurés quatre mois et demi, et que, quand on les en avait retirés, ils étaient encore tout entiers, et que de là ils avaient été portés dans la cave, ainsi qu'elle l'avait déjà déclaré;

« Que, quand Giroux eut appris qu'elle était décidée à aller en révélation, il lui dit qu'elle ne pouvait rien dire sans parler contre son mari, dont la mémoire serait par là condamnée; et que, sur ces entrefaites, Henri, fils de Giroux, étant entré, il s'était approché de cet enfant et lui avait dit à elle, en fondant en larmes : *Voudriez-vous perdre moi et mon fils? Si vous n'avez pas pitié de moi, ayez pitié de cet enfant.* »

Elle ajouta enfin, « qu'après le décès de son mari, Giroux avait assisté à ses obsèques avec Bouvot de l'Isle, son ami (1), jusqu'à l'église Saint-Médard, d'où, à la sortie d'icelle, s'étant approchée de celui-ci pour le remercier, elle avait entendu jusqu'à deux fois ce même Bouvot de l'Isle dire audit Giroux : *Voilà une affaire faite; nous en sommes bien détrapés, allons boire à sa santé;*

---

(1) Avocat et substitut du Procureur général au Parlement, fort compromis dans cette affaire. Présent dans la maison Giroux au moment du crime, rentré dans sa demeure avec des habits ensanglantés, trouvé nanti de pièces compromettantes, arrêté même (*) et relâché, menaçant tous les témoins, on trouve son nom à chaque page des enquêtes comme celui d'un complice obligé de Giroux. Une procédure assez volumineuse, dont nous possédons la copie, fait connaître que son procès lui fut fait séparément, à l'instigation de Chasans, mais sans autre résultat que celui d'un renvoi *jusqu'à rappel*.

(*) 14 mai 1643.

sur quoi elle s'était dit à part : *Voilà de la terrible eau bénite que l'on donne à mon mari.* »

On peut conclure de ces déclarations, confirmées par les enquêtes, que Saint-Denis mourut empoisonné par la main de celui dont il avait servi les passions sanglantes. Ce genre de crime, qui, depuis, se renouvela sur d'autres personnes moins compromises, démontre que Giroux avait dû commencer par cette mort l'emploi d'une précaution qu'il jugea propre à assurer son impunité vis-à-vis de tous ses complices, dont ce valet avait été le principal. Indépendamment de Briot, dit La Valeur, plus heureux et qu'on avait fait éloigner sur-le-champ, un laquais de Grenoble disparut sans qu'on en eût jamais entendu parler. Un autre gagna précipitamment la Belgique, où il ne put être retrouvé depuis malgré les recherches les plus actives. L'avocat Humbert, dit le Béat, homme de bien et de devoir, devant lequel il n'avait pas gardé assez de retenue sur ses projets, mourut presque en même temps que Joubert, son valet de chambre. Le laquais de la dame de Massilly, un des principaux témoins de l'enquête, avait été frappé de mort subite, ainsi que la servante de la dame Baillet, mère du président de ce nom. Enfin, le procureur Fichot, le plus intime ami de Giroux, le seul qui eût été admis à le visiter dans sa prison pendant sa captivité et pour lequel il n'avait point de secret, tomba comme frappé d'un coup de foudre. Déjà le vieux avocat Jobert, son ancien précepteur, avait été, au moment du crime, chassé par Giroux de son hôtel, d'où il se réfugia chez Saint-Denis, où on le trouva mort le lendemain. Nous avons dit la fin si prompte du médecin Sineau ; on verra celle de Mathieu Bailly, dont nous expliquerons plus tard les causes. D'autres empoisonnements en plus grand nombre restèrent ensevelis dans le doute ou furent tenus secrets par les familles éplorées. Amis, complices, ennemis avaient ainsi, sans distinction, disparu de la scène par des fins mystérieuses qui jetèrent partout l'épouvante.

Qu'était-il arrivé des autres prévenus sur lesquels l'arrêt du 8 mai 1643 avait réservé de statuer? C'est ce que nous allons faire connaître en commençant par Raudot, cet empoisonneur aux gages de Giroux et l'agent caché de ses principaux crimes. Arrêté le 20 mai 1641, on voit, par un arrêt rendu par le Parlement le 13 mai 1643, qu'il fut condamné à servir à perpétuité sur les galères du Roi, à l'amende de 300 livres et à 500 livres de dommages-intérêts envers la dame Burgat. Cette indulgence inouïe, eu égard aux crimes dont il était chargé, avait eu pour cause la crainte de réveiller par des convictions trop approfondies des chagrins amers jusqu'au foyer du Premier Président, beau-frère de Giroux. Le même arrêt mit hors de Cour Hugues Reposeur, chirurgien et complice supposé de Raudot. Claudon, valet de Giroux, fut, le 16 du dit mois, condamné pour sa vie aux galères, et Éléonore Cordier, sa domestique, si célèbre dans des meurtres dont elle avait connu tous les secrets, à un bannissement perpétuel.

Enfin et en même temps, Mathieu Claudon, Bernard d'Ostun, Denise Gentilhomme, sa femme, et Suzanne Odinelle, concierge de l'hôtel Giroux, étaient condamnés, le premier aux galères perpétuelles, et les autres à un simple bannissement du ressort, avec amende envers le Roi et les parties instigantes du procès. Denise Pailley, veuve Saint-Denis, fameuse par ses révélations, Laquille, laquais de Giroux, soumis dès l'origine des poursuites aux épreuves de la torture *a minima* à cause de son jeune âge, et Poyrot, cocher de Giroux père, furent renvoyés, *sous réserve de nouvelles charges*. Le même arrêt avait sursis au jugement de Devilliers, condamné depuis à la roue, jusqu'après celui de Bouvot de l'Isle, sur lequel les révélations de cet accusé pouvaient répandre de nouvelles clartés.

Il restait à prononcer sur le sort de Benoît Giroux, père du président de ce nom et président lui-même. C'était par lui, témoin la lettre écrite de sa main, que les cadavres avaient été cachés chez la dame du Vigny, et cette circonstance était, comme on l'a vu, de grande importance. Mais pouvait-on imputer comme crime à un père d'avoir pris des précautions pour faire disparaître les traces d'un meurtre dont la preuve pouvait déshonorer son nom? Le Parlement ne le pensa pas ou usa d'indulgence, en l'acquittant, par un arrêt du 20 mai 1643 (1), dans des termes qui laissaient subsister de grands doutes sur l'ignorance où il aurait été du complot, et quand déjà il avait été compromis dans des procès

---

(1) Cet arrêt fut le dernier auquel prit part le président de Lamothe, délégué par le Roi pour présider ce Parlement. Tous ceux rendus, depuis son départ, dans le procès, le furent par neuf juges restants, auxquels on en adjoignit d'autres malgré leurs empêchements de parenté, levés par les lettres du Roi du 21 août 1643, notamment pour celles touchant Bouvot de l'Isle, un des complices supposés de Giroux. (Voir ces lettres à la suite de la délibération du 21 août 1643.)

capitaux faits à son fils et à lui-même dans deux autres ressorts (1).

Quant à Giroux fils, dont le nom fait ici oublier tous les autres, il ne manquait aux crimes accumulés sur sa tête que la mise en œuvre de la calomnie pour se venger de ceux qui, à défaut de la justice, avaient osé l'accuser. Chasans fut dès l'origine cet homme de courage et d'abnégation. Giroux ne l'ignora pas et eut recours, pour y parvenir, à des menées atroces qui faillirent le perdre dans son honneur, dans sa personne et jusque dans celle de ses enfants. On jugera par ce qui va suivre si, par l'assassinat moral qu'il essaya d'accomplir envers lui, l'auteur ne surpassa pas en scélératesse tout ce qu'on a pu lire d'odieux dans ce procès.

Les inimitiés entre ces deux hommes remontaient à un temps assez reculé et dont les enquêtes ne précisent pas la date. La cause en fut dans l'oppression de plusieurs personnes de marque dont Giroux avait juré la perte pour envahir l'autorité du Palais. Seul de sa Compagnie, Chasans avait résolu de lui résister en s'opposant à sa réception dans l'office de président auquel il venait d'être appelé par la démission de son père. Ceci se passait en 1633, et les crimes nombreux que le même Giroux avait déjà commis à cette époque justifiaient cette opposition qui fut à la fois l'œuvre d'un homme de cœur. Mais

---

(1) Au Parlement de Rennes, où Giroux père avait été nommé dans les poursuites dirigées à l'instigation de Chasans; puis, dans une accusation portée directement contre lui-même et contre son fils au sujet de l'assassinat du chanoine Carré, tué à Dijon à coups de dagues, au coin du mur d'une église, et dont le Parlement de Paris avait été saisi par évocation.

le Parlement où son ennemi comptait tant de parentés et d'alliances ne s'y arrêta pas, et peu s'en fallut que Chasans ne fût repris lui-même pour une telle entreprise. Cette résistance de sa part devint l'origine des vengeances sans nombre dont il fut désormais l'objet et que des haines de famille ne firent qu'entretenir. Proscrit jusqu'à trois fois et enfermé à la Bastille par des lettres de cachet, sous prétexte des affaires publiques, Chasans n'avait vu renouveler ces persécutions que par cette inflexibilité de caractère qui fut le fond de sa conduite. Rendu à la liberté, il avait pris à partie Giroux comme l'auteur de telles rigueurs, en même temps qu'il le dénonçait au Roi pour les crimes que nous venons de raconter.

Ce procès, soumis au Parlement de Bretagne par évocation du Grand-Conseil, sur la plainte de Chasans, avait été suivi, faute par lui d'avoir fourni ses preuves *à temps utile,* d'une réparation envers Giroux, laquelle, en portant atteinte à l'honneur du même Chasans, l'avait ruiné dans sa fortune. Cette accusation était une série de crimes les plus graves que la vie démasquée de cet homme rendit depuis vraisemblables, sinon juridiquement prouvés. Toutefois, on comprend la répugnance qu'avait eue ce Parlement à ajouter foi à de pareilles imputations et l'empressement qu'il mit à en effacer la trace par un *renvoi hors de cour.* L'arrêt est du 5 janvier 1639 (1) et renferme, par sa

---

(1) Déposé aux archives de l'ancien Parlement de Rennes, où l'on peut consulter encore, suivant que nous l'avons fait vérifier, d'autres arrêts rendus dans la même affaire, les 13 mars, 14 et 24 avril, 4 et 21 juillet et 30 octobre 1637, 23 février, 3 mars, 2 juin, 23 septembre 1638, ainsi que les actes des parties. On lit dans celui du 5 janvier

coïncidence avec d'autres actes, l'articulation faite contre Giroux de magie, sodomie, concussion, empoisonnement, supposition de viol, assassinats dans la ville, dans les champs, sur les grands chemins, crimes tellement multipliés qu'on dut considérer Chasans comme un homme insensé ou comme un monstre qui voulait se venger d'un ennemi par une accusation infâme. Cette résolution d'un grand Corps, qui fut favorisée par les empêchements nés des distances et quand le fond de l'accusation n'avait pu être approfondi, frappa le Conseil du Roi lors de la demande d'une évocation que Giroux n'avait pas craint de renouveler devant lui. Il réserva au Parlement de Dijon la connaissance d'une affaire qui intéressait au plus haut point l'honneur de deux de ses membres. Telle fut, comme nous l'avons dit, l'influence du procès de Rennes sur celui dont nous écrivons l'histoire.

Dans l'affaire du meurtre de Baillet, où il était redevenu partie, Saumaise de Chasans, en butte aux vengeances de l'accusé pour les recherches si persévérantes qu'il avait faites des corps des victimes, s'était vu obligé de fuir et de s'expatrier de nouveau, après avoir été sus-

---

1639 qui renvoya Giroux, cette décision surprise, et qui depuis fut si solennellement démentie par les événements : « Il sera dit que la Cour a débouté Saumaise de son accusation et l'a condamné à 3,000 livres de réparation envers ledit Giroux et à comparaître en ladite Cour, Chambres assemblées, derrière le bureau, découvert, et reconnaître, en présence desdits Giroux père et fils, *qu'ils sont gens de bien et d'honneur, non notés de crimes et injures mentionnés au procès*; ordonne qu'au logis du rapporteur le libelle intitulé : *Plainte adressée à la personne du Roi sur l'oppression du sieur Saumaise de Chasans*, sera lacéré, etc.; et jusqu'à ce que ledit Saumaise ait obéi et exécuté ledit arrêt, l'a interdit de sa charge. »

pendu de sa charge comme calomniateur. Déjà, ainsi qu'on vient de le voir, il avait été interdit par le Parlement de Rennes jusqu'à ce qu'il eût obéi à l'arrêt, qui le condamnait à des adjudications énormes. Fort de ces encouragements comme du succès qu'il avait obtenu en Bretagne, Giroux ne mit plus de bornes à sa vengeance et ne craignit pas, à son tour, d'intenter à son adversaire un procès fondé sur des suppositions atroces qui, cette fois, l'eussent infailliblement perdu, si la vérité ne fût venue à éclater.

Il y avait dans la ville de Beaune une jeune fille de onze ans, d'une naissance obscure, mais d'une grande beauté, et de ces natures dégradées qui ne demandent qu'une occasion pour se produire. Giroux, la jugeant propre à ses desseins, l'attira chez lui, corrompit ses mœurs et la prépara, par ses conseils, à tromper la vertu de son ennemi. Chasans résidait alors à Beaune, où il se trouvait interné par ordre du Roi, à la suite des mesures sévères dont nous avons parlé et dont la politique avait été le prétexte. Loin de soupçonner le piége qui lui était tendu, il rejeta sur une éducation dépravée les discours étranges qui sortaient de la bouche d'une si jeune enfant. En quoi consistèrent ces premières menées et qui les fit découvrir? c'est ce que l'information ne fait pas connaître. Mais voici ce qui arriva et de quelle manière Giroux essaya de parvenir à ses fins.

Déguisé sous les habits d'un moine mendiant, il était allé attendre Hilaire Moreau (1) (c'était le nom de cette

(1) Née à Bligny-sous-Beaune, domestique de la femme Patriarche, qui habitait cette dernière ville.

fille) dans un hôtel de la ville de Nuits où elle devait s'arrêter, après l'y avoir fait conduire par ses affidés. Là, à force d'artifices, il l'avait induite à déclarer, *sous peine de damnation éternelle*, et en lui promettant *d'offrir pour elle la messe*, que Chasans l'avait emmenée dans un lieu écarté d'où elle ne pouvait être entendue et où il venait de lui ravir l'honneur. Nourrie de ces leçons et excitée par sa propre audace, celle-ci se présente au Parlement, où, au milieu de sanglots et de gémissements, elle raconte la fable qu'on lui a apprise et dont elle affirme par serment la sincérité. Giroux, présent à ce récit, prend parti pour la jeune fille et se déclare l'accusateur de Chasans, sous le prétexte de défendre l'innocence outragée. Des enquêtes sont ouvertes de toutes parts. Les témoins entendus sont ceux que la jeune fille indique, c'est-à-dire les propres domestiques de Giroux, presque tous agents de ses crimes, et qui viennent soutenir sous des costumes empruntés, et la figure contrefaite, qu'ils ont vu Chasans accomplir le rapt et le viol sur la personne d'Hilaire Moreau près la ville de Nuits, dans un bois écarté du chemin, après que cette jeune fille avait été attachée à un arbre.

Il ne fallait rien moins pour perdre Chasans. Mais Giroux ne s'en tient pas à ces apparences de preuves : il produit à l'appui de sa plainte le témoignage de deux empiriques corrompus par lui, dont l'un atteste qu'il a soigné la jeune fille du viol qu'elle a souffert, et l'autre qu'il a fourni les remèdes pour la guérir. Ces précautions ne lui suffisent pas encore : il aposte d'autres témoins qu'il a subornés. Pour s'en assurer d'avance, il les fait entendre sur de fausses assignations par un notaire complaisant de la ville de Nuits sous le titre emprunté de *commissaire*, afin qu'ils demeurent plus fermes devant les véritables commissaires qui seront chargés de les confronter plus tard. Les notaires Ravinet et Micaut, l'avocat de La Barre, les huissiers Barat et Delaunay, le procureur Gacon, sont les principaux complices de cette trame pour le succès de laquelle rien n'a été épargné de sa part, promesses et argent, menaces et prières.

En présence de ces preuves, Chasans allait succomber, lorsque, rassemblant ses forces et son courage, il ose rappeler, dans un langage aussi touchant qu'énergique, sa vie entière si opposée aux crimes dont on le charge. La confrontation a lieu sur sa demande; il confond ses dénonciateurs; ceux-ci se déconcertent, les magistrats hésitent et la vérité commence à se faire jour. Les témoins sont des gens déguisés jusque dans la couleur de leurs cheveux qu'on a fait teindre; on les menace, on les soumet au récolement, ils se rétractent; les suborneurs s'excusent en montrant la main criminelle qui les a corrompus et fait agir, et Giroux, confondu, est obligé de retirer son accusation au milieu des murmures de sa Compagnie, qui n'ose sévir contre un membre qui la déshonore.

A la vue de tant de faiblesse, celui-ci reprend bientôt courage, et, sa haine redoublant avec l'impunité, il accuse, par une plainte signée de lui, les fils de ce même Chasans d'avoir voulu l'assassiner. Il indique les temps, les lieux et les preuves par lesquels il prétend établir cette nouvelle calomnie. Chose étrange et que nous voudrions dissimuler, le Parlement fléchit sous des menaces que Giroux ne craint pas de proférer jusque dans son sein. Les fils de Chasans sont décrétés de prise de corps et jetés dans les prisons de Dijon, d'où ils ne sortiront que longtemps après, tant la crainte inspirée par un seul homme domine les résolutions.

Or, qu'était-ce que cette accusation si habilement préparée ? une infamie de plus dans la vie de Giroux, déjà si fertile en perfidies. Il avait, pour accréditer le dessein imputé à son adversaire, fait aposter de soi-disant assassins (ses affidés) devant sa demeure, en faisant prononcer par eux à haute voix les noms des fils de Chasans, comme s'ils se fussent concertés avec ceux-ci afin d'assurer l'exécution de ce semblant de meurtre. Puis, poursuivant cette machination, un de ces jeunes jens était entraîné par ses désordres là où se trouvaient réunis les auteurs de ce faux guet-apens, tandis qu'un d'entre ces derniers, nommé Bailly, venait de faire acheter pour les compromettre davantage, par l'autre des fils de Chasans, des pistolets de voyage sous le prétexte qu'étant sans crédit, il ne pouvait les acheter lui-même. Rien ne manquait ainsi au succès de cette trame, qui déjà avait trompé la justice. Mais elle fut découverte par les révélations d'un complice chargé d'y remplir le principal rôle et qui se hâta de prévenir par la fuite les vengeances de Giroux. Cette précaution était nécessaire, car dans le même moment Bailly, dont on craignait aussi les indiscrétions et qui venait d'échapper à une tentative d'assassinat de sa part, mourait d'une de ces morts secrètes qu'on rencontre dans ce procès comme la suite obligée de chaque crime.

Ici et pour la seconde fois, ainsi que le dit Chasans dans ses mémoires, la Providence permit qu'il triomphât d'une calomnie infâme dont sa réputation ne l'avait pas préservé. Ses deux fils furent relâchés, mais pour mourir assassinés plus tard (1) par ceux auxquels Giroux avait légué sa haine et qui avaient été nourris de ses leçons.

Qu'arriva-t-il d'Hilaire Moreau et de ses complices? Elle fut condamnée au bannissement du ressort pendant cinq ans, après avoir fait amende honorable à Chasans et avoir été fouettée dans tous les carrefours par la main du bourreau. Peine insuffisante et dont son jeune âge ne justifiait pas l'indulgence en présence du rôle odieux auquel elle s'était prêtée avec tant d'audace. La veuve Bardin et plusieurs autres qui l'avaient assistée dans ses menées subirent des peines différentes (2). L'arrêt est du 12 mai 1643, postérieur de quatre jours à celui qui venait de condamner Giroux au dernier supplice.

Chasans survécut jusqu'en 1658 à cette épreuve ajoutée à tant d'autres, les plus grandes qu'il pût être donné à l'homme vertueux de subir. On doit dire de lui que sa fin fut digne de sa vie, de même que sa résignation l'avait été de son courage. Courbé par l'âge et les chagrins, il

---

(1) Les chevaliers de Latour et de Nanteuil, de l'ordre de Malte, dont l'un fut tué jusque dans ses bras.

(2) Jean Perrier fut condamné à six ans de galères, Thevenin à cinq ans de bannissement, et d'autres, comme Ravinet, Gacon, Claude Bardin, Delaunay, à diverses amendes; tous à des dommages envers Chasans, après qu'ils lui auraient fait réparation à la barre. (Arrêt du 12 mai 1643.) Le 13, Marchand, vicaire de Saint-Nicolas à Dijon, fut repris à la barre pour avoir supprimé des révélations.

mourut au mois d'avril de cette année, à Paris, où le procès de la veuve Baillet l'avait entraîné et où l'on put lire gravée sur sa tombe cette inscription si vraie écrite par son fils et qui rappelait les luttes qu'il avait si énergiquement soutenues pour la justice : *Hic cinis, pulvis, nihil, et tamen Salmasius, breve sapientiæ, fortitudinis et justitiæ monumentum* (1).

Terminons l'histoire de ce grand drame judiciaire en faisant connaître la conduite que Giroux tint au château de Dijon pendant sa captivité, et qui ne pouvait, sans nuire à la clarté du récit, être rapportée auparavant. Outre les actes de perversité qui s'y renouvelèrent de sa part, on y découvrira de nouvelles preuves sur le caractère hypocrite des actes religieux qui avaient accompagné sa mort, et qui confirmeront le jugement que nous en avons porté.

Il y avait parmi les prisonniers de guerre gardés en ce lieu un gentilhomme de Franche-Comté, province alors étrangère à la France. Son nom était Simon, *sieur* du Magny, surnommé le Gaucher. Giroux, croyant entrevoir en lui un homme disposé à servir ses projets, lui proposa de surprendre le Château du côté de *la porte de secours* par des intelligences avec le dehors, et lui en expliqua

---

(1) De la famille du docte Saumaise. Il avait laissé un manuscrit in-folio fort curieux intitulé : *Instruction générale de toutes les affaires dans lesquelles il a plu à Dieu de m'exercer*, avec cette épigraphe : *Si Dominus ædificaverit domum, in vanum laborat qui destruit eam*. Ce recueil a depuis longtemps disparu après avoir été possédé par Papillon, qui en fait mention dans sa *Bibliothèque des auteurs de Bourgogne* (au nom *Pierre Saumaise*). On a conservé de lui quelques ouvrages, parmi lesquels figure un éloge estimé du président Jeannin, qu'il avait accompagné dans son ambassade en Hollande depuis 1607 jusqu'en 1610.

les moyens dans un plan habilement conçu. Quelques conversations qu'il avait eues auparavant sur l'assiette de cette forteresse avec un autre gentilhomme nommé Boitrin, attaché à la princesse Anne, prisonnier lui-même et initié dans la défense des places, venaient de lui faire voir le côté faible de celle-ci. Suivant Giroux, cette entreprise une fois accomplie, l'armée du Roi en Picardie serait contrainte de marcher en Bourgogne pour la reprendre. Pendant ce temps, aidés tous deux de soldats gagnés de la garnison, ils auraient soin de faire sauter la ville à coups de canon. La seule condition de la réussite était « que du Magny devait faire conduire Giroux à Gray, où sa rançon serait exigée de dix à douze mille écus, afin de pouvoir tirer, disait-il, son argent de la province; » ce qui avait été accepté et sembla d'accord entre eux.

Mais Giroux ne s'en était pas tenu à ces tentatives insensées. Encouragé par une espérance de succès, il avait proposé au même prisonnier l'exécution d'un autre dessein qui, selon lui, devait faire leur fortune en forçant à la conclusion de la paix. Il ne s'agissait pas moins, une fois hors du Château, que d'arrêter Condé lui-même dans un de ces voyages que ce prince était dans l'usage de faire chaque hiver à Dijon. Un tel coup de main devait s'accomplir dans une embuscade à Saint-Seine, en un lieu situé au-dessus de ce bourg. Giroux offrait de se mettre à la tête de quelques cavaliers apostés pour l'exécuter, et demandait cent mille livres de récompense. Ce projet n'ayant point été goûté, il avait proposé à du Magny de faire piller Dijon au moyen d'une surprise accomplie par des gens de guerre appelés de la frontière, ou de faire enlever, le Jeudi saint, par les mêmes moyens, les principaux habitants de cette ville au moment où ils se rendaient à la chapelle de Bellecroix (*extra muros*) pour y faire leurs dévotions. La rançon de ces prisonniers leur procurerait, suivant lui, plus d'un million à tous deux. Ces propositions si basses, dont la vengeance était le fondement et que nous ne rappelons que pour montrer jusqu'au bout le caractère de cet homme, avaient soulevé chez un ennemi un sentiment qu'il n'avait plus dissimulé. En présence des communions qu'il voyait accomplir à Giroux chaque dimanche en la chapelle du Château, du Magny lui avait osé demander s'il accusait en confession tant de haines violentes. Sur quoi celui-ci s'était répandu en blasphèmes, dans lesquels, mêlant l'ironie à l'outrage, on l'entendit insulter (1) à la foi, aux miracles, aux reliques des saints, à la vie future et à cette religion dont il affectait d'accomplir les devoirs et qu'il ne craindra pas de prendre, jusqu'au dernier jour, à témoin de son innocence.

Tous ces actes, révélés à la justice par un gentilhomme d'honneur, devaient attirer contre lui la haine de Giroux, avec lequel il avait été confronté par les commissaires. La colère de ce dernier ne trouva plus de bornes, et la procédure nous apprend qu'il essaya d'assassiner du Magny en se précipitant un matin dans sa chambre, armé, à défaut d'autre instrument, de longs

---

(1) Propos répétés depuis par Giroux en présence de simples soldats et employés du Château, qui s'en montrèrent indignés. (Voir aux enquêtes.)

ciseaux (1) trempés dans un acide qui devait envenimer les blessures, s'il ne parvenait à lui donner immédiatement la mort. Mais la dénonciation qui en fut faite, au moment de l'exécution, par un domestique qu'il avait cherché à corrompre, et l'intervention de quelques soldats empêchèrent l'accomplissement d'un pareil projet. Acte de vengeance qui sera le dernier crime connu que nous devions rappeler de cet accusé, et dont le Parlement, comme on l'a vu par l'arrêt prononcé contre lui, le déclara convaincu, sinon du complot imaginaire qui en avait été l'occasion.

En présence des attentats nombreux qu'on vient de lire, chacun peut maintenant comparer et conclure. Le ministère, ennemi des Parlements, se consola de tant d'horreurs réunies dans une seule affaire et du bruit qui s'en répandit dans toute la France, par les distractions qu'y prit l'opinion, comme par l'affaiblissement moral qui rejaillit des crimes d'un seul homme sur des Corps qu'il n'aimait pas et dont il ne négligeait aucune occasion de se venger. Mais le bon sens public ne s'y laissa pas tromper, et la responsabilité de pareils actes ne retomba point sur une Compagnie qui, en définitive, avait bien mérité de la justice, si elle n'avait pas toujours donné l'exemple du courage en présence de ces influences de familles dont elle avait été entourée dès l'origine du procès. Le refus que fit, d'ailleurs, le roi Louis XIII de saisir des poursuites le Parlement de Pau, ainsi qu'on

---

(1) Les pointes séparées par un mouchoir pour les empêcher de se rejoindre, afin de multiplier les blessures.

lui en avait adressé la demande, demeurera comme le témoignage le plus éclatant de son estime pour la magistrature souveraine de la Bourgogne, délaissée à juger ainsi elle-même un de ses membres. Le président de Lamothe, chargé de diriger ces longs débats, ne voulut pas, sa mission remplie, se séparer d'elle sans lui avoir payé le tribut de *son respect pour son mérite et sa dignité* dans les jours d'épreuve qu'elle avait eu à traverser (1). L'histoire doit dire à son tour que, si la vindicte publique ne fut pas en cela complétement satisfaite, elle ne fut pas non plus trompée dans l'acte de répression le plus douloureux qu'aucune Cour de justice eût eu à accomplir dans ces temps de faveur où la puissance des grands pouvait tout oser.

Tous les détails de cette affaire, fruits de nombreuses recherches et d'une étude pleine de difficultés, sont établis sur des documents irrécusables. On publia dans le temps, avec privilége du Roi, un roman fort obscur, qui y fait allusion plutôt qu'il n'en contient le sujet à peine effleuré. Il est intitulé: *Illustre Amalazonthe* (2) et eut un succès de vogue en Bourgogne malgré les réticences qu'on y rencontre à chaque page. Les noms propres, fort transparents, y sont déguisés par des pseudonymes. Sous la dénomination empruntée de Desfontaines, le Père de Cérisiers, jésuite, ami de la famille de la dame Baillet, en fut l'auteur longtemps ignoré.

(1) Voir la délibération du 22 mai 1643.
(2) Paris, 1645. — Ce livre parut la même année où la mère du président Baillet venait de se rendre *partie instigante* contre sa belle-fille, après que le Parlement avait refusé de comprendre celle-ci dans les poursuites.

Le but de cet ouvrage, dédié au prince de Condé, avait été de faire croire à l'innocence de cette femme quand son intérêt commandait si fort d'égarer l'opinion. Malheureusement pour elle, les actes demeurent qui condamnent sa mémoire à un éternel opprobre. Aujourd'hui que plus de deux siècles se sont écoulés depuis cette époque, nous avons cru qu'il n'était point permis, par un scrupule que l'on n'avait pas éprouvé dans le temps et qui empêcherait à jamais d'écrire, de retrancher des annales d'un Corps qui a cessé d'être le récit d'un drame qui répand à lui seul, sur les mœurs du XVII° siècle, des lumières aussi curieuses qu'instructives. Serait-il besoin de protester que nous n'avons rien prétendu au-delà d'un tel dessein dans l'histoire de ce Parlement où tant de gloires à la fois semblèrent réunies comme pour le consoler de sa douleur (1)? N'oublions pas en effet que ce temps fut celui des Legoux de La Berchère, des Bretagne, des Brulart, des Millotet, des Legouz-Morin, des Philibert de La Mare, des Lantin, des Bossuet, des Bouchu, des Morisot, des du May, etc., noms illustres et que ne doit pas ternir la honte d'un seul homme, quelque maudite que soit devenue sa mémoire dans la province qu'il a épouvantée par ses crimes.

Les conseillers Millière et Jaquot, chargés par cette Compagnie des fonctions de commissaires rapporteurs, fonctions dont l'exercice fut pendant tout le cours du

---

(1) Le Collége des Apôtres ne se crut point déshonoré par un traitre; l'Eglise, par des scandales ou des apostasies; la royauté en France, par les massacres de la Saint-Barthélemy, les meurtres de Blois ou les orgies du XVIII° siècle.

procès une lutte aussi dangereuse que violente, méritèrent particulièrement ces louanges que l'opinion publique leur décerna dans le temps. L'étude que nous avons faite avec tant de soin vient confirmer ce témoignage. Malheureusement leur parenté, savoir : celle de Millière, cousin issu de germain de la dame Baillet, et celle de Jaquot, oncle de Bouvot de l'Isle, un des hommes les plus compromis dans les poursuites, ne permit pas qu'ils accomplissent leur devoir jusqu'au bout.

L'instruction du procès, confiée aux mêmes magistrats, avait, dans sa première période, duré six ans et amené l'arrestation de trente-deux personnes, détenues à la conciergerie du Palais, à la prison de la ville et au château de Dijon. Toutes, il faut le dire, et ce fut le plus grand nombre, n'expièrent pas suffisamment la part qu'elles avaient prise à des crimes commis dans un si haut rang, et les plus multipliés dont les annales judiciaires eussent alors présenté l'exemple.

On doit remarquer encore que l'assassinat du président Baillet avait été commis au temps où, dans l'espérance de son auteur, la guerre déclarée entre la France et l'Espagne, dont le théâtre était à quelques lieues de Dijon, pouvait distraire l'opinion et le laisser tomber dans l'oubli. Mais Dieu ne permit pas qu'il en arrivât ainsi, et la justice des hommes vint elle-même en aide à ses décrets par des actes de courage dont il faut savoir gré au Parlement de Bourgogne, s'ils ne le justifièrent pas en toutes choses.

De pareils raffinements de perversité mêlés à de telles horreurs ne se reproduiraient pas en France de nos jours.

www.ingramcontent.com/pod-product-compliance
Lightning Source LLC
Chambersburg PA
CBHW070538230426
43665CB00014B/1736